Lengua Castellana y Literatura

Libro-guía del profesorado

José Antonio Martínez Jiménez,
Francisco Muñoz Marquina
y Miguel Ángel Sarrión Mora

3º ESO

akal

Diseño de cubierta: Sergio Ramírez
Diseño interior: RAG

Reservados todos los derechos. De acuerdo a lo dispuesto en
el art. 270 del Código Penal, podrán ser castigados con penas
de multa y privación de libertad quienes reproduzcan sin la preceptiva
autorización o plagien, en todo o en parte, una obra literaria,
artística o científica fijada en cualquier tipo de soporte.

© José Antonio Martínez Jiménez, Francisco Muñoz Marquina
   y Miguel Ángel Sarrión Mora, 2007

© Ediciones Akal, S. A., 2007

Sector Foresta, 1
28760 Tres Cantos
Madrid - España

Tel.: 918 061 996
Fax: 918 044 028

www.akal.com
educacion@akal.com

ISBN: 978-84-460-2709-6
Depósito legal: M-28.076-2007

Impreso en Fernández Ciudad, S. L.
Pinto (Madrid)

ÍNDICE

Programación 5

    1. Marco legal 5
    2. Competencia en comunicación lingüística 6
    3. Organización del programa 7
    4. Materiales para la programación didáctica 8
    5. Programación concreta de *Lengua Castellana y Literatura*: 3.º de Educación Secundaria Obligatoria 20
    6. Materiales didácticos para uso de los alumnos (3.º de ESO) 29
    7. Atención a la diversidad 30

Solucionario 32

    Estudio de la lengua
        Tema 1. Análisis morfológico. La formación de palabras: derivación y composición 32
        Tema 2. Categorías gramaticales (I). El sustantivo y el adjetivo 34
        Tema 3. Categorías gramaticales (II). Determinativos y pronombres 36
        Tema 4. Categorías gramaticales (III). El verbo 38
        Tema 5. Categorías gramaticales (IV). El adverbio y los elementos de relación ... 39
        Tema 6. Los sintagmas. La estructura de la oración 41
        Tema 7. El sintagma verbal 45
        Tema 8. Clases de oraciones 47
        Tema 9. Subordinación y coordinación de oraciones 49
        Tema 10. Origen y evolución del castellano. El bilingüismo 52

    Comunicación y técnicas de trabajo
        Tema 1. Lenguaje y comunicación 54
        Tema 2. Las formas del discurso. La descripción (I) 59
        Tema 3. La descripción (II) 63
        Tema 4. La narración (I). La acción narrativa 69
        Tema 5. La narración (II). El narrador 74
        Tema 6. La narración (III). Personajes, tiempo y espacio 78
        Tema 7. Los textos dialogados 84
        Tema 8. Los medios de comunicación. El periódico 91
        Tema 9. La noticia informativa 95
        Tema 10. El reportaje. La crónica. La entrevista 100

    Literatura
        Tema 1. La literatura. Los géneros literarios. Las figuras literarias 107
        Tema 2. La métrica 108

Tema 3. La literatura medieval **109**
Tema 4. La literatura del siglo XV **113**
Tema 5. El Renacimiento. La poesía del siglo XVI **119**
Tema 6. El teatro y la narrativa en el siglo XVI **124**
Tema 7. La poesía del siglo XVII **130**
Tema 8. La prosa del siglo XVII **136**
Tema 9. El teatro del siglo XVII **144**
Tema 10. La literatura del siglo XVIII **150**

PROGRAMACIÓN

1. MARCO LEGAL

Lengua Castellana y Literatura. 3.º E.S.O. supone la concreción del currículo del área fijado en el Real Decreto 1631/2006, de 29 de diciembre (BOE de 5 de enero de 2007). La Ley Orgánica 2/2006, de 3 de mayo, de Educación, en su artículo 6.2, establece que corresponde al Gobierno fijar las enseñanzas mínimas a las que se refiere la disposición adicional primera, apartado 2, letra c) de la Ley Orgánica 8/1985, de 3 de julio, Reguladora del Derecho a la Educación. Precisamente, es el RD 1631/2006 el que ha dictado los diferentes aspectos contenidos en esta obra, y en concreto los objetivos, las competencias básicas, los contenidos y los criterios de evaluación.

Queda entendido, en cualquier caso, que en respuesta al principio de autonomía pedagógica y con el objeto de que el currículo sea un instrumento válido para dar respuesta a las diferentes realidades educativas, será el propio centro, a través de sus departamentos pedagógicos, el encargado de adaptar las enseñanzas mínimas en los progresivos niveles de concreción. Como es lógico, esta concreción pasará a formar parte del Proyecto Educativo, de acuerdo con el artículo 121.1 de la Ley Orgánica 2/2006, de 3 de mayo, de Educación.

La mayor novedad que aporta la LOE 2/2006 es la inclusión en las enseñanzas mínimas de las competencias básicas que deben adquirir los alumnos. «Su logro –se dice de manera literal– deberá capacitar a los alumnos y alumnas para su realización personal, el ejercicio de la ciudadanía activa, la incorporación satisfactoria a la vida adulta y el desarrollo de un aprendizaje permanente a lo largo de la vida.» Un planteamiento, desde luego, integrador, que permitirá describir cómo ayuda el área de Lengua Castellana y Literatura a la consecución de «los elementos básicos de la cultura» (art. 2 del RD 1631/2006).

Por otra parte, y antes de centrarnos en dichos elementos, en el Decreto Regulador se establece (art. 7.4) que «la lectura constituye un factor para el desarrollo de las competencias básicas. Los centros deberán garantizar *en la práctica docente de todas las materias* un tiempo dedicado a la misma en todos los cursos de la etapa». En previsión de ello, el material curricular que aquí se aporta incluye numerosos fragmentos de textos adaptados a los diferentes objetivos perseguidos, así como la referencia de obras literarias completas que lleven al alumnado al desarrollo de hábitos lectores.

En cualquier caso, y puesto que la competencia lingüística es una de esas capacidades básicas, es lógico que la responsabilidad de su adquisición sea compartida por las diferentes áreas. De manera clara, el Decreto Regulador manifiesta en su artículo 4.7 que «sin perjuicio del tratamiento específico en algunas de las materias de la etapa, la comprensión lectora, la expresión oral y escrita, la comunicación audiovisual, las tecnologías de la información y la comunicación y la educación en valores se trabajarán en todas ellas».

Es cierto que, como se dice en el Anexo I del Decreto Regulador, no existe una relación unívoca entre la enseñanza de determinadas áreas o materias y el desarrollo de ciertas competencias. Cada una de las áreas contribuye al desarrollo de diferentes competencias y, a su vez, cada una de las competencias básicas se alcanzará como consecuencia del trabajo en varias áreas o materias. Sin embargo, y como veremos al repasar el grado de implicación del Departamento del Área de Lengua Castellana y Literatura en la consecución de los objetivos planteados para la etapa, en la programación de nuestra área es precisamente donde se establece de manera más específica el tratamiento de algunas de esas cuestiones.

Quedando, pues, sentado el desplazamiento de los enfoques tradicionales en la enseñanza de la lengua a favor del carácter instrumental de la misma, no queda más remedio que anticipar la estrecha relación que existe entre el área y la adquisición de la mayoría de las ocho competencias identificadas por la Unión Europea:

1. Competencia en comunicación lingüística.
2. Competencia matemática.
3. Competencia en el conocimiento y la interacción con el mundo físico.
4. Tratamiento de la información y competencia digital.
5. Competencia social y ciudadana.
6. Competencia cultural y artística.
7. Competencia para aprender a aprender.
8. Autonomía e iniciativa personal.

Si bien, salvo la segunda, la adquisición de estas competencias es objeto de nuestra área, sin duda merece la pena detenerse a reflexionar sobre lo que el legislador, en el

Anexo I del Real Decreto, entiende como «competencia en comunicación lingüística». De su adecuada comprensión va a depender en buena medida la aplicación del material aquí presentado y, por descontado, la totalidad de la práctica docente.

2. COMPETENCIA EN COMUNICACIÓN LINGÜÍSTICA

Esta competencia se refiere a la *utilización del lenguaje como instrumento de comunicación oral y escrita, de representación, interpretación y comprensión de la realidad, de construcción y comunicación del conocimiento y de organización y autorregulación del pensamiento, las emociones y la conducta.*

Los conocimientos, destrezas y actitudes propios de esta competencia permiten:

— expresar pensamientos, emociones, vivencias y opiniones,
— dialogar,
— formarse un juicio crítico y ético,
— generar ideas,
— estructurar el conocimiento,
— dar coherencia y cohesión al discurso y a las propias acciones y tareas,
— adoptar decisiones, y
— disfrutar escuchando, leyendo o expresándose de forma oral y escrita.

El Real Decreto analiza la competencia lingüística en los siguientes términos:

- **Comunicarse y conversar** son acciones que suponen habilidades para establecer vínculos y relaciones constructivas con los demás y con el entorno, y para acercarse a nuevas culturas, que adquieren consideración y respeto en la medida en que se conocen. Por ello, la competencia en comunicación lingüística está presente en la capacidad efectiva de convivir y de resolver conflictos.
- **Escuchar, exponer y dialogar** implica ser consciente de los principales tipos de interacción verbal, ser progresivamente capaz en la expresión y comprensión de los mensajes orales que se intercambian en situaciones comunicativas diversas y adaptar la comunicación al contexto. Entraña también la utilización activa y efectiva de los códigos y habilidades lingüísticas y no lingüísticas y de las reglas propias del intercambio comunicativo en diferentes situaciones, para producir textos orales adecuados a cada situación de comunicación.
- **Leer y escribir** son acciones que presuponen y refuerzan las habilidades que permiten buscar, recopilar y procesar información, y estar capacitado a la hora de comprender, componer y utilizar distintos tipos de textos con intenciones comunicativas o creativas diversas. La lectura facilita la interpretación y comprensión del código que posibilita hacer uso de la lengua escrita y es, además, fuente de placer, de descubrimiento de otros entornos, idiomas y culturas, de fantasía y de saber, todo lo cual contribuye a su vez a conservar y mejorar la competencia comunicativa.
- La destreza para **seleccionar y aplicar determinados propósitos** u objetivos a las acciones propias de la comunicación lingüística (el diálogo, la lectura, la escritura, etc.) está vinculada a algunos rasgos fundamentales de esta aptitud, como las habilidades para representarse mentalmente, interpretar y comprender la realidad, y organizar y autorregular el conocimiento y la acción dotándolos de coherencia.
- **Comprender y saber comunicar** son saberes prácticos que han de apoyarse en el conocimiento reflexivo sobre el funcionamiento del lenguaje y sus normas de uso, e implican la capacidad de tomar el lenguaje como objeto de observación y análisis. Expresar e interpretar diferentes tipos de discurso acordes a la situación comunicativa en distintos contextos sociales y culturales presupone el conocimiento y aplicación efectiva de las reglas de funcionamiento del sistema de la lengua y de las estrategias necesarias para interactuar lingüísticamente de una manera adecuada.

Disponer de esta competencia lleva consigo tener conciencia de las convenciones sociales, de los valores y aspectos culturales y de la versatilidad del lenguaje en función del contexto y la intención comunicativa. Implica la capacidad intelectual y afectiva de ponerse en el lugar de otras personas; de leer, escuchar, analizar y tener en cuenta opiniones distintas a la propia con sensibilidad y espíritu crítico; de expresar adecuadamente –en fondo y forma– las propias ideas y emociones, y de aceptar y realizar críticas con ánimo constructivo. El desarrollo de la competencia lingüística al final de la educación obligatoria comportará, por tanto, el dominio de la lengua oral y escrita en múltiples contextos.

3. ORGANIZACIÓN DEL PROGRAMA

Los cuatro bloques en que, en el Decreto, se dividen los contenidos conceptuales básicos han sido sintetizados, para una mayor coherencia expositiva y facilidad didáctica, en tres, de acuerdo con la siguiente tabla de correspondencias:

REAL DECRETO	LIBROS DE TEXTO DE AKAL
I. Hablar, escuchar y conversar.	Comunicación y Técnicas de trabajo.
II. Leer y escribir: – Comprensión de textos escritos. – Composición de textos escritos.	
III. Educación literaria.	Literatura.
IV. Conocimiento de la lengua.	Estudio de la lengua.

Evidentemente, la correspondencia no es absoluta, pues los Bloques I y II del Real Decreto han de ser también objeto fundamental de desarrollo y aplicación en los Bloques de *Literatura* y de *Estudio de la lengua* de nuestra propuesta. De igual forma, buena parte de los contenidos relativos al Bloque de *Conocimiento de la lengua* del Real Decreto se habrán de trabajar de manera práctica en las actividades y tareas que se realicen en nuestros Bloques de *Comunicación* y de *Literatura*.

La línea expositiva sigue la pauta habitual de los libros de texto de Ediciones Akal para los diferentes niveles de esta área. La estructura responde a un intento de evitar la heterogeneidad de contenidos abarcados en cada una de las unidades didácticas de la mayoría de los libros de texto. La presentación por bloques facilita, en nuestra opinión, que el alumno pueda percibir fácilmente la coherencia de la materia y la progresividad de los aprendizajes; asimismo, ofrece al profesor mayor flexibilidad en la secuenciación, algo que es imprescindible en un sistema en el que la evaluación de la práctica docente le exige *reprogramar* en diferentes momentos del curso.

No vamos a anticipar ahora unos contenidos que se describen y secuencian más abajo, pero sí es preciso recordar la estructura de cada uno de los tres bloques mencionados:

- El bloque de *Estudio de la lengua* está dedicado, fundamentalmente, a la morfología (estructura de las palabras y categorías gramaticales) y a la sintaxis de la oración simple. Un tema analiza la subordinación y la coordinación de oraciones, y otro estudia la evolución del castellano y el bilingüismo. Al mismo tiempo, en todos los temas hay un apartado destinado al uso del idioma: ortografía y signos de puntuación, sobre todo.
- El bloque de *Comunicación y Técnicas de trabajo* comienza con un tema sobre teoría de la comunicación. Seguidamente, en seis temas, se comentan las variedades del discurso; en particular, la descripción, la narración y el diálogo. Finalmente, hay tres temas que tratan de la comunicación periodística. Asimismo, todos los temas concluyen con dos páginas sobre técnicas de trabajo: lectura, subrayado, realización de esquemas, búsqueda y tratamiento de la información, presentación de textos propios...
- El bloque de *Literatura* se abre con dos temas que recogen y amplían los conocimientos elementales de los cursos precedentes sobre los recursos literarios y métrica. A continuación se expone una historia de la literatura española en lengua castellana hasta el siglo XVIII incluido, relacionándola con las literaturas europeas en otras lenguas.

Los diez temas de cada bloque presentan idéntica estructura:

- Los temas de *Estudio de la lengua* parten de una exposición teórica, de la que se ofrece un esquema al final. Sobre estos contenidos se propone una serie de ejercicios de aplicación. Por último, se dan unas normas sobre uso del idioma, que quedan ilustradas con otro conjunto de ejercicios.
- Los temas del bloque de *Comunicación y Técnicas de trabajo* se abren con un *Texto inicial* sobre el que se hacen unas preguntas para que, de forma inductiva, se emprenda la comprensión de los contenidos que se exponen después. A doble página se presentan la exposición teórica y las actividades sobre la misma. Las dos últimas páginas se reservan para las *Técnicas de trabajo* y un esquema final de los contenidos de la unidad.
- Los temas de *Literatura* comienzan también con un *Texto inicial* sobre el que se dirigen una serie de preguntas; se trata de un texto generalmente de literatura extranjera, pero perteneciente a la misma época de la que va a tratar la exposición

teórica. Dicha exposición finaliza con un esquema de la lección y queda ilustrada con diferentes textos sobre los que, también a doble página, se proponen pautas de comentario y actividades.

4. MATERIALES PARA LA PROGRAMACIÓN DIDÁCTICA

4.1. OBJETIVOS GENERALES DE ETAPA (E.S.O.)

4.1.1. Objetivos Generales de Etapa oficiales

De acuerdo con el art. 3 del RD 1631/2006, la Educación Secundaria Obligatoria contribuirá a desarrollar en los alumnos y las alumnas las capacidades que les permitan:

a) **Asumir responsablemente sus deberes**, conocer y ejercer sus derechos en el respeto a los demás, practicar la tolerancia, la cooperación y la solidaridad entre las personas y grupos, ejercitarse en el diálogo afianzando los derechos humanos como valores comunes de una sociedad plural **y prepararse para el ejercicio de la ciudadanía democrática.**

b) **Desarrollar y consolidar hábitos de disciplina, estudio y trabajo** individual y en equipo como condición necesaria para una realización eficaz de las tareas del aprendizaje y como medio de desarrollo personal.

c) **Valorar y respetar la diferencia** de sexos y la igualdad de derechos y oportunidades entre ellos. Rechazar los estereotipos que supongan discriminación entre hombres y mujeres.

d) **Fortalecer sus capacidades afectivas** en todos los ámbitos de la personalidad y en sus relaciones con los demás, así como rechazar la violencia, los prejuicios de cualquier tipo, los comportamientos sexistas y resolver pacíficamente los conflictos.

e) **Desarrollar destrezas básicas en la utilización de las fuentes de información** para, con sentido crítico, adquirir nuevos conocimientos. Adquirir una preparación básica en el campo de las tecnologías, especialmente las de la información y la comunicación.

f) **Concebir el conocimiento científico como un saber integrado,** que se estructura en distintas disciplinas, así como conocer y aplicar los métodos para identificar los problemas en los diversos campos del conocimiento y de la experiencia.

g) Desarrollar el espíritu emprendedor y la confianza en sí mismo, la participación, **el sentido crítico, la iniciativa personal y la capacidad para aprender a aprender,** planificar, tomar decisiones y asumir responsabilidades.

h) **Comprender y expresar con corrección, oralmente y por escrito,** en la lengua castellana y, si la hubiere, en la lengua cooficial de la Comunidad Autónoma, **textos y mensajes** complejos, e iniciarse en el conocimiento, la lectura y el estudio de la literatura.

i) **Comprender y expresarse en una o más lenguas extranjeras** de manera apropiada.

j) **Conocer, valorar y respetar los aspectos básicos de la cultura** y la historia propias y de los demás, así como el patrimonio artístico y cultural.

k) **Conocer y aceptar el funcionamiento del propio cuerpo y el de los otros,** respetar las diferencias, afianzar los hábitos de cuidado y salud corporales e incorporar la educación física y la práctica del deporte para favorecer el desarrollo personal y social. Conocer y valorar la dimensión humana de la sexualidad en toda su diversidad. Valorar críticamente los hábitos sociales relacionados con la **salud,** el **consumo,** el cuidado de los seres vivos y el **medio ambiente,** contribuyendo a su conservación y mejora.

l) **Apreciar la creación artística y comprender** el lenguaje de las distintas manifestaciones artísticas, utilizando diversos medios de expresión y representación.

En definitiva, la finalidad de la Educación Secundaria Obligatoria es la adquisición de las capacidades básicas que ayuden al alumno en el desarrollo integral y armónico de la persona en los aspectos intelectuales, afectivos y sociales. Tal como se indica expresamente en la norma de desarrollo curricular, la contribución de la materia de *Lengua Castellana y Literatura* a la adquisición de dichas competencias básicas es fundamental, de manera que se hace preciso ir acotando las capacidades que, de forma más concreta, han de ser adquiridas a través de nuestra materia.

4.1.2. Reformulación operativa de los Objetivos Generales de Etapa e implicación del Departamento de Lengua Castellana y Literatura en su consecución

Con el fin de integrarlos y desarrollarlos adecuadamente en la Programación, hemos realizado la siguiente reformulación de los objetivos generales de la Enseñanza Secundaria Obligatoria:

OBJETIVOS GENERALES DE ETAPA OFICIALES	OBJETIVOS GENERALES DE LA E.S.O. REFORMULADOS	IMPLICACIÓN DEL DEPARTAMENTO
	A. GENÉRICOS: FORMACIÓN INTEGRAL E INSTRUMENTAL PARA LA ACTUACIÓN AUTÓNOMA	

a), b), c), d) y g)	1. DESARROLLAR INTEGRALMENTE LA PERSONALIDAD:
	1.1. En el plano individual:
	  1.1.1. Tomando conciencia de las propias capacidades.
	  1.1.2. Valorando el esfuerzo en la superación de dificultades.
	  1.1.3. Consolidando hábitos de disciplina en el estudio y en el trabajo.
	  1.1.4. Formando un espíritu crítico, abierto y libre de prejuicios.
	1.2. En el plano de las relaciones interpersonales:
	  1.2.1. Valorando y respetando las diferencias entre las personas.
	  1.2.2. Desarrollando hábitos de diálogo, solidaridad y tolerancia hacia los demás.
	  1.2.3. Afianzando sus capacidades afectivas en sus relaciones personales.
	1.3. En el plano social:
	  1.3.1. Conociendo sus derechos y asumiendo sus deberes de forma responsable.
	  1.3.2. Reconociendo la igualdad de derechos y oportunidades entre las personas.
	  1.3.3. Rechazando cuantos prejuicios y estereotipos supongan algún tipo de discriminación.
	  1.3.4. Evitando toda forma de discriminación o violencia.
	1.4. Regular las decisiones de acuerdo con todo lo anterior.
		• Objetivo de Centro. Responsabilidad compartida con otras áreas.
		
		• Colaboración con otras áreas en la organización de actividades interdisciplinares y extraescolares.

e), h), i) y l)	2. COMPRENDER Y EXPRESARSE CON AUTONOMÍA, PROPIEDAD Y CORRECCIÓN:
	2.1. Mediante códigos lingüísticos:
	  2.1.1. En lengua castellana.
	  2.1.2. En la lengua propia de la Comunidad Autónoma (si la hubiere).
	  2.1.3. En alguna lengua extranjera.
	2.2. Mediante códigos artísticos.
	2.3. Mediante códigos propios de las nuevas tecnologías.
		• Responsabilidad básica del ÁREA (2.1.1.)
		• Colaboración con otras áreas en la organización de actividades (2.1.2. y 2.1.3.)
		• Responsabilidad directa compartida con otras áreas (2.2. y 2.3.).

b), e) y g)	3. POSEER METODOLOGÍA INTEGRAL DE TRABAJO:
	3.1. Desarrollar métodos adecuados de trabajo intelectual:
	  3.1.1. En el estudio individual.
	  3.1.2. En el trabajo en equipo.
	3.2. Manejar las distintas fuentes de información, tanto tradicionales como de las nuevas tecnologías:
	  3.2.1. Para la adquisición de nuevos conocimientos:
	    3.2.1.1. Con autonomía.
	    3.2.1.2. Con actitud crítica.
	  3.2.2. Para la transmisión de información propia:
	    3.2.2.1. De manera organizada.
	    3.2.2.1. De manera inteligible.
	3.3. Desarrollar la capacidad de aprendizaje autónomo:
	  3.3.1. A partir de la iniciativa personal.
	  3.3.2. Mediante la planificación y la toma de decisiones fundamentada.
	  3.3.3. Con sentido crítico.
	  3.3.4. Reflexionando sobre el propio proceso.
		• Responsabilidad directa compartida con otras áreas.
		
		• Colaboración con otras áreas en la organización de actividades.

	B. ESPECÍFICOS: COMPRENSIÓN DE LA REALIDAD INTEGRAL Y COMPORTAMIENTO CONSECUENTE CON ELLA		
	I. EL MEDIO SOCIAL: ANALIZAR LA ESTRUCTURA Y EL FUNCIONAMIENTO DE LA SOCIEDAD EN SUS DISTINTOS ÁMBITOS Y REGULAR EL COMPORTAMIENTO PROPIO DE ACUERDO CON ELLO.		
a)	4. CONOCER EL FUNCIONAMIENTO DE LA SOCIEDAD EN EL ÁMBITO CÍVICO: 4.1. Comprender los principios y mecanismos que rigen el funcionamiento de las sociedades. 4.2. Conocer y valorar los derechos humanos como principios irrenunciables de la convivencia. 4.3. Comprender y valorar los derechos y deberes cívicos como fundamento de una sociedad plural y democrática.	• Colaboración interdisciplinar a instancias de otras áreas.	
j)	5. CONOCER EL FUNCIONAMIENTO DE LA SOCIEDAD EN EL ÁMBITO HISTÓRICO-CULTURAL-ARTÍSTICO: 5.1. Conocer los aspectos básicos de la historia, la cultura y el arte propios en sus distintas dimensiones (europea, hispánica, nacional, local). 5.2. Comprender la diversidad cultural y el derecho de pueblos e individuos a mantenerla. 5.3. Contribuir a conservar y mejorar el patrimonio cultural común. 5.4. Valorar y respetar las creencias, actitudes y valores básicos de la tradición cultural propia y ajena.	• Responsabilidad directa compartida con otras áreas. • Colaboración con otras áreas en la organización de actividades.	
h)	6. CONOCER EL FUNCIONAMIENTO DE LA SOCIEDAD EN EL ÁMBITO SOCIOLINGÜÍSTICO: 6.1. Conocer y comprender la diversidad idiomática de nuestro país. 6.2. Valorar y respetar la diversidad lingüística y el derecho de pueblos e individuos a ella.	• Responsabilidad básica del ÁREA. • Iniciativa en el planteamiento de actividades.	
	II. EL MEDIO FÍSICO: ANALIZAR LA ESTRUCTURA Y EL FUNCIONAMIENTO DE LA REALIDAD NATURAL Y FÍSICA EN SUS DISTINTOS ÁMBITOS Y REGULAR EL COMPORTAMIENTO PROPIO DE ACUERDO CON ELLO.		
f) y k)	7. CONOCER Y VALORAR EL MEDIO NATURAL: 7.1. Conocer los mecanismos básicos que rigen el funcionamiento de la naturaleza. 7.2. Valorar las repercusiones de las actividades humanas sobre ella. 7.3. Contribuir a su defensa y conservación. 7.4. Valorar críticamente los hábitos sociales relacionados con la salud y el consumo.	• Colaboración interdisciplinar a instancias de otras áreas.	
f) y e)	8. CONOCER EL DESARROLLO CIENTÍFICO Y TECNOLÓGICO, Y VALORAR SU INTERACCIÓN CON LOS MEDIOS FÍSICO Y SOCIAL: 8.1. Conocer los logros del desarrollo científico y tecnológico. 8.2. Comprender su carácter de saber integrador estructurado en disciplinas distintas. 8.3. Valorar las aplicaciones de la ciencia y la tecnología, en especial las de las nuevas tecnologías de la información.	• Colaboración interdisciplinar a instancias de otras áreas. • Responsabilidad directa del ÁREA, compartida con otras, en la aplicación al estudio, a la búsqueda de información y a la expresión escrita del apartado 8.3.	
	III. EL SER HUMANO COMO ENTIDAD FÍSICO-PERSONAL.		
k)	9. CONOCER, COMPRENDER Y VALORAR EL FUNCIONAMIENTO DEL PROPIO CUERPO: 9.1. Conocer los elementos y el funcionamiento del cuerpo humano. 9.2. Comprender las consecuencias para la salud individual y colectiva de la conducta personal. 9.3. Valorar los hábitos de cuidado y salud corporales como forma de desarrollo personal y social: ejercicio físico, higiene, alimentación equilibrada y vida sana. 9.4. Conocer y valorar la dimensión humana de la sexualidad en toda su diversidad.	• Colaboración interdisciplinar a instancias de otras áreas.	

4.2. OBJETIVOS GENERALES DEL ÁREA DE *LENGUA CASTELLANA Y LITERATURA* EN EDUCACIÓN SECUNDARIA OBLIGATORIA

4.2.1. Objetivos Generales del Área

La enseñanza de *Lengua Castellana y Literatura* en esta etapa tendrá como objetivo el desarrollo de las siguientes capacidades:

1. Comprender discursos orales y escritos en los diversos contextos de la actividad social y cultural.
2. Utilizar la lengua para expresarse de forma coherente y adecuada en los diversos contextos de la actividad social y cultural, para tomar conciencia de los propios sentimientos e ideas y para controlar la propia conducta.
3. Conocer la realidad plurilingüe de España y las variedades del castellano, y valorar esta diversidad como una riqueza cultural.
4. Utilizar la lengua oral en la actividad social y cultural de forma adecuada a las distintas situaciones y funciones, adoptando una actitud respetuosa y de cooperación.
5. Emplear las diversas clases de escritos mediante los que se produce la comunicación con las instituciones públicas, privadas y de la vida laboral.
6. Utilizar la lengua eficazmente en la actividad escolar para buscar, seleccionar y procesar información y para redactar textos propios del ámbito académico.
7. Utilizar con progresiva autonomía los medios de comunicación social y las tecnologías de la información para obtener, interpretar y valorar informaciones de diversos tipos y opiniones diferentes.
8. Hacer de la lectura fuente de placer, de enriquecimiento personal y de conocimiento del mundo, y consolidar hábitos lectores.
9. Comprender textos literarios utilizando conocimientos básicos sobre las convenciones de cada género, los temas y motivos de la tradición literaria y los recursos estilísticos.
10. Aproximarse al conocimiento de muestras relevantes del patrimonio literario y valorarlo como un modo de simbolizar la experiencia individual y colectiva en diferentes contextos histórico-culturales.
11. Aplicar con cierta autonomía los conocimientos sobre la lengua y las normas del uso lingüístico para comprender textos orales y escritos y para escribir y hablar con adecuación, coherencia, cohesión y corrección.
12. Analizar los diferentes usos sociales de las lenguas para evitar los estereotipos lingüísticos que suponen juicios de valor y prejuicios clasistas, racistas o sexistas.

4.2.2. Reformulación operativa de los Objetivos Generales del Área

Con el fin de integrarlos y desarrollarlos adecuadamente en la Programación, hemos realizado la siguiente reformulación de los Objetivos Generales del Área:

OBJETIVOS GENERALES DE ÁREA (RD 1631/2006)	OBJETIVOS GENERALES DE ÁREA REFORMULADOS PARA E.S.O.	NIVEL DE ACTUACIÓN
A. GENÉRICOS: ACTUAR AUTÓNOMAMENTE		

1. Comprender discursos orales y escritos en los diversos contextos de la actividad social y cultural.
4. Utilizar la lengua oral en la actividad social y cultural de forma adecuada a las distintas situaciones y funciones, adoptando una actitud respetuosa y de cooperación.
5. Emplear las diversas clases de escritos mediante los que se produce la comunicación con las instituciones públicas, privadas y de la vida laboral.
	1. COMUNICARSE PLENAMENTE EN SITUACIÓN DIRECTA:
	1.1. Con los recursos lingüísticos adecuados a la situación:
	    1.1.1. Orales.
	    1.1.2. Escritos.
	1.2. Con la coherencia y corrección debidas.
		• Responsabilidad directa del ÁREA, compartida con otras, según especificidades.
		• Iniciativa en el planteamiento interdisciplinar.
		• Planificación de medios y actividades complementarias y extraescolares.

11. Aplicar con cierta autonomía los conocimientos sobre la lengua y las normas del uso lingüístico para comprender textos orales y escritos y para escribir y hablar con adecuación, coherencia, cohesión y corrección.	2. USAR LA LENGUA CON CORRECCIÓN, ORALMENTE Y POR ESCRITO:
	2.1. Conocer las normas de uso de la lengua en sus diferentes niveles:
	  2.1.1. Ortografía de las letras y acentuación.
	  2.1.2. Formas y posibilidades de la puntuación.
	  2.1.3. Normas de corrección en la construcción sintáctica.
	  2.1.4. Ampliación de vocabulario activo y pasivo. Rigor y precisión léxica.
	2.2. Usar las normas anteriores en todo tipo de comunicación oral y escrita.
		• Responsabilidad directa del ÁREA, compartida con otras, según especificidades.
		• Iniciativa en el planteamiento interdisciplinar.
		• Planificación de medios y actividades complementarias y extraescolares.

8. Hacer de la lectura fuente de placer, de enriquecimiento personal y de conocimiento del mundo, y consolidar hábitos lectores.	3. LEER AUTÓNOMAMENTE: 3.1. Como forma de comunicación. 3.2. Como fuente de enriquecimiento cultural. 3.3. Como fuente de placer personal. 4. ESCRIBIR AUTÓNOMAMENTE: 4.1. Como forma de comunicación. 4.2. Como fuente de placer personal.	• Responsabilidad básica del ÁREA. • Iniciativa en el planteamiento interdisciplinar. • Planificación de medios y actividades complementarias y extraescolares.
6. Utilizar la lengua eficazmente en la actividad escolar para buscar, seleccionar y procesar información y para redactar textos propios del ámbito académico.	5. UTILIZAR LA LENGUA COMO INSTRUMENTO, ORALMENTE Y POR ESCRITO: 5.1. Para adquirir nuevos aprendizajes. 5.2. Para comprender y analizar la realidad. 5.3. Para fijar y desarrollar el pensamiento. 5.4. Para regular la propia actividad.	• Responsabilidad directa del ÁREA, compartida con otras, según especificidades. • Colaboración interdisciplinar con otros departamentos. • Planificación de medios y actividades complementarias y extraescolares. • Colaboración en actividades complementarias y extraescolares planificadas por otros departamentos.
7. Utilizar con progresiva autonomía los medios de comunicación social y las tecnologías de la información para obtener, interpretar y valorar informaciones de diversos tipos y opiniones diferentes.	6. CONOCER Y UTILIZAR TÉCNICAS DE TRABAJO INTELECTUAL: 6.1. Técnicas de documentación y búsqueda de información en fuentes diversas (tradicionales y tecnológicas). 6.2. Técnicas de trabajo académico: elaboración de textos usuales en la vida académica. 6.3. Presentación de la información (tradicional e informatizada).	

B. ESPECÍFICOS: REFLEXIONAR CRÍTICAMENTE SOBRE LA LENGUA Y LA COMUNIDAD IDIOMÁTICA Y REGULAR EL PROPIO COMPORTAMIENTO LINGÜÍSTICO SEGÚN ESA REFLEXIÓN

2. Utilizar la lengua para expresarse de forma coherente y adecuada en los diversos contextos de la actividad social y cultural, para tomar conciencia de los propios sentimientos e ideas y para controlar la propia conducta.	**A. LA LENGUA CASTELLANA** 7. PLANO SEMIOLÓGICO-TEXTUAL. COMPRENDER Y ELABORAR DISCURSOS ORALES Y ESCRITOS: 7.1. Finalidades comunicativas: RECONOCER Y APLICAR. 7.2. Situaciones comunicativas: RECONOCER Y APLICAR. 7.3. Coherencia y corrección: RECONOCER Y APLICAR. 7.4. Estilo de autor: RECONOCER Y EXPRESARSE CON ESTILO PROPIO.	• Responsabilidad directa del ÁREA, en colaboración con otras, según especificidades. • Iniciativa en el planteamiento interdisciplinar y colaboración con otros departamentos. • Planificación de medios y actividades complementarias y extraescolares.

5. Emplear las diversas clases de escritos mediante los que se produce la comunicación con las instituciones públicas, privadas y de la vida laboral.	8. PLANO TEXTUAL-SINTÁCTICO:
	8.1. Comprender la construcción de textos y elaborarlos de acuerdo con ello:
	  8.1.1. Elementos formales y mecanismos de la construcción de textos.
	  8.1.2. Elaborar producciones propias de distintos tipos.
	8.2. Conocer las formas de discurso más importantes:
	  8.2.1. Distinguir los textos narrativos, descriptivos, dialogados, expositivos y argumentativos.
	  8.2.2. Explicar los rasgos textuales y las técnicas de composición de cada uno.
	  8.2.3. Crear textos propios de las diferentes variedades.
		• Responsabilidad básica del ÁREA.
		• Iniciativa en el planteamiento interdisciplinar.
		• Planificación de medios y actividades complementarias y extraescolares.

11. Aplicar con cierta autonomía los conocimientos sobre la lengua y las normas del uso lingüístico para comprender textos orales y escritos y para escribir y hablar con adecuación, coherencia, cohesión y corrección.	9. PLANOS MORFOSINTÁCTICO, LÉXICO-SEMÁNTICO Y FONOLÓGICO:
	9.1. Comprender los correspondientes subsistemas y su realización y regular la producción lingüística propia de acuerdo con ello:
	  9.1.1. Elementos formales y mecanismos de los sistemas morfosintáctico, léxico-semántico y fonológico.
	  9.1.2. Elaborar producciones propias de acuerdo con ello.
		• Responsabilidad básica del ÁREA.
		• Iniciativa en el planteamiento interdisciplinar.
		• Planificación de medios y actividades complementarias y extraescolares.

3. Conocer la realidad plurilingüe de España y las variedades del castellano y valorar esta diversidad como una riqueza cultural. 12. Analizar los diferentes usos sociales de las lenguas para evitar los estereotipos lingüísticos que suponen juicios de valor y prejuicios clasistas, racistas o sexistas.	**B. VARIEDAD DE LENGUAS Y USOS NORMATIVOS** 10. CONOCER, ANALIZAR Y JUZGAR CRÍTICAMENTE LA REALIDAD LINGÜÍSTICA HISPÁNICA: 10.1. La variedad lingüística de la comunidad idiomática hispánica. 10.2. La variedad de usos normativos de una misma lengua, con aplicación al castellano. 10.3. Fenómenos de contacto lingüístico. 10.4. Contenido ideológico del lenguaje. 11. ACTITUD SIN PREJUICIOS NI ESTEREOTIPOS ANTE ESA REALIDAD.	• Responsabilidad básica del ÁREA. • Iniciativa en el planteamiento interdisciplinar. • Planificación de medios y actividades complementarias y extraescolares.

9. Comprender textos literarios utilizando conocimientos básicos sobre las convenciones de cada género, los temas y motivos de la tradición literaria y los recursos estilísticos.
10. Aproximarse al conocimiento de muestras relevantes del patrimonio literario y valorarlo como un modo de simbolizar la experiencia individual y colectiva en diferentes contextos histórico-culturales.
	C. PRODUCTOS LINGÜÍSTICOS ESPECIALES
	12. POR SU CARÁCTER ESTÉTICO: LITERATURA:
	12.1. Fundamentos crítico-estilísticos:
	  12.1.1. Naturaleza y estructura de la obra literaria.
	  12.1.2. Reconocer las formas y géneros de la tradición literaria.
	12.2. Interpretación crítica de textos relevantes de nuestra tradición literaria:
	  12.2.1. Panorama de historia literaria, social y culturalmente enmarcada.
	  12.2.2. Lectura crítica de fragmentos y de obras completas.
	  12.2.3. Autores y obras fundamentales. Rasgos principales.
		• Responsabilidad básica del ÁREA.
		• Iniciativa en el planteamiento interdisciplinar.
		• Planificación de medios y actividades complementarias y extraescolares.

1. Utilizar la lengua para expresarse de forma coherente y adecuada en los diversos contextos de la actividad social y cultural, para tomar conciencia de los propios sentimientos e ideas y para controlar la propia conducta.
7. Utilizar con progresiva autonomía los medios de comunicación social y las tecnologías de la información para obtener, interpretar y valorar informaciones de diversos tipos y opiniones diferentes.
11. Aplicar con cierta autonomía los conocimientos sobre la lengua y las normas del uso lingüístico para comprender textos orales y escritos y para escribir y hablar con adecuación, coherencia, cohesión y corrección.
	13. POR NATURALEZA DE CANAL/CÓDIGO: LOS MEDIOS DE COMUNICACIÓN ESCRITOS Y AUDIOVISUALES:
	13.1. Reconocer y analizar críticamente.
	13.2. Actitud crítica ante sus mensajes y valorar su importancia:
	  13.2.1. Sistemas no verbales: funcionamiento de códigos y naturaleza y estructura de mensajes.
	  13.2.2. Los *mass media*: Su importancia en la cultura actual y su estructura.
	  13.2.3. Variedad de géneros y textos.
	13.3. Creación de textos propios de los medios de comunicación.
		• Responsabilidad directa del ÁREA, en colaboración con otras, según especificidades.
		• Iniciativa en el planteamiento interdisciplinar.
		• Colaboración con las iniciativas de otros departamentos.
		• Planificación de actividades complementarias y extraescolares.

4.2.3. Gradación de objetivos del Área dentro de la Etapa y entre niveles educativos

Tal como se plantea en el preámbulo del currículo oficial, «los objetivos de **Lengua Castellana y Literatura** en esta Etapa marcan una progresión con respecto a los establecidos para la Educación Primaria, de los que habrá que partir en esta nueva etapa». De igual forma, no podemos perder de vista que la finalidad de la E.S.O. es el desarrollo integral y armónico de la persona en los aspectos intelectuales, afectivos y sociales, de manera que el tratamiento de los objetivos planteados no es el mismo en los diferentes niveles. Por el contrario, es preciso establecer el diferente grado en que se persiguen dichos objetivos, y que en la siguiente tabla se simplifican como:

- **M:** tratamiento no sistemático: eminentemente MOTIVADOR.
- **I:** INICIACIÓN en aspectos básicos: primer tratamiento sistemático.
- **F:** FUNDAMENTACIÓN: segundo tratamiento sistemático.
- **R:** REPASO para afianzar conceptos y técnicas de aplicación.
- **C:** CONSOLIDACIÓN: tercer tratamiento sistemático y aplicación sistemática.

OBJETIVOS GENERALES DEL ÁREA (E.S.O.)	E.S.O. Ciclo 1.º 1.º	E.S.O. Ciclo 1.º 2.º	E.S.O. Ciclo 2.º 3.º	E.S.O. Ciclo 2.º 4.º	BACH.
A. ACTUAR AUTÓNOMAMENTE:					
1. Comunicarse plenamente en situación directa:					
1.1. Con los recursos lingüísticos adecuados a la situación:	M	I	F	F	R
1.1.1. Orales.					
1.1.2. Escritos.					
1.2. Con la coherencia y corrección debidas.	I	F	F	F	C
2. Usar la lengua con corrección, oralmente y por escrito:					
2.1 Conocer las normas de uso de la lengua en sus diferentes niveles:					
2.1.1. Ortografía de las letras y acentuación.	I	I	F	R	C
2.1.2. Formas y posibilidades de la puntuación.	M	I	F	F	C
2.1.3. Normas de corrección en la construcción sintáctica.	M	M	I	F	F
2.1.4. Ampliación de vocabulario activo y pasivo. Rigor y precisión léxica.	I	I	F	F	F
2.2. Usar las normas anteriores en todo tipo de comunicación oral y escrita.	M	I	F	F	F
3. Leer autónomamente:					
3.1. Como forma de comunicación.	M	M	I	I	F
3.2. Como fuente de enriquecimiento cultural.	M	M	I	I	F
3.3. Como fuente de placer personal.	M	I	I	F	C
4. Escribir autónomamente:					
4.1. Como forma de comunicación.	M	M	I	I	F
4.2. Como fuente de placer personal.	M	M	I	I	F
5. Utilizar la lengua como instrumento, oralmente y por escrito:					
5.1. Para adquirir nuevos aprendizajes.	M	I	F	R	C
5.2. Para comprender y analizar la realidad.	M	M	I	F	R-C
5.3. Para fijar y desarrollar el pensamiento.	M	M	I	F	R-C
5.4. Para regular la propia actividad.	F	R	C	C	C
6. Conocer y utilizar técnicas de trabajo intelectual:					
6.1. Técnicas de documentación y búsqueda de información en fuentes diversas:					
6.1.1. En fuentes tradicionales.	M	I	F	R	C
6.1.2. En fuentes tecnológicas.	M	M	I	F	R
6.2. Técnicas de trabajo académico: elaboración de textos usuales en la vida académica.	M	I	F	R	C
6.3. Presentación tradicional de la información.	—	M	I	R	C
6.4. Presentación informatizada.	—	—	M	I	R-C

B. REFLEXIONAR CRÍTICAMENTE SOBRE LA LENGUA Y LA COMUNIDAD IDIOMÁTICA Y REGULAR EL PROPIO COMPORTAMIENTO LINGÜÍSTICO DE ACUERDO CON ELLO:					
a. LA LENGUA CASTELLANA:					
7. Plano semiológico-textual:					
7.1. y 7.2. Finalidades y situaciones comunicativas.	M	I	F	F	R-C
7.3. Coherencia, corrección.	M	M	I	F	R-C
7.4. Estilo.	—	M	I	F	R-C
8. Plano textual-sintáctico:					
8.1. Elementos formales de la construcción de textos.	M	I	F	F	R-C
8.2. Conocer las formas de discurso.					
8.2.1. Textos narrativos descriptivos y dialogados.	M	I	F	R	C
8.2.2. Textos expositivos y argumentativos.	—	M	I	F	C
9. Planos morfosintáctico, léxico-semántico y fonológico:					
9.1. Elementos formales y mecanismos:					
9.1.1. Plano morfosintáctico.	I	I	F	R	C
9.1.2. Plano léxico-semántico.	M	I	I	F	R-C
9.1.3. Plano fonológico.	—	M	M	I	F
b. VARIEDAD DE LENGUAS Y USOS NORMATIVOS:					
10. Conocer, analizar y juzgar críticamente la realidad lingüística hispánica:					
10.1. La variedad lingüística de la comunidad idiomática hispánica.	M	I	F	R	C
10.2. La variedad de usos normativos de una misma lengua, con aplicación al castellano.	M	M	I	F	R-C
10.3. Fenómenos de contacto lingüístico.	—	—	I	F	R
10.4. Contenido ideológico del lenguaje.	—	—	M	I	F
11. Actitud sin prejuicios ni estereotipos ante esa realidad.					
c. PRODUCTOS LINGÜÍSTICOS ESPECIALES:					
12. Por su carácter estético (literatura):					
12.1. Naturaleza y estructura de la obra literaria.	M	M	I	I	F
12.2. Fundamentos crítico-estilísticos.	—	M	I	I	F
12.3. Panorama de historia literaria en su marco.	M	I	F	F	R-C
12.4. Lectura crítica de textos literarios.	M	I	F	F	R-C
13. Por naturaleza de canal/código. Los medios de comunicación escritos y audiovisuales:					
13.1. Reconocer y analizar críticamente.	—	—	I	F	R-C
13.2. Actitud crítica ante sus mensajes y valorar su importancia:					
13.2.1. Sistemas no verbales: funcionamiento de códigos y naturaleza y estructura de mensajes.	—	M	I	F	R-C
13.2.2. Los *mass media*: su importancia en la cultura actual y su estructura.	—	M	I	F	R-C
13.2.3. Variedad de textos: GÉNEROS INFORMATIVOS.	—	I	F	R	C
13.2.4. Variedad de textos: GÉNEROS DE OPINIÓN.	—	—	I	F	R-C
13.3. Creación de textos propios de los medios de comunicación.	—	M	I	F	R-C

4.3. CRITERIOS DE EVALUACIÓN

4.3.1. Criterios Oficiales de Evaluación para 3.º de Enseñanza Secundaria Obligatoria

Los criterios de evaluación establecidos por la legislación vigente para la asignatura de *Lengua Castellana y Literatura* en el tercer curso de la Educación Secundaria Obligatoria son los siguientes:

1. Entender instrucciones y normas dadas oralmente; extraer ideas generales e informaciones específicas de reportajes y entrevistas, seguir el desarrollo de presentaciones breves relacionadas con temas académicos y plasmarlo en forma de esquema y resumen.

> Con este criterio se comprobará si alumnos y alumnas son capaces de reproducir normas e instrucciones recibidas oralmente, al menos en sus puntos fundamentales; de dar

cuenta del tema general y de hechos relevantes de un reportaje radiofónico o emitido por TV o de las opiniones más significativas de un entrevistado y del perfil que de él da el entrevistador; finalmente, de plasmar en forma de esquema y resumen el tema general y las partes de una exposición oral no muy extensa y de estructura clara acerca de contenidos relacionados con diferentes materias escolares y otras obras de consulta.

2. Extraer y contrastar informaciones concretas e identificar el propósito en los textos escritos más usados para actuar como miembros de la sociedad; seguir instrucciones en ámbitos públicos y en procesos de aprendizaje de cierta complejidad; inferir el tema general y temas secundarios; distinguir cómo se organiza la información.

Con este criterio se evalúa que extraen informaciones concretas que pueden aparecer expresadas con palabras diferentes a las usadas para preguntar por ellas y contrastar las informaciones procedentes de diversas fuentes; identifican el acto de habla (protesta, advertencia, invitación...) y el propósito comunicativo, aunque en ellos no haya expresiones en que aquellos se hagan explícitos; siguen instrucciones para realizar actividades en ámbitos públicos próximos a su experiencia social y en situaciones de aprendizaje que constituyen procesos de cierta complejidad; identifican el tema general de un texto y los temas secundarios, no sólo reconociendo los enunciados en los que aparecen explícitos, sino infiriéndolos de informaciones que se repiten en el texto; establecen la relación entre los elementos de una exposición y de una explicación y aplican técnicas de organización de ideas.

3. Narrar, exponer, explicar, resumir y comentar, en soporte papel o digital, usando el registro adecuado, organizando las ideas con claridad, enlazando los enunciados en secuencias lineales cohesionadas, respetando las normas gramaticales y ortográficas, y valorando la importancia de planificar y revisar el texto.

Este criterio evalúa que redactan los textos con una organización clara y enlazando las oraciones en una secuencia lineal cohesionada y que manifiestan interés en planificar los textos y en revisarlos realizando sucesivas versiones hasta llegar a un texto definitivo adecuado por su formato y su registro. En este curso se evaluará si saben narrar y comentar con claridad hechos y experiencias en foros y diarios personales en soporte impreso o digital; componer textos propios del ámbito público, especialmente reglamentos, circulares, convocatorias y actas de reuniones, de acuerdo con las convenciones de estos géneros; redactar reportajes y entrevistas organizando la información de forma jerárquica; resumir narraciones y exposiciones reconstruyendo los elementos básicos del texto original; componer exposiciones y explicaciones sobre temas que requieren la consulta de fuentes, facilitando a los lectores una lectura fluida y la obtención de informaciones relevantes; exponer proyectos de trabajo e informar de las conclusiones. Se valorará también la buena presentación de los textos escritos tanto en soporte papel como digital, con respeto a las normas ortográficas y tipográficas.

4. Realizar explicaciones orales sencillas sobre hechos de actualidad social, política o cultural que sean del interés del alumnado, con la ayuda de medios audiovisuales y de las tecnologías de la información y la comunicación.

Con este criterio se busca observar si son capaces de ofrecer explicaciones sobre algún fenómeno natural, algún hecho histórico, algún conflicto social, etc., que sea de su interés. Se tratará de que los oyentes puedan obtener una descripción clara de los hechos y una comprensión suficiente de las causas que los explican. Se valorará especialmente la utilización de los medios audiovisuales y las tecnologías de la información y la comunicación como apoyo a las explicaciones orales.

5. Exponer una opinión sobre la lectura personal de una obra completa adecuada a la edad y relacionada con los periodos literarios estudiados; evaluar la estructura y el uso de los elementos del género, el uso del lenguaje y el punto de vista del autor; situar básicamente el sentido de la obra en relación con su contexto y con la propia experiencia.

Este criterio evalúa la competencia lectora en el ámbito literario por medio de la lectura personal de obras completas relacionadas con los periodos literarios estudiados (lo que incluye adaptaciones y recreaciones modernas). Deberán considerar el texto de manera crítica, evaluar su contenido, teniendo en cuenta su contexto histórico, la estructura general, los elementos caracterizadores del género, el uso del lenguaje (registro y estilo), el punto de vista y el oficio del autor. Deberán emitir una opinión personal sobre los aspectos más apreciados y menos apreciados de la obra, y sobre la implicación entre su contenido y las propias vivencias.

6. Utilizar los conocimientos literarios en la comprensión y la valoración de textos breves o fragmentos, atendiendo a la presencia de ciertos temas recurrentes, al valor simbólico del lenguaje poético y a la evolución de los géneros, de las formas literarias y de los estilos.

   Con este criterio se pretende evaluar la asimilación de los conocimientos literarios en función de la lectura, la valoración y el disfrute de los textos comentados en clase; se observa la capacidad de distanciarse del texto literario para evaluar su contenido, su organización, el uso del lenguaje y el oficio del autor. Se tendrá en cuenta la comprensión de los temas y motivos, el reconocimiento de la recurrencia de ciertos temas (amor, tiempo, vida, muerte), el reconocimiento de los géneros y de su evolución a grandes rasgos (de la épica en verso a la novela, de la versificación tradicional a la renacentista) y la valoración de los elementos simbólicos y de los recursos retóricos y de su funcionalidad en el texto.

7. Mostrar conocimiento de las relaciones entre las obras leídas y comentadas, el contexto en que aparecen y los autores más relevantes de la historia de la literatura, realizando un trabajo personal de información y de síntesis o de imitación y recreación, en soporte papel o digital.

   Este criterio trata de comprobar que se comprende el fenómeno literario como una actividad comunicativa estética en un contexto histórico determinado, mediante un trabajo personal en soporte papel o digital, en el que se sintetice la información obtenida sobre un autor, obra o periodo; también se puede proponer la composición de un texto en el que se imite o recree alguno de los modelos utilizados en clase. De esta forma se puede comprobar que se va adquiriendo un conocimiento de los grandes periodos de la historia de la literatura, desde la Edad Media hasta el siglo XVIII, así como de las obras y de los autores más relevantes de las literaturas hispánicas y europea.

8. Aplicar los conocimientos sobre la lengua y las normas del uso lingüístico para resolver problemas de comprensión de textos orales y escritos y para la composición y revisión progresivamente autónoma de los textos propios de este curso.

   Con este criterio se busca averiguar si se adquieren y utilizan los conocimientos sobre la lengua y las normas de uso en relación con la comprensión, la composición y la revisión de textos. Se atenderá en especial a las variaciones sociales de la deixis (fórmulas de confianza y de cortesía), a los conectores distributivos, de orden, contraste, explicación y causa; a los mecanismos de referencia interna, gramaticales léxicos, especialmente las nominalizaciones y los hiperónimos abstractos; a los valores del subjuntivo y de las perífrasis verbales de uso frecuente; a los diferentes comportamientos sintácticos de un mismo verbo en diferentes acepciones y a la expresión de un mismo contenido mediante diferentes esquemas sintácticos; a la inserción de subordinadas sustantivas, adjetivas y adverbiales. Se comprobará la consolidación del conocimiento práctico de las normas ortográficas y se ampliará a la ortografía de prefijos y sufijos más usuales; la tilde diacrítica en interrogativos y exclamativos; la coma en las oraciones compuestas y en relación con marcadores discursivos; las comillas como forma de cita.

9. Conocer la terminología lingüística necesaria para la reflexión sobre el uso.

   Con este criterio se pretende comprobar que se conoce y se comienza a usar la terminología básica para seguir y dar explicaciones e instrucciones en las actividades gramaticales. En este curso, además de la terminología evaluada en cursos anteriores, se comprobará el conocimiento de la referida a clases de predicados (nominal, verbal) y oraciones (activa, pasiva) y de complementos verbales, cambios de categoría (nominalizaciones) y a la identificación de las formas de unión (yuxtaposición, coordinación y subordinación) de las oraciones. Se valorará la progresiva autonomía en la obtención de información gramatical de carácter general en los diccionarios escolares.

4.3.2. Reformulación y concreción de Criterios Mínimos de Evaluación para 3.º de Educación Secundaria Obligatoria

Con el fin de integrarlos y desarrollarlos adecuadamente en la Programación, hemos realizado la siguiente reformulación de los criterios de evaluación del Área:

NOTA. Los criterios de evaluación oficiales son mínimos y, en consecuencia, constituyen procedimientos y criterios básicos y obligatorios en el desarrollo de la materia.

CE	CRITERIO DE EVALUACIÓN REFORMULADO	CARACTERÍSTICAS DEL MATERIAL	SISTEMA DE EVALUACIÓN

1	1. COMPRENSIÓN DE TEXTOS ORALES:
	  1.1. Contenido:
	    1.1.1. Distinguir el contenido esencial en narraciones complejas y en exposiciones orales.
	    1.1.2. Diferenciarlo del complementario.
	    1.1.3. Captar la intención del hablante (en discursos de opinión).
	  1.2. Forma:
	    1.2.1. Reconocer las características de tipos de discurso.
	    1.2.2. Relacionarlas con la situación comunicativa en que se producen.
	    1.2.3. Observar la coherencia interna de las intervenciones.
		• A partir de la lectura en voz alta de textos diversos (narrativos, descriptivos y dialogados).
		• Instrucciones y normas orales.
		• Textos orales procedentes de los medios de comunicación: reportajes, entrevistas, etc.
		• Presentaciones académicas breves y sencillas.
		• Debates orales en clase.
			• Mediante las técnicas de reducción de la información: formulación del tema, organizadores temáticos, esquemas de contenidos y resumen.
			• Sintetizar por escrito las instrucciones recibidas.
			• Dar cuenta del tema y de las informaciones relevantes de textos orales diversos (i. e., informativos y de opinión procedentes de los medios de comunicación)
			• Resumen y esquema de las partes de exposiciones académicas orales.
			• Participación en los diálogos y debates de la clase respetando las normas de conversación.

2	2. COMPRENSIÓN DE TEXTOS ESCRITOS: capacidad de selección, relación y síntesis.
	  2.1. Contenido:
	    2.1.1. Identificar el tema general y diferenciar las ideas principales de las secundarias.
	    2.1.2. Identificar intenciones y actos de habla.
	    2.1.3. Inferir la información no explícita.
	    2.1.4. Reconocer incoherencias o ambigüedades en el contenido.
	  2.2. Estructura y forma lingüística:
	    2.2.1. Apreciar la organización interna del texto.
	    2.2.2. Establecer las relaciones entre las partes.
	    2.2.3. Comprender la función de cada una.
	  2.3. Obtener y procesar información ajena.
	    2.3.1. Procedente de fuentes escritas diversas
	    2.3.2. Contrastar e integrar la información.
	    2.3.3. Aportar opiniones y valoración personal.
		• Textos escritos, literarios y no literarios, correspondientes a las distintas formas de discurso.
		• Textos instruccionales de distinto tipo, especialmente de uso habitual en ámbitos públicos.
		• Para la obtención de información, textos explicativos propios del ámbito académico, procedentes de fuentes diversas y de nivel adecuado.
		• Nivel de formalización de progresiva complejidad.
			• Mediante las técnicas de reducción de la información:
			— Formulación del tema.
			— Organizadores temáticos.
			— Subrayado.
			— Esquemas de contenidos.
			— Resumen oral y escrito de textos escritos.
			• En la obtención y proceso de información:
			— Elaboración de trabajos de documentación.
			— Trabajo con fichas.

4	3. PRODUCCIÓN DE TEXTOS ORALES:
	  3.1. Invención y disposición:
	    3.1.1. Preparar un plan o guión previo.
	    3.1.2. Exponer de forma ordenada y fluida.
	    3.1.3. Mantener el orden lógico.
	    3.1.4. Integrar información ajena con las propias ideas y experiencias.
	    3.1.5. Adecuarse a la situación y al contenido.
	  3.2. Elocución:
	    3.2.1. Enunciación clara y expresiva.
	    3.2.2. Uso de los recursos proxémicos adecuados: apelaciones, entonación, articulación, pausas, volumen de voz, ademanes...
		Tipos de discursos
		• Debates colectivos.
		• Exposiciones orales individuales.
		
		Temas
		• Sobre hechos de actualidad social, política o cultural de interés para el alumno.
		
		Recursos
		• Utilización de recursos audiovisuales y de las tecnologías de la información y la comunicación.
			• Exposición oral en público, en la que se valorará:
			— La selección de las ideas.
			— El orden y la claridad en la exposición.
			— La capacidad para mantener la atención del oyente.
			— El uso de recursos técnicos de apoyo.
			• Debate planificado y organizado, en el que se valorará:
			— La selección de las ideas.
			— El orden y la claridad en la exposición.
			— El respeto a las reglas de conversación.

3	4. PRODUCCIÓN DE TEXTOS ESCRITOS DE CARÁCTER PERSONAL (literarios y no literarios): 4.1. Registro adecuado a la situación comunicativa. 4.2. Naturaleza del escrito: reconocer y aplicar los elementos estructurales. 4.3. Planificación y revisión del texto. 4.4. Coherencia y cohesión interna del escrito. 4.5. Corrección lingüística, fluidez verbal, precisión y creatividad apropiadas al nivel.	Textos personales literarios: • De carácter preferentemente narrativo. • Inserción progresiva de secuencias descriptivas y dialogadas. • Análisis de textos ajenos que sirvan como modelo. Textos personales no literarios: • Del ámbito público: • De los medios de comunicación: noticias, reportajes, entrevistas...	Evaluación del proceso creativo: • Reflexión previa general. • Aplicación de las estructuras de género. • Uso de procedimientos retóricos básicos. • Análisis de modelos de la tradición literaria. • Búsqueda de estilo personal. Aplicación tras análisis de modelos y ejercicios de comprensión lingüística
3	5. PRODUCCIÓN DE TEXTOS ESCRITOS DE CARÁCTER ACADÉMICO: 5.1. Planificar el trabajo y, si es en equipo, distribuirlo. 5.2. Manejar fuentes y sistemas de clasificación: biblioteca, índices, ficheros... 5.3. Seleccionar la información necesaria y suficiente y cotejarla. 5.4. Anotar y organizar la información: uso de fichas. 5.5. Conclusiones objetivas y útiles para el fin pretendido.	• Temas adecuados a la edad y formación de los alumnos. • Siempre perfectamente orientados. • Consulta de la información en: — La biblioteca del Centro y otras bibliotecas accesibles. — Medios de comunicación. — Fuentes informáticas. — Internet.	Comentarios de texto dirigidos y sencillos trabajos de documentación. Aspectos evaluables: • Planificación y uso de las fuentes. • Selección de la información. • Estructuración coherente y ordenada de los contenidos. • Redacción: variedad léxica y sintáctica, fluidez verbal, precisión y corrección lingüística apropiadas al nivel.
5	6. LECTURA DE OBRAS LITERARIAS COMPLETAS: 6.1. Identificar el género. 6.2. Reconocer los elementos estructurales básicos. 6.3. Explicar de manera básica el sentido de la obra en relación con su contexto y con la propia experiencia. 6.4. Reconocer los grandes tipos de procedimientos retóricos empleados en el texto. 6.5. Exponer una opinión personal valorativa. 6.6. Incorporar las técnicas básicas de trabajo.	• Obras motivadoras relacionadas con el periodo literario estudiado. • Tratamiento no academicista. • Importancia del tema, cercano a los intereses del alumnado. • Suficiente nivel de elaboración formal.	• Lectura personal: — Control adecuado. • Pequeña reflexión analítica y crítica: — Expuesta por escrito en un breve trabajo muy definido. — Mediante debate.
7	7. CONOCIMIENTO DE LA HISTORIA LITERARIA ESPAÑOLA EN SU CONTEXTO (hasta el siglo XVIII): 7.1. Conocer los conceptos básicos del panorama literario español en cada una de las épocas: 7.1.1. Marco histórico, sociocultural y estético. 7.1.2. Movimientos literarios. 7.1.3. Autores más importantes. 7.1.4. Obras fundamentales. 7.2. Analizar críticamente textos representativos.	• Esquemas cronológicos y de información literaria. • Estructuración de la información desde la perspectiva histórica y de género. • Estudio apoyado siempre en la lectura y análisis de textos. • Necesaria contextualización de autores y textos literarios. • Comprensión de la dimensión estética de los textos estudiados.	• Cuestiones de aplicación y de relación crítica de la información. • Trabajos de documentación y de síntesis sobre cuestiones de historia literaria. • Elaboración de esquemas y resúmenes. • Composición de textos de intención literaria según los modelos estudiados.

6	**8. COMENTARIO DE TEXTOS LITERARIOS:** 8.1. Comprensión textual. 8.2. Localización y explicación de rasgos de época o movimiento. 8.3. Análisis básico del contenido del texto: temas y motivos. 8.4. Breve explicación de aspectos relativos al género y a la estructura textual. 8.5. Valoración del estilo: recursos básicos presentes en el texto y su relación con el contenido.	• Textos breves y fragmentos adecuados al nivel del alumno. • Extraídos de obras y autores relevantes. • Representativos de los distintos géneros.	• Evaluar los siguientes aspectos: — Asimilación de los conocimientos sobre historia y técnica literaria. — Capacidad para comprender y explicar el sentido, la forma y el estilo del texto. — Estructuración adecuada y coherente del comentario. — Redacción y presentación correctas.
9	**9. EL SISTEMA LINGÜÍSTICO CASTELLANO:** 9.1. Conocer los elementos lingüísticos fundamentales de los niveles morfológico y sintáctico con la terminología precisa. 9.2. Distinguir clara y fundamentadamente las categorías gramaticales. 9.3. Determinar las funciones sintácticas básicas. 9.4. Diferenciar las distintas clases de oraciones y tipos de predicados. 9.5. Analizar la estructura sintáctica de enunciados simples y compuestos elementales.	• Ejercicios y prácticas gramaticales: — De análisis morfológico y sintáctico. — Transformaciones gramaticales: cambios de categoría, de estructura sintáctica, de variación léxica, etcétera. • Aplicación de conceptos gramaticales a la comprensión y expresión de textos tanto orales como escritos.	• Resolución correcta y fundamentada de los ejercicios y prácticas gramaticales. • Utilización precisa de la terminología lingüística apropiada al nivel. • Manejo adecuado de los mecanismos de análisis gramatical y de los esquemas pertinentes. • Uso autónomo de la información gramatical de los diccionarios escolares.

8	**10. APLICACIÓN AL USO LINGÜÍSTICO DEL CONOCIMIENTO DE LA NORMA Y LA GRAMÁTICA CASTELLANA:**
	10.1. Aspectos funcionales: uso del registro adecuado a cada situación.
	10.2. Aspectos textuales: elementos de cohesión en la comprensión y en la producción de textos.
	10.3. Aspectos gramaticales:
	  10.3.1. Coherencia y precisión en el uso de formas verbales.
	  10.3.2. Variedad en el uso de estructuras sintácticas.
	10.3. Aspectos ortográficos: conocimiento y uso correcto de las normas ortográficas y de puntuación.
		• Ejercicios de uso de la lengua y corrección de errores.
		• Análisis y explicación de la cohesión interna de textos diversos.
		• Revisión y corrección de textos escritos propios y ajenos.
		• Ejercicios específicos de ortografía y puntuación.
			• Exigencia de adecuación, coherencia, cohesión y corrección sintáctica y ortográfica en todas las actividades académicas.

5. PROGRAMACIÓN CONCRETA DE *LENGUA CASTELLANA Y LITERATURA*: 3.º DE EDUCACIÓN SECUNDARIA OBLIGATORIA

5.1. EXPERIENCIA DEL CURSO ANTERIOR

(Resúmanse los aspectos fundamentales recogidos en la Memoria del curso pasado y enúncienselas decisiones que, a tenor de la evaluación, se tomaron entonces para el presente curso.)

5.2. PLAN GENERAL DEL CURSO

BLOQUES	REFLEXIÓN SOBRE LA LENGUA Y LA LITERATURA CASTELLANAS (teoría y práctica)	LECTURA COMPRENSIVA Y COMENTARIO DE TEXTOS	LECTURA DE OBRAS COMPLETAS
Contenidos generales:	1. Estructura general de la palabra. Las clases de palabras. 2. Categorías y funciones. Distinción de las unidades básicas de la sintaxis: sintagma, oración simple y compleja, frase y enunciados oracionales. Estructura general del sintagma prepositivo y no prepositivo. Constituyentes elementales de la oración. Componentes del predicado. La oración compleja. 3. Conocimiento básico de la historia literaria hasta el siglo XVII.	1. Lenguaje y comunicación. El proceso de comunicación en la comprensión de textos. 2. Las variedades del discurso: descripción, narración y diálogo. 3. La lectura comprensiva: subrayado, esquema, resumen. 4. Técnicas de trabajo: el diccionario, la biblioteca, el uso de fichas. Presentación formal de trabajos. 5. El comentario de textos literarios.	*Determinar las lecturas obligatorias para el presente curso.*
Objetivos mínimos:	1. Conocimiento de la información gramatical con la terminología específica estrictamente necesaria. 2. Manejo de técnicas básicas de definición, clasificación y análisis. 3. Aplicación práctica correcta de la información y de las técnicas. 4. Comprensión y explicación de las etapas, géneros y autores fundamentales de la literatura española hasta el siglo XVII.	1. Correcta aplicación de las técnicas de lectura comprensiva. 2. Correcta realización de esquemas y resúmenes. 3. Ortografía y corrección expresiva.	1. Lectura personal de las obras. 2. Comprensión del texto en sus aspectos de contenido y forma.
Objetivos de ampliación:	*Determínense los objetivos de ampliación que se consideren adecuados.*	*Determínense los objetivos de ampliación que se consideren adecuados.*	*Determínense los objetivos de ampliación que se consideren adecuados.*
Sistemas de control:	1. Ejercicios prácticos. 2. Controles parciales y globales.	1. Ejercicios sobre textos. 2. Controles específicos, parciales y globales, de acuerdo con lo ejercitado.	1. Controles de lectura, para objetivos mínimos. 2. Trabajos orientados sobre las obras.
MATERIAL:	1. Apuntes y material práctico proporcionados por el profesor. 2. Libro de texto: *Lengua Castellana y Literatura. 3º de E.S.O*, Ediciones AKAL, 2007. 3. *Hágase constar cualquier otro tipo de material que vaya a ser necesario emplear en clase.*		

Criterios de calificación en evaluaciones parciales y final:

(Inclúyanse aquí las decisiones que el Departamento haya tomado sobre los criterios de calificación que se aplicarán a lo largo del curso: porcentaje que cada uno de los bloques de contenidos tendrá en la calificación global –Estudio de la Lengua, Comunicación y Técnicas de Trabajo, Literatura, Lecturas obligatorias...–, formas de recuperación –global, por bloques...–, consideración en las notas parciales y globales de la corrección en la escritura –sintaxis, ortografía, acentuación, puntuación...– y cualquier otra información sobre la planificación del curso que sea de interés para los alumnos.)

NOTA. Este Plan general de curso se entregará a los alumnos el primer día de clase.

5.3. SECUENCIACIÓN DE CONTENIDOS Y DISTRIBUCIÓN TEMPORAL

NOTAS:
1. La temporalización tiene un valor exclusivamente orientativo.
2. El periodo marcado para cada unidad incluye el tratamiento total: actividades de motivación y fases de inducción, síntesis, explicación, actividades de aplicación y controles de evaluación.

3. Como consideramos fundamental que los alumnos adquieran el hábito de leer obras completas y no sólo fragmentos, programamos la lectura de cuatro obras (una en el primer trimestre, dos en el segundo y una más en el tercero), cuya concreción queda evidentemente a criterio de cada profesor.

4. La recuperación de evaluaciones se realizará al mismo tiempo que el control de evaluación del trimestre siguiente. Se realizará también una última recuperación y una prueba final de contraste y homogeneización en la última semana de clases.

		PRIMER TRIMESTRE	
	BLOQUE	**CONTENIDOS**	
		UNIDAD 1 (4 semanas)	**UNIDAD 2** (4 semanas)
CONCEPTOS	**ESTUDIO DE LA LENGUA**	1. **El análisis morfológico.** 1.1. Clases de morfemas. 1.2. Clases de palabras. 1.3. La formación de palabras.	2. **Categorías gramaticales (I).** 2.1. El sustantivo. 2.2. El adjetivo.
	LITERATURA	1. **La comunicación literaria. Conceptos fundamentales.** 1.1. La literatura. 1.2. Los géneros literarios. 1.3. Las figuras literarias.	2. **La métrica.** 2.1. Prosa y verso. 2.2. La medida de los versos. 2.3. La rima. 2.4. La estrofa 2.5. El poema.

	COMUNICACIÓN	1. **La comunicación.**
		1.1. El concepto de comunicación.
		1.2. Elementos del proceso comunicativo.
		1.3. Formas de comunicación.
		1.4. Los signos.
			2. **Las formas del discurso. La descripción (I).**
			2.1. Variedades o formas del discurso.
			2.2. La descripción:
			    2.2.1. Tipos de descripciones.
			    2.2.2. La descripción técnica.
			    2.2.3. La descripción publicitaria.

TÉCNICAS Y USO DE LA LENGUA	**GRAMÁTICA Y USO DEL IDIOMA**	• Discriminación y clasificación de unidades lingüísticas. Actividades prácticas de aplicación. Análisis en textos contextualizados. • **Acentuación** (1). Reglas generales.	• Discriminación y clasificación de unidades lingüísticas. Análisis en textos contextualizados. • **Acentuación** (2). Diptongos, triptongos, hiatos y monosílabos. Tilde diacrítica.
	TÉCNICAS DE TRABAJO	Los apuntes de clase.	Los exámenes.
	COMPRENSIÓN Y EXPRESIÓN ORAL	• Provocar y analizar situaciones comunicativas. • Reconocer los factores y funciones en actos comunicativos orales mediante rasgos formales. • Comprensión de textos orales del ámbito académico • Explicaciones orales sobre asuntos relacionados con la comunicación verbal y no verbal.	• Elaboración de descripciones orales. • Comprensión de textos orales del ámbito académico. • Intervención activa en las actividades orales de la clase: debate sobre la lectura, puesta en común, etcétera. • Explicaciones orales a propósito de los textos comentados en clase.
	COMPRENSIÓN Y EXPRESIÓN ESCRITA	• **Lectura de una obra completa** (primer trimestre). Fase de lectura personal y lúdica. • Utilizar los elementos del acto comunicativo como método de lectura comprensiva. • Iniciación en la escritura creativa a partir de modelos. Seguimiento en clase: lectura y comentario de las composiciones de los alumnos. • Lectura y comentario en clase de los textos producidos por los alumnos.	• Realización de un esquema sobre las estructuras textuales básicas. • Iniciación al comentario de textos: lectura literal. Discriminación de ideas principales y secundarias. Localización y valoración de ideas implícitas. • Lectura y comentario de textos literarios (individuales y en grupo). • Identificación y análisis de diversos tipos de textos descriptivos. • Realización de una recensión en ficha de las lectura del trimestre. • Continuación de la lectura obligatoria. Pequeño trabajo de síntesis o debate en el aula.

		PRIMER TRIMESTRE	SEGUNDO TRIMESTRE
	BLOQUE	CONTENIDOS	
		UNIDAD 3 (4 semanas)	UNIDAD 4 (4 semanas)
CONCEPTOS	ESTUDIO DE LA LENGUA	3. **Categorías gramaticales (II). Determinativos y pronombres.** 3.1. El artículo. 3.2. Los pronombres personales. 3.3. Los demostrativos. 3.4. Los posesivos. 3.5. Los indefinidos. 3.6. Los numerales. 3.7. Relativos, interrogativos y exclamativos.	4. **Categorías gramaticales (III). El verbo.** 4.1. Constituyentes morfológicos del verbo. 4.2. La conjugación regular. 4.3. Perífrasis verbales. 4.4. Locuciones verbales.

	LITERATURA	3. **La literatura medieval.**
		3.1. La Edad Media.
		3.2. La poesía oral. El mester de juglaría:
		   3.2.1. La lírica peninsular primitiva.
		   3.2.2. La épica. El *Cantar* o *Poema del Mio Cid*.
		3.3. El mester de clerecía:
		   3.3.1. El *Libro de buen amor*.
		3.4. La prosa.
		3.5. El teatro.
			4. **La literatura del siglo xv.**
			4.1. El siglo xv.
			4.2. La lírica tradicional. El Romancero.
			4.3. La lírica culta. Poesía cortesana:
			   4.3.1. Jorge Manrique.
			4.4. La prosa del siglo xv.
			4.5. El teatro del siglo xv:
			   4.5.1. *La Celestina*.

	COMUNICACIÓN	3. **La descripción (II). Descripciones literarias.** 3.1. El proceso descriptivo. 3.2. Descripción de personajes. 3.3. Descripción de espacios y ambientes.	4. **La narración (I).** 4.1. El concepto de narración. 4.2. Elementos estructurales de la narración. 4.3. La acción narrativa.
TÉCNICAS Y USO DE LA LENGUA	GRAMÁTICA Y USO DEL IDIOMA	• Discriminación y clasificación de determinativos y pronombres. Actividades prácticas de aplicación. Análisis en textos contextualizados. • **Acentuación** (3). Demostrativos. Interrogativos y exclamativos. Palabras compuestas. Otras cuestiones sobre acentuación.	• Discriminación y clasificación de formas verbales. Actividades prácticas de aplicación. • Análisis morfológico en textos contextualizados. • **Ortografía**. Uso de mayúsculas. Ortografía de B y V.
	TÉCNICAS DE TRABAJO	El diccionario (I). Utilidad del diccionario. Estructura de un artículo del *DRAE*.	El diccionario (II). Uso del diccionario.
	COMPRENSIÓN Y EXPRESIÓN ORAL	• Intervención activa en situaciones de comunicación oral en clase. • Lectura y comentario oral de los textos producidos por los alumnos. • Selección, recitado y comentario oral en grupo de textos medievales. • Debate en clase.	• Seguimiento en clase de la escritura creativa: lectura y análisis de las composiciones de los alumnos. • Intervención activa en situaciones de comunicación oral en clase. • Selección, recitado y comentario oral en grupo de romances. • Recital poético con apoyo de medios audiovisuales a partir de las *Coplas*.
	COMPRENSIÓN Y EXPRESIÓN ESCRITA	• Análisis de diversos tipos de textos descriptivos: personajes, espacios y ambientes. • Lectura de una obra completa: pequeño trabajo de síntesis sobre la obra leída este trimestre. • Iniciación en la escritura creativa a partir de modelos (descripciones diversas, cuentos, fábulas). • Comprensión de la información en diccionarios y otras fuentes de información. • Creación progresiva de un modelo personal y adecuado de **Comentario escrito de textos literarios**. El alumno irá incorporando, día a día y a lo largo del curso, los conocimientos y técnicas adquiridos.	• Lectura comprensiva y análisis dirigido de textos literarios (individuales y en grupo). Incorporar los aspectos estudiados en el trimestre anterior. • Escritura creativa a partir de modelos (romances). • Dramatización de textos dialogados. • Redacción de textos expositivos sobre temas diversos. • **Lectura de una obra completa** (segundo trimestre). • Comprensión de la información en diccionarios y otras fuentes de información. • Comentario escrito de textos literarios

SEGUNDO TRIMESTRE

BLOQUE		CONTENIDOS	
		UNIDAD 5 (4 semanas)	**UNIDAD 6** (4 semanas)

CONCEPTOS	ESTUDIO DE LA LENGUA	5. **Categorías gramaticales (IV).**
		5.1. El adverbio.
		5.2. Los elementos de relación:
		   5.2.1. Las preposiciones.
		   5.2.2. Las conjunciones.
			6. **Los sintagmas. La estructura de la oración.**
			6.1. El sintagma nominal.
			6.2. El sintagma adjetival.
			6.3. El sintagma adverbial.
			6.4. El sintagma preposicional.
			6.5. Sujeto y predicado.

	LITERATURA	5. **El Renacimiento. La poesía del siglo XVI.**
		5.1. El siglo XVI.
		5.2. El Renacimiento.
		5.3. La poesía en el siglo XVI:
		   5.3.1. Garcilaso de la Vega.
		   5.3.2. Fray Luis de León.
		   5.3.3. San Juan de la Cruz.
			6. **El teatro y la narrativa en el siglo XVI.**
			6.1. El teatro.
			6.2. La narrativa:
			   6.2.1. *Lazarillo de Tormes*.
			   6.2.2. Miguel de Cervantes.

	COMUNICACIÓN	5. **La narración (II). El narrador.** 5.1. La función del narrador. 5.2. El punto de vista de la narración. 5.3. Tipos de narrador.	6. **La narración (III).** 6.1. Los personajes. 6.2. El tiempo narrativo. 6.3. El espacio narrativo.
TÉCNICAS Y USO DE LA LENGUA	GRAMÁTICA Y USO DEL IDIOMA	• Discriminación y clasificación de adverbios, preposiciones y conjunciones. Actividades prácticas de aplicación. • Análisis morfológico en textos contextualizados. • **Ortografía** de C/Z, C/K/Q, D/Z. Formas escritas en una o más palabras.	• Análisis y clasificación de unidades lingüísticas. Uso de marcas y criterios formales en la determinación de unidades. Aplicación a oraciones modelo y a discursos contextualizados. • Análisis, clasificación y representación de unidades y funciones sintácticas. • Análisis morfológico en textos contextualizados. • **Ortografía** de G/J, H, LL/Y. Contracciones.
	TÉCNICAS DE TRABAJO	La lectura comprensiva. El subrayado.	El esquema de contenidos.
	COMPRENSIÓN Y EXPRESIÓN ORAL	• Intervención activa en situaciones de comunicación oral en clase. • Lectura en voz alta y comentario oral en grupo de textos narrativos. • Selección y lectura expresiva de textos poéticos del Renacimiento. • Debate en clase por grupos.	• Intervención activa en situaciones de comunicación oral en clase. • Lectura en voz alta y comentario oral en grupo de textos breves y fragmentos. • Improvisación de relatos orales. • Elaboración y exposición oral en clase de un informe sobre la marginación en la actualidad, a partir de documentación extraída de medios de comunicación escritos y audiovisuales.
	COMPRENSIÓN Y EXPRESIÓN ESCRITA	• Lectura y comentario de textos breves y fragmentos (individuales y en grupo). • Lectura comprensiva: discriminar fundamentalmente y esquematizar las ideas principales de los textos. • Dar cuenta mediante el subrayado de la jerarquía de ideas de los textos. • Identificación, explicación, interpretación y comentario de los elementos estructurales de los textos narrativos. • Incorporar los elementos trabajados al comentario escrito de textos. • Redacción de textos expositivos sobre temas diversos.	• Realización de una recensión en fichas de la lectura completa realizada en este trimestre. • Dramatización de un texto narrativo. • Búsqueda de información en fuentes diversas: elaboración de un esquema de informe o trabajo. • Escritura creativa a partir de modelos (carta, texto argumentativo). • Lectura comprensiva: tema y estructura de contenidos. Discriminar fundamentalmente componentes estructurales y formales. • Dar cuenta mediante esquemas apropiados de la ordenación interna de los textos. • Identificación, explicación, interpretación y comentario de los elementos estructurales de los textos narrativos. • Incorporar los elementos trabajados al comentario escrito de textos.

SEGUNDO TRIMESTRE

BLOQUE		CONTENIDOS	
		UNIDAD 7 (4 semanas)	**UNIDAD 8** (4 semanas)

CONCEPTOS	**ESTUDIO DE LA LENGUA**	7. **El sintagma verbal.**
		7.1. El núcleo del sintagma verbal.
		7.2. Predicado nominal: el atributo.
		7.3. Los complementos del sintagma verbal:
		    7.3.1. El complemento directo.
		    7.3.2. El complemento de régimen.
		    7.3.3. El complemento indirecto.
		    7.3.4. Los complementos circunstanciales.
		    7.3.5. El complemento predicativo.
		    7.3.6. El complemento agente.
			8. **Clases de oraciones.**
			8.1. Según la modalidad oracional: enunciativas, desiderativas, dubitativas, exclamativas, interrogativas y exhortativas.
			8.2. Según la estructura del predicado:
			    8.2.1. Oraciones atributivas.
			    8.2.2. Oraciones semiatributivas.
			    8.2.3. Oraciones predicativas:
			        8.2.3.1. Oraciones activas:
			            8.2.3.1.1. Oraciones transitivas.
			            8.2.3.1.2. Oraciones intransitivas.
			        8.2.3.2. Oraciones pasivas:
			            8.2.3.2.1. Pasiva perifrástica.
			            8.2.3.2.2. Pasiva refleja.

	LITERATURA	7. **La poesía del siglo XVII.**
		7.1. El siglo XVII.
		7.2. El Barroco.
		7.3. El conceptismo y el culteranismo.
		7.4. La poesía barroca:
		    7.4.1. Luis de Góngora.
		    7.4.2. La poesía de Lope de Vega.
		    7.4.3. La poesía de Francisco de Quevedo.
			8. **La prosa del siglo XVII.**
			8.1. La novela picaresca.
			8.2. La prosa de Lope de Vega.
			8.3. Francisco de Quevedo. Su obra en prosa.
			8.4. Baltasar Gracián.

	COMUNICACIÓN	7. **Los textos dialogados.** 7.1. Definición de diálogo. 7.2. Clases de diálogos. 7.3. El diálogo en los relatos: los procedimientos de cita. 7.4. El diálogo teatral.	8. **Los medios de comunicación. El periódico.** 8.1. Los medios de comunicación social. 8.2. La prensa. Diarios y revistas. 8.3. El periódico o diario.
TÉCNICAS Y USO DE LA LENGUA	**GRAMÁTICA Y USO DEL IDIOMA**	• Análisis y clasificación de unidades lingüísticas. Uso de marcas y criterios formales en la determinación de unidades. Aplicación a oraciones modelo y a discursos contextualizados. • Análisis, clasificación y representación de unidades y funciones sintácticas. • **Ortografía** de M/N, R/RR, S/X.	• Análisis, clasificación y representación de unidades y funciones sintácticas. Aplicación a oraciones modelo y a discursos contextualizados. • Manipulación y transformación de unidades lingüísticas. • **Puntuación** (1). La coma. El punto.
	TÉCNICAS DE TRABAJO	Tipos de fuentes de documentación.	La biblioteca.
	COMPRENSIÓN Y EXPRESIÓN ORAL	• Intervención activa en situaciones de comunicación oral en clase. • Organización de un debate formalizado: selección de participantes y funciones, planificación, acopio de ideas, exposición oral en turnos de intervención. Informe de la actividad. • Lectura dramatizada y comentario oral en grupo de textos teatrales. • Selección y recitado de textos poéticos del Barroco.	• Intervención activa en situaciones de comunicación oral en clase. • Lectura en voz alta y comentario oral en grupo de textos en prosa. • Debate formalizado: *El periódico y la televisión*. • Debate informal en gran grupo: *Las normas de conducta*.

SEGUNDO TRIMESTRE				
BLOQUE		**CONTENIDOS**	
^^ ^^		**UNIDAD 7** (4 semanas)	**UNIDAD 8** (4 semanas)
TÉCNICAS Y USO DE LA LENGUA	**COMPRENSIÓN Y EXPRESIÓN ESCRITA**	• Escritura creativa a partir de modelos. • Redacción de textos expositivos sobre temas diversos. • Transformaciones de textos narrativos en dialogados, y viceversa. Estilos de cita. • Creación de un breve texto teatral. • Lectura de una obra completa: pequeño trabajo de síntesis sobre la obra leída este trimestre. • Lectura comprensiva: tema, resumen y estructura de contenidos de textos literarios y no literarios. • Discriminar fundamentadamente y esquematizar elementos estructurales y componentes formales en textos literarios. • Incorporar los elementos trabajados al comentario escrito de textos.	• Elaboración de un informe. Estudio comparado de periódicos y revistas diferentes. • Redacción de textos expositivos sobre temas diversos. • Escritura creativa a partir de modelos (texto dialogado, retrato literario, aforismos). • Trabajos de documentación: *La España del Barroco. Los mitos clásicos en el arte.* • **Lectura de una obra completa** (tercer trimestre). • Lectura comprensiva: tema, resumen y estructura de contenidos de textos literarios y no literarios. • Incorporar la búsqueda de información en fuentes bibliográficas a la elaboración del comentario escrito de textos.

TERCER TRIMESTRE				
BLOQUE		**CONTENIDOS**	
^^ ^^		**UNIDAD 9** (4 semanas)	**UNIDAD 10** (4 semanas)

CONCEPTOS	**ESTUDIO DE LA LENGUA**	9. **Subordinación y coordinación de oraciones.**
		  9.1. Clases de oraciones subordinadas:
		    9.1.2. Subordinadas adjetivas.
		    9.1.3. Subordinadas sustantivas.
		    9.1.4. Subordinadas adverbiales.
		    9.1.5. Subordinadas comparativas y consecutivas.
		  9.2. Clases de oraciones coordinadas:
		    9.2.1. Coordinadas copulativas.
		    9.2.2. Coordinadas disyuntivas.
		    9.2.3. Coordinadas adversativas.
		    9.2.4. Coordinadas consecutivas.
			10. **Origen y evolución del castellano. El bilingüismo.**
			  10.1. Lengua y dialecto.
			  10.2. Origen y evolución del castellano:
			    10.2.1. La romanización.
			    10.2.2. Las lenguas románicas.
			    10.2.3. El castellano.
			  10.3. El bilingüismo.

^^ ^^	**LITERATURA**	9. **El teatro del siglo XVII.**
		  9.1. El teatro en la España del siglo XVII.
		  9.2. La comedia nueva.
		  9.3. El teatro de Lope de Vega.
		  9.4. Pedro Calderón de la Barca.
			10. **La literatura del siglo XVIII.**
			  10.1. El siglo XVIII.
			  10.2. La Ilustración.
			  10.3. La prosa.
			  10.4. La poesía.
			  10.5. El teatro.

^^ ^^	**COMUNICACIÓN**	9. **La noticia informativa.**
		  9.1. Los géneros periodísticos.
		  9.2. Definición de la noticia.
		  9.3. Características de la noticia.
		  9.4. Estructura de la noticia.
		  9.5. El estilo de las noticias.
			10. **Géneros periodísticos.**
			  10.1. El reportaje.
			  10.2. La crónica.
			  10.3. La entrevista.

TERCER TRIMESTRE

BLOQUE		CONTENIDOS	
		UNIDAD 9 (4 semanas)	**UNIDAD 10** (4 semanas)
TÉCNICAS Y USO DE LA LENGUA	**GRAMÁTICA Y USO DEL IDIOMA**	• Análisis, clasificación y representación de unidades y funciones sintácticas. Aplicación a oraciones modelo y a discursos contextualizados. • Tratamiento contextualizado en el trabajo de comprensión y expresión de textos. • Ejercicios de análisis y aplicación a partir de los textos trabajados. • **Puntuación** (2). El punto y coma. Los dos puntos.	• Tratamiento contextualizado en el trabajo de comprensión y expresión de textos. • Ejercicios de análisis y aplicación a partir de los textos trabajados. • **Puntuación** (3). Los puntos suspensivos. Los signos de interrogación y exclamación.
	TÉCNICAS DE TRABAJO	Las fichas. La ficha bibliográfica. La ficha temática o de contenidos. La ficha de citas.	Redacción y presentación de los textos propios.
	COMPRENSIÓN Y EXPRESIÓN ORAL	• Intervención activa en situaciones de comunicación oral en clase. • Lectura dramatizada y comentario oral en grupo de textos teatrales. • Debate libre en gran grupo: *La tortura*.	• Intervención activa en situaciones de comunicación oral en clase. • Lectura en voz alta y comentario oral en grupo de textos del siglo XVIII. • Debate formalizado: *Las ideas ilustradas*. • Debate libre: *Situación de la mujer en la sociedad actual*
	COMPRENSIÓN Y EXPRESIÓN ESCRITA	• Lectura comprensiva de textos periodísticos informativos. • Análisis y estudio comparado de diversas noticias en diferentes periódicos. • Elaboración de un periódico mural. • Escritura creativa a partir de modelos. • Redacción de textos expositivos sobre temas diversos. • Lectura comprensiva y análisis dirigido de textos literarios. • Comentario escrito de textos literarios. • Presentación de fichas de contenido sobre los aspectos estudiados en la obra completa leída este trimestre.	• Lectura comprensiva y análisis de textos periodísticos. • Búsqueda de información en medios de comunicación escrita y audiovisual. • Elaboración en grupo de un reportaje periodístico. • Realización y redacción de una entrevista informativa. • Escritura creativa a partir de modelos (carta, fábula). • Búsqueda de información en bibliotecas e Internet. • Lectura comprensiva y análisis dirigido de textos literarios. • Comentario escrito de textos literarios. • Aplicación de las normas de presentación de escritos en los trabajos académicos.

5.4. METODOLOGÍA

Atendiendo a los principios que inspiran la legislación vigente y los planteamientos pedagógicos de la Enseñanza Secundaria, la metodología utilizada será esencialmente activa para todos los bloques de contenido. Partimos, entonces, del aprendizaje significativo y funcional, combinando siempre las distintas formas de construcción del conocimiento a partir de los recursos de que se disponga, sin olvidar la presencia activa del alumnado y su trabajo participativo en el proceso, tanto de forma individual como en grupo. Así, el alumno deberá revisar y reelaborar los conocimientos previos con la ayuda del profesor, incrementándolos por medio de la asociación entre aquellos y los nuevos. A la vez relacionará estos conceptos nuevos con su experiencia personal y los contrastará con los de sus compañeros, por lo que resulta fundamental el trabajo en equipo. Los principios básicos que, en la medida de lo posible, se intentarán mantener son los siguientes:

1. Integrar de manera adecuada el tratamiento teórico y conceptual y la inducción de contenidos a partir del trabajo práctico. Asimismo, es esencial que la activi-

dad de clase se oriente de manera que se pueda motivar la reflexión del alumno sobre el uso propio y los usos ajenos de la lengua, como instrumento necesario para conseguir una mejora efectiva en sus capacidades de comprensión y expresión.
2. El mecanismo metodológico fundamental será el trabajo con textos (lectura comprensiva, observación y anotación, análisis, comentario) y, en el estudio gramatical, con enunciados sencillos pero debidamente contextualizados.
3. Será labor prioritaria del profesor ayudar al alumno a inducir y sistematizar de manera adecuada los contenidos programados. Asimismo, se procurará consolidar los conocimientos y capacidades adquiridas mediante actividades y prácticas específicas.
4. Se combinará convenientemente, según los contenidos de que se trate, el trabajo individual del alumno con las actividades de carácter colectivo o de grupo.
5. En cuanto a los agrupamientos, se integrará adecuadamente, según los contenidos de que se trate, el trabajo individual del alumno con las actividades realizadas en gran grupo o grupos pequeños, como se explicita más abajo en los tipos de actividades que se van a proponer.
6. Se estudiará en cada caso concreto la posibilidad de trasladar fuera del aula alguna o algunas de las actividades programadas, según las disponibilidades.

La metodología aplicada en las unidades didácticas responde en esencia a este esquema:

a) Actividades de motivación y detección de conocimientos previos

Dependiendo de los contenidos que haya que desarrollar, se podrán utilizar mecanismos como la lectura y comentario de un texto pertinente, el debate abierto sobre algún aspecto relativo al tema, proyecciones de vídeo, etc. La participación del alumnado en estas actividades se realizará en gran grupo.

b) Actividades de desarrollo

1. Actividades de reflexión y análisis.

A partir de la lectura y comentario de textos diversos (atendiendo de manera particular a los aspectos relacionados con los contenidos de la unidad), los alumnos inducirán los conceptos pertinentes en cada caso. Los textos serán cuidadosamente seleccionados para que esta labor de inducción pueda ser realizada sin dificultad. Los comentarios se harán preferentemente mediante debates en clase, de forma que se pueda realizar un intercambio efectivo de ideas y observaciones entre los alumnos. En esta fase, el profesor deberá limitar su intervención en clase a moderar el diálogo y, como mucho, aclarar o recordar conceptos. No es conveniente que presente información o conceptos que los alumnos no sean capaces de inducir por sí mismos.

2. Actividades de generalización y conceptualización.

Los alumnos sintetizarán individualmente o por grupos reducidos (mediante resúmenes, esquemas, mapas conceptuales, etc.) los conceptos que hayan aparecido en la fase anterior.

3. Actividades de recapitulación y sistematización.

Dependiendo del desarrollo de las fases anteriores, el profesor podrá completar la información que considere pertinente mediante exposiciones, resúmenes, etc., de forma que el alumno disponga en cualquier caso de un esquema claro de los contenidos de la unidad.

c) Actividades de consolidación y aplicación

Las que se consideren oportunas para asegurar la comprensión de los contenidos por parte del alumno y su incorporación al propio uso de la lengua. En determinadas unidades, estas actividades de aplicación consistirán en la producción directa y fundamentada de textos propios. Estas actividades las realizarán los alumnos de forma individual.

d) Actividades de ampliación y refuerzo

En función de las necesidades de los alumnos pueden plantearse actividades de ampliación y refuerzo con el fin de ajustarnos a sus ritmos de aprendizaje.

e) Actividades de evaluación

A partir de los procedimientos de evaluación ya apuntados, tendrán la función de valorar el grado de consecución de objetivos en cada una de las unidades.

La metodología básica del estudio de la literatura se centra en la comprensión de conceptos y procedimientos básicos, en el comentario crítico de textos y en la lectura de obras completas y de fragmentos representativos. La información tiene un carácter secundario, al servicio de la fundamentación de la actividad básica. En lo que se refiere a las técnicas de comunicación, léxico y ortografía, tendrán un tratamiento integrado dentro de las actividades y procedimientos que se realicen en los otros bloques a lo largo del curso.

Por último, y en cuanto se refiere a la lectura de obras completas, la metodología aplicada será:

1. Lectura personal de la obra exigida: orientación de la lectura mediante guías facilitadas por el profesor.
2. Comprobación de lectura: breve control en el que el alumno pueda demostrar su comprensión lectora y su capacidad para la expresión escrita.
3. Posibilidad de realización de un trabajo de exposición crítica sobre aspectos determinados de la obra leída. Los temas de este trabajo se seleccionarán teniendo en cuenta los criterios de evaluación ya señalados. Este trabajo podrá realizarse de manera individual o en grupos reducidos.
4. Eventualmente, el trabajo de exposición, o alguno de sus aspectos, se trabajará en clase mediante debate.
5. Si el profesor lo estima oportuno, se propondrá a los alumnos de manera voluntaria una lista de obras literarias seleccionadas atendiendo a su calidad y a los intereses de los alumnos, a fin de fomentar la lectura como fuente de placer.

(Inclúyase cualquier otra decisión relativa a la metodología de trabajo en clase que el Departamento haya adoptado.)

5.5 PROCEDIMIENTOS DE EVALUACIÓN DEL PROCESO DE ENSEÑANZA-APRENDIZAJE

Hágase constar los criterios que el Departamento haya determinado para realizar el seguimiento de la Programación de Etapa, tanto en relación con los alumnos (tipo de controles de evaluación del aprendizaje de conceptos y procedimientos, frecuencia de realización de los mismos, sistemas de recuperación y refuerzo, etc.) como en relación con el trabajo del Departamento (ajustes en la programación, adaptación de contenidos, análisis de resultados, resolución de problemas, reclamaciones, etcétera).

5.6. ALUMNOS DE E.S.O. CON LA MATERIA DE LENGUA CASTELLANA Y LITERATURA PENDIENTE

Insertar las consideraciones que se estimen oportunas sobre los siguientes aspectos:
- *Número de alumnos que habrá que atender y características del alumnado.*
- *Profesor encargado de atender cada grupo y horario de atención.*
- *Objetivos mínimos exigibles en cada uno de los bloques de contenidos.*
- *Criterios de evaluación.*
- *Coordinación con la asignatura del curso en que está matriculado.*
- *Evaluaciones.*

6. MATERIALES DIDÁCTICOS PARA USO DE LOS ALUMNOS (3.º DE E.S.O.)

a) Libro de texto

Para 3.º de E.S.O.: J. A. Martínez Jiménez, F. Muñoz Marquina y M. Á. Sarrión Mora, *Lengua Castellana y Literatura. 3.º de E.S.O*, Madrid, Ediciones Akal, 2007.

b) Material de reprografía

El carácter de la asignatura y el propio planteamiento metodológico imponen el uso constante de una gran variedad de textos para análisis y comentario, que habrán de ser reprografiados.

c) Otros materiales

Dependiendo del contenido de cada *Tema,* se usará también como material de trabajo en clase:

> *Enumérense los materiales complementarios que, en su caso, esté previsto utilizar a lo largo del curso: libros de lectura, cuadernos de actividades para apoyo específico (de ortografía, de expresión, etc.), materiales propios o ajenos de adaptación curricular, proyecciones de vídeo, diapositivas, software informático...*

7. ATENCIÓN A LA DIVERSIDAD

Uno de los pilares básicos del sistema educativo es la consideración de que los alumnos tienen diversas capacidades, una diversa formación, unos intereses diversos, una diversa motivación y unas necesidades diversas: lógicamente, se precisa, pues, una «atención a la diversidad».

¿Cómo se plantea oficialmente la «atención a la diversidad»? De tres modos sobre todo: mediante la llamada «optatividad», mediante la denominada «diversidad curricular» y mediante las designadas «adaptaciones curriculares individuales».

Este último mecanismo se ha de contemplar en la programación específica de cada área, de manera que el proceso de enseñanza-aprendizaje se adecue a la diversidad de capacidades, formación, intereses, motivación y necesidades del alumnado.

En nuestro libro se ha tenido en cuenta también la tal diversidad; en concreto, de la siguiente forma:

- Se han incluido materiales que sirven de repaso de contenidos impartidos en cursos anteriores.
- Se ha partido de la base en la normativa de ortografía y puntuación.
- En las exposiciones teóricas no se ha dado por supuesto ningún conocimiento previo específico del tema.
- Las diversas actividades y ejercicios presentan una gama de niveles didácticos.
- En los temas de literatura se ofrecen numerosos textos que permiten la «diversificación» del trabajo de los alumnos.

El planteamiento metodológico seguido va a ofrecer una «diversidad curricular» que permita adquirir las distintas capacidades a la mayor parte del alumnado. Es cierto, sin embargo, que las necesidades educativas que deben ser atendidas podrán ser de muy diferente índole: alumnos con sobredotación intelectual, de integración, discapacitados, emigrantes, desmotivados en serio riesgo de abandono escolar, etc. Por ello, estas diferencias de capacidad, motivación o interés del alumnado obligan a tomar decisiones para ofrecer la respuesta más adecuada a la programación. Así, las decisiones más importantes radican en dar más peso a los procedimientos y actitudes que a los conceptos, no sólo en la selección de contenidos, sino en la evaluación de los aprendizajes.

En este sentido es importante el establecimiento de diferentes agrupamientos. Otras medidas pueden ser: suscitar el interés y la motivación de todos a través de actividades más ligadas a su vida, cercanas y no excesivamente largas, con niveles de dificultad en ascenso progresivo, así como utilizar materiales suplementarios, actividades de ampliación, apoyos externos y, en último extremo, adaptaciones curriculares.

En el caso de que sea necesaria una adaptación curricular no significativa, el profesor no necesitará la ayuda del Departamento de Orientación, y será él mismo el que determine los objetivos y contenidos que considere apropiados en función de las necesidades del alumno. En el caso de las adaptaciones curriculares significativas para aquellos alumnos con necesidades educativas específicas, que son atendidos también por el Departamento de Orientación, se podrán compaginar materiales de trabajo y tareas comunes con el resto de alumnos y se podrán decidir materiales y tareas particulares para desarrollar objetivos básicos del área de Lengua y Literatura, en función de las adaptaciones del currículo que se consideren. No obstante, y en este último caso, su currículo estará personalizado, por lo que se remite a tal documento.

(Insertar las consideraciones oportunas sobre los aspectos encaminados a la atención a la diversidad, como:
- *Agrupaciones, con el número de alumnos que habrá que atender, composición de los grupos, características del alumnado, etcétera.*
- *Refuerzos.*
- *Objetivos mínimos exigibles.*
- *Evaluación.*
- *Adaptaciones curriculares.*
- *Apoyo del Departamento de Orientación, etcétera.)*

SOLUCIONARIO

ESTUDIO DE LA LENGUA

TEMA 1

ANÁLISIS MORFOLÓGICO. LA FORMACIÓN DE PALABRAS: DERIVACIÓN Y COMPOSICIÓN

EJERCICIOS DE APLICACIÓN

1. *Alameda:* alam- (lexema), -eda (sufijo). Palabra derivada.
   Goterón: got- (lexema), -er- (sufijo), -ón (sufijo). Palabra derivada mediante la unión del sufijo -ón a la también derivada goter(a), formada añadiendo el sufijo -er(a) al lexema got-.
   Pelirrojo: peli- (la palabra pelo ha modificado su última vocal), -roj- (lexema), -o (morfema flexivo de género masculino). Palabra compuesta.
   Tomate: lexema. Palabra simple.
   Cejijunto: ceji- (la palabra ceja ha modificado su última vocal), -junt- (lexema), -o (morfema flexivo de género masculino). Palabra compuesta.
   Inutilización: in- (prefijo), -util- (lexema), -iza (sufijo), -ción (sufijo). Palabra derivada mediante la unión del sufijo –ción y la también derivada inutiliza(r), la cual, a su vez, está derivada de inútil, que se ha formado, asimismo, por derivación mediante la unión del prefijo in- y el lexema útil.
   Esta: morfema gramatical independiente, -a (morfema flexivo de género femenino). Palabra simple.
   Reponer: re- (prefijo), -pon- (lexema), -er (sufijo). Palabra derivada mediante la unión del prefijo re- y la palabra poner.
   Ensuciar: en- (prefijo), -suci- (lexema), -ar (sufijo). Palabra parasintética.
   Gracioso: graci- (lexema), -os- (sufijo), -o (morfema flexivo de género masculino). Palabra derivada.
   Aterrizar: a- (prefijo), -terr- (lexema), -izar (sufijo). Palabra parasintética.
   Desunir: des- (prefijo), -un- (lexema), -ir (sufijo). Palabra derivada mediante la unión del prefijo des- a la palabra unir.
   Picapedrero: pica- (forma verbal del verbo picar), -pedr- (lexema), -ero (sufijo). Palabra parasintética.

2. Incurable, incapaz; imborrable, impuro; ilegal, irregular.

3. Electricista, torero, artista, dentista, banquero, bibliotecario, pescadero, pianista.

4. Cenicero, probador, relicario, joyero, recibidor, monedero, ensaladera, hormiguero.

5. Librillo, arbolillo, pequeñín, chiquitín; perrazo, relojazo, grandote, muchachote; casucha, perrucho, tipejo, bichejo.

6. Son llamados compuestos oracionales pues se han formado a partir de oraciones: *Corre, ve y dile, Métome en todo* y *Tente en pie.*

7. Desratizar, ennegrecer, atemorizar, endurecer, descorchar (o acorchar), embrutecer, alunizar.

8. Blandura, ablandar, blandamente; dulzura (o dulzor), endulzar, dulcemente; oscuridad, oscurecer, oscuramente; locura, enloquecer, locamente; amargura (o amargor), amargar, amargamente; simpatía, simpatizar, simpáticamente; brevedad, abreviar, brevemente; pureza, purificar, puramente; nobleza, ennoblecer, noblemente; vileza, envilecer, vilmente; posibilidad, posibilitar, posiblemente.

9. Festivo, reflexivo; carnavalesco, rufianesco; sangriento, mugriento; pajizo, resbaladizo; ideológico, volcánico.

10. *Solidificar* y *santificar* (verbos); *hermosura* y *blancura* (sustantivos); *temible* y *deseable* (adjetivos); *gimotear* y *martillear* (verbos); *grandeza* y *flaqueza* (sustantivos); *martirizar* y *relativizar* (verbos); *maldad* y *fragilidad* (sustantivos); *trasnochador* y *despilfarrador* (adjetivos); *perezoso* y *chistoso* (adjetivos).

11. *Un guardabarros, un lanzallamas* y *un sacapuntas*. Son palabras, pues, que presentan idéntica forma en singular y en plural. Para el análisis de su estructura, esto nos muestra que no se han formado mediante la unión de dos lexemas, porque, de haber sido así, habría que analizar la *-s* como morfema flexivo del plural, lo que no es cierto. Esa *-s* es un morfema flexivo que va incorporado ya al segundo componente de la palabra: de esta manera puede explicarse que estas palabras compuestas se han formado mediante la unión de dos palabras previas, una forma verbal (*guarda, lanza, saca*) y un sustantivo en plural (*barros, llamas, puntas*).

12. *Tiralíneas, matamoscas, chupatintas, cortaúñas, tomavistas, sacamuelas, quitapolvo, rompeolas, abrelatas, pisapapeles, soplagaitas.*

13. *Sietemesino* es una palabra parasintética: se añaden de modo simultáneo la palabra *siete* y el sufijo *–ino* al lexema *mes*. *Hispanoamericano* es una palabra derivada mediante la unión del sufijo *–ano* a la palabra compuesta *Hispanoaméric(a)*.

14. *Embellecer* es una palabra parasintética: se añaden simultáneamente al lexema *–bell-* el prefijo *em-* y el sufijo *–ecer*. *Insobornable* es una palabra derivada añadiendo el prefijo *in-* a la palabra derivada *sobornable*.

15. Tanto *sietemesino* como *embellecer* son parasintéticas.

16. No. *Latinoamericano* es una palabra derivada de una compuesta: *[Latino-america]-ano*; *aguardiente* es una palabra compuesta a partir de una derivada: *agua-[ardie-nte]*.

17. *Fin - final - finalizar; urbe - urbano - urbanizar; muerte - mortal - mortalidad; padre - paterno - paternal; nación - nacional - nacionalista; puro - purificar - purificación; comercio - comercial - comercializar.*

18. *Nubecita*: *nub-* (lexema), *-ec-* (interfijo), *-ita* (sufijo).
    Nacionalista: *nación* (lexema), *-al* (sufijo), *-ista* (sufijo).
    Polvareda: *polv-* (lexema), *-ar-* (interfijo), *-eda* (sufijo).

EJERCICIOS DEL USO DEL IDIOMA

1. *Tó-rax* (llana), *su-pe-rá-vit* (llana), *ca-rác-ter* (llana), *con-trol* (aguda), *ál-bum* (llana), *us-ted* (aguda), *e-xa-men* (llana), *mar-gen* (llana), *cri-sis* (llana), *sín-te-sis* (esdrújula), *crá-ter* (llana), *co-ñac* (aguda), *ha-bi-li-dad* (aguda), *re-lax* (aguda), *há-bil* (llana), *vo-lu-men* (llana), *ín-te-gro* (esdrújula), *gra-má-ti-ca* (esdrújula).

2. No, porque son llanas y acaban en *–n*.

3. *Canté, jarrón, sofás; abril, error, capaz.*

4. *Cónsul, dátil, azúcar; guisante, dosis, semen.*

5. *Monosílabo, águila, jeroglífico.*

6. No: aunque son agudas y acaban en *-s*, esta letra va precedida de otra consonante.

7. Sí: *tríceps, fórceps*. Llevan tilde porque, aunque son llanas y acaban en *-s*, esta letra va precedida de otra consonante.

8. *Jersey, póney, estoy, convoy, yóquey.*

9. *Luis tiene un excelente estado de ánimo* (*ánimo*: sustantivo).
   No me animo hoy con nada (*animo*: primera persona del singular del presente de indicativo).

Me animó mucho su compañía (*animó*: tercera persona del singular del pretérito perfecto simple).
Es un escritor muy célebre (*célebre*: adjetivo).
Espero que haga buen tiempo cuando celebre mi cumpleaños (*celebre*: primera persona del singular del presente de subjuntivo).
Ayer celebré mi cumpleaños (*celebré*: primera persona del singular del pretérito perfecto simple).
Por fin, llegamos al término del curso (*término*: sustantivo).
Dentro de cinco minutos, termino el ejercicio (*termino*: primera persona del singular del presente de indicativo).
Luis terminó ayer los exámenes (*terminó*: tercera persona del singular del pretérito perfecto simple).
Han descubierto un depósito de armas (*depósito*: sustantivo).
Deposito en ti todas mis esperanzas (*deposito*: primera persona del singular del presente de indicativo).
Depositó las joyas en una caja fuerte (*depositó*: tercera persona del singular del pretérito perfecto simple).
Es un joven muy crítico con este sistema (*crítico*: adjetivo).
Critico lo que no me gusta (*critico*: primera persona del singular del presente de indicativo).
Me criticó injustamente (*criticó*: tercera persona del singular del pretérito perfecto simple).

10. *En los antípodas todo es idéntico,*
tienen teléfonos, tienen semáforos
con automóviles con sancristóbales,
muchos estómagos están a régimen.
Tienen políticos más bien estúpidos
pero son súbditos muy pusilánimes.
En los antípodas todo es idéntico,
idéntico a lo autóctono.
[...]
Algunos fármacos son ilegítimos,
pero hay gran tráfico, lo cual es lógico
porque los réditos son astronómicos,
y hay muchas víctimas, hay muchas cárceles.
Voces hipócritas piden, coléricas,
medidas drásticas, sillas eléctricas.
En los antípodas todo es idéntico,
idéntico a lo autóctono.
[...]
En otros términos, que están incómodos.
Pero es fantástico, martes y miércoles,
jueves y sábados, lunes y vísperas,
dan espectáculo con el esférico,
y allí, al unísono, arman escándalo,
y es como un bálsamo para sus ánimas.
En los antípodas todo es idéntico,
idéntico a lo autóctono.

Además de los recursos métricos y estilísticos (isometría, repeticiones, paralelismos...), la canción debe, sobre todo, su especial ritmo al empleo de palabras esdrújulas: dos en cada verso, la segunda de las cuales lo cierra.

TEMA 2

CATEGORÍAS GRAMATICALES (I). EL SUSTANTIVO Y EL ADJETIVO

EJERCICIOS DE APLICACIÓN

1. *Subimos, pues por <u>Yirigred</u>, a <u>Llérfona</u>, que está sobre el <u>camino</u> de <u>Síxina</u> a <u>Eritelia</u>, y llegamos a <u>Llérfona</u> ya cerca del <u>alba</u>. En la <u>noche</u> había llegado el <u>cuer-</u>*

po de Espel y en la tarde del día anterior, Rodoresio y sus hermanos y hermanas, que ya estaban velándolo. Nébride se hizo anunciar a Rodoresio como Nébride, hijo de Obnelobio y nieto de Arriasco, en lo cual se reconocía la habitual delicadeza de todos sus gestos, pues anunciarse como hijo de Obnelobio y como nieto de Arriasco era igual que dejarle a Rodoresio en plena libertad para escoger, era como decirle «sabré conformarme con lo que tus sentimientos quieran elegir de mí: aceptaré tu actitud tanto si, como hijo de Obnelobio, matador de tu padre, me rechazas, cuanto si, como nieto de Arriasco, el gran amigo de tu padre, me recibes».

RAFAEL SÁNCHEZ FERLOSIO: *El testimonio de Yarfoz*

2. Topónimos: *Yirigred, Llérfona, Síxina, Eritelia.*
   Antropónimos: *Espel, Rodoresio, Nébride, Obnelobio, Arriasco.*

3. Concretos: *perfume, nube, sonrisa, beso, hada, diablo.*
   Abstractos: *responsabilidad, sinceridad, delicadeza, pesimismo, desesperación, tranquilidad.*

4. Contables: *minuto, hoja, país, madre.*
   No contables: *tiempo, leche, agua, humo, sal, gente.*

5. *Enjambre, rosaleda, jauría, encinar, robledal* (o también *robledo* y *robleda*), *olivar, refranero, alumnado, arenal, cipresal.*

6. *Cliente, árbol, soldado, álamo, profesor, cerdo, haya, oveja, día, proletario.*

7. Femeninos: *tribu, vid, flor, razón, perdiz, multitud, pasión.*
   Masculinos: *avestruz, pus, espíritu, planeta, calor, dolor, apocalipsis, poeta, caparazón, morfema.*
   Azúcar es un **nombre ambiguo**: se puede utilizar tanto en masculino como en femenino. Si el profesor lo cree conveniente, puede explicar a los alumnos que *perdiz* y *avestruz* son **nombres epicenos**. Este tipo de nombres se refieren indistintamente a los dos sexos, pero son gramaticalmente masculinos o femeninos, por lo que establecen la concordancia obligatoriamente en uno de los dos géneros. Otros ejemplos de nombres epicenos: *el buitre, el monarca, la pantera, el jilguero, el personaje;* como se puede observar, los nombres epicenos se refieren en su mayor parte a animales.

8. *Actriz, alcaldesa, heroína, tigresa, gallina, duquesa, monja, juglaresa, emperatriz.*

9. *Yerno, padrino, caballo, macho, carnero, padre, toro.*

10. *El cólera:* «enfermedad» / *la cólera:* «ira».
    El cometa: «astro» / *la cometa:* «volatín».
    El clave: «instrumento musical» / *la clave:* «de un asunto».
    El radio: «hueso del antebrazo», «de la circunferencia», «de acción», «metal», «de la bicicleta» / *la radio:* «aparato».
    El margen: «de la página», «de maniobra», «de beneficio» / *la margen:* «de un río».
    El orden: «colocación», «del día» / *la orden:* «mandato».

11. *Leyes, menús, chóferes, bueyes, álbumes, jerséis, toses, sofás, martes, cipreses, ciempiés.*

12. Variables: *pequeño, peludo, blando, duros, negro, suelto, gualdas, moradas, cristalina, tierno, mimoso, seco, últimas, despaciosos.*
    Invariables: *suave, rosas, celestes, alegre, ideal, mandarinas, moscateles, fuerte.*

13. *Cursi, sabio, cruel, fiel, sagrado, antiguo, noble, célebre, pobre.*

14. *Buenísimo* o *bonísimo, misérrimo, libérrimo, nuevísimo* o *novísimo, fuertísimo* o *fortísimo, valentísimo, recentísimo.*

15.

POSITIVO	COMPARATIVO DE ORIGEN LATINO	COMPARATIVO REGULAR	SUPERLATIVO DE ORIGEN LATINO	SUPERLATIVO CON SUFIJO	SUPERLATIVO CON ADVERBIO
bueno	mejor	más bueno	óptimo	buenísimo	muy bueno
malo	peor	más malo	pésimo	malísimo	muy malo
grande	mayor	más grande	máximo	grandísimo	muy grande
pequeño	menor	más pequeño	mínimo	pequeñísimo	muy pequeño

16. Explicativos: *deslumbrante, constante, pestilente, desgraciado.*
    Especificativos: *nuevos, brillante, entretenida, mala.*

EJERCICIOS DEL USO DEL IDIOMA

1. *Hués-ped:* llana; *es-tiér-col:* llana; *in-fiel:* aguda; *fe-o:* llana; *ra-íz:* aguda; *o-ís:* aguda; *buey:* aguda; *a-é-re-o:* esdrújula; *viu-da:* llana; *seis:* aguda; *se-ís-mo:* llana; *hé-ro-e:* esdrújula; *he-roi-co:* llana; *he-ro-ís-mo:* llana; *he-ro-í-na:* llana; *dú-o:* llana; *a-cuá-ti-co:* esdrújula; *pú-a:* llana; *biom-bo:* llana; *al-ca-hue-te:* llana; *al-truis-mo:* llana; *Cáucaso:* esdrújula; *e-rais:* llana; *hin-ca-pié:* aguda; *a-pre-ciáis:* aguda; *tran-se-ún-te:* llana; *ga-nas-teis:* llana; *ví-de-o:* esdrújula; *re-ír:* aguda; *sien:* aguda; *ha-céis:* aguda; *po-le-o:* llana; *pai-sa-no:* llana; *bú-ho:* llana; *diez:* aguda; *die-ci-séis:* aguda; *ti-i-to:* llana; *vi-rrey:* aguda; *pues:* aguda; *ne-ce-sa-rio:* llana; *pa-í-ses:* llana; *fue:* aguda.

2. *El libro no es de él.*
   Hace más frío que ayer, mas no me llevaré el abrigo.
   Tu hermano tiene peor genio que tú.
   ¿Te gusta el té inglés?
   Sé que se ha ido.
   Sí, iré si tú quieres.
   Dile que le dé recuerdos de mi parte.
   ¿Qué quieres que te diga?

TEMA 3

CATEGORÍAS GRAMATICALES (II). DETERMINATIVOS Y PRONOMBRES

EJERCICIOS DE APLICACIÓN

1. *El domingo que viene estaré en el pueblo de mis padres.*
   Desde lo alto del monte se divisaba un pueblo cuyo nombre desconocíamos.
   Ayer por la tarde me presentaron a un compañero nuevo.
   No sé dónde he puesto las cosas; déjame un bolígrafo cualquiera.
   No dejes abierta la puerta de la calle.
   Trae una silla del aula de al lado.
   Me compraré una gabardina pues el abrigo que tengo me da mucho calor.
   Como puede observarse, el indefinido se emplea delante de sustantivos no mencionados previamente ni consabidos por alguno de los interlocutores. En algunos casos (especialmente en la tercera oración: *...me presentaron al compañero nuevo*), son aceptables las dos formas; esto se debe a que puede interpretarse lo designado por el sustantivo de dos maneras: como algo no conocido por los interlocutores o como algo que sí está identificado por ellos.

2. *El perro es el mejor amigo del hombre.*
   Siempre que me ve, me ladra el perro del vecino.
   De todos los bolígrafos que tengo, solo me escribe el rojo.

3. *Me ha parecido estúpido porque lo es.*
   Que iba a venir ya lo sabía yo.
   Si hay que decírselo, de ello me ocupo yo.
   Ya sé que tengo que confiar en ti, pero para ello no debes mentirme más.

4. *Nosotros:* primera persona, plural, masculino; *lo:* tercera persona, singular, masculino (aunque si nos atenemos al referente, puede ser neutro).
Él: tercera persona, singular, masculino; *sí:* tercera persona (masculino, singular, ateniéndonos a la concordancia).
Se: tercera persona; *conmigo:* primera persona, singular.
Lo: tercera persona, singular, masculino; <u>usted</u>: segunda persona (tercera, según la concordancia), singular.
Yo: primera persona, singular; *os:* segunda persona, plural.
Contigo: segunda persona, singular.
Sí: tercera persona.

5. *Esto:* pronombre demostrativo; *nuestro:* pronombre posesivo.
Lo: pronombre personal; *lo:* artículo.
Alguna: demostrativo indefinido; *ninguna:* pronombre indefinido.
Cuántos: determinativo interrogativo.
Qué: determinativo interrogativo.
Qué: pronombre interrogativo.
Demasiados: pronombre indefinido.
Lo: artículo; *lo:* pronombre personal.
Qué: determinativo exclamativo; *tus:* determinativo posesivo.
Nadie: pronombre indefinido.
Bastante: determinativo indefinido; *mucha:* pronombre indefinido.
Segundo: determinativo numeral ordinal; *que:* pronombre relativo.
Segundo: pronombre numeral ordinal.
Quién: pronombre exclamativo.

6. *¡Cuidado, que se te cae!*
No te me pongas pesado (era correcta).
Se me ha olvidado lo que iba a decirte.

7. *Les cuenta todo a sus padres.*
A ustedes no tengo que darles ninguna explicación.
A mis amigos los veo todos los fines de semana (era correcta).
Todas las cosas las solucionas de la misma manera.
No le puedo decir eso a ninguno de ellos.

8. *Mis:* primera persona, plural, un poseedor.
Sus: tercera persona, plural, varios poseedores.
Tus: segunda persona, plural, un poseedor.
Nuestro: primera persona, singular, masculino, varios poseedores.
Vuestra: segunda persona, singular, femenino, varios poseedores; *mía:* primera persona, singular, femenino, un poseedor.

9. *Décimo, undécimo, duodécimo, decimosexto, vigésimo, vigésimo tercero, trigésimo, trigésimo primero, cuadragésimo, quincuagésimo, sexagésimo, septuagésimo, octogésimo, nonagésimo, centésimo.*

10. *La:* artículo; *un:* determinativo indefinido; *me:* pronombre personal; *todo:* determinativo indefinido; *que:* pronombre relativo; *del:* contracción de la preposición *de* y el artículo *el*; *una:* determinativo indefinido; *un:* determinativo indefinido; *que:* pronombre relativo; *toda:* determinativo indefinido; *la:* artículo; *las:* artículo; *ningún:* determinativo indefinido; *la:* artículo; *este:* pronombre demostrativo; *ese:* determinativo demostrativo; *del:* contracción de la preposición *de* y el artículo *el*; *el:* artículo; *me:* pronombre personal; *una:* determinativo indefinido; *cierta:* determinativo indefinido; *yo:* pronombre personal; *los:* artículo; *las:* artículo; *la:* artículo; *la:* artículo; *los:* artículo; *todo:* pronombre indefinido (la expresión *sobre todo*, que aparece hacia la mitad del texto, constituye una locución adverbial, equivalente al adverbio *especialmente*).

EJERCICIOS DEL USO DEL IDIOMA

1. *Eso es mentira.*
No cojas esta silla, coge aquella/aquélla.
Han cometido éstas faltas de ortografía (considerando que *éstas* es pronombre).

2. *¡Quién lo diría!*
Cualquiera sabe quién lo habrá hecho.
¿Cuándo volverás?
Dime cuándo volverás.
¿Es el lunes cuando vuelves?
Ponlo donde quieras.
No me preguntes cómo me he enterado.

3. *Decimosexto, videojuego, tiovivo, fácilmente, lavaplatos, baloncesto, hincapié, veintiséis, pintaúñas.*

4. No, porque se ha añadido *-mente* al adjetivo *sola*, que no lleva tilde; los adverbios terminados en *–mente* llevan tilde solo cuando la llevaba el adjetivo de origen.

5. La ó lleva tilde en el segundo enunciado porque va entre cifras y se puede confundir con el número cero. Cuando no se da esta circunstancia, como en el primer ejemplo, no lleva tilde.

TEMA 4
CATEGORÍAS GRAMATICALES (III). EL VERBO

EJERCICIOS DE APLICACIÓN

1.

FORMA VERBAL	PERSONA	NÚMERO	TIEMPO	ASPECTO	MODO	INFINITIVO
tomaré	primera	singular	futuro imp.	imperfecto	indicativo	*tomar*
habéis temido	segunda	plural	pret. perf. comp.	perfecto	indicativo	*temer*
acabáramos	primera	plural	pret. imp.	imperfecto	subjuntivo	*acabar*
habrías bebido	segunda	singular	cond. comp.	perfecto	indicativo	*beber*
habrían	tercera	plural	cond. simple	imperfecto	indicativo	*haber*
saliste	segunda	singular	pret. perf. simple	perfecto	indicativo	*salir*
hubo partido	tercera	singular	pret. anterior	perfecto	indicativo	*partir*
cogeríamos	primera	plural	cond. simple	imperfecto	indicativo	*coger*
habían cogido	tercera	plural	pret. pluscuamp.	perfecto	indicativo	*coger*
aprobaban	tercera	plural	pret. imp.	imperfecto	indicativo	*aprobar*
salid	segunda	plural	presente	imperfecto	imperativo	*salir*
cantéis	segunda	plural	presente	imperfecto	subjuntivo	*cantar*
hayáis vivido	segunda	plural	pret. perf. comp.	perfecto	subjuntivo	*vivir*

2. *Quepamos, dijerais o dijeseis, hice, pondrían, quisiste, supieran o supiesen, tuvo, trajerais o trajeseis, anduve, ve, caiga.*

3. *Abierto, cubierto, dicho, escrito, hecho, muerto, puesto, resuelto, roto, visto, vuelto.*

4. *Dije, contradije, maldije; puse, contrapuse, supuse; traje, atraje, contraje; vine, previne, contravine; hice, deshice, rehíce.*

5. *No salgáis vosotros todavía.*
Salga usted primero.
Ve tú a comprar el pan.
Id vosotros antes.
Sed vosotros más puntuales.
Oye tú bien lo que voy a decirte.
No vayáis vosotros con él.
Recoged vosotros lo que hay en el suelo.

6. *Dígamelo usted.*
Callaos, por favor.
Vayámonos cuanto antes.
Idos de aquí.
Quitaos la ropa.
El último enunciado (*Miradlo*) era correcto.

7. *Lleva estudiando:* perífrasis.
Va a comer: no es perífrasis, ya que *va* no es un verbo auxiliar, sino que tiene significado léxico (designa la acción de «moverse de un lugar a otro»).
Va a llover: perífrasis.
Deben de ser: perífrasis.
Anda arrastrando: no es perífrasis, pues, como se aprecia, *anda* no es un verbo auxiliar, sino que tiene significado léxico (remite a la acción de «andar»).
Anda criticando: perífrasis.
Tengo dicho: perífrasis.
Has de colaborar: perífrasis.
Vuelve a hacer: perífrasis.
Se ha puesto a gritar: perífrasis.
Está leyendo: perífrasis.

EJERCICIOS DEL USO DEL IDIOMA

1. *Juan de la Cruz nació en el pueblo abulense de Fontiveros y escribió el* Cántico espiritual.
En España a Felipe II se le llamaba el Prudente; en Flandes, sin embargo, se le llamaba el Terror del Mediodía.
En Semana Santa fui a los Pirineos.
¿Qué es el IRPF? ¿Y el NIF?
El Marqués de Santillana fue un escritor del siglo xv.
¿Te acuerdas de don Pablo? Sí, era vecino mío.
Como dice Rafael Sánchez Ferlosio: «Los hombres son mejores que sus dioses».

2. *Veneno, suavidad, tuviste, hubiste, vaso, venerable, beber, adverbio, vivir, objetividad, percibir, probabilidad, deber, subjuntivo, benévolo, hábil, vagabundo, vocabulario, herbívoro, avería, avispa, tibio, hombro, soberbia, bravo, prohibitivo, verbo, observar, vislumbrar, suburbio.*

3. *vasta; bienes; vota; tuvo.*

4. *Absorción, absolución, rebelión, revelación* (o también *revelado*).

TEMA 5

CATEGORÍAS GRAMATICALES (IV). EL ADVERBIO Y LOS ELEMENTOS DE RELACIÓN

EJERCICIOS DE APLICACIÓN

1. *Algo:* adverbio de cantidad; *más:* adverbio de cantidad, *cerca:* adverbio de lugar; *detrás:* adverbio de lugar; *Hoy en día:* locución adverbial de tiempo; *Primero:* adverbio de tiempo, *allí:* adverbio de lugar; *atentamente:* adverbio de modo; *Casi:* adverbio de cantidad, *siempre:* adverbio de tiempo, *tarde:* adverbio de tiempo; *Tal vez:* locución adverbial de duda, *mañana:* adverbio de tiempo.

2. Excepto *algo,* que complementa al adjetivo *cansado, más,* que complementa al adverbio *cerca,* y *casi,* que complementa al adverbio *siempre,* los demás adverbios complementan al verbo de su oración.

3. *Indudablemente, está arrepentido.*
Efectivamente, iré esta tarde.
Lo ha tirado involuntariamente.

Probablemente lo veamos en otra ocasión.
Suelo levantarme a las 8 de la mañana aproximadamente.
Viene frecuentemente a casa.
Ha hecho todos los ejercicios rápidamente.

4. *Me canso **demasiado** últimamente.* Adverbio de cantidad.
*¿Había **mucha** gente en la playa?* Determinativo indefinido.
***Demasiada**, como siempre.* Pronombre indefinido.
*La verdad es que no tienes **demasiada** paciencia.* Determinativo indefinido.
*Está **demasiado** caliente el café.* Adverbio de cantidad.
*No vengas **demasiado** tarde.* Adverbio de cantidad.
*¡Qué **pocas** ganas tengo de hacer nada!* Determinativo indefinido.
*Esfuérzate **más**.* Adverbio de cantidad.
*Ya has comido **bastantes** pasteles, no te comas **más**.* Determinativo indefinido y pronombre indefinido.

5. *No sé dónde has dejado las tijeras.*
¿Cuándo lo viste por última vez?
Todavía no nos ha dicho cómo lo resolvió.
¿Cuánto hace que no hablas con ella?

6. *A causa de; sin; junto a; en, en compañía de; hasta, por; sobre; a través de; en dirección a; durante.*

7. *Se ha desbordado el río **por** las lluvias.*
*Ponte **con** él.*
*Se ha quedado en casa **con** una amiga.*
*Siempre está mirando **por** la ventana.*
*Ha salido **hacia** el patio.*

8. *Quedó en venir hoy.*
El árbitro no señaló la falta al delantero.
Lo ha montado de acuerdo con las instrucciones del folleto.
Cuanto más le llamo la atención, peor se porta.
Para mi gusto hace demasiado calor.
La culpa ha sido de Eduardo, desde mi punto de vista.

9. *Aunque; o; ya que; ahora que; que, de modo que; si; por más que; sino. Aunque, ya que, ahora que, que, si y por más que son subordinantes. O, de modo que y sino son coordinantes.*

10. *Lo sabías, porque te había avisado.*
No está mal, aunque lo podías haber hecho mejor.
Comentó que a lo mejor se retrasaba, conque esperaremos un poco más.
Aunque te lo he dicho, no haces caso.

11. ***Nunca** amé el colegio. **Nunca** amé a las buenas monjitas, a la señorita Tasita **y** a don Jesús, que tenían un colegio de piso (aquellos, **tan** valiosos, **hoy** absorbidos: en él escribí lo que se publicó por primera vez en un tebeo, unos posibles versos, **y** ponía **debajo**: «Eduardo Haro, 8 años»), **ni** al del cura don Manuel (pegaba con una regla, **y** yo pensaba: «<u>Si</u> me lo hace a mí, le tiro un tintero». Un día me pegó **y** le tiré el tintero. Uno de aquellos tinteros empotrados en un agujero del pupitre, de loza blanquísima: a la tinta le añadían vinagre, que **no** la descomponía **y** la alargaba. El cura me encerró, llamó a mi padre **y** le explicó el caso. Mi padre le dijo: «**Cómo**, ¿que le ha pegado usted? El Niño, **entonces**, ha hecho lo que debía». <u>Y</u> me llevó. El colegio se llamaba, hasta hace **poco**, Donoso Cortés. Un nombre predestinado). **No** amé el instituto Calderón de la Barca, <u>ni aun</u> con Machado en la cátedra de francés. **No** entendía a mis compañeros. Prefería estar con las chicas: he estado toda mi vida con ellas. **No** peleaba, **no** jugaba al fútbol. Odiaba el fútbol: lo odio **aún**, injustamente. Todo odio es injusto.*

EDUARDO HARO TECGLEN: *El niño republicano*

EJERCICIOS DEL USO DEL IDIOMA

1. *Idiotez, nazi, acceso, pacto, actriz, adversidad, octavo, habilidad, altavoz, venid, antifaz, adquirir, veloz, velocidad, mezquino, panceta, conozco, voz, ataúd, avestruz, zéjel, merezco, dulce, dulzura, cabezazo, edad, bondad.*

2. *Distracción, traición, ración, noción, precaución, edición, observación, deducción, reducción, accesorio, inserción, facción, occipital, predilección, polución, perfección.*

3. *Bondad, raíz, capaz, tic, veloz, huésped, red, atroz.*

4. *Verdad, esbeltez, vejez, bondad, ruindad, dejadez, sinceridad, estupidez, delgadez, rapidez, felicidad, amistad, libertad, aptitud, honradez, lentitud, rojez, brillantez, desnudez.*

5. *Sujeción, concreción, inyección, relación, redacción, inserción, edición, objeción, abstracción, obstrucción, revelación.*

6. *En efecto, todos nos equivocamos a veces.*
En seguida (o enseguida) se fueron adelante.
Sobre todo no toques lo que hay encima de la mesa.
En fin, salgamos afuera de una vez.
Sin duda quiere que todo gire alrededor de él.
Vive enfrente (o en frente) de mi casa; por tanto, no hace falta ir más aprisa (o a prisa).
Ante todo, no lo hagas tan deprisa (o de prisa).
A pesar de lo que diga, creo que lo ha hecho adrede.
Aunque somos muy diferentes; sin embargo, en eso estamos de acuerdo.

TEMA 6

LOS SINTAGMAS. LA ESTRUCTURA DE LA ORACIÓN

EJERCICIOS DE APLICACIÓN

1. *Los alumnos de esta clase (esta clase es, a su vez, SN término de la preposición de); la culpa.*
El bolígrafo rojo.
Los árboles del parque (el parque es, a su vez, SN término de la preposición de, la cual forma una contracción con el artículo el).
Un mal día.
Un buen plato de paella (paella es, a su vez, SN término de la preposición de).
La primera semana de agosto (agosto es, a su vez, SN término de la preposición de).
Mi compañera Beatriz (Beatriz es, a su vez, SN CN en aposición de compañera).

2.

Función	Det	N	CN
Categoría	Determinativo	Sustantivo	S. Prep
	Los	*alumnos*	*de esta clase*

Función	Det	N
Categoría	Determinativo	Sustantivo
	La	*culpa*

Función	Det	N	CN
Categoría	Determinativo	Sustantivo	S. Adj
	El	*bolígrafo*	*rojo*

Función	Det	N	CN
Categoría	Determinativo	Sustantivo	S. Prep
	Los	*árboles*	*del parque*

Función	Det	CN	N
Categoría	Determinativo	S. Adj	Sustantivo
	Un	mal	día

Función	Det	CN	N	CN
Categoría	Determinativo	S. Adj	Sustantivo	Sprep
	Un	buen	plato	de paella

Función	Det	Det	N	CN
Categoría	Determinativo	Determinativo	Sustantivo	S. Prep
	La	primera	semana	de agosto

Función	Det	N	CN
Categoría	Determinativo	Sustantivo	SN en aposición
	Mi	compañera	Beatriz

3. ***Estos primeros*** *días;* ***Muchas otras*** *veces;* ***Todos los demás*** *alumnos;* ***Mis otros*** *primos;* ***Aquel otro*** *cuadro.*

4. *Muy fácil de resolver; contento con su suerte; bastante desorientada; tan antipático con los demás.*

5.

Función	Cuant	N	C. Adj.
Categoría	Adverbio de cantidad	Adjetivo	S. Prep
	Muy	fácil	de resolver

Función	N	C. Adj.
Categoría	Adjetivo	S. Prep
	contento	con su suerte

Función	Cuant	N
Categoría	Adverbio de cantidad	Adjetivo
	bastante	desorientada

Función	Cuant	N	C. Adj.
Categoría	Adverbio de cantidad	Adjetivo	S. Prep
	tan	antipático	con los demás

6. *Demasiado lejos de mí; Después de la cena; más despacio; muy pronto; mucho antes del final.*

7.

Función	Cuant	N	C. Adj.
Categoría	Adverbio de cantidad	Adverbio	S. Prep
	Demasiado	lejos	de mí

Función	N	C. Adj.
Categoría	Adverbio	S. Prep
	Después	de la cena

Función	Cuant	N
Categoría	Adverbio de cantidad	Adverbio
	más	despacio

Función	Cuant	N
Categoría	Adverbio de cantidad	Adverbio
	muy	pronto

Función	Cuant	N	C. Adj.
Categoría	Adverbio de cantidad	Adverbio	S. Prep
	mucho	antes	del final

8. *En casa; Desde esta ventana; por teléfono; gracias a tus indicaciones.*

Función	Enlace	Término
Categoría	Preposición	Sustantivo
	En	*casa*

Función	Enlace	Término
Categoría	Preposición	SN
	Desde	*esta ventana*

Función	Enlace	Término
Categoría	Preposición	Sustantivo
	por	*teléfono*

Función	Enlace	Término
Categoría	Locución prep.	SN
	gracias a	*tus indicaciones*

9. *Cerca de nosotros* es un SAdv: *cerca* es el núcleo y *de nosotros,* un SPrep CAdv.
Bajo la mesa es un SPrep: *bajo* es el enlace y *la mesa,* un SN en función de término.
Junto a mí es un SPrep: *junto a* es el enlace y *mí,* el término.
Debajo del pie es un SAdv: *debajo* es el núcleo y *del pie,* un SPrep CAdv.
A través de la pared es un SPrep: *a través de* es el enlace y *la pared,* un SN en función de término.
Delante de él es un SAdv: *delante* es el núcleo y *de él,* un SPrep CAdv.

10. SN con la estructura Det + CN (adjetivo) + N + CN (SPrep): *Un bonito ramo de flores.*
SN con la estructura Det + N + CN (SN en aposición): *Mi vecino Paco.*
SN que contenga, en la función de CN, un SAdj formado por Cuant + N: *Unos amigos muy inteligentes.*
SAdv con la estructura Cuant + N + CAdv (SPrep): *Algo lejos de aquí.*
SPrep cuyo término contiene, en la función de CN, otro SPrep: *En el bolsillo del pantalón.*

11. *Todavía me asustan las tormentas:* el sujeto léxico es *las tormentas.*
Algunos pueblos de Aragón se han quedado abandonados: el sujeto léxico es *Algunos pueblos de Aragón.*
A los inmigrantes no los tratan bien: no hay sujeto léxico, el sujeto está omitido; el verbo señala como sujeto a la tercera persona del plural.
Había muchas personas en aquel sitio: oración impersonal.
El lunes pasado vinieron mis abuelos: el sujeto léxico es *mis abuelos.*
¿Quién ha llamado?: el sujeto léxico es *Quién.*
Quevedo, escritor barroco, fue un gran poeta: el sujeto léxico es *Quevedo, escritor barroco.*
Esta tarde ha granizado con fuerza: oración impersonal.
La fuente de la plaza de mi barrio no tiene agua: el sujeto léxico es *La fuente de la plaza de mi barrio.*
Se critica demasiado al vecino: oración impersonal.
Voy a salir un momento: no hay sujeto léxico, el sujeto está omitido, el verbo señala como sujeto a la primera persona del singular.
¿Dónde están las llaves?: el sujeto léxico es *las llaves.*
Me encanta tu sonrisa: el sujeto léxico es *tu sonrisa.*
La lectura de la prensa deportiva no es recomendable: el sujeto léxico es *La lectura de la prensa deportiva.*
Te ha salido un grano en la barbilla: el sujeto léxico es *un grano.*

EJERCICIOS DEL USO DEL IDIOMA

1. *Manguera, guisante, bilingüe, higuera, piragua, vergüenza, piragüismo, distinguir, yegua, hormiguero, vergonzoso, paraguas, ambigüedad, reguero, regadera, seguir, paragüero, extinguir, Guipúzcoa, lenguaje, burgués, guiso, ambiguo, Guernica, lingüística, antiguo, antigüedad, jilguero, lengüeta, cónyuge.*

2. *Coger, majestad, jinete, gitano, complejidad, frágil, ligero, energía, gentío, agenda, página, hereje, auge, prójimo, jirafa, digestión, vejiga, pasajero, gesto, germen, cirugía, digerir, monje, mejilla.*

3. *Cogí, traje, dirigí, fingí, protegí, dije, exigí, elegí, corregí, conduje, deduje, recogí, introduje.*

4. *Exigencia, enrojecimiento, ingestión, injerencia, fingimiento, canje, regencia, surgimiento, envejecimiento, homenaje.*

5. *Hundir, hipócrita, exorcismo, hinchar, exhaustivo, alcohol, baúl, exhibir, ablandar, hereje, usura, éxito, vehículo, toalla, hostil, coacción, coartar, honra, bohemio, herbívoro.*

6. *Horroroso, erróneo, oval, hortelano, herrero, oquedad, hinchazón, exhortación, ahogar, horario, humanidad, honorable, heroísmo, hojear, ojear, humareda, oloroso, orfandad, óseo, helar.*

7. *Su aya siempre lo trató cariñosamente.*
En este momento no se halla aquí.
No creo que haya llegado todavía.
Es posible que haya otra solución.
No viene con nosotros porque se halla indispuesta.

8. *Esta llave no abría bien.*
¿Por qué lo has hecho?
Se le ha roto un asta al toro.
Él no hizo nada.
He hojeado el libro y parece interesante.
Lo ha resuelto por azar.

9. *Voy a ver qué ruido es ese.*
Puede haber problemas si no lo hacemos bien.
Se te ha caído por no haber prestado atención.
Vuelve a haber esperanzas.

10. *¿Echo ya la basura al contenedor?*
Has hecho el ridículo.
No desecho todavía esa posibilidad.
Viene siempre deshecho del trabajo.
Todavía lo echo de menos.

11. *Vamos a dar una vuelta.*
¡Ah, ya lo sé!
Mi abuelo ha venido a vernos a casa.

12. *Fallo, ensayo, hallazgo, joya, disyuntiva, desayunar, estribillo, rellenar, hebilla, desarrollo, atropello, ayudar, influye, anillo, escayola, pillar, enrollar, peyorativo, rastrillo, desmayo, sello, yema, muelle, querella.*

13. *Oyendo, cayendo, yendo, destruyendo, poseyendo, huyendo, trayendo.*

14. *Con las lluvias de este año, trae mucha agua el arroyo.*
Se calló porque no tenía nada que decir.
Resbaló y se cayó al suelo.
No me gusta rallar el queso.
No creo que vaya.

15. *Hay que solucionarlo pronto.*
Yo no entro ahí.
¿Hay alguien por ahí?
¡Ay como te pille!
Déjalo ahí.

16. *Este verano iré de vacaciones a El Cairo.*
Tengo que hacer un comentario de El alcalde de Zalamea.
He enviado una carta de protesta a El País y otra a El Mundo.

TEMA 7
EL SINTAGMA VERBAL

EJERCICIOS DE APLICACIÓN

1. *He dicho:* forma verbal compuesta.
Fuera: forma verbal simple.
Echa de menos: locución verbal.
Están diciendo: perífrasis verbal.
Ha hecho añicos: locución verbal con una forma compuesta del verbo.
Tienes que tomar nota: perífrasis verbal de una locución verbal.

2. *Es **un buen alumno**.*
*Está **de mal humor**.*
*Eso me parece **bien**.*

3. *Enfadado con nosotros.*
A oscuras.
Una gran estupidez.
Bastante fácil.
Correcta.

4. *Enfadado con nosotros.*
　　N　　CAdj (SPrep)
　　　Atr (SAdj)

A oscuras.
Atr (Loc. Adv)

Una tremenda estupidez.
Det　CN (SAdj)　　N
　　　　Atr (SN)

Bastante fácil.
Cuant　　N
　Atr (SAdj)

Correcta.
Atr (SAdj)

5. Suj: *La fiesta de los toros;* Atr: *un espectáculo bárbaro.*
Suj: *Ese profesor;* Atr: *el director.*
Suj: *tú;* Atr: *El culpable.*
Suj: *la música;* Atr: *Su obsesión.*
Suj: *la pena de muerte;* Atr: *un asesinato.*

6. Atributos: *(parece) tranquila, más animado.*
Complementos predicativos: *sucios, (respondió) tranquila, ministro, respetuoso.*
Complementos circunstanciales de modo: *tranquilamente, animadamente, con respeto.*

7. Complementos directos: *(Respeta) a la gente, a otro alumno, la noticia, estas hojas, gases, salarios miserables, (discriminamos) a los inmigrantes, mucha contaminación.*

Complementos indirectos: *le, (importa) a la gente; le, a Luis; a los compañeros; Me; A los inmigrantes (pagan), les.*

8. *A ti, te:* CD.
Os, a vosotros: CI.
A mis amigas, les: CI.
A ese, lo: CD.
Les, a sus padres: CI.

9. <u>No</u> dispongo <u>de tiempo</u> <u>ahora</u>.
    CCN   CR   CCT
<u>Este año</u> aspira <u>a un trabajo mejor</u>.
    CCT   CR
Mis abuelos vinieron <u>a Madrid</u> <u>con sus hijos</u> <u>desde un pueblo de Cáceres</u>.
                        CCL   CCCompañía   CCL
La huelga ha sido desconvocada <u>por los trabajadores</u> <u>en una asamblea</u>.
                                    CAg   CCL
El presidente del equipo ha sido denunciado <u>por corrupción</u>.
                                                CCCausa
Guarda el bocadillo de chorizo <u>para el recreo</u>.
                                    CCFinalidad
Fueron atendidos los enfermos <u>por el médico de guardia</u>.
                                    CAg
Los empresarios <u>solo</u> se preocupan <u>de los beneficios</u>.
                  CC   CR

10. <u>Los trabajadores</u> han desconvocado <u>la huelga</u> en una asamblea.
         Suj   CD
Han denunciado <u>al presidente del equipo</u> por corrupción.
                      CD
<u>El médico de guardia</u> atendió <u>a los enfermos</u>.
     Suj   CD

11. *Sus teorías:* CD; *en investigaciones anteriores:* CR.
A los indios: CD; *al cristianismo:* CR.
Su casa: CD; *en un auténtico palacio:* CR.
Me: CD; *de un suspenso seguro:* CR.

EJERCICIOS DEL USO DEL IDIOMA

1. *Columna, conmutar, solemne, amnesia, innato, perenne, enmendar, empresa, currículum, rombo, gimnasia, combustión, innovación, nombre, templo, importante, insomnio, convertir, Islam, enviar.*

2. *Inscribir, constante, histórico, costoso, instante, transporte, trasluz, aspirar, institución, Islandia.*

3. *Marear, sonrisa, alrededor, subrayar, fuerte, irregular, marisco, barril, pelirrojo, honra.*

4. *Compinche, convecino, ciempiés, imposible, inmóvil, invertebrado, imparcial, imborrable, desrizar, antirracista, contrarreloj, autorretrato.*

5. *Tesis, espontáneo, esbelto, escaso, estrategia, exacto, síntesis, excusa, explotar, excitar, escéptico, extranjero, excepto, expresión, extraño, espectador, explicar, esclavo, espléndido, expectación.*

6. *Estructurar, excusar, escasear, estimular, esclavizar, explotar, explicar, especificar, estresar, exponer, expedientar, exhalar, estrangular, expandir, exiliar, exhibir, exigir, existir, exhortar.*

7. *No contesto porque no sé qué decir.*
Los libros hay que estudiarlos en su contexto histórico.
Los castigos se cumplen para expiar las culpas.
No está bien espiar a la gente.
Pronto va a expirar el plazo de matrícula.

Los peces, al espirar, expulsan el agua de las branquias.
Los nobles presumen de su rancia estirpe.
Lo mejor es que el cirujano le extirpe cuanto antes el tumor.
No veo la conexión entre lo que dices y el tema del que estamos hablando.
José Antonio sabe explicar muy bien lo de la cohesión de los textos.
Paco es una persona de mucho seso.
¡Cuánto os gusta hablar de sexo!

TEMA 8
CLASES DE ORACIONES

EJERCICIOS DE APLICACIÓN

1. *¡Qué calor tengo!:* exclamativa afirmativa.
   Hoy hace calor: enunciativa afirmativa.
   No salgas todavía: exhortativa negativa.
   Tal vez nos volvamos a ver: dubitativa afirmativa.
   Debe de ser la una y media: dubitativa afirmativa.
   Ojalá no sea verdad: desiderativa negativa.
   ¿Cuándo te vas?: interrogativa parcial afirmativa.
   ¿No te vas ahora?: interrogativa total negativa.

2. Exhortativa negativa: *No hables tanto.*
   Dubitativa afirmativa: *Quizá sea cierto.*
   Desiderativa negativa: *Que no sea nada.*
   Interrogativa parcial afirmativa: *¿Cuándo llegó?*
   Enunciativa negativa: *No bajan nunca los precios.*

3. *Todos los habitantes del pueblo fueron evacuados.*
   Los alumnos antes eran colocados por el profesor por orden alfabético.
   La ley será debatida en el Congreso la próxima semana.

4. *Hasta mañana no se recogerá la basura.*
   Se ha publicado la noticia en varios periódicos.
   Esas frutas se recogen en septiembre.

5. *Nada, muchos problemas, a sus padres.* Son transitivas las oraciones en las que aparecen estos complementos directos; las otras son intransitivas.

6. Transitivas: *Sube la persiana, Solo he cenado una poca verdura y fruta, Garcilaso de la Vega no escribió novelas ni obras de teatro, Ella solo fuma marihuana.*
   Intransitivas: *Sube a casa, Ayer no cené, No escribes bien, Ella sí fuma.*

7. ***Nos*** *preocupamos demasiado por todo:* intransitiva pronominal; el pronombre reflejo forma parte del núcleo verbal.
   *Péina**te** un poco:* transitiva reflexiva.
       CD
   *No **os** sentéis ahí:* intransitiva pronominal; el pronombre reflejo forma parte del núcleo verbal.
   Se *marchó pronto:* intransitiva pronominal; el pronombre reflejo forma parte del núcleo verbal.
   Se *vistió rápidamente:* transitiva reflexiva.
   CD

8. *Javier y Pedro se dieron un beso (el uno al otro):* recíproca.
   Javier y Pedro se afeitaron el mismo día (a sí mismos): reflexiva.
   Los dos hermanos se ataron los zapatos al tiempo (a sí mismos): reflexiva.
   Los dos hermanos se tiraron bolas de nieve (el uno al otro): recíproca.

9. *Se:* CI.
   Se: CD.
   Se: CI.
   Se: CI.

10. *Se hacen **fotocopias en color**:* pasiva refleja.
***La puerta del Instituto** se cierra a las nueve:* pasiva refleja.
Todavía se explota a los trabajadores: impersonal.
*En algunas farmacias se toma **la tensión**:* pasiva refleja.
Aquí se habla de cualquier tema: impersonal.

11. *Evacuaron a todos los habitantes del pueblo.*
```
         N    Enl Det Det    N      CN (SPrep)
                        CD (SPrep)
              Pred. verbal (SV)              Sujeto omitido
```

Todos los habitantes del pueblo fueron evacuados.
```
 Det  Det    N      CN (SPrep)
       Suj (SN)              Pred. verbal (SV)
```

El profesor antes colocaba a los alumnos por orden alfabético.
```
              CCT     N       CD (SPrep)   CC Modo (SPrep)
              (SAdv)
   Suj (SN)           Pred. verbal (SV)
```

Los alumnos antes eran colocados por el profesor por orden alfabético.
```
             CCT       N      CAg (SPrep)    CC Modo (SPrep)
             (SAdv)
  Suj (SN)           Pred. verbal (SV)
```

La próxima semana debatirán la ley en el Congreso.
```
   CC Tiempo (SN)         N   CD(SN) CC Lugar (SPrep)
              Pred. verbal (SV)              Sujeto omitido
```

La ley será debatida en el Congreso la próxima semana.
```
         N         CC Lugar (SPrep)    CC Tiempo (SN)
 Suj (SN)          Pred. verbal (SV)
```

Hasta mañana   no   recogerán   la basura.
```
CC Tiempo (SPrep) CCN     N       CD (SN)
                  (SAdv)
         Pred. verbal (SV)                   Sujeto omitido
```

Hasta mañana   no   se recogerá   la basura.
```
CC Tiempo (SPrep) CCN       N
                  (SAdv)
         Pred. verbal (SV)        Suj (SN)
```

Han publicado la noticia en varios periódicos.
```
      N         CD (SN)    CC Lugar (SPrep)
          Pred. verbal (SV)              Sujeto omitido
```

Se ha publicado la noticia en varios periódicos.
```
       N                    CC Lugar (SPrep)
Pred. verbal (SV)  Suj (SN)   Pred. verbal (SV)
```

En septiembre   recogen   esas frutas.
```
CC Tiempo (SPrep)  N       CD (SN)
        Pred. verbal (SV)              Sujeto omitido
```

En septiembre   se recogen   esas frutas.
```
CC Tiempo (SPrep)    N
        Pred. verbal (SV)         Suj (SN)
```

EJERCICIOS DEL USO DEL IDIOMA

1. *Se lo iba a decir, pero se me ha olvidado.*
Ruiz de Alarcón, Tirso de Molina, Rojas Zorrilla y Agustín Moreto son dramaturgos del siglo XVII.

En primer lugar, yo no he sido; en segundo lugar, a ti no te importa.
No te pongas así, tontorrón.
Según han dicho en la radio, pronto bajarán las temperaturas.
Cuando ella lo dice, por algo será; o sea, hazle caso.
Ya está lloviendo, por tanto, no saldré.
Ya está lloviendo, conque no saldré.

2. Porque no puede separarse el sujeto del predicado, a no ser que se intercale entre ellos un inciso.

3. *Estos días han sido muy calurosos.*
Ha asegurado que es verdad.
Dijo que iba a venir, pero no ha venido.

4. *EE.UU., a. de C., 20.30 horas, pág.*

5. *¡Qué barbaridad! ¡Cuánto calor hace!*
¿Vamos a dar una vuelta? A mí no me apetece quedarme en casa.
Francisco de Quevedo nació en 1580.

6. *El eclipse*

Cuando fray Bartolomé Arrazola se sintió perdido, aceptó que ya nada podría salvarlo. La selva poderosa de Guatemala lo había apresado, implacable y definitiva. Ante su ignorancia topográfica, se sentó con tranquilidad a esperar la muerte. Quiso morir allí, sin ninguna esperanza, aislado, con el pensamiento fijo en la España distante, particularmente en el convento de Los Abrojos, donde Carlos Quinto condescendiera una vez a bajar de su eminencia para decirle que confiaba en el celo religioso de su labor redentora.

Al despertar, se encontró rodeado por un grupo de indígenas de rostro impasible que se disponían a sacrificarlo ante un altar, un altar que a Bartolomé le pareció como el lecho en que descansaría, al fin, de sus temores, de su destino, de sí mismo.

Tres años en el país le habían conferido un mediano dominio de las lenguas nativas. Intentó algo. Dijo algunas palabras que fueron comprendidas.

Entonces floreció en él una idea que tuvo por digna de su talento y de su cultura universal y de su arduo conocimiento de Aristóteles. Recordó que para ese día se esperaba un eclipse total de sol. Y dispuso, en lo más íntimo, valerse de aquel conocimiento para engañar a sus opresores y salvar la vida.

—Si me matáis –les dijo– puedo hacer que el sol se oscurezca en su altura.

Los indígenas lo miraron fijamente y Bartolomé sorprendió la incredulidad en sus ojos. Vio que se produjo un pequeño consejo, y esperó confiado, no sin cierto desdén.

Dos horas después el corazón de fray Bartolomé Arrazola chorreaba su sangre vehemente sobre la piedra de los sacrificios (brillante bajo la opaca luz de un sol eclipsado), mientras uno de los indígenas recitaba sin ninguna inflexión de voz, sin prisa, una por una, las infinitas fechas en que se producirían eclipses solares y lunares, que los astrónomos de la comunidad maya habían previsto y anotado en sus códices sin la valiosa ayuda de Aristóteles.
Augusto Monterroso, *Obras completas (y otros cuentos)*.

TEMA 9

SUBORDINACIÓN Y COORDINACIÓN DE ORACIONES

EJERCICIOS DE APLICACIÓN

1. Oraciones simples: *Hoy no tengo que ir al trabajo; Siempre están hablando de fútbol.*
Oraciones complejas: *Me han dicho que han convocado una huelga de transportes para mañana; Desde donde estoy no veo nada; Me olvidé de que venías hoy; José Ángel, aunque es onubense, no tiene acento andaluz.*
Grupos oracionales: *Mañana hay convocada una huelga de transportes y saldré de casa antes; Va a llover, así que recoge la ropa; No lo ha hecho con mala intención, sino que ha sido una broma.*

2. *Me **han dicho** [que **han convocado** una huelga de transportes para mañana].*
*Desde [donde **estoy**], **no** veo **nada**.*
*Me **olvidé** de [que **venías** hoy].*
*José Ángel [,aunque **es** onubense,] no **tiene** acento andaluz.*
*[Mañana **hay convocada** una huelga de transportes] y [**tendré que salir** de casa antes].*
[Va a llover], así que [recoge la ropa].
*[No lo **ha hecho** con mala intención], sino que [**ha sido** una broma].*

3. *De tus mentiras:* CAdj (el SN *tus mentiras* es término de la preposición *de*); *homónimas:* CN; *tu impuntualidad:* Suj; *del extrarradio de Móstoles:* CN (el SN *el extrarradio de Móstoles* es término de la preposición *de*); *de su absolución:* CR (el SN *su absolución* es término de la preposición *de*); *drogodependientes:* CN; *vuestro enfado:* CD.
Ya estamos cansados de que mientas.
A veces escribimos equivocadamente ciertas palabras que tienen idéntica forma pero distinto significado.
Me disgusta que seas impuntual.
Voy a un Instituto que está a las afueras de Móstoles.
Me alegro de que lo hayan absuelto.
Las personas que son adictas a alguna droga padecen una enfermedad.
Comprendo que estéis enfadados.

4. *No creo [que sea verdad]:* sustantiva, CD.
Confío en [que pronto cambie el tiempo]: sustantiva, término de la preposición *en*, con la que forma un SPrep en función de CR.
No compres algo [que no necesites]: adjetiva especificativa.
Tengo la seguridad de [que aprobaré]: sustantiva, término de la preposición *de*, con la que forma un SPrep en función de CN.
Estoy seguro de [que aprobaré]: sustantiva, término de la preposición *de*, con la que forma un SPrep en función de CAdj.
He visto a Juan, [quien está muy mejorado]: adjetiva explicativa.
Los zapatos [que me compré ayer] ya me han hecho una rozadura: adjetiva especificativa.
Me molesta [que me mientas]: sustantiva, sujeto.
Víctor, [del cual te hablé el otro día,] se ha hecho un esguince en el tobillo: adjetiva explicativa.
¿No hay nadie [que lo quiera]?: adjetiva especificativa.
Lo ha resuelto sin [que le ayudara nadie]: sustantiva, término de la preposición *sin*, con la que forma un SPrep en función de CC Modo.
Dame un bolígrafo [con el que escriba mejor]: adjetiva especificativa.
Me extraña [que no venga nadie]: sustantiva, sujeto.

5. *No compres **algo** [**que** no necesites.]*
    Ant   CD

*He visto a **Juan**, [**quien** está muy mejorado.]*
    Ant   Suj

*Los **zapatos** [**que** me compré ayer] ya me han hecho una rozadura.*
    Ant.   CD

***Víctor**, [del **cual** te hablé el otro día], se ha hecho un esguince en el tobillo.*
  Ant.   Término
        SPrep CR

*¿No hay **nadie** [**que** lo quiera?]*
        Ant. Suj

*Dame un **bolígrafo** [con **el que** escriba mejor.]*
           Ant.   Término
                    SPrep
                 CC Instrumento

6. Cuando los adverbios *cuando*, *como* y *donde* introducen oraciones de relativo, siempre se refieren a un antecedente. Si no llevan antecedente, introducen oraciones adverbiales. Ejemplo:
*He cocinado el pescado del **modo** [como tú me dijiste]:* de relativo.
       Ant.
He cocinado el pescado [como tú me dijiste]: adverbial de modo.

7. *Se miente más [que se habla]:* complemento del cuantificador *más*, comparativa.
[Aunque me lo jures], no lo creo: adverbial concesiva.
Voy al médico [a que me haga una radiografía]: adverbial final.
[Si quieres], puedes venir: adverbial condicional.
No pongas música [mientras estudias]: adverbial de tiempo.
No te oigo bien [ya que está muy alta la música]: adverbial de causa.
Tira el balón hacia [donde está María]: adverbial, término de la preposición *hacia*, con la que forma un SPrep en función de CC Lugar.
Lo he hecho [conforme me has dicho]: adverbial de modo.
Dice tantas mentiras [que ya no lo cree nadie]: complemento del cuantificador *tantas*, consecutiva.
Dice tantas mentiras [como su amigo]: complemento del cuantificador *tantas*, comparativa.
No te lo dice [a fin de que no te enfades]: adverbial final.
[Apenas salió de casa], se encontró mucho mejor: adverbial de tiempo.
Se va a volver tonto, [puesto que ve mucho la televisión]: adverbial de causa.
Ve tanto la televisión [que se va a volver tonto]: complemento del cuantificador *tanto*, consecutiva.
No se aburre, [a pesar de que no ve nada la televisión]: adverbial concesiva.
Escribe solo hasta [donde están los márgenes]: adverbial, término de la preposición *hasta*, con la que forma un SPrep en función de CC Lugar.
Hazlo [según tú creas conveniente]: adverbial de modo.
Te dejo la bici [a condición de que me la traigas esta tarde]: adverbial condicional.

8. *¿Quieres un helado o prefieres natillas?*
Tiene jaquecas, es decir, le duele frecuentemente la cabeza.
Siempre juega a la lotería, pero nunca le toca.
No ha ido al trabajo, sino que se ha quedado en casa.
Tengo bastante sueño, así que me voy a la cama.

EJERCICIOS DEL USO DEL IDIOMA

1. *El sabio sabe que no sabe; el tonto cree que sabe.*
En Matemáticas me han puesto un Bien; en Lengua, un Notable; y en Inglés, un Suficiente.
Justo al salir de casa, empezó a llover a cántaros; no obstante, lo pasamos bien.
Mi hermano, como no quiere estudiar, está buscando trabajo; yo, en vista de los malos trabajos que ofrecen, seguiré con los estudios.
Desde que me levanté, no he tomado nada; y todavía no tengo hambre.

2. *El arroz se puede cocinar de muchas formas: con verduras, con pollo, con pescado...*
Ese profesor no hace más que gritar: «Callaos».
Alicia, Carmen, Beatriz y Sacra: estas son mis compañeras.
Querida Clara: Te escribo desde Santander.
Has de comer más: te estás quedando en los huesos.

3.
 Una mañana, nos regalaron un conejo de Indias. Llegó a casa enjaulado. Al mediodía, le abrí la puerta de la jaula.
 Volví a casa al anochecer y lo encontré tal como lo había dejado: jaula adentro, pegado a los barrotes, temblando del susto de la libertad.
EDUARDO GALEANO: *El libro de los abrazos*

TEMA 10

ORIGEN Y EVOLUCIÓN DEL CASTELLANO. EL BILINGÜISMO

EJERCICIOS DE APLICACIÓN

1.

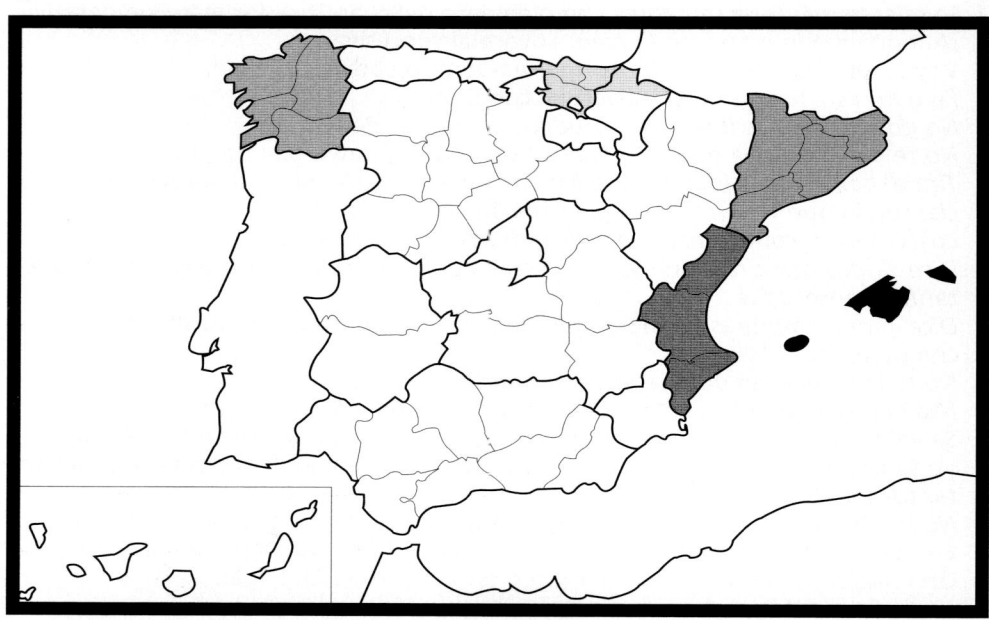

Zonas donde existe bilingüismo:

- Galicia: gallego y castellano.
- Cataluña: catalán y castellano.
- Baleares: balear (dialecto del catalán) y castellano.
- Gran parte de la Comunidad Valenciana: valenciano (dialecto del catalán) y castellano.
- Gran parte de Euskadi y norte de Navarra: euskera y castellano.

2., 3. y 4. Ejercicios de realización libre.

EJERCICIOS DEL USO DEL IDIOMA

1. *En fin, ya sabes que a enemigo que huye...*
Creo que... No sé... Está bien, te lo diré.
En esa granja había de todo: cerdos, pollos, conejos...
Si por lo menos pudiera... Es mejor dejarse de sueños imposibles.
Franceses, ingleses, italianos... aquello parecía la ONU.

2. *De todos modos, ¿de qué te sirve el dinero?*
¡Cuánto me alegro de que hayas vuelto, Jesús!
Jesús, ¡cuánto me alegro de que hayas vuelto!
¡Eh! ¿Adónde vas?
¿Estás seguro de que quieres venir a pesar de estar cansado?

3. En el primer enunciado los puntos suspensivos entre paréntesis indican que se ha omitido una parte del texto citado; los que aparecen al final señalan que la obra de la que se ha extraído la cita continúa.
En el segundo enunciado el signo de interrogación de cierre entre paréntesis expresa que no se sabe con certeza de qué grupo era delegado Jorge Rabanedo.
En el tercer enunciado el signo de exclamación de cierre entre paréntesis se usa para expresar ironía sobre el hecho de que se considere que cinco asignaturas suspensas son pocas, según da a entender la palabra *solo*.

4. *Puede servirte de consejo el refrán que dice que cuando las barbas de tu vecino veas pelar...*
Toda la gente permaneció en silencio.
Juan, ¿adónde vas?
¡Ay! ¡Qué daño!
Ya me he estudiado cuatro temas.

COMUNICACIÓN Y TÉCNICAS DE TRABAJO

TEMA 1
LENGUAJE Y COMUNICACIÓN

PIENSA Y RESPONDE. OBSERVACIONES AL TEXTO INICIAL (*La disputa de los griegos y los romanos*, del Arcipreste de Hita)

1.
Realización libre. Indíquese a los alumnos la conveniencia de que el resumen no exceda de las seis u ocho líneas.

2.
De las diferentes acepciones de este vocablo en el *Diccionario* de la R.A.E., resulta adecuada la primera, definida mediante el sinónimo *debatir;* la acepción cuarta *(contender, competir, rivalizar)* también es aceptable, dado el contexto. Otros términos de significado similar que aparecen en el texto son los siguientes: *debatir* (vv. 12 y 22), *contender* (v. 13) y *dialogar* (v. 23); pueden tenerse en cuenta también, como términos de significado relacionado con los anteriores, los sustantivos *disputa* (v. 10), *lid* (v. 24), *porfía* (v. 28) y *pelea* (v. 67). La comparación de los significados de unas y otras palabras debe poner de manifiesto el amplio abanico de posibilidades significativas que van desde el concepto de *diálogo*, que implica la mera transmisión recíproca de información, sin ningún matiz de confrontación entre los interlocutores, hasta el de *pelea*, que presupone conflicto más o menos violento o vehemente entre las partes. Entre ambos se sitúan los significados de *debate* y *debatir* (que en su uso más frecuente indica la confrontación verbal mediante argumentos), y de *contender* (que presupone con más claridad la oposición o enfrentamiento entre las partes). Para ilustrar y completar todos estos matices de significado, puede aportar el profesor otros términos similares que no aparecen en el texto: *discutir, argumentar, opinar, polemizar, contender, reñir, combatir, luchar, guerrear...*, o también los sustantivos *controversia, cuestión, querella, litigio, altercado,* etc. En todo caso, hágase notar a los alumnos que la actitud que adopta cada uno de los dos personajes se corresponde con los dos sentidos del término *disputa:* «diálogo o debate verbal» (el sabio griego) y «confrontación violenta» (el bellaco romano).

3.
En caso de que algún alumno no haya captado estos aspectos del argumento, será conveniente hacerles releer con más detenimiento las dos primeras estrofas y en concreto el verso octavo: «*esta respuesta dieron por quererse excusar*».

4.
En la puesta en común, hágase reflexionar al alumno sobre el sentido de su respuesta (ambos hablan lenguas diferentes y, por tanto, no podrán entenderse si cada uno habla su propio idioma). No hay comunicación posible si el código (o lengua) no es compartido por los dos interlocutores. El recurso a la comunicación por gestos se justifica, así, por ser supuestamente universal: puede plantearse al alumno qué haría para pedir un café con leche y un *croissant* en una cafetería de Alemania.

5.
Conviene releer en clase el pasaje donde se describen los gestos de cada personaje y la interpretación que hace cada uno. La explicación de por qué se produce el equívoco puede ser aprovechada, si se considera oportuno, para anticipar conceptos relativos al tema que se desarrollarán el próximo curso: estructura del signo (significado y significante), polisemia, ambigüedad. Lo importante será comprobar que un mismo signo (o, mejor, significante) puede representar realidades diferentes, y que, por lo tanto, la supuesta universalidad de los gestos no es tal. No hay un código único de gestos, sino que el valor de cada uno depende del entorno comunicativo. En el ejemplo que nos ocupa, la diferente condición de los interlocutores (uno, un sabio filósofo; otro, un inculto rufián) y, en relación con ello, el distinto propósito que presuponen en el oponente (uno cree que están dialogando sobre cuestiones filosóficas, el otro piensa más bien en una contienda basada en la fuerza de las amenazas) explican la ambigüedad de los signos utilizados. Compruébese que, en otras situaciones, esos mismos gestos adquirirán otros sentidos diferentes: el dedo índice levantado por un futbolista tras marcar un gol transmite la idea «soy el número uno»; la palma de la mano extendida es el gesto habitual de un mendigo cuando pide limosna, etc.

6.
Pueden emplearse como ejemplo palabras polisémicas extraídas del texto: *letrado, doctor, día, mano, consejo, villano, palma,* etc. Es importante mostrar que todos estos términos, polisémicos cuando aparecen aislados, no resultan ambiguos dentro del texto. El contexto en el que se encuentran los desambigua: el hecho de que se esté hablando de gestos realizados con las manos impide que nadie pueda interpretar la palabra *palma* como «hoja de la palmera».

7.
En sentido estricto, no ha habido auténtica comunicación. El alumno responderá de manera intuitiva que no existe comunicación porque el griego y el romano «no se han entendido», o, lo que es lo mismo, no han conseguido que su interlocutor forme en su mente la misma idea que el emisor pretendía hacerle llegar. Se ha establecido un contacto entre dos interlocutores, cada uno de ellos ha emitido unos mensajes y estos han llegado a sus respectivos receptores. Sin embargo, no ha habido verdadera transmisión de información: el romano no ha visto representada en su mente la idea de «Dios es uno», que es lo que quería el griego, y este no se ha sentido en ningún momento amenazado, como pretendía el romano.

EL CONCEPTO DE COMUNICACIÓN. LOS ELEMENTOS DE LA COMUNICACIÓN

1.
La idea común que interesa resaltar es la de unión, de contacto entre los seres. Tanto en este ejercicio como en el 3, conviene insistir en que *comunicación* im-

plica necesariamente *relación*. Nótese que en cada una de las definiciones está implicada la presencia de dos entidades *(...entre dos o más personas...; ...emisor y receptor...; ...entre ciertas cosas...;* [hacer partícipe] *a otro...;* [hacer saber] *a alguien...;* [tratar] *con alguien...).* Puede aprovecharse esta actividad, en conexión con el ejercicio 2, para comprobar que la comunicación, entendida en sentido general, trasciende la dimensión humana: también las «cosas» establecen comunicación unas con otras. Insístase para ello en la acepción 4 de *comunicación,* poniendo ejemplos pertinentes, como el termostato de la calefacción, las conexiones neuronales, la transmisión en un coche, etc.

Como ejemplos de uso de cada acepción en un enunciado, pueden ponerse los siguientes:

Comunicación:
1) *No consigo establecer comunicación con la base.*
2) *Debe haber una fluida comunicación entre el profesor y sus alumnos.*
3) *Hace ya tiempo que la comunicación por radio sustituyó al morse en los barcos.*
4) *No hay comunicación entre la primera y la segunda planta.*
5) *La comunicación entre el depósito y el carburador es demasiado estrecha y por eso no llega bien la gasolina.*

Comunicar:
1) *Sin querer, nos comunicaba a todos la tristeza que sentía.*
2) *Nos ha comunicado que vendrá pronto a vernos.*
3) *Como ella está en Francia, mi novia y yo nos comunicamos solo por teléfono.*
4) *Los sordomudos se comunican con un lenguaje de gestos.*

2.
Convendría que el ejercicio se realizara en grupos de 4 ó 5 alumnos. De esta forma nos aseguraremos de que aparecen un número muy variado de procesos comunicativos y, por otro lado, se conseguirá que el debate entre los alumnos sobre qué procesos tienen o no carácter comunicativo sea más rico: primero se planteará entre los componentes de cada grupo y más tarde entre toda la clase, con carácter abierto, en la puesta en común de los resultados. Las respuestas de los alumnos pueden ser muy variadas, y no en todos los casos se podrán precisar con claridad todos los elementos del proceso de comunicación. Por ejemplo, algún grupo puede mencionar el lenguaje de los delfines, pero, obviamente, no será posible comentar nada sobre cómo es el código que emplean.

3.
Los alumnos leerán en clase, en voz alta, sus anotaciones sobre la manera en que se comunican con sus animales de compañía. Algunos signos de la comunicación animal aparecerán reiteradamente en las observaciones de los alumnos (ladrar, mover la cola, enseñar los dientes), por lo que conviene insistir en que no repitan los ya señalados. Un grupo de alumnos puede encargarse de ir anotando todos los signos diferentes que se vayan mencionando.

4.
No es fácil que los alumnos sean capaces de captar por sí mismos el sentido del mito de la torre de Babel, por lo que será fundamental que el profesor complete las respuestas que den, bien con una explicación, bien con un debate dirigido. Ténganse en cuenta las siguientes ideas, que habrán de ir apareciendo a lo largo del comentario:

- El mito pretende explicar simbólicamente el origen de la diversidad de las lenguas naturales. Pueden ponerse otros ejemplos de mitos similares para compararlos con este: en concreto, recomendamos alguna versión del mito de la conquista del fuego, donde también se tratan los motivos fundamentales de la sabiduría y del progreso humano y el consiguiente castigo de los dioses, como, por ejemplo, la historia de Prometeo. Otros ejemplos de este mito, ahora en la cultura precolombina, se pueden encontrar en Eduardo Galeano, *Memoria del fuego. I: Los nacimientos,* Madrid, Ed. Siglo XXI, 1994, pp. 6, 13 y 42.
- En un pueblo de nómadas (*«Al emigrar los hombres desde Oriente...»*), el uso de una lengua única y común constituye un principio de comunidad, el germen de la sociedad. Esto viene simbolizado por la construcción de la ciudad, núcleo de convivencia, que los hombres realizan para no andar *«más dispersos por la tierra».* Hablar una misma lengua supone, pues, posibilidad de comunicarse y capacidad para vivir en sociedad. Insístase en la relación que se establece entre lengua y convivencia social.
- La lengua única –es decir, la posibilidad de comunicarse, de transmitirse información unos a otros, de generar cultura– implica también el progreso humano: eso es lo que simboliza la torre, que los hombres erigen para *«llegar hasta el cielo».* Sin una lengua común no puede haber cultura ni progreso en la humanidad
- Es precisamente esa posibilidad de progresar lo que Yavé siente como una amenaza: *«este es el principio de sus empresas; nada va a ser irrealizable para ellos».*
- La confusión (o diversidad) de las lenguas, que viene a significar la incomunicación entre los hombres, aparece así como un «castigo divino» y como un recurso para limitar su desarrollo.

5.
El timbre que indica el final de la clase.
Emisor: quien pulsa el timbre, normalmente un conserje.
Receptor: alumnos y profesores que están en clase; en general, todo el centro escolar.
Canal: acústico.
Mensaje: la información de que la clase ha concluido.
Código: formado por un solo signo, el timbre. Coméntese a los alumnos el carácter peculiar de estos sistemas mínimos de signos, en los que la significación se establece por la oposición entre la realización o aparición de un signo y su ausencia: durante la clase, que el timbre no suene significa que el período lectivo no ha acabado; que suene significa que ha terminado. En algunos centros, se emplea otro signo más: tres timbrazos indican «evacuación».

Situación: estos signos se interpretan de la forma mencionada solo en la situación comunicativa de un centro escolar. En otros lugares, la información que se transmite con ellos puede ser muy diferente. Así, en casa el timbre significará que hay alguien en la puerta; en la consulta del médico, que el siguiente enfermo puede pasar, etc.

Dos amigos se estrechan la mano.
Emisor y receptor: los dos amigos, simultáneamente; mediante un mismo gesto, realizado por ambos, cada uno de ellos saluda y es saludado.
Canal: táctil.
Mensaje: en general, puede considerarse que el estrechamiento de manos tiene en nuestra cultura como significado la expresión del afecto o del acuerdo. De todos modos, el sentido que adquiera en una comunicación determinada dependerá de la situación (cfr. *infra*).
Código: los gestos de significación social constituyen un código muy complejo y variable, a menudo de carácter ritual, que está condicionado por factores sociales, culturales, de grupo e incluso individuales. Aunque será imposible definir todos los signos que constituyen este sistema, sí que puede merecer la pena invitar a los alumnos a que hagan recuento de los que conocen y emplean para regular su comunicación social: los gestos de saludo y presentación (levantarse, levantar una mano, «darse la mano» –y sus variantes grupales, como «chocar» las palmas levantadas en alto–, los besos en la mejilla –uno, dos o tres, según los países–), de despedida (los besos, la oscilación de la mano levantada, abrir y cerrar la mano reiteradamente), de acuerdo u oposición, de solidaridad, de alegría, de amenaza, de sometimiento... Además de clasificar todos estos gestos según diversos criterios, convendría hacer ver a los alumnos que algunos de ellos varían según la clase o grupo social al que pertenezcan los interlocutores (con lo que pueden convertirse en indicadores del origen social de quien los hace) o el grado de formalidad o familiaridad entre ellos. En todo caso, ello no difiere en absoluto de lo que sucede con los elementos lingüísticos que cumplen esas mismas funciones rituales: compárese con la variedad de saludos verbales *(¿Qué tal? / Hola / Mucho gusto / Encantado de conocerle...)*.
Situación: en el enunciado propuesto (dos amigos se estrechan la mano) solo se menciona una característica de la situación comunicativa: la relación de amistad entre los participantes. El resto de los hechos no se han hecho explícitos. Según acabamos de ver al hablar del contexto, son muy diversos los factores de la realidad (sociales, culturales, de grupo...) que condicionan este tipo de comunicación gestual. Obviamente, todos ellos forman parte de la situación comunicativa. Sería interesante proponer a los alumnos que imaginen distintas situaciones en las que el estrechamiento de manos entre dos personas adquiera sentidos diferentes: dos personas que no se ven desde hace mucho tiempo, un desconocido al que te acaban de presentar, dos políticos rivales que, tras una reunión, se estrechan la mano ante los fotógrafos y las cámaras de televisión, los capitanes de los equipos de fútbol y los árbitros durante el sorteo de campo...

El público aplaude durante un concierto.
Emisor: el público. Se trata en este caso de un emisor colectivo.
Receptor: los músicos.
Canal: acústico.
Mensaje: la información que se transmite es la satisfacción del público.
Código: estaría formado por el conjunto de signos que, convencionalmente, suelen emplearse en este tipo de acontecimientos: el aplauso, en diferentes intensidades, viene a significar valores que van desde el asentimiento hasta el entusiasmo; el silencio sugiere la indiferencia del público; el desagrado suele expresarse mediante silbidos, abucheos y pateos, etc.
Situación: la sala donde tiene lugar el concierto, el tipo de público, el tipo de música. Como ejercicio suplementario pueden plantearse al alumno las siguientes preguntas: ¿se aplaude de la misma manera en un concierto de música clásica y en un concierto de rock? ¿Cómo expresa el público su desacuerdo en una obra de teatro y en un acontecimiento deportivo? ¿A qué se deben estas diferencias? Las distintas respuestas que den los alumnos a estas cuestiones permitirán ir precisando el concepto de situación comunicativa.

Una carta encontrada en la calle.
Este ejemplo debe servir, fundamentalmente, para plantear al alumno dos cuestiones de interés. En primer lugar, que no es infrecuente que tengamos que interpretar mensajes cuyo emisor es desconocido para nosotros, lo que no impide que la comunicación se lleve a efecto. Más aún, en el mensaje mismo (o texto) pueden encontrarse elementos y referencias que permiten al receptor casual inferir gran cantidad de información sobre quién es o cómo es el emisor. En segundo lugar, ofrece la posibilidad de explicar la distinción entre **receptor** (cualquiera que descodifique un mensaje) y **destinatario** (aquella persona o personas para las cuales el emisor lo concibió).

El telediario.
Emisor: la mayoría de los alumnos señalarán como emisor al locutor que aparece en pantalla. Convendrá, pues, plantear que puede haber diferentes instancias de emisión: quien tiene intención de comunicar y pone los medios para hacerlo (la empresa de comunicación), quien elabora y codifica el mensaje (el equipo de redacción) y quien lo transmite hasta el espectador (el equipo de producción y el locutor). Para comparar, puede hacerse también referencia a la prensa (empresa editorial, equipo de redacción, periodista).
Receptor: es colectivo e indeterminado (el público, los telespectadores).
Mensaje: las noticias de actualidad y otras informaciones de interés público. Hágase notar que, concebido unitariamente, se trata de un *texto* complejo, formado por múltiples mensajes organizados en secciones a imitación de la estructura de un periódico (internacional, nacional, economía, sociedad, cultura, deportes, información meteorológica...).
Canal: audiovisual. La información se transmite simultáneamente a través de la palabra del locutor y de las imágenes grabadas o en directo.

Código: el código es también complejo, puesto que se utilizan simultáneamente signos lingüísticos (las palabras que emplea el locutor y los textos sobreimpresos pertenecen al código de la lengua castellana) e iconográficos (las imágenes grabadas, los gráficos, las formas de rotulación, etc. constituyen también un código especial).

Situación: formarían parte de la situación comunicativa los sucesos mismos sobre los que se informa, la realidad nacional e internacional, la ideología y los intereses del emisor (en su sentido más amplio: la cadena de televisión, las agencias, las fuentes institucionales...) y las expectativas de los destinatarios (trascendencia de la llamada «opinión pública»)... Un factor de la situación comunicativa que resulta fundamental es el que está definido por la novedad y la actualidad: compruébese que un mismo contenido es informativo un determinado día y deja de serlo al día siguiente.

Una canción de J. M. Serrat que suena por la radio.
Emisor: J. M. Serrat.
Receptor: quien escuche en ese momento la canción.
Canal: acústico (si tenemos en cuenta el sentido por el que se percibe el mensaje) y radiofónico (según el medio físico que se ha utilizado como soporte).
Código: la lengua empleada, el castellano o el catalán.
Mensaje: es la canción misma que Serrat canta.
Situación: es en este caso el elemento comunicativo cuya delimitación será más complicada para los alumnos, que tendrán dificultades para encontrar circunstancias comunes al emisor y al receptor que afecten al sentido del mensaje. Si el nivel y el interés de la clase lo hiciera aconsejable, el profesor podrá explicar a los alumnos que lo característico de este tipo de comunicaciones es que, por ser una comunicación diferida, igual que en los textos literarios, la situación de emisión y la situación de recepción son independientes y a veces muy alejadas la una de la otra. Como ejemplo, coméntese cómo la diferente situación sociopolítica condiciona que la recepción de *El niño yuntero* (es decir, el significado y la trascendencia que los receptores le dan a esa canción) fuese muy distinta en los años setenta y en la actualidad.

Hay otros conceptos comunicativos de interés que podrían introducirse en la puesta en común si el nivel de la clase lo permitiera. Así, la distinción entre emisor y transmisor (la cadena de radio que «emite» por las ondas la canción de Serrat no es la que ha creado la canción ni la que pretende comunicar algo con ella, sino un transmisor del mensaje de otro), o la existencia de procesos comunicativos en los que están implicados varios códigos (en las canciones, se emplea un código lingüístico y un código musical).

FORMAS DE COMUNICACIÓN

1.
El discurso verbal aparece citado en estilo indirecto en los siguientes pasajes: *respondieron los griegos que no las merecían ... para ver si las entendían y las merecían llevar* (vv. 3-7); *Dijeron los romanos que era de su agrado* (v. 9); *mas como no entenderían ... señas de letrado* (vv. 11-13); *dijo un ciudadano que eligiese ... que Dios le mostrase* (vv. 17-20).

El discurso verbal citado en estilo directo aparece en los siguientes pasajes: «*Con los griegos tenemos que debatir ... líbranos de esta lid*» (vv. 22-24); «*Que vengan ... su porfía*» (v. 28), «*Merecen ... las niego*» (v. 46), así como el relato que tanto el sabio griego como el bellaco romano hacen a los suyos de la disputa mantenida (vv. 51-56 y 58-68).

La comunicación no verbal, de carácter gestual, es la disputa misma entre el sabio griego y el villano romano. Los gestos son primero descritos por el narrador sin hacer ninguna referencia al significado de los mismos (vv. 33-44). Su ambiguo significado es explicado verbalmente por cada contendiente en los pasajes antes señalados.

Como se trata de una comunicación bilateral, el griego y el romano alternan los papeles de **emisor** y **receptor** (o, mejor, destinatario). El **canal** es visual. El **mensaje** viene definido por los diferentes signos que cada uno utiliza (gestos realizados con las manos a los que el emisor asigna un determinado significado que espera que sea comprendido de la misma forma por su receptor). Cada uno emite alternativamente dos mensajes, formados por un solo signo gestual. Hay diversos factores de la **situación** comunicativa que resultan relevantes: el que la comunicación se establezca como un «juicio» o prueba para determinar la sabiduría o el nivel de cultura de uno de los disputantes; la imposibilidad de establecer la comunicación de carácter verbal; el hecho de que tanto el griego como el romano hablan como representantes de todo su pueblo; el lugar desde el que se habla (un estrado) y la presencia de todo el pueblo como espectador; la condición social de los interlocutores; la suposición del griego de que su interlocutor ha de ser también un sabio, etc. El uso por parte de ambos de un **código** diferente es lo que explica que la comunicación no se haya realizado con éxito: dentro del código que emplea el sabio griego, que en el texto se denomina *señas de letrado,* los signos –tanto los que él hace como los que ve realizar a su rival– tienen una significación simbólica que remite a conceptos filosóficos y religiosos; el romano emplea un código diferente, ajustado a su condición social, en el que los mismos gestos adquieren un significado, no simbólico, sino iconográfico, pues reproducen por semejanza las agresiones físicas a las que se refieren (el dedo índice extendido representa la acción de *quebrar el ojo* con él; el puño cerrado representa un puñetazo, etc.). Como el código que cada uno emplea es completamente distinto del usado por el otro, la comunicación no puede en realidad producirse; pero ambos, que no son conscientes de ello, creen entender lo que el otro dice porque los gestos son semejantes: los dos están convencidos de que se han entendido perfectamente con su interlocutor.

2.
Son actos comunicativos unilaterales, por ejemplo, una novela, el discurso de un político en un mitin electoral y un telegrama.

Son actos comunicativos bilaterales el diálogo entre los personajes en una obra de teatro, una tertulia de la radio y una conversación telefónica.

Con respecto a la obra teatral y a la tertulia radiofónica puede ser conveniente distinguir dos actos comunicativos que el alumno no debe confundir: el interno y el externo. En la obra teatral existe una comunicación entre los personajes que intervienen (bilateral) pero también entre el autor y los espectadores (unilateral). De la tertulia radiofónica puede decirse lo mismo: hay una comunicación bilateral (o multilateral) entre los invitados de la tertulia, pero la que se establece entre ellos y los oyentes es unilateral.

3.

El propio García Márquez explica en el texto el significado que Ariza da a cada una de las flores (rosas, en este caso) que menciona:

Rosa roja: símbolo de la pasión.

Rosa amarilla: celos / buena suerte.

Rosa negra: aunque no se menciona expresamente su significado, se relaciona con la idea de la muerte.

Rosa blanca: sin ningún significado *(insípidas y mudas)*.

Estos significados parecen ser, salvo el ya tradicional de la rosa roja, invención del propio García Márquez, que los crea atendiendo a la coherencia del relato, pues no se documentan en los diferentes *lenguajes de flores* de que tenemos noticia. En el lenguaje popular, la rosa amarilla se suele relacionar con la idea de amistad, más que con los celos, y la rosa blanca se entiende como símbolo de indecisión. En otro lenguaje, mucho más complejo y formalizado, que solía utilizarse entre la clase alta de Francia e Inglaterra durante los siglos XVIII y XIX, la rosa blanca significa «corazón del amante ignorado» y la rosa amarilla es, dependiendo de si está abierta o cerrada, un símbolo de la ansiedad del enamorado o una advertencia («le espera a usted el placer y el dolor»). En ninguno de los tratados sobre el lenguaje de las flores se menciona una *rosa negra de Turquía*.

Se trata de una comunicación no verbal basada en una interpretación simbólica de los colores.

El protagonista piensa que las más adecuadas son las rosas de Turquía por la condición de viuda de Fermina Daza: el color negro de esta flor constituye una referencia al luto que aún lleva Fermina, del cual Florentino Ariza manifiesta ser consciente. Regalando una rosa negra, dejaría claro que no alberga ninguna pretensión amorosa.

Las espinas aparecen como símbolo del dolor producido por el amor frustrado. Fermina Daza podría entender el regalo de una rosa con espinas como una queja de Florentino, quien estaría así reprochándole que no correspondiera a su amor.

4.

Las formas de vestir pueden entenderse, sin duda alguna, como signos de identificación social, grupal y personal.

En la puesta en común, convendría recoger todos los ejemplos que aporten los alumnos para revisarlos y clasificarlos según su origen y su significado. Algunos ejemplos de vestimentas que aduzcan se podrán justificar como diferencias de carácter histórico, ligadas por tanto a la evolución de la sociedad: la toga romana, las cotas de malla y las armaduras medievales, las ricas casacas y vestidos dieciochescos, la levita y el miriñaque, etc. serán interpretados por quien las contemple en la actualidad como «signos» que remiten a otros tiempos. Otros estarán asociados a determinadas culturas (chilaba, kimono...).

Con todo, conviene que el alumno comprenda que, por encima de esta significación histórica, tanto entonces como ahora la ropa cumple una función de relevancia en la distinción social: la toga era exclusiva de las dignidades de Roma (patricios, comerciantes enriquecidos), mientras que la plebe y los esclavos vestían otras ropas que permitían que no fueran confundidos con los miembros de la clase alta. Muchos de los ejemplos de vestimentas actuales que hayan puesto los alumnos podrán explicarse de esta forma: pueden proponerse como tema de comentario, en caso de que ellos no los hayan mencionado, prendas como la corbata, el abrigo de piel, el vestido de fiesta... Otros remitirán a diferencias de sexo (la ropa interior, las medias, falda / pantalón...).

El profesor deberá intentar que los alumnos debatan en torno al significado que la sociedad da, en general, a este tipo de prendas y atuendos, más allá del mero carácter indicial que puedan tener. En este sentido, reflexiónese con ellos en torno a la conversión de algunos de estos elementos en verdaderos símbolos.

Otros grupos de prendas que aparecerán también en las listas que confeccionen los alumnos serán las relacionadas con la profesión: el mono azul propio de determinadas profesiones manuales, la bata blanca de los médicos, la indumentaria de barrendero, la camisa blanca, el chaleco y la pajarita de muchos camareros de restaurante, el gorro de los cocineros... En estos casos, será importante que el alumno comprenda que el uso de estas ropas, aun cuando pueda justificarse por su utilidad práctica, se acaba convirtiendo también en signo de carácter social: el traje revela el oficio, y aun a veces el cargo. El ejemplo más evidente de ello es el uniforme: policías, militares, sacerdotes, monjes, trabajadores de grandes comercios, etc., emplean –voluntariamente o por obligación– el vestido como manera de distinguirse de otros colectivos, y en algún caso la conversión del hábito en símbolo es evidente.

Los ejemplos que más abundarán serán, sin embargo, los que se relacionen con la moda y con las diferentes formas de vestir de los grupos juveniles. Insístase en que constituyen también signos de carácter social, con los que se busca, de manera consciente o inconsciente, la identificación con determinados grupos y la diferenciación respecto de otros. Ello se comprobará mejor si cada alumno analiza, no la propia indumentaria, sino la de otros a los que considere «distintos de él»: la mayoría tiende a considerar que su manera de vestir es producto del gusto personal y del ejercicio de su libertad individual. Por supuesto, será asimismo interesante tratar el tema de las marcas, que aparecerá con seguridad a lo largo del debate.

5.

Ejercicio de realización libre.

Conviene asesorar a los alumnos mientras están en la tarea de confeccionar el código, sobre todo para que este no sea excesivamente complicado. Hay que asegurarse de que determinen previamente para qué va a servir: será importante en este sentido que piensen en una actividad concreta a la que pueda aplicarse (por ejemplo, para adivinar una carta de la baraja, para comunicar la hora, para indicar un itinerario sencillo, etc.). En segundo lugar, lo adecuado sería que precisaran con claridad todos los mensajes posibles (para el último mencionado, bastaría con los mensajes siguientes: «a la derecha», «a la izquierda», «de frente», «atrás», «adelante» y «para»). Si el sistema ideado es sencillo (no más de seis u ocho mensajes posibles), para cada mensaje se establecerá un signo que lo represente. Si fueran más –por ejemplo, para adivinar una carta de la baraja–, habrá que orientar a los alumnos para que empleen algún tipo de mecanismo sintáctico que permita producir mensajes complejos, de forma que se reduzca el número de signos que han de memorizar (un primer signo del mensaje indicará el palo de la baraja, el segundo signo indicará si la carta es una figura o no, etc.). Vigílese también que los signos que utilicen sean lo suficientemente distintos y perceptibles.

LOS SIGNOS

1.

En el texto aparecen los signos siguientes:
– La presencia o ausencia de nubes en el cielo: constituyen para Sigma un indicio del tiempo que hará durante el día.
– El color de la hojas: si están amarillas revelan la llegada del otoño.
– El lugar donde crece el musgo en los troncos de los árboles indica dónde está el Norte.
– La posición del Sol permite también localizar los puntos cardinales; asimismo, constituye un signo aproximado de la hora del día.
– Se mencionan como signos de la presencia de animales una huella en el suelo, un mechón de pelos enganchado en un espino y cualquier otro rastro.

Todos ellos son **indicios**, pues se trata de signos que están basados en la relación causa-efecto entre lo significado y el signo. En ninguno de los casos mencionados existe una voluntad de comunicar nada al receptor: es este el que, por conocer la relación que existe entre un efecto (la huella de un animal) y su causa (el paso de ese animal por dicho lugar), es capaz de inferir o deducir esta a partir de aquel. Para estar seguro de que ha pasado un animal, Sigma no necesita haberlo visto pasar: basta con que entienda la huella que ha dejado como un signo (un indicio) de su paso.

2.

Dos ideas son las fundamentales:
a) Que los indicios naturales no son en sí mismos signos (*«no dicen nada por sí mismos»*), sino relaciones entre los hechos de la naturaleza.
b) Que, en todo caso, tienen carácter social y cultural, como todo fenómeno comunicativo: «*incluso cuando está solo,* [Sigma] *vive en la sociedad*». Toda sociedad elabora «*sus códigos propios, sus propios sistemas de interpretación*».

3.

Ejercicio de respuesta abierta. En la puesta en común, no habrá problema con los ejemplos de signos visuales y acústicos que aporten los alumnos. Sin embargo, es posible que mencionen como signos olfativos, táctiles y gustativos meras sensaciones a las que, independientemente del contexto, no se les pueda atribuir un significado: el olor de una rosa no transmite en sí mismo ninguna información. Será necesario, pues, indicar a los alumnos que deben hacer explícito el contexto en el que esa sensación adquiere algún significado concreto y cuál es ese significado: por ejemplo, cuando de lo que se trate sea de diferenciar unas flores de otras por su olor. En tal caso, el olor a rosa sí será un signo de la rosa misma. De igual forma, sentir el contacto de una mano en la espalda no es un signo: lo es cuando sabemos que quien nos ha dado la palmada pretende expresar algo con ella.

4.

Son símbolos los colores del semáforo, la forma y los colores de la bandera de Cataluña y los anillos olímpicos. También tiene carácter simbólico la forma de la señal de «Prohibido fumar» (la forma circular con orla roja y la barra roja en diagonal expresan en las señales de tráfico la idea de prohibición). Contienen iconos las señales de «Servicio para minusválidos» (la imagen esquemática de una persona en silla de ruedas), «Prohibido fumar» (un cigarrillo encendido) y «Salida» (un individuo corriendo hacia una puerta abierta).

TEMA 2

LAS FORMAS DEL DISCURSO. LA DESCRIPCIÓN (I)

PIENSA Y RESPONDE. OBSERVACIONES AL TEXTO INICIAL (...*Y se queda allí solo,* de Ramón J. Sender)

1.

Mosén: título que se da a los clérigos en el antiguo Reino de Aragón.

Extremaunción: uno de los sacramentos de la Iglesia Católica, que consiste en la unción con óleo sagrado hecha por el sacerdote a los fieles que se hallan en peligro inminente de morir.

Litúrgico: perteneciente o relativo a la *liturgia,* que es la forma instituida por la Iglesia de celebrar los oficios sagrados, como la misa, la extremaunción, etc.

Cenefa: dibujo de ornamentación que se pone a lo largo de los muros, pavimentos y techos y suele consistir en elementos repetidos de un mismo adorno. En este caso, Sender parece referirse solo a una franja pintada de blanco alrededor de la puerta, sin ningún adorno.

Estola: ornamento sagrado que consiste en una banda de tela de dos metros aproximadamente de largo y unos siete centímetros de ancho, con tres cruces, una en el medio y otra en cada extremo, los cuales se ensanchan progresivamente hasta medir en los bordes doce centímetros.

Estertor: respiración anhelante, generalmente ronca y silbante, propia de la agonía y del coma.

Unción: acción de signar con óleo sagrado a una persona, para denotar el carácter de su dignidad, o para la recepción de un sacramento.

2.

Para los alumnos, el concepto de protagonista o personaje principal de un relato está definido más por apreciaciones que proceden del uso de estos términos en la lengua común (especialmente en su aplicación al cine y a las series televisivas) que por el conocimiento de la estructura narrativa de los textos. En este sentido, no es de extrañar que para justificar la condición de protagonistas de Paco y de Mosén Millán se fijen en detalles como que «son los únicos que tienen nombre» (el narrador se refiere a los otros dos personajes con las denominaciones genéricas de *la anciana* y *el enfermo*), «son los que más aparecen», «son los que hablan», etc. Este tipo de explicaciones pueden ser suficientes por ahora, a la espera de que en los temas sucesivos se lleve a cabo una reflexión más profunda sobre la estructura de los textos narrativos.

3.

La caracterización del lugar (la cueva-vivienda de los ancianos) pone de manifiesto dos ideas fundamentales: la extrema pobreza y la angustia de la muerte. Varias notas descriptivas, repartidas a lo largo del texto, contribuyen a crear estas sensaciones en el lector.

Sender hace referencia a la pobreza de estas gentes mediante la ubicación del lugar «*a las afueras del pueblo, donde ya no había casas*» (lo que sugiere al lector la condición marginal de sus habitantes, olvidados y abandonados por la sociedad –véase el diálogo final de Paco y Mosén Millán), mediante la breve descripción del exterior («*cuevas abiertas en la roca*»; «*agujero rectangular*»), y con algunas de la notas descriptivas que el narrador da sobre el interior de la vivienda: la ausencia de muebles (todo se reduce a un camastro, una silla desnivelada y una estaca clavada en el muro a modo de percha) y la falta de luz y de fuego («*...en el cuarto primero no había luz. [...] No había otra ventilación que la de la puerta exterior. [...] No había luz, ni agua, ni fuego. [...] ...tres piedras ahumadas y un poco de ceniza fría*»). Repárese en que el narrador emplea insistentemente la misma construcción sintáctica: «*no había*» / «*no había*» / «*no había*».

Estos mismos elementos (la oscuridad, el frío del ambiente y la ausencia de aire) contribuyen también a crear en el lector la sensación de agobio y angustia que, dentro del texto, afecta de forma clara al propio Mosén Millán. A ellos hay que añadir, además, el techo de roca («*...era muy bajo, y aunque se podía estar de pie, el sacerdote bajaba la cabeza por precaución*»), el silencio (solo roto por los broncos estertores del agonizante) y las lúgubres sombras que los dos mínimos puntos de luz en toda la escena (el cabo de vela que la anciana lleva en la mano y la lamparilla de aceite del segundo de los cuartos) proyectan sobre la pared.

4.

En la caracterización de los dos ancianos predominan las mismas notas: la miseria y el dolor. De la vieja destacan las referencias a su vestido (son «*harapos*»), a su rostro, fiel espejo de su sufrimiento («*ojos secos*», «*expresión de fatiga y de espanto frío*», el temblor de la barba, «*el hueso de la mandíbula debajo de la piel*»), y a su silencio, que representa la digna resignación del personaje ante el dolor y la muerte («*El cura no dijo nada, la mujer tampoco. [...] La anciana escuchaba con la vista en el suelo. [...] La anciana callaba*»).

En cuanto al anciano moribundo, Sender emplea también notas descriptivas que tienen que ver con su condición social miserable, las cuales introduce al hablar de sus pies («*Eran grandes, secos, resquebrajados. Pies de labrador*»), y con el sufrimiento que aparece asociado a la vida –y a la muerte–: «*el agonizante ponía toda la energía que le quedaba en aquella horrible tarea de respirar*». Los broncos ronquidos del enfermo, sus angustiosos estertores dominan la escena y constituyen un aterrador símbolo del dolor de la existencia.

5.

Lo que hace Mosén Millán durante su estancia en la cueva se ajusta al ritual de la extremaunción, del que no se aparta en ningún momento: «*el sacerdote, después de ponerse la estola, fue sacando trocitos de estopa y una pequeña vasija de aceite, y comenzó a rezar en latín. [...] Descubrió el sacerdote los pies del enfermo. [...] Después fue a la cabecera [...] Mosén Millán hizo las unciones en los ojos, en la nariz, en los pies*». Se limita, pues, a realizar la tarea a la que le obliga su condición de sacerdote, pero de una manera fría, distanciada. Es significativo que durante su permanencia en la cueva no diga nada: las únicas palabras que pronuncia son los rezos en latín y la formularia despedida («*Dios lo acoja en su seno*»). El narrador insiste varias veces en su forzado silencio («*El cura no dijo nada [...]. El sacerdote parecía ir a decir algo, pero se calló*») e introduce también otras referencias a la incomodidad que la situación le produce: «*...aunque se podía estar de pie, el sacerdote bajaba la cabeza por precaución. [...] Mosén Millán tenía prisa por salir, pero lo disimulaba porque aquella prisa le parecía poco cristiana*».

Lo que hace Paco es, fundamentalmente, observar. Aunque el pasaje está narrado en tercera persona por un narrador omnisciente, da la impresión de que lo que se describe en cada momento es lo que el niño ve y oye. Hay dos referencias que resultan reveladoras al respecto:

Paco veía dos o tres moscas que revoloteaban sobre la cara del enfermo, y que a la luz tenían reflejos de metal.

Paco seguía mirando alrededor. No había luz, ni agua, ni fuego.

La actitud de cada uno de los personajes está perfectamente clara en el diálogo final entre ambos. Paco ha quedado hondamente impresionado por la situación de los ancianos: en su conversación con el cura destaca su preocupación por la miseria en que viven («*¿Esa gente es pobre, Mosén Millán? [...] ¿La más pobre del mundo?*»), la revelación de la muerte («*Se está muriendo porque no puede respirar*»), y la conciencia de la soledad, del abandono en que los dejan («*Y ahora nos vamos, y se queda allí solo*»). Como muestra del impacto que produce en el personaje esta primera experiencia del dolor humano y de la injusticia social, y del sentimiento de compasión y solidaridad que despierta en él, es significativo el propósito que Paco manifiesta, inmediatamente después de este pasaje, de avisar a las gentes del pueblo para que vayan a ayudar a los dos ancianos. En Mosén Millán, en cambio, la actitud que predomina es la de un voluntario distanciamiento afectivo (recuérdese su silencio, su prisa por salir, y subráyese que, en este diálogo, «*contestaba con desgana*»). Ello le lleva a buscar excusas para no intervenir e, incluso, justificaciones para tal situación de miseria y dolor: «*Quién sabe, pero hay cosas peores que la pobreza. Son desgraciados por otras razones. [...] Tienen un hijo que podría ayudarles, pero he oído decir que está en la cárcel*». Mosén Millán rechaza cualquier compromiso, prefiere cerrar los ojos ante la situación, no quiere saber nada: «*Quién sabe... he oído decir que... Yo no sé*».

6.
De entre las muchas expresiones que pueden servir para definir la actitud de uno y otro, quizás las que mejor se ajusten al propósito de Sender a lo largo de la obra sean las de solidaridad, compromiso ético y social (en el caso de Paco), y pasividad, distanciamiento de la realidad, inacción (en el caso de Mosén Millán).

7.
La primera parte, que coincide con el primer párrafo, constituye el planteamiento del episodio. En ella se puede observar el engarce temporal con el resto de la historia *(Un día...)*, la clave argumental (los protagonistas llevan la extremaunción a un enfermo) y la localización espacial (las afueras del pueblo, las cuevas, cuyo aspecto externo se describe brevemente).

La segunda parte (párrafos 2-7) aparece encuadrada por las expresiones «*Entraron...*» y «*Salieron*». Es, como hemos visto, una descripción del interior de la vivienda y de las dos personas que lo habitan. En esta parte se produce el descubrimiento por parte de Paco –un niño todavía– de la miseria, de la injusticia, del sufrimiento humano y, en último término, de la muerte.

La tercera parte, en forma de diálogo, permite introducir el contraste entre las valoraciones que cada personaje hace de la experiencia vivida (solidaridad / descompromiso).

8.
Ejercicio de realización libre. Puede ser interesante leer en voz alta algunos de los resúmenes realizados por los alumnos para que ellos mismos valoren si están bien realizados o no, qué defectos tienen y cómo debieran corregirse. Sería aconsejable que se revisara algún resumen excesivamente conciso y que no recogiera las ideas fundamentales, otro que fuera demasiado prolijo y detallado y, finalmente, alguno que no respetara la estructuración de contenidos en el texto o su punto de vista.

LAS FORMAS DEL DISCURSO

1.
Ejercicio de realización libre. Léanse en clase, en voz alta, algunas de las redacciones, con el fin de que los alumnos puedan valorar los aciertos y desaciertos. Muy probablemente, en algunos de los ejercicios se podrá comprobar la mezcla de varias formas de discurso: hágase notar y coméntese que no es frecuente encontrar textos completos donde se emplee exclusivamente una. Al alumno debiera quedarle claro que lo que ha de plantearse al leer y comprender un texto es qué forma de discurso predomina en relación con la intención del autor, y qué otra u otras están también presentes pero subordinadas a la fundamental.

2.
En las dos primeras partes del texto se mezclan la narración y la descripción. Subrayamos a continuación los pasajes narrativos (sin subrayado aparecen, por tanto, las notas y pasajes de descripción; no consideramos preciso marcar el diálogo).

<u>Un día, Mosén Millán pidió al monaguillo que le acompañara a llevar la extremaunción a un enfermo grave. Fueron a las afueras del pueblo</u>, donde ya no había casas, y la gente vivía en unas cuevas abiertas en la roca. Se entraba en ellas por un agujero rectangular que tenía alrededor una cenefa encalada.

<u>Paco llevaba colgada del hombro una bolsa de terciopelo donde el cura había puesto los objetos litúrgicos. Entraron bajando la cabeza y pisando con cuidado.</u> Había dentro dos cuartos con el suelo de losas de piedra mal ajustadas. Estaba ya oscureciendo, y en el cuarto primero no había luz. En el segundo se veía solo una lamparilla de aceite. <u>Una anciana, vestida de harapos, los recibió con un cabo de vela encendido.</u> El techo de roca era muy bajo, y <u>aunque se podía estar de pie, el sacerdote bajaba la cabeza por precaución.</u> No había otra ventilación que la de la puerta exterior. La anciana tenía los ojos secos y una expresión de fatiga y de espanto frío.

En un rincón había un camastro de tablas, y en él estaba el enfermo. <u>El cura no dijo nada, la mujer tampoco. Solo se oía un ronquido</u> regular, bronco y persistente, <u>que salía del pecho del enfermo. Paco abrió la bolsa, y el sacerdote, después de ponerse la estola, fue sacando trocitos de estopa y una pequeña vasija con aceite, y comenzó a rezar en latín. La anciana escuchaba con la vista en el suelo y el cabo de la vela en la mano.</u> La silueta del enfermo –que tenía el pecho muy levantado y la cabeza muy baja– se proyectaba en el muro, y el más pequeño movimiento del cirio hacía moverse la sombra.

<u>Descubrió el sacerdote los pies del enfermo.</u> Eran grandes, secos, resquebrajados. Pies de labrador. <u>Después fue a la cabecera.</u> Se veía que el agonizante ponía toda la energía que le quedaba en aquella horrible tarea de respirar. Los estertores eran más broncos y más frecuentes. Paco veía dos o tres moscas que revoloteaban sobre la cara del enfermo, y que a la luz tenían reflejos de metal. <u>Mosén Millán hizo las unciones en los ojos, en la nariz, en los pies. El enfermo no se daba cuenta. Cuando terminó el sacerdote, dijo a la mujer:</u>

—Dios lo acoja en su seno.

<u>La anciana callaba.</u> Le temblaba a veces la barba, y en aquel temblor se percibía el hueso de la mandíbula debajo de la piel. Paco seguía mirando alrededor. No había luz, ni agua, ni fuego.

<u>Mosén Millán tenía prisa por salir, pero lo disimulaba</u> porque aquella prisa le parecía poco cristiana. <u>Cuando salieron, la mujer los acompañó hasta la puerta con el cirio encendido.</u> No se veían por allí más muebles que una silla desnivelada, apoyada contra el muro. En

el cuarto exterior, en un rincón y en el suelo, había tres piedras ahumadas y un poco de ceniza fría. En una estaca clavada en el muro, una chaqueta vieja. <u>*El sacerdote parecía ir a decir algo, pero se calló. Salieron.*</u>
Era ya de noche, y en lo alto se veían las estrellas. <u>*Paco preguntó:*</u>
—¿Esa gente es pobre, Mosén Millán?
—Sí, hijo.
—¿Muy pobre?
—Mucho.
—¿La más pobre del mundo?
—Quién sabe, pero hay cosas peores que la pobreza. Son desgraciados por otras razones.
El monaguillo veía que el sacerdote contestaba con desgana.
—¿Por qué? –preguntó.
—Tienen un hijo que podría ayudarles, pero he oído decir que está en la cárcel.
—¿Ha matado a alguno?
—Yo no sé, pero no me extrañaría.
<u>*Paco no podía estar callado. Caminaba a oscuras por terreno desigual. Recordando al enfermo el monaguillo dijo:*</u>
—Se está muriendo porque no puede respirar. Y ahora nos vamos, y se queda allí solo.

La narración predomina en la primera parte del texto. En la segunda, en cambio, la descripción es más abundante, como corresponde a la intención del autor de retratar la miseria y el abandono en que viven los ancianos. Lo más importante, lo que impresiona al muchacho, no son las acciones que pueda realizar Mosén Millán o la anciana, sino la situación, el ambiente: pobreza, desamparo, oscuridad, silencio, vacío, dolor, agobio, horror ante la muerte...

Hágase notar a los alumnos la alternancia de tiempos verbales en los pasajes narrativos –pretéritos perfectivos que enuncian acciones sucesivas: *pidió, fueron, entraron, los recibió, no dijo, abrió...*– y descriptivos –pretéritos imperfectos que refieren acciones no puntuales simultáneas a otras *(llevaba colgada, estaba oscureciendo, [Paco] veía...)*, o bien estados permanentes de las cosas *(había, era, tenía, se proyectaba,* etc.).

En la parte final del texto, la forma de discurso predominante es el diálogo: los dos personajes se alternan como emisor y receptor para intercambiar sus impresiones sobre lo visto en la cueva. Obsérvese que la perspectiva temporal en el diálogo no es la del narrador, sino la de los personajes: de ahí el uso del presente en sus intervenciones: *es, tienen, no sé, se está muriendo, puede, nos vamos, se queda*. La narración en pasado, que también aparece, sirve como marco del discurso citado, y permite presentar este *(preguntó, dijo)* y, al mismo tiempo, comentar la actitud de cada personaje («*El monaguillo veía que el sacerdote contestaba con desgana.* [...] *Paco no podía estar callado...*»).

La función que desempeñan dentro del relato los pasajes narrativos, descriptivos y dialogados son, respectivamente:

a) mantener la coherencia de los hechos dentro de la organización lineal (es decir, cronológica) del discurso y, lo que es más importante aún para el sentido del relato, caracterizar a los personajes según las acciones que cada uno realiza;

b) caracterizar las entidades que constituyen el tema central de este fragmento (los ancianos y su pobre vivienda) y, a través de esa caracterización, sugerir al lector las ideas fundamentales que Sender pretende transmitir sobre la realidad social (miseria, injusticia, soledad, sufrimiento, muerte) y las emociones que provocan en uno de los personajes, Paco;

c) caracterizar, a partir de los juicios que realizan sobre la situación vivida, la actitud moral y la visión del mundo de los dos protagonistas.

3.

El texto de Hermann Broch es una descripción de un paisaje marino. Nótese que lo que se convierte en tema del discurso es la imagen de un mar concreto (el Adriático) en un momento concreto (subráyese la expresión «*En ese momento, en ese paraje*»). La intención del autor en el texto es recrear en la imaginación del lector un paisaje determinado. Para ello selecciona una serie de elementos con los que construir esa imagen: el viento que se va calmando, las ondas y el oleaje de la superficie, el sol, la presencia del hombre (las «*naves diversas*», las «*barcas de pardo velamen*», los «*villorrios y colonias*» de la costa), la playa, la superficie del mar «*alisado como un espejo*», la «*concha celeste*». El sentido de todos estos elementos no es explicar qué es el mar o qué son las olas, sino hacer que el lector «vea» una estampa marina. De ahí las constantes referencias al color («*azules como acero*», «*pardo velamen*», «*playa blanqueada*», «*comba nacarada*»), a la luz («*llena de sol*», «*dulcemente iluminado*») y a otras diversas sensaciones (viento «*apenas perceptible*», «*la soledad del mar*», «*mortales presagios*», «*pacífica alegría*», mar «*alisado como un espejo*»...). Señálense también como rasgos propios de la descripción la forma verbal utilizada (pretéritos imperfectos, como corresponde a una descripción insertada en un relato retrospectivo) y la abundante adjetivación.

El segundo texto, en cambio, constituye una exposición de ideas. El tema es también las olas marinas, pero el autor no pretende ahora crear una imagen para que el lector las vea, sino explicar de manera clara y objetiva cómo se forman (los dos primeros enunciados) y qué tipos de movimiento pueden adquirir según la velocidad del viento (el resto del primer párrafo) y la profundidad del agua (segundo párrafo). Nótense en especial la organización del contenido, que tiene un carácter exclusivamente lógico, el uso del presente de indicativo con valor de atemporalidad (o gnómico), la escasa y puramente denotativa adjetivación, la ausencia de referencias a ningún otro elemento que no sean los pertinentes para explicar qué son las olas y también la utilización de algunos tecnicismos (si bien fáciles de comprender), como «*movimiento ondulatorio*», «*movimiento neto de energía*», «*longitud*» y «*amplitud*» [de onda], «*ciclo*», «*fricción*»...

LA DESCRIPCIÓN (I). LA DESCRIPCIÓN TÉCNICA. LA DESCRIPCIÓN PUBLICITARIA.

1.

Ejercicio de realización libre.

2.

Los tres textos pueden considerarse como descripciones. En ellos, lo que el emisor pretende es presentar al lector los rasgos característicos de un determinado objeto (un nuevo modelo de coche, un piso en venta, una comarca).

En el *Texto 1*, está muy clara la intención de crear la imagen del objeto concreto en la mente del receptor. Tal como las presenta, el emisor no está exponiendo ideas sobre los coches, ni siquiera sobre ese modelo de coche, sino «dibujando con palabras» el nuevo Corsa: hágase observar en este sentido al alumno las expresiones «Entra en él» de la tercera línea y, más adelante, «Ponlo en marcha y disfruta...». Con estas frases, el publicista sugiere al lector que está dentro de un coche, que lo está viendo y sintiendo.

El *Texto 2* constituye también la descripción de una vivienda concreta. Su intención es aportar los datos característicos del objeto suficientes (ubicación, antigüedad, superficie, distribución...) como para que el lector pueda determinar si se ajusta o no a sus necesidades.

Ambas son descripciones publicitarias. Esto es evidente en el primer texto, pero no tanto en el segundo: hágase notar al alumno que, junto a referencias puramente denotativas («125 metros», «tres dormitorios», «dos baños completos», etc.), aparecen también valoraciones subjetivas del emisor que pretenden convencer al receptor de la calidad del producto que le ofrece («Precioso», «lujo», «exclusiva urbanización privada»).

El tercer texto es susceptible de discusión en clase, pues puede servir para ilustrar, si el profesor lo considera conveniente, que los límites entre las diferentes formas de discurso no son tan nítidos y bien definidos como en principio podría parecer, especialmente entre la descripción y la exposición. En la información que aporta este texto de Pedro Altares aparecen mezcladas representaciones de los rasgos característicos de los pueblos negros (*«un conjunto único y singular de construcciones [...] levantadas con lajas de pizarra, cromáticamente uniformes en su negritud...»*) con enunciaciones de hechos e ideas sobre esta comarca, que parecen corresponderse con la exposición: *«situadas al noroeste de la provincia, [...] paulatinamente abandonadas por sus habitantes en busca de futuro [...]. Se sitúan en las laderas del pico Ocejón, de 2.048 metros de altura...».* Se puede explicar al alumno que, en los textos, lo más habitual es que aparezcan mezcladas formas de discurso diferentes, que el autor combina en partes distintas o, a veces, dentro incluso del mismo enunciado, atendiendo a su intención y al propósito de la comunicación. No sería malo que los alumnos percibieran que, salvo excepciones, la mayor parte de los textos que se van a encontrar en la vida diaria son textos complejos, mixtos, y que a menudo se emplean, por ejemplo, elementos expositivos dentro de textos predominantemente descriptivos, o breves descripciones que sirven para demostrar una idea (es decir, en un texto argumentativo), etc.

3.

Ejercicio de realización libre. La lectura y el comentario en clase de algunas de las redacciones elaboradas por los alumnos pueden servir para anticipar conceptos que se van a desarrollar en el tema siguiente, como la necesidad de que haya una determinada intención en el descriptor (¿para qué describo? ¿qué imagen pretendo dar del objeto?) y la conveniencia de seleccionar solo aquellos rasgos del objeto que sean significativos en relación con esa intención.

4.

Ejercicio de realización libre. Es aconsejable que se lean en voz alta y se comenten en clase aquellos ejemplos de descripciones técnicas y publicitarias que sean más representativos.

TEMA 3

LA DESCRIPCIÓN (II)

PIENSA Y RESPONDE. OBSERVACIONES AL TEXTO INICIAL (*El reloj*, de Pío Baroja).

1.

Almenado: guarnecido o coronado por almenas. *Almena:* cada uno de los prismas que coronan los muros de las antiguas fortalezas para resguardarse en ellas los defensores.
Ojival: tipo de arco acabado en punta, característico del estilo gótico.
Luterano: perteneciente a Lutero o a su doctrina.
Alcotán: ave rapaz pequeña, semejante al halcón.
Espectral: fantasmagórico.
Yerto: que por su rigidez, palidez e inmovilidad parece muerto.
Titilar: centellear con ligero temblor un cuerpo luminoso.
Ébano: madera del árbol tropical del mismo nombre; es especialmente dura y de color muy oscuro, casi negro.
Argentada: que brilla como la plata o tiene su color.

Arturus es la cuarta estrella más brillante del cielo. Pertenece a la constelación de Boyero, situada en la prolongación de la cola de la Osa Mayor. Se encuentra a 40 años luz y su diámetro es 22 veces mayor que el del Sol.

2.

A un castillo abandonado, situado en lo más sombrío de una región triste y desolada, llega un caminante amargado por la pena y lleno de angustia. Todo en el castillo es misterioso, aterrador, y recuerda a la muerte, sobre todo un gran reloj cuyo tictac no deja de sonar. El caminante decide quedarse: allí se siente tranquilo, reconfortado por la soledad y el silencio, sin preocupaciones, pendiente solo del lento transcurrir del tiempo que el reloj marca.

Sin embargo, una noche siente un terror indefinible. Delirando, suplica a los árboles, al viento, a la lluvia, a los hombres, que hablen con él, que no lo abandonen. Pero nadie lo escucha. Su reloj se ha parado.

3.

Tras una primera lectura, será improbable que los alumnos sean capaces de definir con claridad el significado simbólico de los distintos elementos que configuran el cuento de Baroja. Tampoco alcanzarán una comprensión cabal de su sentido: como mucho, podrán precisar que es la historia de un hombre que muere solo en un castillo abandonado, es decir, percibirán lo meramente argumental.

En esta fase se trata, por tanto, no de aportar directamente soluciones que nada dirán a los alumnos en sí mismas, sino de que, en diálogo con ellos, el profesor cree interrogantes: ¿por qué hay un alcotán?; ¿por qué tiene un ala rota?; ¿se relaciona con algún otro elemento del relato?; ¿hay alguna otra cosa en el cuento que tenga también un ala rota y que, en cierto sentido, «se arrastre»?... Debemos hacer ver al alumno que nada en una obra literaria es gratuito ni aparece porque sí: si Baroja dice que en la sala desierta hay un alcotán con un ala rota no es por casualidad, sino porque algo quiere decir al lector con ello. Aprender a leer de manera comprensiva implica que los alumnos tomen conciencia de que no basta con entender las palabras que están escritas, que detrás de lo escrito hay más, y que ellos pueden descubrirlo si se acostumbran a hacerse preguntas mientras leen.

Todo ello se irá planteando en la relectura del texto, que recomendamos realizar en clase, en voz alta, y deteniéndose en cada elemento significativo.

4.

Las dos comarcas están descritas con rasgos contrapuestos y las sugerencias que producen son, por tanto, también opuestas. La primera descripción constituye la representación de un paisaje idílico con toques garcilasianos: árboles cuyo sonido es como un suspiro, «*arroyos cristalinos*», «*orillas esmaltadas de flores...*». Todo sugiere belleza y feliz armonía. Para la otra región Baroja emplea adjetivos como «*terrible*», «*misteriosa*», «*descarnados*», «*sombría*»... Los árboles parecen esqueletos o fantasmas terroríficos y reinan el silencio (que se opone a los suspiros de los árboles y los cantos de los arroyos) y la oscuridad (en contraste con el colorido de las flores y el azul del mar). Es este un paisaje que sugiere («*...proyectan sobre el alma...*») tristeza, desolación, muerte. La oposición entre ambos «lugares» viene reforzada por las expresiones «*lejos de...*», «*muy lejos de...*».

No se trata de paisajes reales, vistos por el personaje en su supuesto viaje, sino más bien pensados o sentidos. Se encuentran «*en los dominios de la fantasía*», no en la realidad. Reflejan estados de ánimo, formas de sentir la propia vida.

5.

Del castillo se dice que es «*negro*» (se relaciona con la oscuridad y el misterio del paisaje que lo rodea, y, metafóricamente, con la idea de la muerte) y «*grande*». Baroja hace referencia, en primer lugar, a los «*torreones almenados*», a la «*galería ojival*» y al «*foso*», construyendo así una imagen selectiva en la que destacan los elementos que sugieren el miedo, lo viejo y destruido (*«derruida»*) y, de nuevo, la idea de la muerte (*«aguas muertas»*). Más adelante, cuando describe el paisaje que se ve desde la ventana, se repiten los mismos ideas: «*faz espectral*» de la luna, «*campo yerto y desnudo*», «*agua intranquila*» y maloliente.

En la descripción del interior, el autor acumula las imágenes que sugieren la oscuridad («*negras colgaduras*», la única luz de «*un braserillo, donde ardía un montón de teas*», «*caja negra*»...) y la soledad («*sala desierta*», «*salón abandonado*»). Baroja pretende que el ambiente que recrea sea desasosegante para el lector, y otros detalles contribuyen a aumentar esta sensación: la noche, la referencia al *terror* que siente el protagonista, la presencia fundamental del ave herida que se arrastra por el suelo, el parpadeo «*misterioso*» de las estrellas y de alguna lejana hoguera.

Es el momento de plantear al alumno quién es el que se siente así, solo y abandonado, triste, envejecido, desolado, aterrado ante lo que le rodea. El análisis de la figura del caminante revelará la semejanza que hay entre este y el castillo al que llega, entre el narrador-personaje y la imagen del mundo circundante.

6.

Es, en primer lugar, un caminante (pero también un navegante: se compara a sí mismo con un barco y canta una canción marinera). Tanto el camino como el barco zarandeado por la tempestad son símbolos tradicionales de la vida humana que al alumno no le costará trabajo comprender o reconocer.

«*Emborrachado por mis tristezas*», así como la canción «*triste como un canto luterano*», evocan cómo siente su vida el protagonista: domina la idea de la tristeza, del desasosiego («*tambaleándome*»), de la amargura producida por una vida ya larga («*barco viejo*», «*vieja canción*») y dolorida. La relación con el alcotán del ala rota se hace evidente. Ambos están heridos y se arrastran en busca de un refugio.

La clave de la relación entre el personaje y el castillo al que llega se encuentra inmediatamente después: «*¡Ah! Soy feliz –me repetía a mí mismo–. Ya no oigo la odiosa voz humana, nunca, nunca*». El caminante huye del mundo y de los hombres, prefiere la soledad: el castillo, con sus altas almenas y su foso infranqueable, representa ese aislamiento, esa soledad buscada que puede proporcionar, lejos de todo y de todos, la paz interior («*había encontrado el reposo...*», «*Me encontraba tranquilo, nada turbaba mi calma...*», «*espíritu lleno de serenidades...*»).

El mismo sentido tienen las palabras que dirige al sapo, con el que también se compara el protagonista: «*Tú también vives en la soledad*». Como el sapo, vive «*en el fondo de un escondrijo*», y no hay nadie que le responda «*más que el eco de los latidos de tu corazón*». Unos latidos que evocan inmediatamente el tic-tac metálico del reloj que suena una y otra vez a lo largo del cuento.

7.

El reloj, con su omnipresencia en toda la segunda parte del texto, siempre con la misma frase reiterada constante y monótonamente (como su tictac), se convierte, en efecto, en el auténtico protagonista. Ese tictac evoca el transcurso inexorable del tiempo, del que el narrador-personaje no puede substraerse ni siquiera en su escondrijo (como el sapo, que en el suyo dialoga solo con los latidos de su corazón). De ese transcurso del tiempo se dice que es «*indiferente*»: mide la vida del personaje sin importarle que sus horas sean tristes o no. El tictac del reloj es por eso mismo «*metálico*»: frío, cortante y amenazador.

El reloj-tiempo conduce de manera inevitable a la muerte, con la que ya se ha relacionado al principio («*...alto y estrecho como un ataúd, un reloj de caja negra...*») y que simboliza también al final, cuando se detiene: «*Y el reloj sombrío que mide indiferente las horas tristes se había parado para siempre*» (recuérdese que ya antes lo había comparado con los latidos del corazón).

Tiempo, vida y muerte son, pues, los temas fundamentales de este cuento de Baroja.

8.

La muerte es, precisamente, ese «*algo vago que se cernía*» sobre el alma del protagonista. Cuando se alude a una «*angustia*» y a un «*terror*» indefinible, es de la angustia ante la muerte de lo que se habla, del miedo a la nada, a la aniquilación: «*...nada se oía. ¡El silencio, el silencio por todas partes!*».

Soledad y silencio, sentidos antes como un refugio protector, son ya conciencia de la nada. El personaje suplica ahora de la naturaleza, «*de las cosas y de los hombres*», lo que antes rechazaba: su presencia, su contacto. Y esta presencia se concibe como sonido (el susurro de los árboles, el murmullo del viento, la lluvia que resuena sobre las hojas secas) y como mirada («*pedí a la luna que rompiera su negro manto de ébano y acariciara mis ojos [...] con su mirada argentada y casta*»), que se oponen, obviamente, al silencio y a la oscuridad de la muerte.

9.

Resumen final del texto:

Triste, cansado, habiendo renunciado ya a toda ilusión por vivir (igual que un ave herida incapaz de volar), el protagonista huye del mundo y se refugia en la soledad. Cree encontrar la felicidad al evitar todo contacto con la realidad y con los demás hombres, como si viviera en un gran castillo cerrado donde nada pudiera afectarle y causarle dolor, o como un sapo escondido que solo pudiera escuchar los latidos de su corazón.

Pero el tiempo, que nunca se detiene, lo lleva finalmente a tomar conciencia de la muerte, y comprende, aunque tarde, que la angustia de la nada es más terrible que el dolor de vivir.

Es este un sentimiento típico de la literatura de finales de siglo XIX y principios del XX. Recuérdense a los alumnos los famosos versos de Machado –evocación de otros anteriores de Rosalía de Castro–: «*En el corazón tenía / la espina de una pasión; / logré arrancármela un día: / ya no siento el corazón*».

EL PROCESO DESCRIPTIVO

1.

La presentación de Pedro el Geito que realiza Arozarena abunda de manera exagerada en notas descriptivas. Es una descripción prolija, desmesurada, que pretende captar al personaje en todos sus detalles, hasta los más nimios. Si hacemos un recuento de los elementos en los que basa su observación y de los rasgos que aplica a cada uno, resulta lo siguiente:

ELEMENTO DESCRITO	NOTAS DESCRIPTIVAS	RASGO QUE SUGIEREN
aspecto	*bajo, débil, pequeño.*	debilidad física
ojos	*de ratón: negros, diminutos, brillantes, párpados nerviosos.*	inteligencia, perspicacia
bigote	*grande, espeso, puntas afiladas que señalan al horizonte, como las agujas de la rosa de los vientos.*	fuerza de carácter, voluntad
vestimenta	*en mangas de camisa; corbata de color indefinido, entre negro y pardo; pantalones entre gris y amarillo, viejos, gastados, con remiendos en las rodillas y el trasero; sombrero negro, con manchas de humedad y cinta desflecada; un solo zapato: descosido, varias veces recompuesto, con suelas de cubiertas de camión.*	pobreza
boca	*solo dos dientes.*	pobreza
manos	*ásperas, duras, encallecidas, de piel oscura y uñas sucias y largas.*	acostumbrado al trabajo duro
vivienda	*pequeña, pintada de blanco con cal, puerta verde y una sola ventana, también verde.*	pobreza, dignidad

Por supuesto, los rasgos de carácter sugeridos pueden ser otros: depende de la apreciación de cada lector y, en todo caso, han de ser confirmados por la actuación del personaje a lo largo de la obra. Los que aquí hemos apuntado son los que más frecuentemente proponen los alumnos.

La descripción que Gabriel Miró realiza de don Claudio es mucho más selectiva. Solo un par de notas le sirven para caracterizar lo esencial del personaje, para retratarlo en profundidad: queda perfectamente definido por el contraste entre la degradación física producida por la enfermedad y el celo que manifiesta por el cuidado de su aspecto.

Para mostrar la degradación física del personaje, le basta a Miró con referirse a la posición de sus piernas, que describe mediante un símil muy expresivo («*dobladas como si se le hubiesen enfriado en una torpe genuflexión*»), la breve alusión a sus manos («*le caían [...] largas y lacias*») y a su cabeza («*le colgaba*», «*esquilada*»). No se trata solo de una descripción puramente física ni resulta gratuita: lo que destaca sobre todo es la idea de la impotencia del caballero, su incapacidad para cuidar de sí mismo. Además, el lector entiende el dolor, la «*angustia*» que esa situación supone para don Claudio. Ha debido de ser una persona atildada, muy cuidadosa con su aspecto, pues ver un pico mal colocado en su pañuelo le provoca una «*mueca angustiosa*»; más explícita aún es la segunda alusión a ello: cuando se le manchaban los zapatos de barro, «*su lengua se revolvía entre los labios buscando la palabra de enojo, y nada más exhalaba un bramido lastimero*». Son solo dos imágenes, dos gestos del personaje, pero con ellos le basta al autor para hacer que los lectores conozcan cómo era antes don Claudio, qué le sucede ahora y hasta qué punto sufre por ello.

2.

Hay dos partes claramente marcadas en el texto. En la primera (hasta «*...sobre la piel enrojecida*») se describe el interior de la taberna; en la segunda (desde «*Lucio veía...*» hasta el final) se describe el exterior: la tierra, el pueblo, el cielo. La referencia a Lucio, el cliente que está sentado junto al mostrador, de frente a la puerta de entrada, es clave: la descripción del exterior está hecha desde su punto de vista, lo que el narrador describe es lo que Lucio ve desde su posición, y no hay nada en el texto que impida entender la del interior también como descripción subjetiva realizada desde la perspectiva de Lucio. De hecho, el orden en el que se insertan las referencias parece reproducir el movimiento de la mirada de este personaje, zigzagueante, aparentemente casual.

Tras observar al ventero, que es el punto de arranque, la atención se centra en el cuadro de sol en el suelo y de ahí se levanta hacia los reflejos de las moscas que atraviesan la ráfaga de luz. Inmediatamente después, otros reflejos más intensos («*Refulgió*», «*vidrio vanidoso*», «*como piedras preciosas*») arrastran la mirada de Lucio hacia la estantería de botellas. Justo delante de ella se encuentra Mauricio, que vuelve a captar la atención del observador. La hebra de estropajo que este arranca sirve de transición para un nuevo «movimiento de cámara»: la mirada de Lucio se concentra ahora, como si se tratase de un *zoom*, en los detalles del mostrador, vistos casi en primer plano (la hebra de estropajo, las marcas, las muescas, las huellas de los vasos, las rendijas con mugre y jabón, las vetas de la madera desgastada). La descripción concluye volviendo al principio, a los antebrazos de Mauricio, grabados ahora con los dibujos de la madera.

El orden de la descripción del exterior es más sencillo, más fácil de identificar. Al dirigirse hacia el cuadro de la puerta, la mirada del personaje realiza un movimiento de abajo arriba: la «*tierra tostada*» y el olivar cercanos; más lejos, a un kilómetro, las casas del pueblo; elevándose por encima de estas, la fábrica vieja; más allá, las tierras onduladas que llegan hasta la línea del horizonte, velado por la bruma; finalmente, por encima del horizonte, «*el cielo liso, impávido*».

3.

En este ejercicio se trata de que el alumno analice y valore sus propios escritos con criterios semejantes a los que ha aprendido a manejar al estudiar textos ajenos. Ello les mostrará la necesidad de pensarlos y planificarlos antes de escribirlos y contribuirá a desterrar la tendencia a la improvisación. Si han comprobado que los autores literarios *trabajan* sus escritos con suma atención y cuidando cada detalle, podrán entender que no han de dejar ellos los suyos a un cómodo *lo-que-salga*. Al principio, los alumnos tienen la sensación de que cualquier cosa que escriben, casi siempre de manera precipitada y poco atenta, es justo lo que querían decir, y que no hay otra forma mejor de expresarlo. Es necesario romper esa idea preconcebida ayudándolos a analizar, corregir y mejorar su propias producciones.

DESCRIPCIÓN DE PERSONAJES

1.

Para describir físicamente a Gunderson, Jack London atiende a los siguientes rasgos:
– Altura: «*sus más de dos metros*».
– Corpulencia: «*anchos hombros*», «*poderoso torso*», «*gigante*», calzado «*dos veces más*» grande, «*ciento cuarenta kilos*».
– Rostro: «*cejas enmarañadas*», «*quijada cuadrada*», «*mirada pálida de un azul descolorido*», «*larga y sedosa cabellera rubia*».

Se trata de una descripción selectiva. No pretende hacer un retrato completo en el que queden dibujados todos sus rasgos. Al contrario, selecciona aquellos que revelan lo que al autor le interesa dentro de su relato: la impresionante presencia física del personaje, su fuerza descomunal. Incluso las referencias a su rostro (las cejas pobladas y enmarañadas, la mandíbula cuadrada) sugieren esta misma idea. El propio narrador lo explica inmediatamente: «*todo en él denotaba audacia y determinación*».

2.

El término que resume la imagen que London quiere dar del personaje es *gigante*.

3.

Con la primera de las frases, London evoca los relatos míticos y legendarios, en los que suelen aparecer grandes héroes, fuertes y poderosos, capaces de enfrentarse a las pruebas más duras. En todas las mitologías antiguas están presentes estos seres a veces sobrehumanos: los titanes, cíclopes, centauros, el semidiós Hércules, los protagonistas de las sagas nórdicas... A ellos alude precisamente en la segunda de las frases («*Era el hijo de los antiguos reyes del mar*»), en clara referencia a los vikingos, dominadores del Atlántico Norte durante buena parte de la Edad Media. Tanto el apellido escandinavo del personaje *(Gunderson)* como su aspecto físico –en especial, su larga cabellera rubia– sugieren la misma idea.

4.

Definen rasgos de la personalidad de Blas las siguientes expresiones:
– «*El tonto de aquel pueblo*»;
– «*un muchachito algo alelado*»;
– «*blanco de todas las iras y de todas las bofetadas perdidas*»;
– «*solitario*»;
– «*temblón*»;
– «*bondadoso y de tiernas inclinaciones*»;
– «*sonreía siempre, con una sonrisa suplicante de buey enfermo*»;
– «*sonreía de una manera inexplicable, quizá suplicando no recibir la segunda pedrada*».

Su caracterización puede quedar condensada en alguno de los adjetivos que el propio autor emplea en el texto, como «*tonto*» y «*bondadoso*», que deberían completarse con otros como «*inocente*», «*pacífico*», «*humilde*», «*apocado*» (o «*temblón*»), etc. Hágase notar al alumno la fuerza expresiva y la capacidad de sugerencia que tiene la comparación como procedimiento descriptivo, a partir de la expresión «*sonrisa suplicante de buey enfermo*».

5.

En el *Texto 1*, son notas descriptivas de carácter psicológico la referencia a la audacia y a la determinación del personaje y también la expresión «*Su ley era la fuerza*».

En el *Texto 2*, aunque predomina la descripción moral y psicológica, se puede observar alguna referencia al físico de Blas: se dice de él que es «*pálido y zanquilargo*», se mencionan su «*carilla de hurón*» y el movimiento de sus orejas. En cierto sentido, también puede considerarse como un rasgo físico la alusión a su sangre, «*una sangrecita aguada, de feble color rosa*».

En ambos casos, estas notas no solo mantienen la coherencia con el resto de la caracterización de cada personaje, sino que incluso contribuyen a reforzar los rasgos que de ellos se destacan. En Gunderson, queda claro que su fuerza no es solo física, pues al vigor de su cuerpo une la audacia y la determinación al actuar. En Blas, su debilidad física (referencias a su palidez, a su sangre «*aguada*» y de color también pálido, los diminutivos que se le aplican, como «*muchachito*» y «*sangrecita*») es coherente con su humildad y su apocamiento; más aún, explica el hecho de que los demás abusen de él, pues, como dice el narrador, «*los vecinos del pueblo no eran lo que se suele decir unos sensitivos*».

6.

RASGOS FÍSICOS	RASGOS PSICOLÓGICOS Y FORMA DE VIDA
– calvo; – de cuerpo retorcido, contrahecho; – cara afilada; – con abultada barriga; – sietemesino; – zurdo.	– hambriento: come poco y a veces no come; – extrema pobreza: vive de lo que encuentra y de la mendicidad; – buen pescador; – ladrón torpe; – vago, rechaza el esfuerzo físico; – asustadizo; – llora con facilidad.

7.

El sueño «*es el mejor manjar de un pobretón*». La frase parece tener un doble sentido. El autor explica, en una doble enumeración –una referida al verano y otra al invierno–, de qué se alimenta Pedro Lloros. Ambas enumeraciones son paralelísticas: se menciona la comida que pesca («*peces y cangrejos*»), roba («*tomates y patatas*») o mendiga («*pan*» / «*rebañar en las casas limosneras los pucheros*»); después se alude a lo que puede beber («*agua de las fuentes*» en verano / «*algún traguillo de vino*» en invierno); y, finalmente, Aldecoa señala que se alimenta de «*sueño*». En un primer sentido, viene a indicar Aldecoa que Pedro Lloros duerme mucho: la generalización (el sueño «*es el mejor manjar de un pobretón*») implicaría que, debido a su insuficiente alimentación, el mendigo ha de reducir su actividad y tiende a dormir para economizar sus escasas energías. Por otra parte, dormir permite a Pedro Lloros –y a los que han de vivir como él– olvidar el hambre, y también por ello el sueño será para él un manjar. Sin embargo, aún queda un significado más, que es el que Aldecoa va a desarrollar en el resto del cuento: *sueño* significa también «ensoñación», imaginar una realidad que no existe, desear algo que no se tiene. Pedro Lloros y sus dos compañeros mendigos hacen planes para pasar el próximo invierno, «sueñan» con poder salir de la situación de miseria en la que se encuentran, imaginan que pueden llevar otra vida diferente. También en este sentido, los sueños son el mejor manjar –si no el único– de los más pobres.

El apellido de Pedro es *Lloros*. Decir que «*se apellidaba perfectamente*» significa que su apellido le era apropiado, encajaba con su personalidad, evidentemente porque el personaje llora a menudo o con cierta facilidad. Ello resulta coherente con otras notas de su personalidad, como el hecho de tener «*un corazón chiquito y veloz*» o asustarse de todo.

Es posible que haya que explicar a los alumnos la alusión al mito de Atlas, el titán que sustenta el mundo sobre sus hombros.

8.

Respuesta libre.

DESCRIPCIÓN DE ESPACIOS Y AMBIENTES. EL PAISAJE

1.

Son descripciones de espacios exteriores las que aparecen en los párrafos primero y segundo (las dos «regiones» y el castillo, contemplado como parte de la segunda de ellas) y en el párrafo quinto (el paisaje desde la ventana). Más adelante aparece otra: «*Me asomé a la ventana. Allá en el negro cielo se estremecían y palpitaban los astros, en la inmensidad de sus existencias solitarias; ni un grito, ni un estremecimiento de vida en la tierra negra*».

Como ejemplo de descripción de un interior, encontramos la del salón del castillo: «*En el ancho salón, adornado con negras colgaduras...*».

Incluida en esta última aparece la descripción de un objeto: «*...un reloj gigantesco, alto y estrecho como un ataúd, un reloj de caja negra que en las noches llenas de silencio lanzaba su tictac metálico con la energía de una amenaza*».

2.

Para sugerir la grandiosidad del paisaje, la autora se ha servido de recursos diversos. En primer lugar, hay que considerar el punto de vista de la descripción: ha elegido contemplar estas montañas desde arriba, desde lo más alto. El lector se identifica con el personaje, de forma que ve y siente lo mismo que Jensine: la dificultad del ascenso («*subía por numerosos y empinados senderos*») y la sensación que experimenta cuando ya ha llegado a la cumbre. Esta sensación queda sugerida mediante la peculiar selección léxica, que resalta la altura, la verticalidad («*elevarse de manera vertical*», «*se levanta*», «*más arriba*», «*le subía*») y la grandeza, la fuerza desmesurada («*gran animal*», «*aplastar*», «*precipitarse*», «*montañas inmensas*», «*rugientes cascadas*»). Por supuesto, la adjetivación cumple una función fundamental en la creación de estas sensaciones. Además, hay que señalar también las imágenes que Dinesen crea en el texto (la protagonista en lo alto de la cima, con sus ropas «*azotadas*» por el viento, las cascadas que se precipitan desde la altura hasta los lagos, la presencia del arco iris...) y el uso de símiles de gran fuerza expresiva (las montañas se elevan «*como se levanta un gran animal sobre sus patas traseras*», el aire que aturde a la protagonista porque «*se le subía a la cabeza como el vino*»). Finalmente, señálese también como procedimiento descriptivo el uso de la personificación en el último enunciado del texto: «*como si la Naturaleza misma llorase, o riese, en voz alta*».

En la primera parte del texto, otras notas descriptivas transmiten sugerencias similares, que quedan ya enunciadas desde la primera frase: «*La Naturaleza estaba en su momento más glorioso*». Este esplendor se transmite al lector mediante la referencia a sensaciones visuales (el cielo azul, las flores, las noches «*tan claras*») y olfativas («*impregnaba el aire de una fragancia dulce y amarga*» –nótese la sinestesia–).

En cuanto a las emociones que el personaje experimenta ante este paisaje, se deducen directamente de la propia descripción, pues, como hemos dicho, ésta se realiza desde su misma perspectiva. Es Jensine quien percibe la potencia formidable de la Naturaleza, su mareante verticalidad; es ella quien se siente empequeñecida («*para aplastarla a una*») y aturdida por la pureza e inmensidad de lo que contempla («*se le subía a la cabeza como el vino*»).

3.

Aldecoa está describiendo un paisaje natural, en particular un río y el paseo arbolado que recorre una de sus orillas.

El descriptor adopta una perspectiva de proximidad. No hay ninguna referencia que pueda hacernos pensar que la descripción corresponda a la visión de algún personaje, como sucedía en el texto anterior: es un narrador externo y omnisciente quien observa y describe. La perspectiva próxima a los objetos descritos puede justificarse con las precisas alusiones a la «*débil capa vegetal*» del suelo y a los diversos colores que en ella se aprecian, a las hormigas que surgen de los hormigueros y a la lagartija que se ve en el pretil del río. En el texto predominan los pequeños detalles, más que una visión general del río y su entorno, que solo se percibe por el conjunto.

El orden seguido en la descripción implica una aproximación progresiva. Arranca de una apreciación general sobre la corriente del río («*Entre el puente de hierro y el puente nuevo el río corre apretado, tumultuoso, amenazante*»), que inmediatamente concreta con referencias detalladas a la superficie del agua. Merece la pena analizar con los alumnos cómo realiza Aldecoa esa descripción del agua: nótese el predominio de los verbos, que dan dinamismo a la imagen del río («*aparecen*», «*desaparecen*», «*se pulimentan*», «*se estrían*», «*se aterciopelan*»), un dinamismo que sugieren también otros recursos de estilo, como la metáfora («*en una danza loca*», «*se aterciopelan*»), el símil («*como se acarician las ancas de una yegua preñada*»), la personificación («*nerviosas*»), y, en toda esta parte, la acumulación de imágenes sensoriales de carácter táctil: «*apretado*», «*se pulimentan*», «*se estrían*», «*se aterciopelan*», «*gustaría acariciarlas*», etc.

En la segunda parte del texto, la descripción se centra en una de las riberas del río. Los elementos que se mencionan son, por orden, los árboles (acacias, castaños), el suelo, las hierbas de los alcorques, los hormigueros y las filas de hormigas, y una lagartija. Como antes, se vuelve a pasar de una perspectiva general (los árboles) a los detalles más pequeños. Lo más destacable, aparte de la metáfora en la descripción de los hormigueros (= «*volcancitos*», «*cráteres*») y las filas de hormigas (= «*ininterrumpido torrente de lava viva*»), es la alternancia de referencias sensoriales de distinto tipo: auditivas («*el paseo de la orilla izquierda del río se monotoniza de los cantos de los pájaros*»), cromáticas («*amarilla*», «*verde*», «*siena*») y olfativas («*mal olor, que mezclado al de la naturaleza acaba por ser un aroma fuerte, de sustancia fecunda*»).

Aldecoa pretende crear en el lector una sensación de movimiento, de vida que bulle y se renueva constantemente. De ahí las referencias al agua que corre y se transforma a cada momento, las menciones a la primavera, al florecimiento de las plantas, a los pequeños animales... Al mismo tiempo, todo ello compone un conjunto que sugiere, en general, belleza natural, armonía. Por supuesto, el desagüe que da mal olor parece romper esa imagen de naturaleza placentera. Para valorar en su justa medida esa ruptura, nada gratuita, puede ser conveniente leer en clase el cuento completo (puede encontrarse en I. Aldecoa: *Cuentos completos,* vol. II, Madrid, Alianza Editorial, 1976, pp. 227-259).

4.
Ejercicio de realización libre.

TEMA 4
LA NARRACIÓN (I). LA ACCIÓN NARRATIVA

PIENSA Y RESPONDE. OBSERVACIONES AL TEXTO INICIAL (*Un cuento oriental,* de Iván Turgeniev)

1.
Truhán: persona que vive de engaños y estafas.
Hidalguía: condición de la persona de sangre noble; generosidad y nobleza de ánimo.
Insólito: raro, extraño, desacostumbrado.
Oblongo: más largo que ancho.
Hálito: vapor que una cosa arroja; soplo suave y apacible del aire.
Quejumbroso: voz, tono o palabra empleada para quejarse.
Rothschild: familia de banqueros de origen judío alemán. Dedicados sobre todo a actividades financieras (empréstitos a diversos estados europeos), comerciales e industriales (en España, por ejemplo, controlaron la minería y la construcción de ferrocarriles), acumularon una considerable fortuna a lo largo de la primera mitad del siglo XIX. Las diversas ramas de la familia, establecidas en diversos países europeos, mantuvieron a lo largo del siglo XIX su influencia, que empezó a declinar con la crisis de principios del XX y la Primera Guerra Mundial.
Salomón: personaje del *Antiguo Testamento,* rey de Israel, que ha pasado a la historia como modelo de sabiduría.

2.
El joven Jafar acude en ayuda de un anciano al que intentaban robar unos truhanes y hace huir a los agresores. Agradecido, el viejo quiere recompensarlo, y por ello lo cita para el día siguiente.
Por la mañana, el anciano conduce a Jafar a un jardín en el que se alza un extraño árbol azul con solo tres frutos de diversos colores y formas. Le dice que escoja uno de esos frutos, y le explica lo que cada uno representa: la sabiduría, la riqueza y el amor de las mujeres viejas. Tras reflexionar, el joven escoge el tercero, decisión que el anciano alaba como un rasgo de inteligencia. Otorgado el don de gustar a las mujeres viejas, el inteligente Jafar pregunta al viejo dónde vive la madre del califa.

3.
Los personajes principales son Jafar y el anciano. Los ladrones son personajes comparsas cuya intervención carece de relevancia para el sentido del cuento: solo permiten justificar el agradecimiento del anciano a Jafar, que sí es un motivo fundamental.
De Jafar, el autor da la siguiente información:
– Juventud: «*era aún joven*».
– Prudencia: «*destacaba [...] por su iluminada prudencia*».
– Generosidad: «*su corazón era piadoso*»; «*tu generosa hidalguía*».
– Fuerza y valentía: «*tenía confianza en su propia fuerza*»; «*atacó a los desalmados con el sable desenvainado*».
– Reflexión, buen juicio, inteligencia: «*después de un momento de reflexión*»; «*Jafar pensó: "Este viejo tiene realmente aspecto de mendigo, pero..."*»; «*Jafar bajó la cabeza y se puso a reflexionar*»; «*¡Oh, joven lleno de sabiduría! [...] eres más sabio que el rey Salomón*».

Además, hay que tener en cuenta las invocaciones del narrador al principio y al final del cuento: presuponen que, en el presente del narrador, Jafar es famoso y admirado por todos («*En Bagdad, ¿quién no conoce a Jafar, el sol del universo?*»), lo cual indica que ha triunfado en sus propósitos.

Sobre el anciano, se dice a lo largo del texto lo siguiente:
– Es viejo y está enfermo.
– Gratitud: «*se arrojó a los pies de su salvador y, besándole la túnica,...*».
– Misterio, carácter «mágico»: «*tú crees que yo soy un pobre mendigo, y solo lo soy en apariencia. En cambio, yo no soy un hombre común*». Además, posee (o conoce) un mágico jardín en el que un ciprés extraño concede deseos.

4.
El protagonista es Jafar. Varias razones pueden aducirse para justificarlo. En primer lugar, funciona como un héroe típico de los cuentos fantásticos: ha de pasar una prueba (en cambio, el anciano desempeña la función de ayudante); muestra las cualidades típicas (esfuerzo, valor, inteligencia...) que le hacen merecedor del galardón final; consigue triunfar en sus propósitos y alcanzar el premio, etc.
Por otro lado, desde el punto de vista de la estructura narrativa, Jafar es desde el mismo inicio el foco del relato. El narrador sigue sus pasos y peripecias, cuenta los hechos en los que interviene o a los que asiste. Nótese, por ejemplo, cómo progresa la información en los párrafos segundo y tercero: en principio, el lector solo sabe que *alguien* ha gritado pidiendo socorro, pero no averiguará quién es hasta que Jafar no llegue al lugar de donde provenía el grito y «ve» que se trata de un viejo enfermo al que están robando; así pues, el lector solo conoce la información de que dispone el protagonista. Además, Jafar es el único personaje que conocemos por su nombre y el único también cuyos pensamientos y reflexiones cita o comenta el narrador.

5.

Como elementos que sitúan la acción en un pasado remoto pueden sugerirse algunos detalles sobre la ciudad (posee murallas, un mercado como los habituales en los cuentos orientales, y, además, se trata de Bagdad, escenario de muchos de estos cuentos), la utilización del sable por parte del protagonista y la mención del califa. Por supuesto, la referencia a Rothschild es un anacronismo que hay que entender como un guiño del autor de la versión que hemos ofrecido: el cuento se ha tomado, no directamente de Turgueniev, sino de las cartas que Antonio Gramsci envió a sus hijos desde la cárcel (A. Gramsci, *El árbol del erizo*, Barcelona, Bruguera, 1981, pp. 166-170).

La propia ciudad de Bagdag, el mercado, el jardín florido, las vestimentas de los personajes a las que se hace referencia de pasada *(«besándole la túnica»)* contribuyen a crear el ambiente exótico. Pero, por encima de todo, el peculiar «sabor oriental» del cuento procede del mundo mágico que crea, de la forma de componer la historia y de caracterizar y hacer actuar a los personajes, de la intención moralizante y del estilo (nótense, por ejemplo, las invocaciones de apertura y cierre). Todo ello recuerda sin lugar a dudas los cuentos de *Las mil y una noches*, que el alumno recordará, si no por su lectura directa, por las muchas versiones cinematográficas: Aladino, Simbad...

6.

El elemento inverosímil más evidente es el árbol con forma de ciprés pero con copa de un fantástico color azul. También resulta extraña la presencia de tres frutos –solo tres– tan distintos.

La sensación de misterio y fantasía se resalta por el hecho de que el árbol emita sonidos casi humanos (*«Todo el árbol difundía un ruido extraño y sordo, aunque no soplaba ni un hálito de viento. Del tronco y de las ramas brotaba un gemido tenue, quejumbroso, como de vidrio»*).

Inverosímil es también el poder del árbol, capaz de otorgar la sabiduría, la riqueza o algún otro don según qué fruto se elija. En ello no es distinto de otros objetos o seres mágicos que cumplen los deseos de los personajes en este tipo de relatos: lámparas maravillosas, genios, anillos mágicos, alfombras voladoras, etc. Obsérvese también la utilización del tres, número mágico por excelencia a lo largo de toda la narrativa popular de muy diversas tradiciones.

7.

Como la mayoría de los cuentos orientales –o de las versiones basadas en ellos–, este relato de Turgueniev tiene una intención preferentemente didáctica, en el sentido de que ofrece al lector un determinado modelo de conducta. Este modelo está incorporado por el héroe, Jafar, y por el sentido de las decisiones que toma.

Más allá de la recomendación de las habituales virtudes caballerescas, como la protección de los débiles y la valentía (por ejemplo, el episodio en el que salva al anciano), el sentido del cuento se plantea en la elección entre los tres valores representados por cada uno de los frutos: la riqueza, la sabiduría y lo que el autor plantea como «el amor de las mujeres viejas» (valor este último cuyo significado será necesario interpretar).

Varias ideas son las que pueden examinarse con los alumnos al respecto. En primer lugar, el tópico de la verdad oculta, muy extendido tanto en la tradición oriental como en la occidental, que se asocia –como en otras muchas ocasiones– a la dialéctica entre apariencia y realidad: la opción preferible es la que se esconde tras el fruto aparentemente menos deseable o atractivo (el tercero, «*pequeño como un huevo, era arrugado y amarillento*»). La lección moral de que las apariencias son engañosas y de que el hombre inteligente ha de saber encontrar el bien o la verdad que se ocultan tras ellas, queda patente en la reflexión de Jafar antes de proceder a la elección.

En segundo lugar, pueden comentarse las razones que llevan al protagonista a rechazar los dones en principio más prestigiados: la sabiduría y la riqueza. Ambos se conciben como un peligro para el hombre. Los alumnos entenderán bien la relación entre la riqueza y la envidia ajena que esta provoca. Más difícil les resultará establecer por sí mismos una conexión entre la sabiduría y la angustia vital (o pérdida de las ganas de vivir). Quizás sea conveniente, como paso previo, distinguir entre el concepto de sabiduría que aquí se utiliza (experiencia y estudio que permiten al hombre llegar a conocer la realidad y la vida) y el de inteligencia (capacidad para comprender las relaciones entre las cosas o las ideas y, en consecuencia, para discernir lo necesario, conveniente, útil, etc. de lo que no lo es). Jafar rechaza la sabiduría, el conocimiento «teórico», y prefiere la inteligencia práctica. Es precisamente este utilitarismo lo que en el cuento se representa con el «amor de las mujeres viejas», que conducirá al protagonista al éxito social.

EL CONCEPTO DE NARRACIÓN. LOS ELEMENTOS NARRATIVOS

1. (ver cuadro en página siguiente)

Alguien	dice (que)	alguien	hace / dice algo	en algunas circunstancias			
				tiempo	lugar	otras
Narrador	cuenta	el ejército de don Rodrigo	huye			
		don Rodrigo	abandona el campamento			
			yerra	tras la batalla		solo, sin rumbo, derrotado
			Observa su ejército deshecho – sus tropas huyen – sus banderas pisoteadas – sus capitanes desaparecidos – el campo lleno de sangre		desde un cerro	
			Reacciona – declara que ha perdido su reino – lamenta haber nacido – llama a la muerte			con tristeza con vergüenza desesperado

Si el profesor lo considera oportuno y útil, puede proponer algún otro texto suplementario para que los alumnos practiquen con esta técnica de anotación y resumen de textos narrativos. Cualquier fragmento de narración de los que aparecen en los ejercicios y comentarios de la parte de Literatura servirá para realizar la actividad. Ofrecemos a continuación, como ejemplo adicional, el esquema de lectura comprensiva del comienzo del *Poema de mio Cid*, que transcribimos en castellano antiguo para que sea leído en voz alta por el profesor en su versión original. Si se prefiere presentar a los alumnos una versión modernizada, puede emplearse la de la edición de Castalia, en la colección *Odres Nuevos*.

(Comienzo del *Poema*. *El Cid sale de Vivar para ir al destierro*).

De los sos oios tan fuertemientre llorando,
tornava la cabeça e estávalos catando[1];
vio puertas abiertas e uços sin cañados[2],
alcándaras[3] vazías[4], sin pielles[5] e sin mantos,
e sin falcones[6] e sin adtores mudados[7].
Sospiró Mio Çid, ca[8] mucho avié[9] grandes cuidados[10];
fabló Mio Çid bien e tan mesurado[11]:
«¡Grado[12] a ti, Señor, Padre que estás en alto!,
esto me an buelto[13] mios enemigos malos».

Allí piensan de aguijar[14], allí sueltan las riendas;
a la exida[15] de Bivar ovieron la corneja diestra[16]
e entrando a Burgos oviéronla siniestra[17].
Meçió Mio Çid los ombros[18] e engrameó la tiesta[19]:
«¡Albricia[20], Albar Fáñez, ca echados somos de tierra,
mas a grand ondra[21] tornaremos[22] a Castiella!».
Mio Çid Ruy Díaz por Burgos entrava,
en su conpaña sessaenta pendones.
Exienlo ver[23] mugieres e varones,
burgeses e burgesas por las finiestras[24] son,
plorando[25] de los oios, tanto avién[26] el dolor;
de las sus bocas todos dizían una razón[27]:
«¿Dios, qué buen vassallo, si oviesse[28] buen señor!»

Conbidar le íen de grado[29] mas ninguno non osava,
el rey don Alfonso tanto avié la grand saña[30];
antes de la noche en Burgos dél entró su carta
con gran recabdo[31] e fuertemientre sellada:
que a Mio Çid Ruy Díaz que nadi nol diessen[32] posada
e aquel que ge[33] la diesse sopiesse vera[34] palabra
que perderié los averes[35] e más los oios de la cara
e aun demás los cuerpos e las almas.
Grande duelo[36] avién las yentes christianas,
ascóndense de Mio Çid, ca nol osan dezir nada[37].
El Campeador adeliñó[38] a su posada,
assí commo llegó a la puerta, fallola bien çerrada
por miedo del rey Alfonso, que assí lo habién parado[39]
que si non la quebrantás[40] por fuerza, que non ge
                    la abriesse nadi.
Los de Mio Çid a altas vozes llaman,
los de dentro non les querién tornar palabra[41].
Aguijó Mio Çid, a la puerta se llegava,
sacó el pie del estribera[42], una ferida[43] le dava;
non se abre la puerta, ca bien era çerrada.
Una niña de nuef[44] años a oio se parava[45]:
«Ya Campeador, en buen ora çinxiestes[46] espada!
El rey lo ha vedado, anoch dél entró su carta
con gran recabdo e fuertemientre sellada.
Non vos osariemos abrir nin coger[47] por nada;
si non, perderiemos los averes e las casas
e demás los oios de las caras.
Çid, en nuestro mal vós non ganades nada,

mas el Criador vos vala⁴⁸ con todas sus vertudes sanctas.»
Esto la niña dixo e tornós pora⁴⁹ su casa.
Ya lo vee el Çid que del rey non avié graçia;
Partiós de la puerta, por Burgos aguijava,
llegó a Sancta María, luego descavalgava,
fincó los inoios⁵⁰, de coraçon rogava.

NOTAS:
¹ *catando:* mirando (los palacios); ² *uços sin cañados:* puertas sin candados, abiertas de par en par; ³ *alcándaras:* perchas en las que se colgaban prendas y en las que se dejaban las aves de caza; ⁴ *vazías:* vacías; ⁵ *pielles:* pieles, vestiduras de piel; ⁶ *falcones:* halcones; ⁷ *adtores mudados:* azores que han cambiado de pluma (eran más valiosos que los que no la han mudado aún); ⁸ *ca:* porque; ⁹ *avié:* había, tenía; ¹⁰ *cuidados:* preocupaciones, penas; ¹¹ *tan mesurado:* mesuradamente, apaciblemente, sin irritación; ¹² *Grado:* gracias; ¹³ *buelto:* vuelto; ¹⁴ *piensan de aguijar:* comienzan a espolear a los caballos, es decir, a cabalgar; ¹⁵ *exida:* salida; ¹⁶ *ovieron la corneja diestra:* salió volando una corneja hacia la derecha, lo cual era un signo de buena suerte; ¹⁷ *siniestra:* izquierda; ¹⁸ *Meçió los ombros:* se encogió de hombros; ¹⁹ *engrameó la tiesta:* denegó con la cabeza (para rechazar el mal agüero); ²⁰ *Albricia:* alégrate; ²¹ *a grand ondra:* con gran honra; ²² *tornaremos:* volveremos; ²³ *exienlo ver:* salen a verlo; ²⁴ *finiestras:* ventanas; ²⁵ *plorando:* llorando; ²⁶ *avién:* tenían; ²⁷ *todos dizían una razón:* todos decían lo mismo; ²⁸ *oviesse:* tuviese; ²⁹ *Conbidar le ien de grado:* le convidarían de buena gana; ³⁰ *tanto avié la grand saña:* tan grande era la saña (del rey); ³¹ *recabdo:* secreto; ³² *nadi nol diessen:* nadie le diese; ³³ *ge:* se; ³⁴ *vera:* verdadera; ³⁵ *averes:* posesiones, pertenencias; ³⁶ *duelo:* tristeza, pesar; ³⁷ *ca nol osan dezir nada:* pues no se atreven a hablarle; ³⁸ *adeliñó:* se dirigió; ³⁹ *habién parado:* habían dispuesto; ⁴⁰ *quebrantás:* quebrantase, rompiese; ⁴¹ *tornar palabra:* contestar; ⁴² *estribera:* estribo; ⁴³ *ferida:* golpe, patada; ⁴⁴ *nuef:* nueve; ⁴⁵ *a oio se parava:* se asomó, se mostró a sus ojos; ⁴⁶ *çinxiestes:* ceñiste; ⁴⁷ *coger:* acoger, dar posada; ⁴⁸ *vos vala:* os ayude; ⁴⁹ *pora:* para; ⁵⁰ *fincó los inoios:* se puso de rodillas.

ESQUEMA DE LECTURA COMPRENSIVA

	ALGUIEN	DICE que	ALGUIEN	DICE/HACE	ALGO	CIRCUNSTANCIAS
1	narrador	cuenta	EL CID	OBSERVA	(sus palacios) >ABIERTOS >VACÍOS	(al partir para el destierro) >LLORANDO
6				REACCIONA >SUSPIRA		>PREOCUPADO por su situación
7				>DECLARA	>SU RESIGNACIÓN >SUS ENEMIGOS SON LOS RESPONSABLES	
10				SE MARCHA		(por el camino)
11				OBSERVA	>UN BUEN AUGURIO >UN MAL AUGURIO	>A LA SALIDA DE VIVAR >A LA ENTRADA DE BURGOS
13				REACCIONA >DECLARA	>SU RESIGNACIÓN >SU PROPÓSITO (volver con honra)	
16				ENTRA		EN BURGOS
17			los burgaleses	SIENTEN	>DOLOR POR LA SUERTE DEL CID >ADMIRACIÓN POR EL CID >MIEDO DEL REY	
23		EXPLICA			LA CAUSA DEL TEMOR DEL PUEBLO	
25		>cuenta	>el rey	>envió	>una carta llena de amenzas	>la noche anterior
33		CUENTA	EL CID	PIDE	HOSPEDAJE	>A VECES >GOLPES CON EL PIE
42			UNA NIÑA	HABLA >explica	AL CID >la causa del miedo	>la carta del rey: reiteración de las amenazas
49 50				>pide >desea	>su compresión >suerte al Cid	
52			EL CID	SE MARCHA		

LA ACCIÓN NARRATIVA. ESTRUCTURA DE LA ACCIÓN

1.

La secuencia de episodios en el cuento de Eduardo Galeano *(Memoria del fuego, I: Los nacimientos*, Madrid, Siglo XXI, 1994, pp. 30-31) es la siguiente:

El murciélago

Cuando era el tiempo muy niño todavía, no había en el mundo bicho más feo que el murciélago.

El murciélago subió al cielo en busca de Dios. No le dijo:

—Estoy harto de ser horroroso. Dame plumas de colores.

No. Le dijo:

—Dame plumas, por favor, que me muero de frío.

A Dios no le había sobrado ninguna pluma.

—Cada ave te dará una pluma –decidió.

Así obtuvo el murciélago la pluma blanca de la paloma y la verde del papagayo, la tornasolada pluma del colibrí y la rosada del flamenco, la roja del penacho del cardenal y la pluma azul de la espalda del martín pescador, la pluma de arcilla del ala del águila y la pluma del sol que arde en el pecho del tucán.

El murciélago, frondoso de colores y suavidades, paseaba entre la tierra y las nubes. Por donde iba, quedaba alegre el aire y las aves mudas de admiración. Dicen los pueblos zapotecas que el arco iris nació del eco de su vuelo.

La vanidad le hinchó el pecho. Miraba con desdén y comentaba ofendiendo.

Se reunieron las aves. Juntas volaron hacia Dios.

—El murciélago se burla de nosotras –se quejaron–. Y además, sentimos frío por las plumas que nos faltan.

Al día siguiente, cuando el murciélago agitó las alas en pleno vuelo, quedó súbitamente desnudo. Una lluvia de plumas cayó sobre la tierra.

Él anda buscándolas todavía. Ciego y feo, enemigo de la luz, vive escondido en las cuevas. Sale a perseguir las plumas perdidas cuando ha caído la noche; y vuela muy veloz, sin detenerse nunca, porque le da vergüenza que lo vean.

EL PLANTEAMIENTO ocupa el primer párrafo. El NUDO abarca desde «*El murciélago subió al cielo...*» hasta «*...las plumas que nos faltan*». El DESENLACE, por consiguiente, va desde «*Al día siguiente...*» hasta el final.

Puede haber discrepancia entre los alumnos a la hora de marcar cuál es el desenlace de este relato. Muchos entenderán como tal solo el último párrafo, y probablemente incluirán el penúltimo como parte del nudo.

Si consideramos como desenlace el episodio en el que tiene lugar la resolución del conflicto o problema planteado en la acción narrativa, esta se produce cuando el murciélago es castigado por su vanidad con la pérdida de las plumas prestadas, es decir, en el penúltimo párrafo. Es mejor, por tanto, considerar el último como un epílogo, pues plantea en realidad las consecuencias del desenlace, y no el desenlace propiamente dicho. Además, suele ser habitual que los epílogos narren hechos que se sitúan, mediante una elipsis, en un tiempo muy posterior al de la acción principal. Es lo que sucede, por ejemplo, en los cuentos tradicionales con fórmulas como «*...y fueron felices, y comieron perdices*», y también en este cuento, que coloca el epílogo en el presente del narrador: «*Él anda buscándolas todavía...*».

2.

Lo peculiar de este curioso relato de A. Monterroso es que, en contraste con lo que es habitual, carece prácticamente de desarrollo narrativo. Si separamos su estructura en sus partes fundamentales, observaremos que todo el primer párrafo enuncia la situación inicial, que incluye la presentación del protagonista y la ubicación en el tiempo y en el espacio («*En la casa de un rico mercader de Ciudad de México, rodeado de comodidades y de toda clase de máquinas, vivía no hace mucho tiempo un perro...*»), y el planteamiento del problema o conflicto que da lugar a la acción («*se le había metido en la cabeza convertirse en un ser humano, y trabajaba con ahínco en esto*»). El desenlace, que es donde se da cuenta del éxito o del fracaso del protagonista en su propósito, ocupa prácticamente todo el segundo párrafo: «*Al cabo de varios años, [...] caminaba con facilidad en dos patas y a veces sentía que estaba ya a punto de ser un hombre, excepto por el hecho de que no mordía, movía la cola cuando encontraba a algún conocido, daba tres vueltas antes de acostarse, salivaba cuando oía las campanas de la iglesia y por las noches se subía a una barda a gemir viendo largamente a la luna*».

Por tanto, el desarrollo de la acción narrativa queda reducido a una única y brevísima referencia: «*...después de persistentes esfuerzos sobre sí mismo*». El autor ha evitado narrar esos esfuerzos, que constituirían las acciones del perro para alcanzar su propósito, precisamente para mostrar lo absurdo de este deseo y la inutilidad de cuantos actos y ensayos hubiera realizado para lograrlo. Lo que interesa a Monterroso no es la peripecia, sino la solución final.

Con todo, puede ser de interés plantear a los alumnos, más allá del análisis de la estructura narrativa, un debate sobre el sentido del cuento. ¿Creen que en verdad ha fracasado? ¿Es al final un perro o es algo más? ¿Qué es lo que distingue al hombre del animal? Nótese el uso constante de la ironía por parte del autor: «*estaba ya a punto de ser un hombre, excepto por el hecho de que no mordía*».

3.

Versión de *El murciélago*, de E. Galeano, narrada *in extrema res*:

El murciélago todavía anda buscando sus plumas cuando cae la noche. Ciego y feo, enemigo de la luz, vive escondido en las cuevas. De noche, vuela muy veloz, sin detenerse nunca, porque le da vergüenza que lo vean. Vuela buscando sus plumas, que perdió hace mucho tiempo por su vanidad.

Cuando era el tiempo muy niño todavía, no había en el mundo bicho más feo que el murciélago.

El murciélago subió al cielo... [El texto podría continuar desde este punto en el mismo orden que el del relato original.]

En la versión precedente el relato arranca desde el epílogo (que obviamente pasa a convertirse en prólogo en el que se plantea directamente una situación final, de forma que el resto del relato se convierte en una explicación de cómo se ha llegado a ella). El relato *in extrema res* puede arrancar también del desenlace, como sucede en la siguiente versión:

Como las otras mañanas, el murciélago despertó y lo primero que hizo fue desplegar sus hermosísimas alas decoradas con plumas de todos los colores. Se sentía orgulloso de su plumaje, el más variado y hermoso de la creación. Sin embargo, cuando agitó sus alas para emprender el vuelo, vio desolado que una lluvia de plumas caía sobre la tierra. En un momento quedó súbitamente desnudo. Volvía a ser, otra vez, el bicho más feo del mundo.

Hace muchos, muchos siglos, cuando el tiempo era muy niño todavía, el murciélago había subido un día al cielo en busca de Dios. No le dijo:

—*Estoy harto de ser horroroso. Dame plumas de colores.*

No. Le dijo:

—*Dame plumas, por favor, que me muero de frío.*

A Dios no le había sobrado ninguna pluma.

—*Cada ave te dará una pluma* –decidió.

Así obtuvo el murciélago la pluma blanca de la paloma y la verde del papagayo, la tornasolada pluma del colibrí y la rosada del flamenco, la roja del penacho del cardenal y la pluma azul de la espalda del martín pescador, la pluma de arcilla del ala del águila y la pluma del sol que arde en el pecho del tucán.

El murciélago, frondoso de colores y suavidades, paseaba entre la tierra y las nubes. Por donde iba, quedaba alegre el aire y las aves mudas de admiración. Dicen los pueblos zapotecas que el arco iris nació del eco de su vuelo.

La vanidad le hinchó el pecho. Miraba con desdén y comentaba ofendiendo.

Se reunieron las aves. Juntas volaron hacia Dios.

—*El murciélago se burla de nosotras* –se quejaron–. *Y además, sentimos frío por las plumas que nos faltan.*

Y Dios castigó al murciélago por su soberbia arrebatándole las plumas prestadas. Él anda buscándolas todavía. Ciego y feo, enemigo de la luz, vive escondido en las cuevas. Sale a perseguir las plumas perdidas cuando ha caído la noche; y vuela muy veloz, sin detenerse nunca, porque le da vergüenza que lo vean.

4.

Versión del relato *El murciélago*, narrada *in media res*:

El murciélago, frondoso de colores y suavidades, paseaba entre la tierra y las nubes: su plumaje era el más bello, el más brillante, el más variado de tonos y colores de cuantos animales volaban por los aires.

No siempre había sido así. Al principio no había bicho en el mundo más feo que el murciélago. Pero un día decidió subir al cielo en busca de Dios. No le dijo:

—*Estoy harto de ser horroroso. Dame plumas de colores.*

No. Le dijo:

—*Dame plumas, por favor, que me muero de frío.*

A Dios no le había sobrado ninguna pluma.

—*Cada ave te dará una pluma* –decidió.

Así obtuvo el murciélago la pluma blanca de la paloma y la verde del papagayo, la tornasolada pluma del colibrí y la rosada del flamenco, la roja del penacho del cardenal y la pluma azul de la espalda del martín pescador, la pluma de arcilla del ala del águila y la pluma del sol que arde en el pecho del tucán.

Ahora era tan bello que por donde iba quedaba alegre el aire y las aves mudas de admiración. Dicen los pueblos zapotecas que el arco iris nació del eco de su vuelo.

Pero la vanidad le hinchó el pecho. Miraba con desdén y comentaba ofendiendo.

Se reunieron las aves. Juntas volaron hacia Dios.

—*El murciélago se burla de nosotras* –se quejaron–. *Y además, sentimos frío por las plumas que nos faltan.*

Al día siguiente, cuando el murciélago agitó las alas en pleno vuelo, quedó súbitamente desnudo. Una lluvia de plumas cayó sobre la tierra.

Él anda buscándolas todavía. Ciego y feo, enemigo de la luz, vive escondido en las cuevas. Sale a perseguir las plumas perdidas cuando ha caído la noche; y vuela muy veloz, sin detenerse nunca, porque le da vergüenza que lo vean.

TEMA 5

LA NARRACIÓN (II). EL NARRADOR

PIENSA Y RESPONDE. OBSERVACIONES AL TEXTO INICIAL (*La muerte de un funcionario*, de Antón Chejov)

1.

Ujier: empleado subalterno de un organismo; portero, conserje.

Balbucear: hablar con pronunciación dificultosa y vacilante, trastocando a veces los sonidos o las sílabas.

Contrición: arrepentimiento de una culpa cometida.

Importunar: incomodar o molestar a alguien con alguna petición.

Compungido: atribulado, que siente dolor por haber realizado una acción indebida, que le remuerde la conciencia.

Lívido: intensamente pálido.

Diván: asiento alargado y mullido, por lo común sin respaldo, en el que una persona puede tenderse.

2. (ver cuadro en página siguiente)

Alguien	dice (que)	alguien	hace / dice algo	en algunas circunstancias		
				tiempo	lugar	otras
Narrador	cuenta	Cherviakov	asiste a una obra teatral	una tarde	el teatro	Ch. está feliz Ch. está en la 2.ª fila
			molesta a un superior: el general Brizzhálov		Brizz. está en la 1.ª fila	al estornudar encima de él
	explica		– el suceso fue imprevisible – cualquiera puede estornudar			
	cuenta	Cherviakov	intenta disculparse por primera vez		desde su asiento	– confuso y balbuciente – sin éxito (Brizz. no da importancia al hecho)
			intenta disculparse por segunda vez	durante el entreacto	en el vestíbulo	– balbuciente – sin éxito (Brizz. había olvidado ya el incidente; se muestra impaciente)
			cuenta a su mujer lo que ha pasado	de vuelta del teatro	en su casa	
		la mujer de Cherviakov	le aconseja disculparse de nuevo			– no considera importante lo sucedido
		Cherviakov	intenta disculparse por tercera vez	al día siguiente, al comenzar la audiencia	en el despacho de Brizz.	– muy arreglado – sin éxito (Brizz. no le escucha)
			intenta disculparse por cuarta vez	al final de la audiencia de Brizz		– balbuciente – sin éxito (Brizz. piensa que es una burla)
			hace propósito de escribir una carta de disculpa	el mismo día	en su casa	– muy pensativo – sin éxito (no consigue dar forma a la carta)
			intenta disculparse por quinta vez	al día siguiente	en el despacho de Brizz.	– con mucha humildad – sin éxito (Brizz., encolerizado, expulsa a Ch. del despacho)
			se muere		en el diván de su casa	frustrado, sin fuerzas

3.

La delimitación de los episodios de un relato puede basarse en diferentes criterios. En relatos sencillos, constituye un episodio diferenciado aquella parte de la estructura de un texto en la que se mantienen inalterados los elementos narrativos, es decir, que desarrolla una acción concreta, llevada a cabo por los mismos personajes, en un mismo tiempo y un mismo espacio. Según esto, la aparición de un nuevo personaje que realiza una acción diferente, un cambio de lugar en la acción o un salto temporal serán suficientes para justificar un cambio de episodio. Un esquema de lectura como el que venimos proponiendo para resumir y comprender textos narrativos permite delimitar los episodios que constituyen un relato con cierta facilidad: basta con observar los cambios que se introducen en cada una de las columnas. Normalmente, la intervención de un nuevo personaje, o una acción distinta de la anterior estará asociada a un cambio de episodio; de igual forma un salto brusco del lugar y el tiempo en el que se producen los acontecimientos constituirá un episodio diferente.

Sin embargo, en relatos más largos (una novela, por ejemplo) los episodios tienen a veces una estructura más compleja. Pueden estar formados por secuencias distintas, y entonces tienen lugar en ellos varios acontecimientos con intervención de personajes diferentes y en espacios e incluso tiempos cambiantes. Conviene en tal caso definir *episodio* atendiendo a otros criterios, que quizá sean más difíciles de captar para un alumno de 3.º de E.S.O., porque implica una comprensión muy clara del sentido de la acción narrativa, es decir, en último término, del propósito del autor al escribir el texto. En una estructura narrativa compleja, un episodio es la unidad textual definida por el esquema siguiente: a) situación inicial; b) acción o conjunto de acciones; c) nueva situación.

Siguiendo estos criterios, podemos hacer la siguiente estructuración del cuento de Chejov:

Presentación: se plantea el conflicto principal
Episodio 1: El estornudo (en el teatro, por la tarde).
– Situación inicial: felicidad de Cherviakov.
– Acción: estornudo.
– Nueva situación: propósito de disculparse.

Nudo: desarrollo del conflicto (necesidad de que le sean aceptadas las disculpas).
Episodio 2: Primeros intentos de disculparse (en el teatro).
– Primer intento de disculpa (en el interior de la sala).
  – Situación inicial: propósito de disculparse.
  – Acción: diálogo.
  – Situación final: fracaso.
  } Se repite en cada intento
– Segundo intento de disculpa (en el vestíbulo).
Episodio 3: Reiteración del sentido del conflicto.
– Consejo de la mujer de que se disculpe (en casa).
Episodio 4: Nuevos intentos de disculpa (al día siguiente).
– Tercer intento de disculpa (en el despacho, al comienzo de la audiencia).
– Cuarto intento de disculpa (en el despacho, al final de la audiencia).
Episodio 5:
– Quinto intento de disculpa.
  – Intento fallido de escribir una carta (esa noche, en casa).
  – Conversación final con Brizzhálov (a la mañana siguiente, en el despacho).

Desenlace (resolución del conflicto: fracaso del personaje).
Episodio 6: muerte de Cherviakov (esa mañana, en casa).

4 y 5.

Las respuestas están implícitas en el anterior desarrollo de la estructura del cuento. El problema del protagonista, lo que provoca su acción, es la necesidad de disculparse por un hecho del que no ha sido responsable, como el autor se ha encargado de aclarar con su intervención al comienzo del texto. Solo pretende que el general le acepte esas disculpas, que él concibe más como un acto de cortesía social que otra cosa. La necesidad de disculparse no procede de que se sienta amenazado en su trabajo (él entiende que no es un superior suyo, y de hecho su mujer estaba también tranquila), sino de que acepta como natural que quien incomoda a una persona que merece respeto tenga la obligación de pedir perdón formalmente. Está cumpliendo una regla social. Por eso no es capaz de comprender que el general no cumpla con su parte en el rito: Cherviakov se queja de que no quiere escucharlo, como no le cabe en la cabeza que un general no se ajuste a las convenciones establecidas (*«¡Todo un general y no lo puede comprender!»*, dice el protagonista), interpreta este hecho como un signo de que está enfadado.

La idea fundamental del cuento, por tanto, radica en la condición del personaje: es un hombre que confía absolutamente en el funcionamiento del sistema (es un ujier, un funcionario menor) y su pretensión es cumplir con lo que este le dicta. El problema es que lleva hasta el absurdo ese propósito. La ceguera de Cherviakov, que convierte un mero formulismo social en principio ineludible, en un valor absoluto, y su terquedad al pretender ajustarse a ese principio a cualquier precio es lo que le conduce a la muerte.

LA FUNCIÓN DEL NARRADOR. PARTICIPACIÓN DEL NARRADOR EN LA HISTORIA

1.

Están en 1.ª persona los siguientes elementos lingüísticos: *«estaba»*, *«a mi lado»*, *«mirarme»*, *«me bajaron»*, *«mis hermanas»* y *«espero»*.

Versión del relato, desde la perspectiva de un narrador externo:

Era la primera vez que aquella bola de Navidad estaba colgada; las luces a su lado parpadeando, rojas, azules, amarillas, la sensación de ingravidez que sentía... y luego la alegría en la cara de los niños, esas caras cuyas narices veía agrandadas cuando se acercaban a mirarla...

Para ella, lo mejor fue la mañana en que, con ojos de sueño, abrieron los regalos primorosamente envueltos, todo lazos, colores, risas, sorpresas.

Pero todo toca a su fin; con mucho cuidado la bajaron del árbol junto con sus hermanas y ahora espera la próxima Navidad desde la oscuridad de una caja de cartón.

Aparte de los necesarios cambios de persona gramatical en verbos, pronombres personales y posesivos, parece conveniente hacer en el texto otros, menos evidentes, que tienen que ver con la diferencia de punto de vista en la narración. Conviene comentarlos en detalle con los alumnos, porque será difícil que los aprecien por sí mismos.

Puede tomarse como ejemplo de ello el pasaje *«...esas caras de narices grandotas cuando se acercaban a mirarme»*. ¿Por qué, cuando el narrador es la bola, esta dice que las narices de las caras de los niños son grandotas? ¿Tienen esos niños en realidad las narices grandes? Ciertamente no. Lo que sucede es que el narrador (es decir, la bola) las ve así: la bola ve los rostros de los niños **tal como éstos se reflejan en su superficie convexa**: deformados.

Si hacemos que el narrador no sea interno, sino externo –alguien que ve los hechos desde fuera–, esa deformación del rostro de los niños o bien desaparece, o bien ha de quedar claro que es una percepción del personaje, de la bola: «...*esas caras cuyas narices* ***la bola veía*** *agrandadas cuando se acercaban a mirarla*».

El ejercicio puede servir para que el alumno comprenda la importancia del narrador en los relatos y hasta qué punto la elección de un tipo u otro de narrador determina las posibilidades y características del texto narrativo. De todos modos, si se considera que estas observaciones son excesivamente sutiles para este nivel, puede prescindirse de ellas y comentar solo los cambios de persona gramatical.

2.

En mi ciudad hay un parque. En el parque, una fuente de oscuro fondo. Y junto a la fuente un pequeño letrero que dice: «Fuente de los deseos. Lance una moneda y pida el suyo». Y todos los que pasan por el parque arrojan una moneda y piden un deseo, a pesar de que nunca a nadie se le ha concedido lo que pide.

Bueno, a mí, sí... Desde que puse el pequeño letrero junto a la fuente, acudo todas las noches para recoger las monedas depositadas en el fondo, y así se cumple mi deseo.

3.

F. Ruiz Granados emplea en este microcuento la segunda persona narrativa. Mediante esta técnica, un narrador externo (en principio) dirige su discurso al propio personaje protagonista, convirtiéndolo así en narratario de su discurso, como si pretendiera que el personaje tomara conciencia de sus actos o pensamientos. Se trata, además, de un narrador omnisciente, que cuenta no solo lo que el protagonista hace, sino también lo que piensa (*«No tienes ánimo de ir a ninguna parte...»*; *«...pero recuerdas el largo rato que llevas esperándola...»*).

La segunda persona no corresponde, pues, al lector –en sentido estricto, no es quien lee el cuento el que espera en el parque–. Sin embargo, la lectura produce la sensación de que es así: el uso de la segunda persona nos sugiere que podría ser cualquiera de nosotros quien estuviera esperando a alguien en un parque y se entretuviera mirando las hormigas. Lo que consigue el uso de la 2.ª persona narrativa es que el lector se identifique con el personaje, que se vea a sí mismo en esa situación: puede comentarse al respecto la sensación que produce la lectura de la parte final del texto: *«Frente a ti, moviendo lentamente las mandíbulas, se encuentra detenida una gigantesca hormiga roja».* Y, sobre todo, la conclusión, en la que el protagonista-lector se ve a sí mismo reflejado en los ojos del *«enorme insecto»*: la imagen que aparece reflejada es la de una hormiga.

Aunque no es un texto fácil para alumnos de 3.º de E.S.O., puede plantearse a modo de debate, si se considera oportuno, cuál es el sentido del cuento. Ello exigirá una lectura más atenta. Recomendamos entonces dirigir la atención de los alumnos hacia determinados detalles que, probablemente, les habrán pasado desapercibidos, como los siguientes:

– Ciertas similitudes entre las acciones del protagonista y el comportamiento de las hormigas: impaciencia del personaje / movimientos rápidos y nerviosos de las hormigas; espera «llegar a casa» cuando la madre tenga lista la comida / «*largas y frágiles columnas avanzando hacia el hormiguero*»; no «encuentra» a Alicia / dos hileras de hormigas corren paralelas, pero en dirección opuesta.

– El personaje ha oído la voz de Alicia y sabe que es ella quien está detrás y quien lo ha empujado, pero al volver la cabeza lo que ve es una hormiga gigantesca; él mismo, según ve reflejado en los ojos enormes que tiene delante, **es** una hormiga.

– Se utiliza en un ocasión la 1.ª persona: *«...tratas de incorporarte para reprocharme la broma...»*. ¿Quién es entonces el narrador? ¿Alicia? ¿La gran hormiga? ¿Alguien que observa al personaje «desde arriba» de la misma manera que él observa a las pequeñas hormigas?

EL NARRADOR CONOCE LA HISTORIA. EL TIEMPO DEL NARRADOR. EL NARRADOR TAMBIÉN OPINA

1.

Se trata de un narrador externo (no es Cherviakov, ni el general Brizzhálov, ni ninguna otra persona que supuestamente estuviera presente en el teatro, ni en la casa de Cherviakov, ni en el despacho del general en los momentos en los que suceden los acontecimientos). Por tanto, narra los hechos en 3.ª persona. Por su conocimiento de la historia, funciona como narrador omnisciente, capaz de saber lo que sucede en cada lugar con los personajes, qué es lo que estos piensan y por qué actúan como actúan. Conoce qué pasó en el teatro, la conversación de Cherviakov con su mujer, cada una de las visitas al despacho del general... Más clara aún es su capacidad para penetrar en la mente de los personajes y saber qué piensan o sienten en cada momento. Esos pensamientos o sentimientos los transmite al lector bien resumiéndolos (*«Y entonces sí se sintió turbado...»*; *«...no experimentaba ya ninguna sensación de felicidad. Empezaba a atormentarle la inquietud...»*; *«...sintió que algo se le desgarraba en el vientre...»*), bien citándolos en estilo directo (*«¡Le he salpicado! –pensó Cherviakov–. No es mi superior, es de otro ministerio, pero, de todos modos, resulta violento. He de disculparme»*), o incluso en estilo indirecto libre (*«...pasó la vista en torno suyo: ¿no habría importunado a alguien con su estornudo?»*).

Sin embargo, la omnisciencia del narrador no es en este caso completa, sino que está limitada al personaje principal. Convierte a Cherviakov en el foco único del relato, y se limita a contar lo que este ve, piensa o siente. De esta manera, solo transmite información que el propio Cherviakov conozca y por eso no nos dice en ningún momento qué es lo que piensa el general Brizzhálov, sino únicamente cuáles son sus palabras y sus gestos:

[Cherviakov] *Vio que el viejecito que tenía delante, en la primera fila de butacas, se secaba cuidadosamente la calva y el cuello con un guante, refunfuñando. Cherviakov se dio cuenta de que aquel viejo era el alto funcionario Brizzhálov, con graduación de general, del Ministerio de Comunicaciones.*

Nótese cómo la persona que se seca la calva con un guante es en principio «*un viejecito*», y solo cuando Cherviakov lo reconoce («*se dio cuenta*»), el lector se entera de quién es realmente. De forma similar, cuando el narrador introduce en los diálogos las intervenciones de Brizzhálov, no hace nunca referencia a cuáles son sus pensamientos; al contrario, no hace más que alguna indicación sobre sus gestos:

«*...replicó el general moviendo, impacientemente, el labio inferior*».

«*...bramó de súbito el general, lívido y tembloroso*».

«*...repitió el general, pataleando*».

Otro ejemplo, aún más claro si cabe. Cuando el narrador ha de explicar cómo reacciona la mujer de Cherviakov ante el problema de su marido, no hace referencia a ello directamente, sino a través de lo que Cherviakov percibe: «*Pero su mujer, según le pareció a él, tomó demasiado a la ligera lo sucedido; de momento se había asustado, mas cuando supo que Brizzhálov era "de otro ministerio", se tranquilizó*».

En cuanto al tipo de narrador según su actitud y grado de intervención, se comenta en el apartado siguiente.

2.

Esa intervención del narrador aparece, por dos veces, en el primer párrafo. La primera es:

«*Mas, de pronto... **En los relatos a menudo se encuentra este "mas, de pronto". Los autores tienen razón: ¡La vida está tan llena de hechos imprevistos!***».

La segunda ocurre poco más abajo:

«***Estornudar no se prohíbe a nadie en ningún sitio. Estornudan los mujiks, los jefes de policía y, a veces, hasta los consejeros privados. Todo el mundo estornuda***».

Con estas intervenciones del narrador, directamente dirigidas al lector, que interrumpen el hilo narrativo, se pretende resaltar dos ideas que resultan fundamentales para entender el sentido del relato y su construcción. La primera (aparte de ser una reflexión metaliteraria) es que Cherviakov no es responsable de lo sucedido: él no ha podido evitar el estornudo. La segunda minimiza la importancia del hecho que desencadena todo el conflicto, lo cual hace más patente lo desproporcionado de la preocupación que, a partir de ese momento, agobiará al protagonista y lo absurdo de su comportamiento. En último término, lo que conduce a Cherviakov a la muerte no es la desgracia de un estornudo inoportuno, ni la displicencia de un alto funcionario, sino su propio miedo –que lo lleva a querer disculparse a cualquier precio por algo a lo que nadie da importancia– y su terquedad.

Por tanto, ambas intervenciones del narrador sirven para dirigir desde el principio en un determinado sentido la interpretación del lector: se trata de un narrador subjetivo.

3.

El hecho de cerrar los ojos cuando la enfermera va a clavar la aguja en el brazo de su hijo caracteriza a Howard como una persona sensible y que está sumamente afectada por la situación en la que su hijo se encuentra (ha sido atropellado mientras montaba en bicicleta). El daño y el dolor de su hijo los siente como propios.

La segunda parte del ejercicio es de respuesta libre.

4.

La presencia del narrador y su carácter se aprecia en pasajes como los siguientes:
- El uso de la 1.ª persona al principio, cuando enuncia su propósito: «*Amigo Pasapera, voy a contarle un cuento*».
- La forma en que enfatiza, incluso con elementos de expresividad, el amor del hombre por su rosa: «*¡Imagínese usted si la vería como un tesoro, si la cuidaría con afecto, si sería para él adorable y valiosa la tierna y querida flor! ¡Prodigios de Dios!*».
- El uso de adjetivos valorativos: «*tierna y querida flor*»; «*su perfume tan inefable y conmovedor*»; «*el buen Dios*», etc.
- Comentarios y explicaciones insertados al hilo de la narración: «*...porque el ángel Azrael es el pálido e implacable mensajero de la muerte*».

Se trata de un narrador externo, omnisciente, que narra en pasado (narración retrospectiva) y que interviene en el discurso con explicaciones y valoraciones (narrador subjetivo).

Puede aprovecharse el texto, si se considera oportuno, para presentar a los alumnos el concepto de narratario o destinatario de ficción: el amigo Pasapera.

TEMA 6

LA NARRACIÓN (III). PERSONAJES, TIEMPO Y ESPACIO

PIENSA Y RESPONDE. OBSERVACIONES AL TEXTO INICIAL (*Una silla melancólica*, de Rafael Sánchez Ferlosio)

1.

Laminada: que está formada por láminas sobrepuestas.

Desperezarse: estirar los brazos para sacudir la pereza o librarse del entumecimiento.

Limo: lodo, barro.

Aluvión: sedimento arrastrado por las lluvias o las corrientes de agua.

Espejar: reflejar como si fuera un espejo.

Convexa: dícese de la superficie curva que, respecto del que la mira, tiene su parte más prominente en el centro.

Translúcido: dícese del cuerpo que deja pasar la luz pero no permite ver con nitidez los objetos a través de él.

Esperma: sustancia grasa que se extrae de las ballenas y sirve para fabricar velas.

Hastío: disgusto, tedio, aburrimiento.

Ebanista: carpintero que fabrica muebles, preferentemente de maderas nobles (como el ébano).

Regazo: hueco formado por la falda entre la cintura y las rodillas cuando la persona está sentada.

Repujado: con figuras grabadas en relieve.

Festoneado: que tiene el borde en forma de festón.

Festón: dibujo en forma de ondas, puntas, flores, hojas, etc., que adorna la orilla o borde de una cosa.

Desvanecida: evaporada, que desaparece como si sus partes se disgregaran y se perdieran poco a poco.

2.

Alguien	dice (que)	alguien	hace / dice algo	en algunas circunstancias		
				tiempo	lugar	otras
Narrador	DESCRIBE			EL DESVÁN	una tarde (sin precisar)	polvo, calor, sueño
	narra	Alfanhuí	siente sueño	en el desván		
	DESCRIBE			EL DESVÁN		un charco seco en el suelo
						una silla de cerezo
	narra	Alfanhuí	se duerme			sentado en la silla
	narra	el maestro	cuenta la historia de la silla		en aquellas noches	la vio en sueños al comer una cereza

Alguien	dice (que)	alguien	hace / dice algo	en algunas circunstancias		
				tiempo	lugar	otras
Narrador	narra	un ebanista	plantó el cerezo	en el jardín de la casa		
			se casó		tiempo después	con una mujer joven y guapa
			cortó el cerezo para hacer una silla			la mujer se sentaba en la silla
		la silla	estaba enferma de hastío	en el interior de la casa		
			contagia el hastío a la mujer			para vengarse del ebanista
		la mujer	enferma y muere			
		el ebanista	lleva la silla al desván			para no verla más

A partir de este esquema de lectura comprensiva puede elaborarse el siguiente resumen del texto:

Alfanhuí subió al desván. El sol entraba por un tragaluz. Estaba lleno de polvo y hacía calor, lo que producía una sensación de sueño. La madera de cerezo de una silla había echado raíces en el limo seco de un charco de gotera: en el respaldo habían brotado unas ramitas con hojas y cuatro cerezas. Alfanhuí se sentó en la silla y se quedó dormido.

Una noche el maestro le contó a Alfanhuí la historia de la silla, que había conocido en un sueño. El antiguo dueño de la casa, un ebanista, había plantado el cerezo, pero lo cortó para hacer una silla para su joven mujer. El cerezo, encerrado en una casa que odiaba, enfermó de hastío. Para vengarse del ebanista, contagió su tristeza a la mujer, que fue languideciendo poco a poco hasta que murió. El ebanista subió la silla al desván para no verla más.

3.
De la estructura y la perspectiva narrativa del fragmento se deduce sin dificultad que Alfanhuí es el protagonista tanto de la novela como del fragmento seleccionado. Se trata de una narración retrospectiva, en

la que se relatan hechos sucedidos en el pasado: hágase notar al alumno las formas verbales en pretérito imperfecto en la descripción («*se subía*», «*había*», «*era*»...) y perfecto simple en la narración de acciones («*se sentó*», «*se quedó dormido*», «*hablaron*», «*contó*»...). El punto de vista de la narración viene definido por un narrador externo, que cuenta y describe desde fuera, sin participar en la acción, y también omnisciente, pues muestra su capacidad para penetrar en la conciencia del personaje principal y contar al lector lo que siente y piensa:

«*Alfanhuí sentía caer sobre sus pestañas una lluvia de polvo...*»

Lo más significativo, con todo, es que este narrador externo limita su omnisciencia, al menos en este fragmento, al personaje principal, al cual convierte en foco de su narración: describe el desván cuando Alfanhuí sube a él, y va reproduciendo las percepciones y sensaciones que este va teniendo. Algún pasaje del segundo párrafo puede servir de claro ejemplo:

«*Alfanhuí veía por el tragaluz el cielo y el sol dorado de la siesta. Cerraba los ojos, y veía proyectarse, sobre la película traslúcida de sus párpados, juegos de luces con manchas insistentes que el sol había dejado en el fondo de sus pupilas*».

También el relato de la historia de la silla permite justificar el protagonismo de Alfanhuí. La cuenta el narrador mediante una analepsis o evocación retrospectiva, pero si lo hace es porque el maestro contó esta historia a Alfanhuí una de «*aquellas noches*». El lector, pues, «sabe» de la historia únicamente lo que el personaje conoce o va descubriendo, como suele ser habitual en las *novelas de aprendizaje*, que es el género en el que, sin duda, podemos incluir esta obra de Ferlosio.

Alfanhuí es, por tanto, el personaje central, el hilo conductor de la historia y foco exclusivo de la narración.

4.

Este texto está formado por fragmentos extraídos de dos capítulos diferentes de la novela. La unidad textual está determinada, dejando aparte el personaje protagonista, por el motivo de la silla de cerezo, presente en ambos. El alumno no tendrá dificultad para señalar los dos fragmentos: el primero abarca los dos primeros párrafos, y el segundo desde ahí hasta el final. Para justificar esta división puede acudirse al cambio en la perspectiva temporal y a la diferente forma de discurso que predomina en cada uno.

➢ En cuanto al tiempo narrativo, la acción de la primera parte del texto se sitúa en una tarde, a la hora de la siesta: nótense las referencias al calor, a las tejas «*achicharradas*» y, más explícitamente, al «*sol dorado de la siesta*». La segunda parte, en cambio, se sitúa en alguna noche posterior, cuando el maestro y Alfanhuí conversan. El narrador, mediante la cita resumen, introduce en el relato lo que el maestro contó a Alfanhuí. Hay una doble analepsis: en primer lugar, se cuenta cómo había comido una vez una cereza de la silla y se describe su sabor; en segundo lugar, mediante un nuevo salto temporal, se narra linealmente la historia de la silla, desde que el ebanista plantó el cerezo hasta que la silla queda arrumbada en el desván.

➢ Otra diferencia entre ambas partes es la forma de discurso que predomina. La primera secuencia es fundamentalmente descriptiva. Apenas hay acción (se limita a la referencia a la subida al desván por parte de Alfanhuí, que además queda implícita, y al hecho de que este se siente en la silla, cierre los ojos y se quede dormido), y la atención del relato se concentra casi exclusivamente en los objetos que hay en el desván y en el ambiente que reina en él, que se describen con especial detenimiento. El ritmo es, pues, lento: hágase notar al alumno cómo el tiempo parece no transcurrir a lo largo del primer párrafo, en el que no sucede nada salvo la contemplación del lugar. La segunda secuencia es claramente narrativa. Compruébese analizando los elementos narrativos (narrador, personajes, acción, tiempo, espacio). En este análisis puede ser útil, si el profesor lo considera oportuno, presentar a los alumnos el concepto de **nivel narrativo**: en un primer nivel, el narrador cuenta que dos personajes hablan durante varias noches; un segundo nivel está constituido por el relato (resumido por el narrador) de uno de los personajes de lo que le sucedió un día que comió una cereza de la silla; el tercer nivel sería la historia misma de la silla soñada por el maestro. En cada uno de estos niveles los elementos narrativos son distintos. El único que se mantiene estable es el narrador.

5.

Ferlosio no necesita de muchos elementos para crear esta descripción. No se trata –como sería de esperar en un descripción de un desván– de un lugar abigarrado, atestado de trastos viejos que llamen la atención del protagonista. Al contrario, solo hace referencia a dos elementos que «dibuja» con detalle: el charco seco del suelo y la silla de cerezo. Aparte de ellos, solo se menciona el tragaluz que ilumina todo el espacio interior.

Con estos pocos elementos, el autor construye un espacio muy sugerente. El ambiente del mismo está creado a partir de varias notas que se van acumulando a lo largo del texto: la luz, el polvo, el calor y la sensación de sueño. De la luz se dice que es «*una luz laminada*», que entra por el tragaluz en «*una racha diagonal*». El polvo aparece constantemente: el cristal del tragaluz está «*empolvado*»; los rayos de sol que entran están «*estrellados de motitas de polvo que vagaban por el espacio*» (nótese la metáfora: las motas de polvo son «estrellas»); sobre los ojos de Alfanhuí cae una «*lluvia de polvo*» que, mediante un símil, se transforma en «*una nevada invisible*»; más adelante insiste en los «*polvorientos cristales...*». Al calor se hace referencia al principio, cuando se señala que «*la zona de sombra estaba muy caliente*», pero, sobre todo, llama la atención la imagen que Ferlosio crea inmediatamente después: el sonido de las tejas achicharradas al desperezarse (de paso, hágase notar al alumno la personificación que implica este «*desperezarse*»). Las referencias a la idea del sueño también son abundantes: «*El desván olía a cerrado y estaba lleno de sueño*»; «*Tenía toda la silla un aire soñoliento y abandonado*»;

«...*el sol dorado de la siesta*»; «...*y Alfanhuí se quedó dormido*».

Estas y otras notas descriptivas permiten al autor crear un ambiente dominado por una sensación de irrealidad. El tiempo parece detenido: el polvo que todo lo cubre (el cristal, el suelo, las cerezas de la silla) y que sigue cayendo lentamente, el charco seco con sus rayas escalonadas que se han ido formando año tras año, la silla que ha llegado a arraigar tras mucho tiempo sin que nadie la moviera... Los objetos parecen transformarse y cobrar vida, lo que justifica el uso constante del símil, abundantísimo en el texto, y de las personificaciones: no es solo la madera de cerezo de la silla, que ha vuelto a brotar y a tener fruto; son también las motas de polvo que se convierten en diminutas estrellas, las tejas que «*se desperezan*», el charquito seco, que es «*como el valle de un lago en el verano*», el sol que tiembla en las vetas de la silla «*como si corrieran hilos vivos de sangre*», las cerezas que se apoyan «*alegremente*» en las hojas verdes, las raíces que están «*avariciosas*» de agua...

La irrealidad, la fantasía y, en último término, lo mágico dominan en esta descripción del desván.

6.

El ambiente creado en la descripción del desván se prolonga en la segunda parte del texto: en la historia de la silla soñada por el maestro lo inverosímil y lo fantástico son también elementos fundamentales. Resulta extraño que la cereza que come el maestro tenga «*el sabor de los interiores y del hastío de las casas*». Más aún que esa cereza provoque un sueño determinado en el maestro. La historia misma de la silla contiene elementos de fantasía, que nacen todos ellos de su proceso de personificación: el cerezo fue cortado «*en plena juventud*» y por ello estaba «*enfermo de hastío*»; «*odiaba*» varios objetos de la casa que siempre «*veía*» delante; la silla «*recordaba*» sus buenos tiempos, y «*quiso vengarse*» del ebanista... Como en muchos cuentos fantásticos, en *Industrias y andanzas de Alfanhuí* hay objetos que cobran vida y tienen voluntad y consciencia. Si se considera oportuno y hay tiempo para ello, el profesor puede leer en clase algún otro capítulo en el que también quede claro cómo utiliza Ferlosio la fantasía, la imaginación y la magia en esta bellísima novela: la historia del gallo de veleta, la del mendigo de las flores, los capítulos sobre el jardín del sol o los episodios en los que interviene don Zana.

7.

Como elemento narrativo, la silla de cerezo funciona de manera diferente en cada una de las dos partes en que se estructura el texto. En la primera, es decir, en la descripción del desván, no es más que un objeto que el narrador describe: forma parte del espacio de la narración, pero no interviene en la acción de una forma determinante. Eso no significa que no sea importante en el relato; adquiere una cierta relevancia porque el protagonista se interesa por ella, pregunta al maestro y este acabará contando lo que conoce de su historia. Es decir, se convierte en tema de la narración.

Pero en la segunda parte, si consideramos la historia de la silla como un nivel narrativo diferente, es algo más que un mero elemento del decorado. Se convierte en auténtica protagonista, no solo porque se cuente cómo fue construida y por qué está en el desván, sino porque tiene verdaderamente la condición de personaje del relato, pues genera acción narrativa, es decir, realiza acciones que hacen que el relato avance: decide vengarse del ebanista, contagia su mal de hastío a la mujer de este, la hace enfermar y, en último término, morir...

LOS PERSONAJES DEL RELATO. TIPOS DE PERSONAJES. CARACTERIZACIÓN DEL PERSONAJE

1.

Los personajes son el vendedor de melones, Roque, y su perro Cartucho. Para caracterizar a cada uno de ellos y explicar la relación que hay entre ambos, Aldecoa recurre en este fragmento a las acciones que realizan (en los dos primeros párrafos) y a su descripción física (en el tercer párrafo). Conviene que el alumno compruebe que, en realidad, son pocos pero muy significativos tanto los rasgos que el autor asigna a sus personajes como los elementos de caracterización que emplea para plasmarlos en el texto.

La información que Aldecoa da sobre el hombre en los dos primeros párrafos nos revela que es pobre y está solo:

- vende melones, no tiene casa (duerme «*en un nido de paja, entre los melones*»), solo posee una manta, pasa mucho frío y se desayuna con una copa de aguardiente (que engaña el hambre y le calienta el cuerpo);
- no habla con nadie; la vecindad solo conoce de él su nombre: Roque.

Del perro se nos dice que está cojo («*un perrillo atropellado, que arrastra una pata lastimosamente*») y que acompaña siempre a su amo (duermen juntos bajo la misma manta, va con él hasta la taberna, se desayuna, como el amo, con aguardiente, que lame de las manos de este).

Las acciones que los dos personajes realizan han sido seleccionadas por Aldecoa para sugerir al lector la situación lastimosa en la que ambos se encuentran, su miseria y abandono, pero al mismo tiempo recalcan la unión que hay entre ambos: solo se tienen el uno al otro.

En el tercer párrafo, mediante la descripción que hace de ellos, Aldecoa sugiere, además, la idea de que ambos son físicamente semejantes. La afirmación de que «*no son como amo y perro, son casi como hermanos*» ha de entenderse no solo como una referencia a la solidaridad y compenetración afectiva (duermen, andan y beben juntos): hombre y perro «*se parecen*». La descripción de Roque abunda en referencias a rasgos más apropiados para un perro que para un ser humano: tiene un color «*pardo*», su mirada es «*perruna*», tiene un catarro «*de moquillo*». Además, esos y otros rasgos de su caracterización reaparecen en la descripción de Cartucho, que incluso sigue el mismo orden que la del amo: el aspecto general, el color (Roque es «*pardo, feo, sin edad*», Cartucho «*es de un color de podredumbre frutal*»); la mirada (la de Roque es «*perruna, triste casi siempre, alguna vez, feroz*»; los ojos de Cartucho son «*pitañosos, bobos, temerosos*»); el pelo (Roque tiene «pocas barbas, largas y canas»; el pelo de Cartucho es «híspido»); finalmente, la nariz y el hocico (el amo tiene moquillo, el perro, dientecillos ratoneros).

2.

Para que el ejercicio pueda realizarse de manera adecuada, sería aconsejable que los alumnos hubieran llegado a conclusiones semejantes en cuanto a la caracterización de los dos personajes. Es necesario, pues, que en el ejercicio anterior se haga en clase una puesta en común que permita determinar cuáles son los rasgos más significativos. El profesor guiará el debate de los alumnos, insistirá en cómo han de interpretarse algunos elementos relevantes en los que no hayan reparado por sí mismos y les ayudará a sintetizar las conclusiones.

Para completar el retrato de Roque y de Cartucho, definir la relación entre ambos y situar mejor el ambiente en el que se van a mover, será de ayuda que se lea en voz alta el comienzo del cuento de Aldecoa, que ofrecemos completo a continuación. De esta forma, los alumnos tendrán más datos sobre los personajes y también una mejor orientación para poder plantear por su cuenta qué tipo de conflicto y qué sucesos constituirán el hilo argumental de su relato.

Una vez redactada individualmente la continuación del cuento, se pueden leer en clase algunos de los relatos de los alumnos para comentar sus aciertos y desaciertos. Finalmente, se leerá el cuento de Aldecoa completo, que es el siguiente:

MUY DE MAÑANA
Ignacio Aldecoa

El hombre del puesto de melones tiene un perro, un perrillo atropellado, que arrastra una pata lastimosamente. El hombre y el perro duermen juntos, bajo una manta militar, en un nido de paja entre los melones. El hombre no habla con nadie, creo que ni siquiera con los clientes. Muy de mañana se despierta y en la fuente cercana se enjuaga la boca. Luego espera con la manta por los hombros, paseando, a que abran la primera taberna. El perro camina junto a él, olisquea en un sitio, se entretiene en otro.

En la acera de enfrente una taberna abre a las siete y media. El hombre cruza la calle. Entra. Desde la puerta, por encima de los cristales esmerilados, fija los ojos en el puesto. Toma una copa de aguardiente, a veces dos, cuando tiene mucho frío, cuando está destemplado. Hace un cuenco con la mano y vierte un poco de la copa en él. Se lo ofrece al perro, que lame ávidamente. El perro también se desayuna con aguardiente.

De este hombre se sabe solamente en la vecindad el nombre. Se llama Roque, y el perro, «Cartucho». «Cartucho», como todos los perros sin raza, desmedrados, hambrientos, mutilados. «Cartucho» es el perro pelón del vagabundo, al que un buey dejó tuerto limpiamente con la punta de un cuerno en un camino, a trasmano de la carretera. «Cartucho» es el perro fantasmal de las estaciones de ferrocarril, derrengado de una pedrada, que disputa su comida, en las cajas de vagones arrumbados, a las ratas. «Cartucho» es el perro de los vertederos, diversión cruel de muchachos, aullador eterno del invierno. «Cartucho» fue el perro que las aguas del Manzanares ahogaron en un desbordamiento, bajo un puente.

Roque y «Cartucho» no son como amo y perro, son casi como hermanos. Se parecen. Roque es pardo, feo, sin edad, ¿cuarenta, o cincuenta, o más años? Roque tiene una mirada perruna, triste casi siempre, alguna vez, feroz. Pocas barbas, largas y canas. Y un catarro de moquillo. «Cartucho» es de un color de podredumbre frutal. Tiene unos ojos pitañosos, bobos, temerosos. El pelo híspido, en el cuello. Los dientecillos, ratoneros. El miedo y la ira se conjugan en su corazón.

Roque hace tres comidas al día. Una a media mañana: pan y fiambre. Otra a las dos o tres de la tarde: pan y fiambre. La última sobre las nueve de la noche: pan y un tiento de aceite. El perro come lo que Roque. De vez en cuando aprovechan un melón. Le limpia el amargo Roque, con gran cuidado, a punta de navaja. «Cartucho» siempre se asombra al morderlo de su poca consistencia. El vino es bebido en botella de caña durante todo el día a tragos de pajarito. Para «Cartucho» el vino está vedado.

Ahora, en octubre, el diablo frío ha hecho su aparición. El montón de melones ha bajado; preserva menos. Cuando hay viento los melones silban; parece que silban porque el viento juega entre ellos y se pierde en el laberinto, rabioso, hasta que se liberta.

Están arreglando la calzada. Hay una máquina monstruosa cociendo asfalto y una guardia permanente de fuego. Roque y «Cartucho» van al arrimo para sacudirse las mil pulgas de la helada que pican en los huesos. Roque habla en la noche temprana y en la madrugada con el guardia. Son conversaciones sin tema, balbucientes, infantiles. Roque llama a «Cartucho» y bebe un trago de su botella. El guarda le imita sentado en un tronco, dejando luego la suya entre las piernas.

—*¿Qué tal hoy la venta? –dice el guarda.*
—*Mal –contesta Roque.*

Y abren la sábana del silencio, que doblan con lentitud hasta guardarla en uno de sus bolsillos.

—*Frío, ¿eh?*
—*Se echa noviembre.*

«Cartucho» alza la oreja cuando pasa un automóvil a gran velocidad. Las llamas, en la hoguera, se encogen con el desplazamiento de aire para alzarse luego más pujantes, más ternes, más agudas.

Es de día. Las hojas forman un litoral dorado en los canales de la calzada. Bajo ellas circula un reguero de agua que desborda en algunos sitios y cambia las más débiles de posición, de lugar. Se van quedando los árboles tendinosos en la tiritona del otoño, que los descarna, los radiografía.

—*Oiga, ¿cuándo levanta el puesto?*
—*Mañana mismo.*
—*¿Y lo que le queda?*
—*Es poco. Líquido barato.*
—*¿Se vuelve a su tierra?*
—*No, yo soy de aquí. A trabajar.*
—*¿En qué?*
—*En lo que salga. De guarda en una obra tal vez.*

«Cartucho» alarga el hocico y huele el barullo de papeles que cubren el sobrante de la cena del hombre y que comerá en esta hora primera de la mañana.

—*Quieto, chucho.*
—*No lo toca, hombre. No come más que lo que le dan.*

«Cartucho» se mete entre las piernas de su amo y enseña los dientes.
El guarda comenta:
—Es feo el demonio del perro, ¿no le parece?
—¿Feo? No lo creo así.
—¿Y de qué tiene la pata rota?
—Un carro.

La calle está blanca; una blancura de espejo empañado. La calle está vacía; un vacío de estanque limpio, claro, con la luz del sol jugueteando en el fondo. La calle está muerta; es el tiempo que media entre la retirada de los serenos y la apertura de los portales.
La taberna bosteza. Se despierta. El mostrador de estaño brilla apagadamente.
—Una copa de aguardiente.
Roque vierte un poco en el cuenco de la mano.
—Toma, «Cartucho».
El perro lame. Mueve el muñón del rabo, cercenado de cachorro. Le brillan los ojos alegres. Roque sonríe. Muestra al sonreír los dientes escalonados desconcertados, como las casas del suburbio; los dientes terribles de animal de combate. Ni las manos ni los ojos ponen tan a descubierto la animalidad, la crueldad, el crimen, como los dientes.
—Otra copa.
«Cartucho» araña con las manos la pierna de Roque. Roque sonríe y confiesa al tabernero, indiferente a esta expansión de ternura.
—No podría vivir sin él.
Roque paga y sale a la calle. Es el último día. Hoy liquida. Todavía no ha pasado la acera. «Cartucho» inquiere secretos de un árbol. Ya está en la calzada. Roque tiene alegría en el corazón. Está reconfortado. Hoy termina. El sabor del aguardiente en la boca le da fuerza.
—«Cartucho».
«Cartucho» salta a la calzada. Se oye un motor que avanza como una tormenta desde la blancura del fondo.
—«Cartucho», «Cartucho».
El perro duda. El automóvil está encima. Roque se lanza a la carretera. El coche hace un viraje para no atropellarle, pasa sobre «Cartucho» y continúa lejano, veloz, hasta perderse.
—«Cartucho», «Cartucho»...
Roque lo recoge del suelo, lo abraza. Al perro se le escapa un hilo de sangre por las fauces. Roque se sienta en el bordillo de la acera.
—¿Qué ha pasado? –le preguntan.
Y Roque no responde. Sus palabras de propio consuelo son tremendas, le silban en el laberinto de los dientes, como una fuerza de la naturaleza, como un viento huracanado.
La llaga de Roque, la llaga de la soledad de Roque necesitaba de «Cartucho».

3.

Ejercicio de respuesta libre.

EL TIEMPO NARRATIVO. EL ESPACIO NARRATIVO

1.

No hay ninguna referencia explícita en el texto a la época en que suceden los hechos narrados. Sin embargo, el nombre del protagonista *(Chuang-Tzu)* y el asunto mismo (el perfecto dibujo que el pintor realiza con un solo gesto de su pincel) permiten localizar el relato en China. La presencia como personaje del rey y la referencia al palacio y a los sirvientes sugieren que, temporalmente, la historia ha de situarse en un pasado remoto. Aun así, la época es intencionadamente imprecisa: para el autor, ni el lugar de los hechos ni el momento histórico son importantes en sí mismos. Lo que le interesa es simplemente sugerir al lector como espacio narrativo la China antigua para que este evoque las estilizadas pinturas típicas de esta cultura y, en último término, hacerle reflexionar sobre el sentido del arte.

No tendrá ninguna dificultad el alumno en señalar las dos referencias que establecen la duración de la historia: «*A los cinco años*» y «*Transcurridos diez años*». Desde la petición del rey hasta que Chuang-Tzu dibuja finalmente el cangrejo han pasado, pues, diez años. Pero este tiempo externo lo ha concentrado el autor de este relato en tres brevísimos episodios: el encargo del dibujo, la solicitud de un nuevo plazo y la realización final del encargo. El resto de las posibles acciones de cada uno de los personajes entre unos momentos y otros (por ejemplo, en qué ha gastado el tiempo Chuang-Tzu, la ansiedad del rey en tan larga espera, etc.) no interesan para el propósito de Italo Calvino, y por ello las omite. El mecanismo que ha empleado, por lo tanto, el autor para reducir al máximo las acciones y su temporalidad es el de la **elipsis narrativa**. Una elipsis extrema, que deja el relato reducido a lo esencial.

No debe dejarse de relacionar esta condensación narrativa, propia del microcuento, que observamos en la construcción del relato con el sentido mismo de la historia que narra: Chuang-Tzu e Italo Calvino hacen lo mismo, eliminar en su arte –sea la pintura, sea la narración– todo aquello que no es esencial.

La tercera propuesta sobre este texto puede servir, precisamente, para promover un debate sobre la idea del arte que propone Calvino. Los distintos grupos de alumnos habrán elaborado versiones diferentes del mismo cuento, alargadas con episodios inventados, con descripciones de los personajes, del palacio o del cangrejo, con diálogos entre el rey y Chuang-Tzu... Aun cuando consigan ser coherentes con el cuento original, aun cuando mantengan el sentido primigenio y las adiciones desarrollen adecuadamente aspectos de interés, el relato habrá perdido la estilizada perfección que alcanza el del escritor italiano.

2.

Las dos acciones que suceden simultáneamente son el aplastamiento de la mosca por parte del narrador y la muerte de la vecina. La simultaneidad queda expresada en la secuencia GRITO - APLASTAMIENTO DE LA MOSCA - GOLPE DEL CUERPO AL CAER: el grito y el golpe del cuerpo suceden en el piso del vecino, corresponden a una muerte distinta, es decir, a otra acción, pero su coincidencia en el tiempo hace que el narrador-personaje las considere una sola, de ahí su confusión.

Puede proponerse a los alumnos un ejercicio interesante, que les permitirá practicar con otras técnicas de narración de acciones simultáneas: un alumno alargará el breve cuento de Mateo Díez hasta unas quince o veinte líneas, hablando, por ejemplo, de las molestias que la mosca produce al personaje y deteniéndose en el movimiento del dedo. Otro alumno narrará en otras quince o veinte líneas la muerte de la mujer, en tercera persona. Una vez redactados, los dividirán en tres partes de forma que los cortes se produzcan en un mismo punto de la secuencia temporal e intercalarán los fragmentos de uno y otro. El resultado será un relato de hechos simultáneos narrados en contrapunto (técnica similar a la utilizada por Cela en algunos pasajes de *La Colmena*).

3.

Véase el comentario sobre la descripción del desván en el punto 5 de **Piensa y Responde**.

4.

Hay dos partes claramente definidas en esta sugerente fábula de Marco Denevi. En la primera de ellas (hasta «*...identificarlo con el Gran Universo*») se relata la fantasiosa evolución del pueblo de las hormigas a partir de la invención del vegetal artificial (que les permite vivir sin necesidad de salir al exterior de sus hormigueros), su multiplicación, la expansión de las galerías, la formación de «*un solo Gran Hormiguero bajo la dirección de una sola Gran Hormiga*», el aislamiento definitivo del exterior y, finalmente, la negación de toda realidad que no sea el cerrado mundo en el que viven; en la segunda parte, una hormiga extraviada logra salir a la superficie de la tierra y descubrir el mundo perdido de la naturaleza (la «verdad» ignorada por las hormigas desde hace tanto tiempo), pero al intentar revelar esa verdad a sus hermanas, estas la toman por loca y la matan.

Es obvio que los temas y motivos literarios que inspiran esta historia (tiranía y libertad individual, totalitarismo, alienación, negación de la realidad..., los cuales Denevi toma de forma directa de *1984* de Orwell) pueden ser muy adecuados para organizar en clase un debate oral en el que los alumnos discutan hasta qué punto o en qué diferentes sentidos nuestra sociedad se ve reflejada en ese Gran Hormiguero del cuento.

Independientemente de ello, interesa comprobar el tratamiento narrativo del tiempo y del espacio, diferente en las dos partes antes mencionadas. En cuanto a la temporalidad, habrá que señalar que el tiempo de la historia queda completamente indefinido: no hay ninguna referencia que sitúe el momento o época en que suceden los hechos: con ello, el relato adquiere una validez universal que resulta adecuada al contenido simbólico o alegórico que el cuento tiene. La duración de la acción contrasta en una parte y en otra. En la primera, las acciones, que arrancan desde el inicial «*Un día*» (nótese la indefinición), abarcan un largo tiempo que viene marcado por diversas expresiones temporales igualmente indefinidas («*al cabo de un tiempo...*», «*Se suceden las generaciones...*») y por el propio modo de acción de las formas verbales: «*tiende a crecer*», «*ampliar*», «*se expanden...*». La segunda parte, localizada con la expresión «*cierta vez*», transcurre en cambio en un solo día: las acciones se suceden de manera inmediata («*se extravía*», «*distingue una luz*», «*se aproxima*», «*descubre...*»). El tiempo interno (o del discurso) viene definido, pues, por el carácter lineal de la narración –ajustada a la cronología de los acontecimientos–, por la ausencia de saltos temporales explícitos y por el diferente ritmo que puede observarse en las dos partes que hemos definido. Es un ritmo rápido en la primera, donde se condensan en breves líneas acciones que se dilatan en el tiempo: puede ponerse como ejemplo de esta rapidez narrativa el pasaje «*Las galerías se expanden, se entrecruzan, terminan por confundirse en un solo Gran Hormiguero*». En la segunda parte, la narración, sin ser lenta (no puede serlo en un microcuento dada la brevedad del género), se detiene algo más en detalles concretos, que introduce a veces mediante enumeraciones: «*Ve una mañana. Ve un jardín. Ve tallos, hojas, yemas, brotes, pétalos, estambres, rocío*».

El espacio narrativo cambia también en la primera parte y en la segunda. De hecho, el sentido del cuento nace en buena medida del contraste que se establece entre el mundo cerrado, estrecho y opresivo de las galerías subterráneas y el esplendor de la naturaleza que descubre la hormiga en la segunda parte. Un repaso de la enumeración antes citada y de las entrecortadas palabras de la hormiga («*Arriba ... luz ... jardín ... hojas ... verde ... flores...*») permitirá a los alumnos abstraer los rasgos característicos de este simbólico paisaje, tan opuesto al anterior: la libertad (es exterior, está «*arriba*»), la vida («*una mañana*», «*luz*»), la belleza natural («*un jardín*», la enumeración de referencias vegetales), la emoción («*el corazón palpitante*»), el placer de los sentidos («*sus instintos despiertan*», «*se abalanza*», «*se da un atracón*»).

TEMA 7

LOS TEXTOS DIALOGADOS

PIENSA Y RESPONDE. OBSERVACIONES AL TEXTO INICIAL (*Novedades del frente de batalla*, de Eugène Ionesco.)

1.

Archiduque: duque revestido de autoridad superior a la de otros duques.
Fasto: gran ornato y pompa, lujo extraordinario.
Cerciorarse: asegurarse, comprobar la verdad de algo.
Estratega: persona versada en el arte de dirigir operaciones militares.
Alcancía: hucha, vasija cerrada en la que se guardan monedas.
Trastabillar: dar traspiés o tropezones, tambalearse al caminar.

2.

Macbeth es una tragedia en cinco actos, escrita por Shakespeare en verso y en prosa entre 1605 y 1606. Su argumento es el siguiente:

Victoriosos sobre un ejército de rebeldes, Macbeth y Banquo, generales de Duncan, rey de Escocia, encuentran a tres brujas que saludan en Macbeth al futuro señor de Cawdor y posteriormente rey, y en Banquo a un padre de rey. Llega el anuncio de que Macbeth ha sido hecho, en efecto, «thane» de Cawdor. Lady Macbeth, tras saber que Duncan viene a quedarse en su castillo, trama el regicidio. Es Macbeth quien habrá de dar muerte a Duncan durante el sueño: los hijos de Duncan, Malcolm y Donalbain, huyen. Recién coronado, Macbeth ordena que sea eliminado Banquo. Mas no tarda en verse obsesionado por su sombra. Las brujas, interrogadas por Macbeth, profetizan enigmáticamente que ningún nacido de mujer podrá causarle daño alguno y que no será vencido en tanto el bosque de Brinam no llegue a Dunsiname. Malcolm y el señor de Fife, Macduff, van a su encuentro. Macbeth manda asesinar también a la mujer y al hijo de Macduff, pero ahora ya ha sido abandonado por todos. Lady Macbeth enloquece y se mata. El ejército enemigo avanza hacia Dunsiname, oculto tras de una cortina de ramas y de hojas cortadas en el bosque de Brinam. Macduff, extraído antes de hora del vientre materno, asesina a Macbeth. Malcolm es convertido en rey de Escocia.

3.

Los generales del ejército de Duncan son Macbett y Banco. Los que dirigen el ejército enemigo son Candor y Glamiss.

El soldado herido fue reclutado contra su voluntad por el ejército de Candor y Glamiss. Pero en el transcurso de la batalla es hecho prisionero y obligado a cambiar de bando y a luchar bajo las banderas del archiduque. En ambos casos, ha participado en la batalla sin comprender qué sentido pudiera tener esta guerra, sin saber por quién ni contra quién dispara: le obligan a gritar «¡*Viva Glamiss y viva Candor!*», y lo hace con la misma indiferencia y desconcierto que cuando le mandan gritar «¡*Abajo Candor! ¡Abajo Glamiss!*»; para el soldado herido la batalla consiste en un absurdo «*ellos dispararon contra nosotros y luego nosotros disparamos contra ellos*».

4 y 5.

Los personajes que intervienen en este fragmento son, por orden de intervención, los siguientes: El Oficial, Duncan, Lady Duncan y El Soldado Herido (la dama de compañía aparece en escena, pero en ningún momento interviene en la acción dramática). Para comentar su función dentro del texto será necesario que los alumnos tengan en cuenta tanto la caracterización que se hace de cada uno como su relación con el conflicto (o conflictos) que en él se plantean.

La acción es muy sencilla, y puede resumirse de la siguiente manera:

El archiduque Duncan y su séquito se encuentran a cierta distancia del campo de batalla. Duncan teme que su ejército sea derrotado y planea su huida. Llega un soldado herido. Duncan y El Oficial lo interrogan con el fin de averiguar quién ha vencido en la batalla. El Soldado Herido cuenta entonces cómo fue reclutado a la fuerza por el enemigo y cómo, tras ser hecho prisionero, le obligaron a combatir en el bando del archiduque. Insatisfecho con la información recibida, Duncan ordena a Lady Duncan que mate al Soldado. Este pide que le dejen morir solo, bajo un árbol.

El conflicto dramático en la escena se plantea entre Duncan (y su séquito) y El Soldado Herido. Se produce en varios niveles, que conviene que los alumnos vayan comprendiendo progresivamente.

En primera instancia, teniendo en cuenta la condición de los personajes, algunos alumnos señalarán que el motivo por el que Duncan ordena matar a El Soldado es que lo considera un traidor y un desertor. Sin embargo, esta interpretación superficial del texto convertiría la muerte de El Soldado en un mero castigo por una falta cometida, algo que está muy lejos de la verdadera intención de Ionesco. Es fundamental, por tanto, que lleguen a entender de manera adecuada el diálogo entre ambos y el verdadero conflicto que subyace en él.

Para orientar a los alumnos en este sentido, conviene dirigir su atención hacia los propósitos de los personajes, pues son sus intenciones y sus intereses los que generan el diálogo: ¿qué es lo que pretende conseguir Duncan cuando habla con El Soldado?; por el contrario, ¿cuál es la intención de este? Lo que el archiduque desea es obtener información sobre el desenlace de la batalla. Para eso se ha acercado al lugar del combate, y de ello es de lo que habla con El Oficial antes de que El Soldado entre en escena: «*¿Han vencido a Candor? [...] ¿Han matado a Glamiss como yo había ordenado?*». Pero El Soldado no puede darle tal información y esa es la raíz del conflicto dramático entre ambos. Duncan –y su acólito, El Oficial– preguntan, pero las respuestas de El Soldado no son satisfactorias. Entendido de esta manera, se explica que Duncan ordene matarlo, no ya porque sea un desertor, sino por el hecho de que no es útil para sus propósitos, justo en el momento en que comprueba que lo que le dice no lo saca de sus dudas: «*No estamos nada informados con este idiota*».

Pero, en última instancia, la relación entre Duncan y El Soldado está determinada también por la caracterización que se hace de ellos en el texto. Duncan es el archiduque y representa, por tanto, la idea del poder: véase más abajo cómo emplea el autor los elementos escenográficos para subrayar esta idea. El Soldado Herido, por su parte, representa al pueblo. Ionesco ha caracterizado al archiduque Duncan como la antítesis del heroísmo y del espíritu noble que por su condición le correspondería según los tópicos tradicionales. La valentía y el ardor guerrero se convierten en Duncan en cobardía: ve la batalla desde lejos («*Yo no he visto a Monseñor en el campo de batalla*») y aun así siente miedo; su inseguridad es manifiesta («*¿Han vencido a Candor? [...] ¿Han matado a Glamiss, como yo había ordenado? [...] ¿Y si son Macbett o Banco los que pierden?*»); piensa antes en huir y en esconderse que en participar en el combate («*Si nos vencen, ¿adónde iré? ¿En dónde me refugiaré?*»). Tampoco lo adorna la noble virtud de la lealtad: desconfía de sus allegados («*No tengo más remedio que confiar en ellos. De todas formas voy a tomar precauciones*») y está dispuesto a abandonarlos al menor inconveniente. Faltan en él la generosidad y la magnanimidad: muy al contrario, es egoísta, le preocupa solo su propia salvación, es avariento (piensa únicamente en llevarse consigo sus riquezas), y se muestra indiferente ante el dolor ajeno («*No vayas a fingir que te desmayas*»). Su crueldad, además de la injusticia y la tiranía que representa, quedan patentes cuando manda asesinar a El Soldado Herido una vez que se ha servido de él.

Lady Duncan interviene poco; sin embargo, es un

personaje importante, como sucede también con El Oficial. Su característica fundamental en la escena es la resolución, la fuerza, la ausencia de límites morales. Lady Duncan representa la violencia del poder, el crimen al servicio del Estado: cumpliendo la orden de Duncan, «*saca un puñal, levanta el brazo con intención de apuñalar al soldado*».

El Oficial, por su parte, representa la inteligencia puesta también al servicio del poder. Muestra a Duncan qué actitudes es conveniente adoptar («*No tengáis miedo. [...] Sed paciente, Monseñor*»); analiza para él los acontecimientos y se los explica («*La metralla ya no llega hasta aquí. No hay balas perdidas. [...] La cosa parece continuar, pero allá lejos*»); le aconseja lo que debe hacer y corrige sus errores («*No le cortéis la cabeza, Monseñor, si es que deseáis información*»).

El rasgo fundamental de El Soldado es, precisamente, que está herido: es quien sufre y muere en esta absurda guerra de Duncan («*Me han dado una lanzada y unos cuantos tiros [...]. Me han dado más de lo que podía soportar*»). Representa al pueblo, al que han obligado a participar contra su voluntad («*...un sargento me cazó a lazo. [...] me pegaron, me ataron, me llevaron*») en una guerra en la que no tiene ningún interés y que ni siquiera comprende. Algunas de las respuestas que da a Duncan y a El Oficial muestran con claridad su confusión e indiferencia ante lo que ha vivido en la batalla: «*¿Quiénes son los nuestros?*», llega a preguntarse en cierto momento. Además, hay que tener en cuenta la humildad que en todo momento muestra ante los otros personajes: pide constantemente perdón, declara que no quiere que se molesten por él, se muere solo, bajo un árbol...

6.

Esta cuestión permitirá reflexionar sobre la distinción entre las dos dimensiones de una obra teatral: la estructura dramática y los elementos escénicos. Al plantear a los alumnos dónde transcurre la acción, estos pensarán en el espacio imaginario que el conflicto y el diálogo de los personajes sugieren: algún lugar en alto, alejado del campo de batalla, pero desde el cual casi puede escucharse el fragor de las armas. Pero una cosa es el espacio dramático y otra la **representación** que de ese espacio hace el director en el escenario (es decir, el decorado).

Ionesco ha prescindido casi completamente de elementos escenográficos para representar el espacio dramático. No hay referencia alguna al decorado en las acotaciones, por lo que el cuadro podría montarse con el escenario desnudo (algo muy habitual en el teatro del absurdo). Las únicas alusiones al lugar en que transcurre la acción son indirectas y aparecen en el diálogo de los personajes: «*El horizonte está completamente rojo*», dice al principio El Oficial; El Soldado habla de un árbol, bajo el cual va a morir, pero este se encuentra ya fuera del escenario.

La desnudez de la escena permite destacar más la importancia y el significado del único elemento de escenografía que el autor ha utilizado: el sillón o trono ambulante, símbolo del poder, que carga el oficial y en el que se sienta el archiduque. Una función similar tienen los detalles del vestuario que se mencionan en la primera acotación: la corona que ciñe la cabeza de la archiduquesa y su vestido largo y fastuoso. Por último, el movimiento en escena de los personajes está concebido para resaltar también el lugar central que ocupa Duncan y el orden jerárquico de cuanto le rodea: aparece en escena precedido por El Oficial, Lady Duncan y la dama de compañía, es presentado con una altisonante frase (*«Nuestro señor, el archiduque Duncan, y la archiduquesa»*), y Lady Duncan y la dama de compañía se colocan de pie, una a cada lado del archiduque. Bastan estos elementos para sugerir la solemnidad y el boato de la corte y, en último término, el poder de Duncan.

7.

Con todo lo dicho, ha debido quedar claro que la intención de Ionesco es realizar una fuerte crítica del poder, representado por un archiduque grotesco y cobarde, y de sus diferentes mecanismos de opresión (Lady Duncan, El Oficial). Pretende desvelar el verdadero sentido de las guerras: algo que sirve exclusivamente a los intereses de los poderosos y que para el pueblo supone solo sufrimiento, dolor y muerte. El pueblo, engañado y a la fuerza, es conducido al combate para disparar en realidad contra sí mismo. El autor lo expresa con claridad al hacer que El Soldado haya peleado en ambos bandos sin que en ningún momento entienda quién es el enemigo con el que lucha: «*Y luego ellos dispararon contra nosotros y luego nosotros disparamos contra ellos. [...] Y después disparábamos nosotros contra ellos y luego dispararon ellos contra nosotros*». No hay en realidad un *ellos* y un *nosotros*: es el mismo Soldado –el mismo pueblo– el que dispara en uno y otro lado.

Estas ideas y otras semejantes que los alumnos aporten a partir de la lectura del texto pueden aprovecharse para proponer un debate improvisado entre toda la clase.

EL DIÁLOGO. TIPOS DE DIÁLOGO

1.

El texto se ha extraído de un cuento de Mario Benedetti, *Larga distancia*, publicado en *Despistes y franquezas*, Madrid, Alfaguara, 1992, pp. 53-60. Obviamente, no se trata de que el alumno, al solucionar el ejercicio, reconstruya fielmente las intervenciones de los personajes del relato, sino de que invente un diálogo que mantenga en todo momento la coherencia. Ello le permitirá comprobar que una conversación no está constituida por aportaciones aisladas, sino que son el producto de una actividad cooperativa entre los interlocutores: habrá de tener en cuenta, por ejemplo, que ciertas frases que faltan deben ser respuestas a preguntas precedentes, y viceversa.

No ofrecemos a continuación el texto original del cuento de Benedetti, sino una de las muchas reconstrucciones de la conversación telefónica que podrían hacerse:

A.— *Hola. ¿Quién es?*
B.— *Buenos días. ¿René?*
A.— *Sí. ¿Quién es?*
B.— *No importa quién soy.*

A.— Pero yo quiero saber con quién estoy hablando.
B.— Ya lo sabrás. A su tiempo.
A.— No estoy para bromas. Adiós.
B.— Por favor, no cuelgues. Es larga distancia.
A.— ¿De dónde llama?
B.— De alguna parte.
A.— ¿Me va a decir quién es usted?
B.— Después te diré mi nombre. Te lo prometo.
A.— ¿Cuándo?
B.— Después. No seas impaciente.
A.— ¿Se puede saber a qué tanto misterio?
B.— Te conozco.
A.— ¿Y yo a usted?
B.— También, pero menos.
A.— ¿Desde cuándo?
B.— Desde hace bastante tiempo. ¿Te acuerdas de cuando cumpliste catorce años? El 22 de julio de 1940.
A.— ¿Me conoce desde entonces?
B.— Desde antes. Pero ¿te acuerdas de ese cumpleaños?
A.— No especialmente. ¿Por qué lo pregunta?
B.— En aquel cumpleaños estuve presente. Todos jugamos al ping pong.
A.— Puede ser. Hace siglos que no juego.
B.— Lo hacías muy bien. Tenías un ataque débil, pero en cambio una defensa formidable.

2.
Tras informar de que ha vivido un año en Madrid, López pretende hablar de la cátedra de Literatura que ocupó en la Universidad para justificar su afirmación de que el nivel de los estudios es muy bajo. Pérez, por su parte, menciona también la ciudad de Madrid, pero su discurso tiene como asunto una conversación que mantuvo con un tal doctor García, del que dice ser amigo. En ningún momento da la impresión de que esa conversación que intenta citar tenga alguna relación con el tema del que López habla.

El comentario de este texto de Cortázar debe servir para mostrar a los alumnos cuáles son las normas básicas de la conversación y para persuadirles de la necesidad de respetarlas con el fin de que los diálogos y conversaciones en los que intervengan sean verdaderamente útiles y ricos. Es importante, pues, que analicen en primer lugar los defectos observables en el «diálogo de sordos» entre López y Pérez y que comprueben que entre ellos no hay auténtico diálogo. La intención de ambos es intervenir a toda costa, sin respetar el turno de palabra de su interlocutor, sin atender a lo que el otro dice ni interesarse por las aportaciones que pueda hacer. No existe un tema de conversación común, sino que cada uno tiene su propio plan de discurso ya trazado, y lo sigue independientemente de lo que el otro pueda decir o proponer. Los dos hablan, pero ninguno de ellos escucha, por lo que sus intervenciones se superponen (hablan al mismo tiempo, pisando el discurso del otro). Hágase observar también al alumno cómo todas las intervenciones de López conectan, no con lo que Pérez ha dicho antes, sino con su propio discurso anterior: es como si Pérez no existiera como interlocutor, sino solo como oyente; por su parte, Pérez arranca a veces su intervención fingiendo que conecta con el discurso de López (señálense las fórmulas que utiliza: «¿En Madrid? Pues...»; «Exacto, exacto. Pues ayer mismo...»; «Sí, hombre, ni qué hablar. Pues...»), pero lo hace para cambiar inmediatamente de asunto y devolver la conversación al tema del que él quiere hablar. En definitiva, ni López ni Pérez desean establecer un diálogo, sino que pretenden monologar.

Una vez comentadas las características de la conversación reproducida por Cortázar y anotados los *vicios del diálogo* que conviene evitar, el profesor hará un resumen de todo ello y expondrá lo que puede denominar *Virtudes del buen conversador* o *Decálogo de la conversación*. Sería interesante que este decálogo quedara expuesto en el tablón de anuncios de la clase o en algún otro lugar bien visible, y que en adelante se empleara para regular de manera adecuada las intervenciones de los alumnos en clase. Sin duda, será útil en la realización del debate propuesto en el ejercicio 3.

Para elaborar esta lista de recomendaciones, además de recoger las propuestas de los alumnos, pueden servir como base las máximas conversacionales de Grice (cfr. «Lógica y conversación», en P. Cole y J. L. Morgan, *Sintaxis y Semántica*, vol. 3. *Los actos de habla*, Nueva York, Academic Press, 1975, pp.183-198), si se ofrecen al alumno convenientemente adaptadas. Recordemos que estas máximas desarrollan el principio de cooperación que Grice enuncia en cuatro categorías diferentes de la siguiente manera:

1. Categoría de Cantidad (se relaciona con la cantidad de información que el interlocutor debe aportar):
    a) *«Que su contribución sea todo lo informativa que requiera el propósito del diálogo»*, pero
    b) *«Que su contribución no sea más informativa de lo necesario»*.
2. Categoría de Cualidad (que Grice identifica con una máxima especial : *«Intente que su contribución sea verdadera»*):
    a) *«No diga algo que crea falso»*.
    b) *«No diga algo de lo que no tenga pruebas suficientes»*.
3. Categoría de Relación. Contiene una única máxima: *«Diga cosas relevantes»*. Es decir: se espera de los participantes en un diálogo o conversación que sus intervenciones se relacionen con aquello de lo que se está hablando.
4. Categoría de Modalidad (o de Manera). Tiene que ver con el modo de decir las cosas en un diálogo. Comprende cuatro máximas –que se pueden resumir en una sola: *«Sea claro»*:
    a) *«Evite la oscuridad de expresión»*.
    b) *«Evite la ambigüedad»*.
    c) *«Sea breve»*.
    d) *«Sea ordenado»*.

A partir de estas máximas, y añadiendo otras ideas que puedan aportar los alumnos al respecto, no será difícil crear un *Decálogo* como el propuesto. Un ejemplo puede ser el siguiente:

DECÁLOGO DE LA CONVERSACIÓN

1. Respeta el tema que se esté tratando: ni pretendas imponerlo tú solo, ni te salgas de él sin motivo.

2. No digas cosas que no piensas o que sean falsas.
3. Procura con tus intervenciones aportar información relativa al tema y que sea útil para los demás.
4. Si en el diálogo participan más de dos personas, habla para todos, y no con uno solo.
5. Dialogar no es solo hablar: también es escuchar con atención.
6. Intervén en el momento adecuado: cuando te pregunten, cuando te corresponda por turno, cuando te cedan la palabra... Pero no interrumpas las intervenciones de otros.
7. No monopolices el turno de palabra: sé breve y deja hablar también a los demás.
8. No lleva razón el que más grita, sino el que da más y mejores pruebas de lo que dice.
9. Intenta exponer tus ideas con sencillez, con orden, con claridad y sin ambigüedades.
10. Sé educado con los demás y tolerante con sus ideas.

3.

En este primer debate formalizado no conviene que se imponga a los alumnos un tema determinado. Será preferible que lo decidan ellos mismos haciendo propuestas y acordándolo entre todos. De todos modos, el profesor debe tener en cuenta cuál es el tema elegido para organizar adecuadamente el debate: algunos, los que admitan variadas tesis diferentes, permitirán que se pueda distribuir a toda la clase en tres o más grupos; otros, más polémicos, solo admitirán la formación de dos grupos, que habrán de mantener tesis opuestas –a favor y en contra de algo–. En este último caso, y como no conviene que los grupos sean demasiado numerosos, lo recomendable es que se formen solo dos, de entre cuatro y seis alumnos, que serán los que participen en el debate propiamente dicho. El resto de la clase cumplirá la función de público, pero no permanecerá inactivo: puede ocuparse de ir tomando notas sobre el desarrollo del debate, las ideas más importantes que vayan apareciendo y la corrección y adecuación de los participantes en sus intervenciones, de manera que, al final, puedan hacer una valoración última de la actividad.

Antes de que estos grupos se reúnan, el profesor debería dejar claros cuáles son los objetivos de la actividad: no se trata de ninguna *guerra* de ideas, sino de aprender a dialogar. No hay que *derrotar* al grupo que defenderá la tesis contraria, sino que, en colaboración con él, se ha de intentar contrastar las propias ideas, comprender las de los otros, alcanzar conclusiones adecuadas y llegar así a conocer mejor el tema sobre el que se ha debatido. Será importante hacer especial hincapié en esta cuestión porque, desgraciadamente, el concepto previo que los alumnos suelen tener de lo que es un debate está muy condicionado por ciertos programas de televisión en los que interesa, más que el conocimiento de lo que se habla, la polémica vacía, la intransigencia, la provocación e incluso la violencia verbal.

Dependiendo también del tema elegido, el profesor determinará si es necesario o no que los alumnos participantes se documenten previamente sobre el tema, buscando información pertinente en libros, revistas, otros medios de comunicación...

Sobre la distribución del espacio físico de la clase durante el debate, téngase en cuenta que todos los que intervienen han de poder verse entre sí. Será conveniente colocar al moderador de frente al público –si lo hay–, entre los grupos que intervienen. Si estos son solo dos, se colocarán uno frente a otro. Si son tres (o dos más el público), formarán un triángulo cuyo vértice será el moderador.

Mientras los grupos preparan sus aportaciones al debate, el profesor informará al alumno que oficiará de moderador de cuáles serán sus funciones:
- Presentar el tema del debate y a los diferentes participantes.
- Conceder lo turnos de palabra y hacer que estos sean respetados. Regular el orden y duración de las intervenciones
- Reconducir el debate si los participantes se apartan del tema.
- Reconvenir a los participantes que adopten actitudes inadecuadas.
- Exponer las conclusiones finales (si las hay) o realizar un resumen de las principales ideas que han presentado los participantes.

Si no hay público que se encargue de tomar notas y hacer una valoración del debate, puede nombrarse también un secretario. Éste se encargará de anotar el orden de petición de palabra y tomará apuntes resumidos de los acuerdos y conclusiones.

EL DIÁLOGO EN LOS RELATOS

1.

Las diferencias sintácticas y morfológicas que se pueden apreciar entre el discurso de Miquis citado en estilo directo y el mismo discurso en estilo indirecto son las siguientes:
- El discurso citado en estilo directo constituye un enunciado independiente, de ahí que se distinga del discurso del narrador mediante el uso de la raya o guión largo. En este caso, el marco de la cita aparece como un inciso yuxtapuesto en el interior de la cita, separado también mediante rayas. En estilo indirecto, en cambio, el discurso citado aparece como una subordinada sustantiva introducida por la conjunción *que*, la cual funciona como CD del verbo *dicendi*.
- En el discurso en estilo directo, la primera persona gramatical corresponde al personaje que habla, a Miquis (*«lo que **yo** me temía»*), mientras que en el estilo indirecto corresponde al narrador, por lo que las referencias a Miquis se realizan en tercera persona (*«lo que **él** se temía»*). De igual forma, en la cita en estilo directo la segunda persona gramatical corresponde a don Lope (*«A un hombre como **usted**...»*), pero en el estilo indirecto correspondería al lector, de modo que, cuando el narrador tenga que referirse al personaje que escucha, es decir, a don Lope, lo hará también en tercera persona: *«A un hombre como don Lope...»*.
- Nótese que este cambio afecta también al plural: en el estilo directo, la referencia conjunta al emisor y al receptor se realiza en primera persona

del plural («*...hemos llegado...*»), pero en el estilo indirecto se emplea la tercera del plural («*...habían llegado...*»).

- Al cambiar la cita de estilo directo a estilo indirecto los tiempos verbales se adaptan al punto de vista del narrador. Lo que para el personaje es un presente, se convierte en la perspectiva del narrador en un pretérito imperfecto: «*Tristanita está muy grave*» se transforma necesariamente en «*Tristanita estaba muy grave*»; igualmente, «*...se le debe hablar con claridad*» se convierte en estilo indirecto en «*se le debía hablar con claridad*».
- Para completar estas diferencias en cuanto al funcionamiento de los elementos deícticos, será conveniente que el profesor ponga ejemplos de citas en los que aparezcan también pronombres demostrativos y adverbios deícticos de lugar y tiempo.
- Puede comentarse también que las apelaciones y vocativos (como, por ejemplo, «*Amigo don Lope*») solo son posibles en las citas en estilo directo, y que han de desaparecer necesariamente cuando se pasan a estilo indirecto.
- Por último, obsérvese el cambio que se ha producido en la referencia al tercer personaje, Tristana. En estilo directo, Miquis utiliza al mencionar su nombre un diminutivo (*Tristanita*), lo que refleja una actitud de confianza y un sentimiento de afecto hacia ella. Pero en estilo indirecto la perspectiva es la del narrador, y este no tiene esa relación de familiaridad con el personaje, por lo que se refiere a ella como *Tristana*.

2 y 3.

Discurso citado en estilo indirecto: «*El barón [...] manifestó **que por su noble cuna estaban amparados por el privilegio de que la pena corporal se aplicase, no a sus personas físicas, sino a sus sombras***».

Discurso resumido: «*El Consejo del Pueblo aceptó y dispuso **que así se hiciese**. Y por eso dispuso también [...] **que la decapitación tuviese lugar en la plaza del pueblo, a la hora del mediodía***».

También podrían considerarse como discurso resumido los pasajes siguientes:

«*...resolvieron **vengar la afrenta y castigar a los culpables***».

«***La pena decidida fue la decapitación***».

Con todo, la consideración de los dos primeros pasajes como discurso en estilo indirecto o como discurso resumido depende de cuáles fueran las palabras que se suponga dijeron en realidad los personajes en cuestión, por lo que habrá que contar con las versiones en estilo directo que de ellas hagan los alumnos en el ejercicio 3. Por ejemplo, puede suceder que algún alumno redacte las palabras del barón de la siguiente forma:

—Acepto vuestra sentencia –dijo el barón–. Pero no olvidéis que somos nobles y vosotros villanos, y que nuestra noble cuna nos ampara. La ley no os concede la potestad de castigarnos físicamente. Tenemos el privilegio, como bien sabéis, de que cualquier pena a la que nos condenéis ha de aplicarse sobre nuestras sombras, y no sobre nuestros cuerpos. Contentaos, pues, con cortar las cabezas de nuestras sombras, si es que podéis.

En tal caso, habrá considerado la cita del cuento original como un resumen de las palabras del barón, y no como un discurso citado en estilo indirecto. De forma similar, si en su versión algún alumno incluye las decisión del consejo de la forma siguiente: «*Hágase así –dijo el más viejo del Consejo del Pueblo–. La decapitación tendrá lugar en la plaza del pueblo, a la hora del mediodía*», habrá entendido que la cita que hace Pedro Gómez Valderrama en su cuento está en estilo indirecto.

4.

Una posible versión del fragmento de *El principito* sin diálogo en estilo directo es la siguiente:

El principito saludó al guardagujas y le preguntó qué hacía allí. El guardagujas le contestó que estaba clasificando a los viajeros por paquetes de mil y despachando los trenes que los llevaban, tanto hacia la derecha como hacia la izquierda.

En ese momento, un rápido iluminado, rugiendo como el trueno, hizo temblar la cabina de las agujas. Preguntó el principito qué buscaban con tanta prisa los pasajeros del tren, y el guardagujas le respondió que nadie lo sabía, ni siquiera el hombre de la locomotora. Un segundo rápido rugió en sentido inverso. El principito suponía que eran los mismos, que volvían ya, pero el guardagujas aclaró que eran otros. Preguntó el principito si es que no estaban contentos donde estaban, y el guardagujas le explicó que nadie está nunca contento donde está.

Rugió el trueno de un tercer rápido iluminado. El principito quiso saber si estos pasajeros perseguían a los anteriores; el hombre le aclaró que no perseguían absolutamente nada, que solo duermen o bostezan, y que únicamente los niños miran el paisaje. Comentó el principito que solo los niños saben lo que buscan y que sus más insignificantes juguetes son algo importante para ellos y lloran si se los quitan. Según el guardagujas, los niños tienen suerte.

EL DIÁLOGO EN EL TEATRO

1.

La acotación inicial *(Entran por la izquierda...)* describe la entrada en escena de los primeros personajes y aporta un caracterización mínima de estos a través de alguno de sus atributos (el trono del archiduque, la corona de Lady Duncan), del vestuario (el vestido de Lady Duncan) y de la ubicación de cada uno de ellos en el escenario. Ya hemos comentado todo ello en la pregunta 5 de **Piensa y responde**, por lo que no creemos necesario repetir cuanto allí se dijo.

Las restantes acotaciones tienen diferentes funciones:
- Indicar la entrada de nuevos personajes: *(Llega un soldado...)*.
- Señalar a qué otro personaje en concreto se dirige la intervención del que habla: *(Al Soldado)*, *(A Duncan)*, *(A Lady Duncan)*.
- Hacer referencia a hechos que suceden fuera de escena: *(Se oye, procedente de la derecha, el ruido de un cuerpo que cae)*.
- Aportar información sobre movimientos y gestos de los personajes que resulta fundamental tanto

para el lector como para el director de la representación y los actores. Las informaciones que se refieren a El Soldado insisten en los gestos que permiten escenificar su situación física: la manera de representar que ha sido herido de gravedad en la batalla es que el actor finja sus dificultades y vacilaciones al moverse:

(...trastabillando)
(Titubea)
(Incorporándose con dificultad y dando traspiés)
(Se va dando traspiés)

Otras acotaciones narran acciones que son fundamentales dentro del conflicto dramático. Por ejemplo, las dos que aparecen encadenadas al final constituyen el momento de mayor tensión dramática de la acción (el *clímax*), ponen de manifiesto la esencia última del conflicto central y resumen el sentido de todo lo que se ha venido desarrollando en la escena (en la guerra, los poderosos desprecian la vida del pueblo, lo *matan* igual que si les clavaran un puñal sin razón alguna):

(...señalando al soldado)
(Lady Duncan saca un puñal, levanta el brazo con intención de apuñalar al soldado)

Un carácter similar tiene la acotación insertada en el relato de El Soldado Herido: *(Se pone el cañón de la pistola contra la sien y dispara)*; este gesto del soldado representa escénicamente el verdadero sentido del empleo de las armas durante la batalla: las dispara contra otros soldados como él y, por tanto, es como si disparara contra sí mismo.

2.

La actividad puede plantearse bien como un ejercicio escrito que los alumnos realicen individualmente en casa, bien como un comentario oral en el que intervenga toda la clase.

Tanto en un caso como en otro, sería conveniente que los alumnos conocieran previamente –a fin de que puedan contextualizar el fragmento– lo esencial del argumento de la obra y el punto concreto de la acción dramática en el que se inserta este monólogo. Asimismo, si el profesor lo considera oportuno, puede leer en clase parte del tercer acto de la obra, e incluso sugerir que sean los propios alumnos los que hagan una lectura dramatizada del mismo. (En el ejercicio siguiente proponemos también una lectura dramatizada: elija el profesor con cuál de los dos textos realizarla).

Para el comentario del monólogo de Hamlet, ténganse en cuenta las siguientes observaciones:

➢ Se trata de un monólogo porque únicamente interviene un personaje, Hamlet. Es, además, un soliloquio porque el personaje no dirige a nadie su discurso: ni a otro personaje, pues se encuentra solo en escena, ni al público. Conviene insistir en esta distinción entre *monólogo* y *soliloquio*, porque es bastante habitual confundir ambos términos o tomarlos como sinónimos, cuando no lo son en realidad. En las obras dramáticas abundan las escenas –o incluso piezas enteras, normalmente breves, como las de Darío Fo– en las que solo habla un personaje (son, pues, monólogos), pero este se dirige a otro u otros que están presentes, o directamente al público. Aunque no intervenga en ningún momento, hay un interlocutor, y ello se percibe con claridad en el mismo discurso por la presencia de apelaciones al oyente, preguntas no retóricas, referencias a su actitud o a sus gestos... Son monólogos, pero no son soliloquios. El de Hamlet sí lo es, pues no habla para ningún interlocutor, sino para sí mismo (Ofelia, que aparece al final, no estaba presente en escena mientras Hamlet realiza su monólogo, y es precisamente su aparición lo que lo interrumpe).

➢ No puede pretenderse que los alumnos capten por sí mismos y en toda su profundidad el sentido –o sentidos– de este monólogo. Es un texto clásico, y por ello mismo la tradición crítico-literaria, a partir de las innumerables interpretaciones que se han realizado de él, lo ha enriquecido hasta tal punto, le ha dado tal cantidad de interpretaciones y sugerencias distintas a cada una de sus palabras, que resultaría un atrevimiento intentar siquiera sintetizarlas. Conformémonos, pues, con señalar algunos de los temas sobre los que se puede llamar la atención de los alumnos:

• La concepción de la vida como dolor y sufrimiento inevitables, típica del Barroco: *llagas del corazón..., tan larga llega a ser la desgracia..., los azotes y las burlas del mundo..., una carga tan pesada.*

• En relación con lo anterior, la imagen de la *Fortuna* como enemiga del hombre y origen de los males.

• La relación entre las desgracias que enumera en la parte central (*Pues quién podrá soportar...*) y algunos de los elementos argumentales de la obra: hay referencias indirectas al rey Claudio (*la injusticia del tirano, la afrenta del soberbio*), a la reina Gertrudis (*la angustia del amor despreciado*), al padre de Hamlet (*la humillación que la virtud recibe de quien es indigno*) y al propio Hamlet (*la espera del juicio*). Pero no son solo referencias a las desgracias personales del protagonista: sus reflexiones tienen carácter general, constituyen juicios metafísicos sobre la vida y el hombre.

• La tensión entre el ser y el no ser, que se realiza a lo largo del monólogo en distintos *dilemas* que se cruzan constantemente, a veces de manera contradictoria: la vida y la muerte, la acción y la tendencia a la pasividad, la voluntad y la reflexión.

• La imagen de la muerte como liberación (*consumación, dormir, soñar, paz*), pero también como amenaza (*¿qué sueños sobrevendrán...?, país por descubrir de cuyos confines ningún viajero retorna..., volar hacia un mal desconocido...*).

➢ En cuanto a los rasgos de la personalidad de Hamlet que pueden destacarse a partir de este monólogo, nótense los siguientes:

• La debilidad de carácter, la ausencia de voluntad.
• La incapacidad para actuar.
• La duda constante, de la que se ha convertido en arquetipo.
• La tendencia a la reflexión filosófica, una reflexión que lo paraliza, que lo incapacita para la acción.

- El pesimismo existencial, la frustración ante el fracaso de sus ideales de virtud, verdad, perfección: concepción negativa del mundo y del hombre.

3.
Ejercicio de realización libre.
En cualquier caso, sería interesante leer en voz alta (o incluso representar, si algunos de los alumnos están dispuestos a preparar el montaje y participar como actores) los textos que el profesor considere de mayor calidad. Una vez leídos o representados, los alumnos podrán comentar los aciertos y deficiencias que observen.

TEMA 8

LOS MEDIOS DE COMUNICACIÓN. EL PERIÓDICO

PIENSA Y RESPONDE. OBSERVACIONES AL TEXTO INICIAL (*Un estudio destaca la violencia...*)

1.
Sexismo: discriminación de personas de un sexo por considerarlo inferior a otro.
Cotejo: acción y efecto de *cotejar. Cotejar:* confrontar una cosa con otra y otras; compararlas teniéndolas a la vista.
Deontológico: que está de acuerdo con los deberes propios de una actividad o profesión. *Código deontológico:* conjunto de obligaciones y normas de comportamiento que asumen los que practican determinada profesión.
Explícito: expreso, dicho verbalmente y no solamente insinuado o dado por sabido.
Inequívoco: sin ambigüedad, que no admite duda.
Exaltación: acción o efecto de atribuir a una cosa mucho mérito o valor.
Ambiguo: que puede entenderse de varios modos o admitir distintas interpretaciones.
Atentatorio: que atenta contra algo. *Atentar:* en este contexto, menoscabar los derechos o la dignidad de alguien.
Arquetipos: modelo, tipo ideal de una clase de cosas; también se puede referir a un ser real que reúne las cualidades consideradas como esenciales o características de su especie. En el texto, aparece usado de manera impropia: el periodista quiere referirse a *estereotipo:* «imagen o idea de algo que un grupo o sociedad acepta comúnmente y que considera inmutable».
Temerario: excesivamente imprudente y que causa peligro a sí mismo o a otros.
Nipón: japonés.
Estelar: de las estrellas; figuradamente, tiene un valor superlativo: «el primero o más importante».

2.
Sin tener en cuenta los titulares, puede servir como subrayado el siguiente:

Exceso de violencia, actitudes sexistas y menosprecio de la cultura son ingredientes habituales en los programas que la televisión destina a la infancia. Así lo denuncia el informe *¿Qué televisión ven los niños?,* presentado ayer por la Confederación Española de Organizaciones de Amas de Casa, Consumidores y Usuarios (CEACCU). El trabajo analiza los espacios infantiles de dos cadenas públicas (TVE-1 y La 2) y otras tantas privadas (Antena 3 y Tele 5) emitidos entre el 22 y el 28 de mayo de 2000.
Los autores del trabajo, Lola Lara y Javo Rodríguez, han analizado las 63 horas de emisión infantil en la semana de referencia. El cotejo de los contenidos con los criterios de protección a la infancia que recoge la normativa y el código deontológico suscrito por las cadenas en 1993 arroja numerosos incumplimientos de las pautas vigentes. «Eso no es nuevo. La situación es muy similar a la que reveló nuestro estudio anterior, de 1998», asegura Lara.
A la vista de ello, la CEACCU pide una reforma de la Ley de Televisión sin Fronteras y reclama «con urgencia» la creación en España de un Consejo Superior de lo Audiovisual, encargado de velar por los contenidos que ofrecen las televisiones.

➤ Violencia cada tres minutos. Según el informe, en buena parte de la programación infantil (de cuatro a doce años) de las cadenas españolas «se ensalza esa actitud como único modo de resolver los conflictos». Además, se produce «una explícita e inequívoca exaltación de la venganza». También incide sobre la combinación risa-acto violento, «que se produce habitualmente en los dibujos animados». El estudio de la CEACCU señala que en las tres horas de espacios infantiles ofrecidos por una cadena pública en la mañana del sábado estudiado se registraron 62 actos violentos, o sea, uno cada tres minutos. De ellos, 41 correspondían a violencia física. Además de «violencia perfectamente diseñada en su eficacia», los autores encuentran «mensajes ambiguos de cierto tono profascista», sobre todo en series japonesas de dibujos animados como *Doraemon, el gato cósmico* o la famosa *Pokemon.*

➤ 101 situaciones sexistas. Los responsables del informe han encontrado situaciones discriminadoras o «atentatorias contra la dignidad de la mujer» en los espacios dedicados a los niños de entre cuatro y doce años. Abundan los arquetipos como la coquetería, la ejecución femenina de las tareas del hogar o la utilización de las «armas de mujer». El informe cita series como *Calimero, Pokemon, Daniel el travieso, Ace Ventura* o *Doraemon, el gato cósmico.*

➤ Ridiculizar la cultura. El informe revela una decena de situaciones en las que se presentan las cuestiones culturales «de modo ridículo y aburrido y sin posibilidad alguna de despertar la curiosidad infantil». El caso «más bochornoso», afirman, es el de la serie de acción *Walker Texas Ranger,* protagonizada por Chuck Norris, que además «hace exaltación de la conducción temeraria».

➤ Competitividad. Esta característica «es posiblemente el valor más ensalzado en las series infantiles», según la CEACCU. Además de las dos series niponas citadas, menciona otras deportivas, como *Los patos poderosos* y *Kangoo.*
[...]
➤ Programas de mayores. A partir de los datos de la consultora Sofres, el informe destaca que los niños tienden a ver la televisión en el horario estelar de los adultos *(prime time).* Los programas infantiles más vistos no alcanzan la audiencia del espacio no infantil

más visto por chavales de entre cuatro y doce años. En la semana estudiada, el concurso *Gran Hermano* figuraba entre los diez programas más contemplados por los pequeños, solo por detrás de las series de dibujos *Los Simpson* y *Pokemon*.

3.

Los textos periodísticos informativos suelen estar organizados de manera jerárquica: las ideas más relevantes o de mayor interés para el lector se colocan al comienzo del texto, sobre todo en el primer párrafo, que constituye en la mayoría de los casos un auténtico resumen del texto completo, mientras que los detalles complementarios o menos trascendentes se dejan para los últimos párrafos.

Adviértase al alumno que es normal que tenga que subrayar prácticamente todo el primer párrafo y mucho menos en los demás. En el tema siguiente podrán explicarse las razones para esta típica estructuración jerarquizada de la información.

Como resumen del texto, puede servir el siguiente:

Un estudio de los programas infantiles de cuatro cadenas de televisión —dos públicas y dos privadas— ha revelado hasta qué punto se incumplen las normas vigentes sobre los contenidos televisivos. El estudio demuestra que la presencia de actos violentos es masiva (uno cada tres minutos, como media), que abundan las situaciones en las que se discrimina a las mujeres o se atenta contra su dignidad, que se ridiculiza constantemente la cultura y que se ensalza la competitividad como un valor fundamental. También ha comprobado que los niños ven con frecuencia los programas de adultos. Para evitar esta situación, la organización que ha realizado este estudio ha pedido, entre otras medidas, una reforma de la Ley de Televisión.

4 y 5.

Entendemos por «cadenas públicas de televisión» las que pertenecen al Estado o a las distintas Comunidades Autónomas (TVE-1, La Dos, TV-3, Telemadrid, Canal Sur, Canal 9...) y que se financian con cargo a los Presupuestos Generales del Estado o de las distintas Comunidades. Las «cadenas privadas» son propiedad de distintas empresas, compañías o instituciones privadas, tanto españolas como multinacionales, que participan en su capital en determinadas proporciones cuyos límites establece la ley: por ejemplo, Antena 3, Tele-5 (las dos de ámbito estatal) y otras muchas de carácter local.

Más que la composición y las características de cada una de ellas, lo que interesa proponer a los alumnos en la puesta en común es la cuestión de los objetivos que cumplen o deberían cumplir unas y otras. En el debate abierto que se plantee en clase sobre este tema y sobre aquellos otros a los que se alude en el punto 5, puede ser útil orientar a los alumnos hacia cuestiones como las siguientes:

– ¿Cuál debiera ser la finalidad principal de una televisión pública (información objetiva, formación cultural de los espectadores, diversión y entretenimiento...)?
– ¿Y la de las cadenas privadas?
– ¿Cumplen con ellos en la actualidad?
– ¿Por qué abunda cada vez más la denominada *telebasura*?
– ¿Debe primar la calidad de los contenidos, o es necesario darles a los telespectadores lo que pidan, aunque sean productos televisivos de baja calidad?
– ¿Crees que hay programas que deberían dejar de emitirse por tener contenidos inapropiados? ¿Cuáles?
– ¿Es adecuado que las cadenas públicas compitan con las privadas por los índices de audiencia a costa de empobrecer la calidad de la programación?

6.

Será conveniente leer en voz alta algunos de los ejercicios realizados por los alumnos. De esa forma podrán confrontar sus propias ideas con las de sus compañeros y, por otro lado, completar sus argumentos con los que han aportado los demás. Puede proponerse también que algún alumno recoja por escrito las conclusiones fundamentales para elaborar con ellas un breve informe.

Más adelante se propondrá como actividad la elaboración de un periódico de clase. Puede ser interesante publicar en él algunos de los mejores escritos de los alumnos sobre este tema (uno con los argumentos de los productores de televisión y otro que defienda la prohibición de la violencia televisiva), o bien el informe final.

LOS MEDIOS DE COMUNICACIÓN SOCIAL

1.

En sentido estricto, ni el teléfono ni el correo pueden considerarse medios de comunicación social. Constituyen, eso sí, formas de comunicación a distancia, pero carecen del rasgo esencial de los *mass media*: el carácter social de esa comunicación, que va dirigida necesariamente a un **destinatario colectivo**. Tanto en la comunicación telefónica como en el correo, son normalmente solo dos individuos los que intercambian información, mientras que la televisión, la prensa, la radio, etc. están dirigidas, no a un espectador, lector y oyente determinado, sino a la sociedad en general o, en otros términos, a eso que suelen llamar «el público» (u opinión pública), «los lectores», «la audiencia», etc.

2.

Ejemplos de secciones cuya finalidad no es ni informar sobre los sucesos de actualidad ni opinar sobre ellos:

a) La publicidad, tanto de productos comerciales y de empresas como, a veces, campañas institucionales.
b) Los anuncios por palabras (de compraventa o alquiler inmobiliario, de trabajo, de servicios...).
c) Los espacios pagados por instituciones y organismos para hacer públicas determinadas informaciones (edictos de juzgados, notificaciones de subasta, convocatorias, etc.).
d) Cartelera de cine, teatro, espectáculos musicales, exposiciones artísticas, salas de fiesta y otros.
e) Informaciones de interés público: farmacias de guardia, teléfonos de urgencia, agenda de actividades, información meteorológica, sorteos.
f) Programación de radio y televisión.
g) Pasatiempos.

La presencia de publicidad en el periódico se justifica por su importancia en la financiación del mismo: normalmente constituye (aparte de la inversión directa) su principal fuente de ingresos. Puede comentarse al alumno la relación entre capacidad de difusión del medio e ingresos publicitarios: cuanto mayor sea la tirada de un periódico o revista, más atractiva será para las empresas anunciantes y, por tanto, mayores ingresos publicitarios tendrá. Lo mismo sucede en televisión: de ahí los esfuerzos que realizan las distintas cadenas televisivas por ganar mayor cuota de audiencia y su preocupación por el denominado *share*.

Los anuncios por palabras se conciben en principio como una forma de publicidad individual: alguien que pretende vender su piso, por ejemplo, contrata en el periódico un pequeño espacio en el que describe cómo es e informa de su precio.

Los apartados d), e) y f) constituyen servicios de interés que el periódico ofrece a sus lectores. Tienen, pues, una finalidad en cierto modo informativa, aunque de lo que se informa no es de la actualidad política, económica o social, sino de datos u ofertas de interés personal (¿en qué cine ponen tal película?, ¿a qué hora comienza?, ¿qué tiempo hará mañana?, ¿me ha tocado la lotería?). Los espacios cedidos puntualmente a instituciones públicas o pagados por estas son variables y no ocupan un lugar fijo dentro del periódico. Los otros —cartelera, agenda, información meteorológica, programación de televisión— constituyen secciones fijas que el lector puede encontrar siempre en la misma página.

Finalmente, la sección de pasatiempos está pensada para entretener al lector: tiene una finalidad meramente lúdica.

3.

En este brevísimo relato, Cortázar acierta a definir con claridad qué es en esencia un periódico: no tanto un producto industrial que tenga un valor en cuanto «objeto», como una posibilidad abierta de comunicación y de comprensión de la realidad. Lo que el señor del tranvía compra y se pone debajo del brazo son relatos de lo que en el mundo acaba de suceder, reportajes interesantes o sorprendentes, artículos de opinión en los que alguien interpreta el mundo para él, críticas de los libros que puede leer o de las obras de teatro a las que piensa asistir... Es decir, informaciones que todavía desconoce, que se abren ante él y a las que puede acceder en la media hora del trayecto del autobús: un diario.

Lo que da sentido al diario es, pues, la comunicación, el hecho de que, a través de él, tenemos la posibilidad de conocer la realidad.

Una vez leído, el periódico ha cumplido su función. Para el señor del tranvía, que ya se ha apropiado de la información que contiene, queda reducido a su materialidad y no es más que un montón de hojas impresas. El proceso se repite con el muchacho y la anciana: mientras no han leído la información que contiene, el diario es un diario.

4.

La actividad puede realizarse tanto individualmente como en grupos de tres o cuatro alumnos.

Como datos relevantes que se anotarán en la última columna sirven, por ejemplo, los siguientes:
- Formato: pequeño (inferior al folio) – mediano (folio o similar) – grande (superior al folio).
- Número de páginas.
- Características de la portada.
- Uso de color (en la portada y en el interior).
- Precio.

5.

La actividad servirá para seguir profundizando en el uso del debate como procedimiento didáctico que se inició en el tema anterior. Será importante repasar con los alumnos las disfunciones que entonces se produjeran (por ejemplo, errores en la preparación de las ideas, defectos de planteamiento de la exposición, intervenciones fuera del turno de palabra, tendencia a polarizar la discusión entre dos de los participantes, formación de *corrillos*, inadecuación en el tono de las intervenciones, etc.). No suele suceder que los alumnos sean capaces de ajustarse desde el primer momento a las reglas de corrección propias del debate o la discusión formalizada –en ello tiene mucho que ver, además de la falta de práctica, el pésimo modelo que constantemente ofrece la televisión en ciertos programas–, por lo que es probable que haya muchas cosas que corregir en cada nuevo debate que se organice en clase. Será necesario recordar de nuevo las funciones que cada uno debe cumplir y las normas elementales de conversación que quedaron recogidas en el «decálogo» que se elaboró en su día.

LA ESTRUCTURA DEL PERIÓDICO

1 y 2.

El objetivo fundamental de las diferentes actividades que se plantean en el ejercicio **1** es que los alumnos se familiaricen con el periódico como objeto comunicativo, que conozcan en general su estructura básica (formato, secciones que lo componen, distribución de la información, etc.), y que se acostumbren a manejarlo. Desgraciadamente, los alumnos de este nivel, salvo excepciones, apenas leen la prensa; más aún, pocas veces han abierto un periódico de información general y suelen desconocer, precisamente por ello, que existe un orden interno, un código bien definido que no solo facilita su lectura, sino que permite al lector habitual moverse por él con comodidad y seleccionar rápidamente qué informaciones le interesa leer y cuáles no.

Es fundamental, en este sentido, que los alumnos se acostumbren a hojear el periódico, algo que no es tan fácil ni mecánico como podría parecer en un principio. Lo que no podemos pretender es que adquieran el hábito de leerlo entero (algo que casi nadie hace, por cierto) y todos los días. Hemos de conformarnos con que poco a poco vayan conociendo cómo es y que aprendan, también poco a poco, a leer lo que les interese. Y para eso hace falta saber hojearlo: deberán ser capaces de diferenciar de un vistazo en qué sección se hallan, de comprender qué tipo de información pueden encontrar en ella, de valorar el interés que tienen las que aparezcan en determinada página según el espacio que la redacción les concede, de juzgar si les interesa o no leer completa tal o cual noticia atendiendo al titular y a la entrada de la misma...

Las propuestas del ejercicio **1** pretenden que los alumnos presten atención a las secciones habituales de un periódico y aprendan a diferenciarlas y localizarlas en distintos diarios. Asimismo, se intenta que dirijan la atención hacia los titulares de las informaciones: el «juego» de adivinar a qué sección corresponde cada uno no solo ayudará a reflexionar sobre qué tipos de contenidos son habituales en cada sección, sino que también mostrará las distintas funciones que los titulares desempeñan dentro de la estructura del periódico: resumen de la información, índice del interés informativo que esta tenga, instrumento para captar la atención del lector, etc.

Las del ejercicio **2** están encaminadas a que observen algunos elementos del código paralingüístico de la prensa actual. Es conveniente que comprendan que no se concede la misma importancia a todas las informaciones, o, lo que es lo mismo, que cada página del periódico es una estructura jerarquizada en la que la redacción (que es quien decide qué informaciones tienen mayor interés para el lector), mediante distintos recursos de composición y maquetación, resalta u oculta aquello que considera oportuno. Así pues, habrá que llamar la atención de los alumnos sobre los mecanismos de realce habituales y que más destaquen en las páginas que se estén analizando. Ténganse en cuenta al menos los siguientes:

- Número de columnas que ocupa cada información (solo una en las menos relevantes, a toda página las de mayor importancia).
- Tamaño de la letra en los titulares.
- Localización en la página (las noticias destacadas suelen ir en la parte superior y en las columnas centrales; las menos trascendentes, en la parte inferior y en las columnas de los extremos).
- Presencia de elementos gráficos como apoyo: fotografías, mapas, ilustraciones y gráficos por ordenador (infografía).
- Uso de recuadros que llaman la atención sobre determinada noticia.

Hemos planteado estos ejercicios a partir de las portadas de los diarios que los alumnos han tenido que comprar. Normalmente, las de *El País* y *El Mundo* ofrecen suficientes elementos paralingüísticos para establecer a partir de ellas este estudio sobre la composición jerarquizada de las páginas. No así *ABC* y *La Razón,* que suelen destacar en portada solo una noticia, acompañada de una ilustración de gran tamaño. En el caso de estos dos rotativos habrá que analizar algunas de las páginas interiores.

Por supuesto, las propuestas que se hacen en el *Libro del alumno* pueden ser completadas por el profesor con otras similares que puedan resultar interesantes.

3.

Por razones de espacio, en este ejercicio de análisis de titulares de prensa ofrecemos solamente cuatro ejemplos. Lo conveniente sería seleccionar una batería de titulares mucho más amplia, con lo que la variedad de modelos y construcciones diferentes sería mayor, y las conclusiones que podrían establecerse mucho más significativas. No será difícil conseguir tal batería de titulares: basta con recurrir a los que figuran en el ejemplar de periódico que cada alumno haya comprado. Ello ofrecerá una ventaja suplementaria: permitirá comparar unos periódicos con otros para apreciar, por un lado, el diferente tratamiento que dan a cada noticia dependiendo de la línea editorial y de los intereses particulares de cada rotativo, y, por otro, la mayor o menor tendencia a la objetividad en la redacción de los titulares.

Respecto de los que hemos incluido como ejemplo, pueden hacerse las siguientes observaciones:

- La mayoría de los enunciados utilizados aquí como titulares (incluimos tanto títulos como antetítulos o subtítulos) tienen forma oracional. Solo hay uno que prescinda del verbo y adopte forma de frase (es una frase predicativa: **Sangre y humo en las calles de Génova**; para los alumnos, puede explicarse esta estructura como una elisión de un verbo *Hubo,* o *Se produjo, Se vio* o alguno similar).
- Las estructuras sintácticas empleadas destacan por su sencillez. Predominan las oraciones simples (solo hay una subordinada: *que fue sancionada por la CNMV)* y en ellas se procura mantener el orden lógico de los elementos: sujeto + verbo + complementos. Solo se rompe este orden en dos de los ejemplos, por razones diferentes. En **Dimite el secretario de Estado de Hacienda por el escándalo de Gescartera** la posposición del sujeto se explica porque ya ha habido una referencia a él en el antetítulo *(Enrique Giménez-Reyna);* en el otro titular (**Al FBI se le pierden las pistolas**), la alteración del orden natural se justifica por el contenido mismo de la información: el interés de la noticia no descansa en la trascendencia social o política del hecho que narra, sino en lo curioso, lo inusual y contradictorio, de ahí que se haya preferido un titular menos objetivo y más connotativo: juega con la idea sorprendente de que un reputado cuerpo de policía pierda algo tan importante como sus armas.
- Todos los titulares reseñados cumplen en lo esencial el requisito de brevedad: condensan en muy poco espacio la idea básica de la que informan. En el primero de ellos, el conocimiento previo por parte del lector de la situación informativa permite que una sola frase sea suficiente para resumir la información: sabemos que el precio de las gasolinas sube y baja con frecuencia según las condiciones del mercado, por lo que basta con la referencia a la oscilación (10-13 pesetas) y el período en el que se ha producido (un mes) para que el lector tenga una idea suficientemente completa del contenido de la información. En el resto de los titulares se hace necesaria, por razones diferentes, la presencia de un antetítulo o de un subtítulo que complete o permita orientar lo que el título principal dice. En el segundo se da el nombre del dimitido *(Enrique Giménez-Reyna* = el secretario de Estado de Hacienda) y se explicita la causa de la dimisión: tuvo un cargo en una sociedad *sancionada por la CNMV* (=Gescartera). En el tercero, se precisa la referencia implícita a los disturbios en Génova (choques entre la policía y los manifestantes), aunque la ausencia de un contexto con el que re-

lacionar ahora este titular hace que se pierda buena parte de su sentido: en julio de 2001, cuando se publicó esta crónica, el lector no tenía ninguna dificultad en relacionarlo con las manifestaciones contra la globalización con motivo de la reunión del G7 en Génova, y además contaba en la misma página con otras noticias sobre el mismo tema, por lo que resultaría suficientemente explícito. En el último, lo que hay que señalar es que la parte del titular que cumple verdaderamente la función de resumen de la información y que resulta, por lo tanto, verdaderamente relevante, objetiva y clara, es el antetítulo: el título tiene más bien una función conativa, pues lo que pretende es llamar la atención del lector, para lo que utiliza, como hemos visto, una frase sugerente, connotativa, sorprendente en su ambigüedad. Algo similar puede decirse del título de la tercera noticia: la frase *Sangre y humo en las calles de Génova* no pretende condensar de manera objetiva y clara el relato de los hechos de los que se informa, sino construir una imagen sugerente en el lector con la intención de crear en él un determinado estado de ánimo, lo que consigue destacando la «sangre» (un manifestante resultó muerto y otros muchos heridos) y el «humo» (en referencia a los gases lacrimógenos empleados por la policía para disolver a los manifestantes).

TEMA 9

LA NOTICIA INFORMATIVA

PIENSA Y RESPONDE. OBSERVACIONES AL TEXTO INICIAL (*Detenidos 17 «okupas» en Barcelona tras un violento desalojo*)

1 y 2.

El objetivo de los ejercicios que hemos planteado para este texto es que los alumnos tomen conciencia de los límites que necesariamente tiene el concepto de **objetividad informativa**. La realidad es siempre compleja, proteica, por lo que unos mismos hechos pueden ser observados desde perspectivas distintas y valorados de forma diferente desde cada una de ellas. Es importante que entiendan que la labor del periodista informativo no puede ser *narrar la verdad* de lo sucedido, porque esa verdad no existe (o, al menos, no existe como algo único e irrefutable), sino aportar cuantos datos relevantes le sea posible, tomados de las diversas fuentes a las que pueda acceder y presentándolos sin intervenir de manera subjetiva en ellos (es decir, sin condicionar al lector en uno u otro sentido).

El primer paso será comprobar que el relato periodístico difícilmente puede dar cuenta de un suceso de manera completa. Hay que partir del hecho (y esto es algo que se tendrá que explicar a los alumnos desde el principio) de que probablemente el periodista no se encontraba en el lugar de los acontecimientos en el momento en que estos se produjeron. La información que da sobre ellos procede, no de lo que ha visto con sus propios ojos, sino del testimonio de las fuentes que consulta: la policía y los manifestantes. Su conocimiento de lo sucedido es, por lo tanto, parcial e indirecto. Como consecuencia, no resultará fácil al alumno realizar un resumen cronológico: en el texto, el periodista facilita dos versiones diferentes de los disturbios que no coinciden entre sí.

La versión policial es, en resumen, la siguiente:

Sobre las once de la mañana, la policía se dispone a desalojar una vivienda «okupada». Desde otra cercana (el santuari), jóvenes «okupas» lanzan a los agentes diversos objetos para protestar por el desalojo. La policía solicita al juzgado una orden judicial, que llega a los pocos minutos, para entrar al local y detener a los agresores. Sobre la una de la tarde, entran en la vivienda y detienen a 14 jóvenes.

Según los miembros del movimiento *okupa*, los acontecimientos se desarrollaron de otra forma:

Aprovechando el desalojo pacífico de otra casa, la policía pretende desalojar también el santuari y carga con dureza contra los jóvenes que ocupan este edificio. Para detener el avance policial, los jóvenes se ven obligados a levantar barricadas y cortar varias calles.

Son evidentes las diferencias entre una versión y otra, que resumimos a continuación:

- La policía sitúa el origen del conflicto en una agresión por parte de los *okupas* del *santuari*, que arrojaron contra los agentes todo tipo de objetos desde las ventanas. La versión de los jóvenes no menciona en ningún momento este incidente.
- Para la policía, el desalojo del *santuari* se produce para detener a los agresores. Según los *okupas*, estaba planificada de antemano.
- La policía dice haber intervenido por orden judicial (una orden que llega «a los pocos minutos» de ser solicitada); según los *okupas*, la intervención policial era «totalmente ilegal».
- En consecuencia, la policía considera su actuación como una respuesta legal a una agresión de los *okupas;* para estos, en cambio, la policía atacó a los jóvenes e interpretan lo que ellos hicieron como un acto de autodefensa y, al mismo tiempo, de protesta por la actuación policial.

Unir ambas versiones en un único resumen cronológico de los acontecimientos resulta, pues, muy complicado, sobre todo porque difícilmente podrá hacerse sin conceder mayor credibilidad a una o a otra versión. Lo conveniente será que cada alumno intente realizar su propio resumen atendiendo a lo que considere que puede haber sucedido en realidad. Una vez redactados, se leerán unos cuantos en voz alta para comprobar las diferencias de interpretación entre unos y otros.

La conclusión ha de ser que no es posible, en un caso como este, reconstruir los hechos con absoluta fidelidad. El periodista no ha intentado contar *la verdad,* sino informar al lector de aquello que ha podido confirmar (por ejemplo, el número de detenidos, datos objetivos sobre las casas *okupadas*, el incendio de contenedores, la intervención de los bomberos...) y, sobre todo, de las versiones de los implicados. En el ejercicio siguiente se podrá comprobar que cada una de estas informaciones aparece en una parte diferente de la noticia.

3 y 4.

La versión de la policía ocupa los dos primeros párrafos del cuerpo informativo. La cita de las declaraciones de las fuentes policiales se realiza mediante la técnica del resumen: el periodista no cita textualmente las palabras ajenas, sino que, ejerciendo como narrador externo, narra *desde fuera* los hechos que le han contado. Pero en todo momento deja claro que cuanto dice procede de su fuente: «*según la versión policial...*», «*Según la policía...*».

La versión del movimiento *okupa* se inserta a partir del tercer párrafo. Se trata de un discurso citado preferentemente en estilo indirecto (nótese el uso de verbos *dicendi* y de la subordinación sustantiva), pero que se combina con algunas expresiones literales de la fuente, citadas entre comillas y, por tanto, en estilo directo («*perfectamente planificada y preparada*»; «*levantar barricadas para detener el avance policial, así como al corte de varias calle en protesta por el desalojo ilegal*»). Este uso de expresiones entrecomilladas dentro del discurso en estilo indirecto es muy habitual en el lenguaje periodístico como un recurso de autentificación de la cita y, por tanto, contribuye a reforzar la impresión de objetividad en la información: lo que está narrando no es un juicio del periodista, sino que lo ha dicho uno de los protagonistas de los hechos.

Las partes restantes de la noticia contienen información que no se atribuye a ninguna fuente específica: es el propio periodista el que la aporta. Aparece principalmente en el párrafo de entrada («*La policía y un grupo de 50 okupas mantuvieron ayer una batalla campal en Barcelona que se saldó con 17 detenidos. [...] ...la vivienda situada en el número 33 de la calle Sant Josep de la Muntanya, conocida como el santuari. Esta casa está ocupada desde hace 11 años y es un símbolo del movimiento okupa de la ciudad*»), y al final de cada una de las partes del cuerpo informativo: nótese que, tras la narración de la versión policial, aparece una información que parece tener otro origen («*Una chica de 13 años...*»), y que al final del último párrafo hay también una parte que no puede considerarse como manifestaciones de los *okupas*, sino como narración del propio periodista: «*En pocos minutos, el barrio de Gràcia se convirtió en el escenario de una batalla campal con la policía. Fueron incendiados varios contenedores de basura y los bomberos intervinieron para evitar que explotasen los coches aparcados en las calles, algunos de los cuales quedaron afectados*».

5.

En general, puede afirmarse que el periodista ha mantenido los niveles de objetividad e imparcialidad exigibles en este tipo de información. En el relato de los hechos, no desvía de manera intencionada la responsabilidad de los mismos hacia ninguna de las dos partes en conflicto; se limita a recoger las dos versiones y, además, las presenta al lector de forma directa, mediante un relato que, en principio, no parece contener elementos que revelen las ideas del periodista. Al contrario, lo que se observa en cada una de estas versiones son los intereses y la forma de pensar de cada una de las partes en conflicto. Es algo que puede apreciarse tanto en el contenido como en el estilo empleado para narrar cada versión: en el relato de los hechos según la policía, se insiste en la agresión de los jóvenes mediante la enumeración de sorprendentes objetos que estos arrojaron y en la existencia de una orden judicial, con un estilo que recuerda el de los informes administrativos (*«los ocupantes de la vivienda...»; «desalojo pacífico por orden judicial...»; «otra vivienda ubicada en el número 24...»; «una orden de entrada, registro y detención»*, etc.); en la narración de los hechos según la versión de los jóvenes, además de los pasajes en estilo directo, se observa que el estilo es diferente: «*la policía diseñó una acción perfectamente planificada*», «*de manera totalmente ilegal*», «*las duras cargas de la policía*».

Con todo, la objetividad completa es difícil de alcanzar. Aun cuando el trabajo de Pere Ríos como reportero pueda considerarse como aceptable, siempre es posible encontrar elementos en los que de alguna manera se trasluce su perspectiva personal de lo sucedido, es decir, su subjetividad: califica los hechos como «*batalla campal*», resalta la versión policial al incluirla en el *lead*, insiste en la «*lluvia de objetos*» en el primer párrafo del cuerpo informativo para destacar lo curioso o lo extraño (pesas de musculación, televisores y ordenadores volando desde la ventana del *santuari*), inserta la anécdota –no demasiado relevante– de la presencia de una niña de 13 años en la casa ocupada, etc.

6.

Como se explicó en el tema anterior, las fotografías que se incluyen en las noticias de prensa cumplen una doble función: informativa e ilustrativa. En este caso, predomina la función ilustrativa. La imagen no aporta ninguna información que no esté contenida en el texto de la noticia, pero sí que confirma y subraya algunos de los detalles de los que habla Pere Ríos: una calle del barrio de Gràcia con el tráfico cortado, varios contenedores ardiendo en el centro de la calzada, los curiosos que observan desde lejos, varios jóvenes en primer plano que aparecen con las caras cubiertas... Una instantánea, pues, que ilustra los incidentes a los que el periodista se refiere en el último párrafo de su información.

Si el profesor lo considera conveniente, puede aprovechar para presentar a los alumnos otra de las funciones propias de las fotografías en un periódico: llaman poderosamente la atención de los lectores sobre una determinada información. Una noticia con apoyo gráfico resalta por encima de las demás de la página, por lo que constituye, junto con otros recursos, un elemento básico del código paralingüístico de la prensa.

El pie de foto, meramente informativo, permite contextualizar la imagen y unirla así a la noticia a la que acompaña. Obsérvese que presenta de manera resumida varias de las claves de la información: qué ha sucedido (incidentes), quién los ha llevado a cabo (50 *okupas*), dónde (en el barrio de Gràcia, en Barcelona) y por qué (a causa de un desalojo). Lingüísticamente, tiene la misma forma que muchos titulares: es una frase nominal.

7.

Respuesta libre. Pueden leerse en clase las respuestas dadas por los alumnos para que ellos mismos comenten los resultados.

LOS GÉNEROS PERIODÍSTICOS. LA NOTICIA INFORMATIVA

1.

La frase viene a confirmar la importancia de lo inusual, de lo sorprendente, como uno de los factores que dotan a un hecho determinado de *interés informativo*. Los sucesos habituales, aquellos que suceden con frecuencia y son previsibles, no llamarán la atención del lector precisamente por eso, por ser esperables. Es algo que se justifica por el concepto mismo de *información:* dada una determinada situación comunicativa, un signo o mensaje será tanto más informativo cuanto menos previsible sea su aparición.

Puede ponerse algún ejemplo más para que los alumnos comprendan bien este concepto de información. Imaginemos que estamos en una época de sequía: las cosechas están a punto de perderse por completo, los pantanos están casi vacíos y hay constantes cortes de suministro de agua. No ha caído una gota desde hace ya un año. El hecho de que hoy no llueva apenas aporta ninguna información: es lo mismo que ha sucedido cada día durante todo un año; lo informativo, la auténtica noticia, sería que llegara un frente de lluvias.

De todos modos, convendrá insistir en que lo insólito no es el único factor que determina el interés de una noticia. Hay otros igualmente importantes, como la relevancia social de quien esté implicado, las repercusiones sociales del hecho, la gravedad del mismo, la cantidad de personas a las que pueda afectar, etc. Que un perro muerda a alguien puede tener interés informativo si esa persona es, por ejemplo, el presidente del gobierno. También lo será si el hecho está inserto en un contexto determinado que lo hace relevante; así sucedió hace algunos años, cuando salió a la luz el caso de las peleas de perros adiestrados: fueron abundantes la noticias que aparecieron en prensa informando de que ciertos perros de los considerados como peligrosos habían atacado a alguna persona.

2.

La Guardia Civil detiene al «comando Barcelona» con 275 kilos de dinamita
El jefe del nuevo grupo etarra participó en el asesinato del ex-ministro Lluch

- El interés informativo de esta noticia proviene de varios factores al mismo tiempo. En primer lugar, de la trascendencia social y política del tema, el problema del terrorismo de ETA en nuestro país; en segundo lugar, influye el hecho, no frecuente, de que se haya desarticulado un comando; también se resaltan las consecuencias del suceso: la cantidad de explosivos incautados podría haber producido muchas muertes; por último, se menciona como relevante el que uno de los etarras había participado en el asesinato de una importante personalidad política, el ex-ministro socialista Ernest Lluch.

Médicos alemanes curan el corazón de un infartado con células madre de su propia médula

- Se trata de un avance científico de importantes consecuencias para la sociedad y que afecta a la salud de una parte considerable de la población. Además, es relevante el contexto social en el que se produjo esta información: la polémica creada en torno al desarrollo de la investigación de las células madre, la clonación humana y la biotecnología en general.

El FBI detiene por espionaje a un ex-sargento de la Fuerza Aérea

- Aparte del interés que en sí mismo despierta el tema de la seguridad, el hecho es noticiable por dos razones: por lo que pueda tener de sorprendente que el espía fuera un militar y, sobre todo, porque afecta a Estados Unidos, un país informativamente relevante (si en vez de producirse en ese país, el hecho hubiera ocurrido en Tailandia, probablemente la noticia no habría aparecido en los periódicos españoles).

El cantante, ingresado
Sabina sufre un leve infarto cerebral

- El interés radica en quién es el protagonista de la información: un conocido cantante.

Una plataforma de 40 ONG africanas solicita compensaciones económicas por el pasado colonial
África exige a Europa y Estados Unidos que pida perdón por los siglos de esclavitud

- Puede comentarse el interés humano de la información, por su relación con la situación social y económica de África, el tema de las desigualdades entre Norte y Sur, etc. Pero también ha de tenerse en cuenta lo insólito de la exigencia de las ONG: las peticiones de perdón de ciertos países o instituciones a determinados colectivos (como Alemania al pueblo judío, o la Iglesia Católica a quienes persiguió por motivos religiosos) suelen ser meros actos simbólicos de reconocimiento de una injusticia del pasado. No es ese el caso de esta información: aparte de recordar la injusticia del pasado, la petición de las ONG revela que la situación de explotación aún se mantiene y hace reflexionar al lector sobre la responsabilidad de los países ricos en la situación del Tercer Mundo.

Una niña de 8 años roba con un cuchillo en una inmobiliaria de Valencia

- Lo noticiable no es que haya habido un atraco en una inmobiliaria de Valencia, sino que lo haya llevado a cabo una niña de ocho años, algo realmente poco habitual y sorprendente para el lector.

Las vacaciones más familiares del presidente desde 1996

- El único factor de interés es la importancia pública del protagonista, el presidente del gobierno. Con todo, no deja de ser curioso que la noticia sea, precisamente, que no hay ninguna noticia (se informa de que no ha habido ningún encuentro político, de que el presidente «ha desconectado»).

Hacienda ya ha pagado el 84% de las devoluciones del IRPF

- Es noticia por la novedad (Hacienda solía comenzar las devoluciones más tarde) y porque afecta a un buen número de lectores.

El mayor incendio del verano
Un incendio arrasa 250 hectáreas de matorral y pastos en Navalafuente
- La frecuencia con que se producen incendios forestales en verano y su magnitud justifican que sea habitual encontrar noticias como esta en los periódicos. El interés informativo está determinado no solo por las consecuencias particulares y sociales que tienen (pérdidas económicas, peligro para las vidas de los afectados, daños ambientales irreparables...), sino también por la necesidad de hacer conscientes a los ciudadanos de la importancia del problema.

3.
Lo aconsejable sería que los alumnos realizaran en casa la tarea de documentación (consulta del periódico y recogida de las noticias más interesantes), porque permitiría que se fueran acostumbrando poco a poco a leer la prensa y que, a la larga, lo convirtieran en hábito, al menos para algunos de ellos.

Sin embargo, es probable que muchos alumnos no dispongan de un periódico en casa, y menos a diario. En tales casos, sugerimos lo siguiente:
- Organizar la actividad por grupos de tres o cuatro alumnos, de forma que no sea oneroso adquirir entre todos un ejemplar a la semana. Cada grupo lo comprará un día diferente y se encargará de seleccionar las noticias más interesantes.
- Pedir a aquellos compañeros y demás miembros de la comunidad escolar que compren prensa habitualmente, que nos cedan sus periódicos una vez leídos. Estos pueden repartirse entre los alumnos que lo precisen.
- Algunos periódicos de tirada nacional organizan campañas de difusión de la lectura de prensa en colaboración con los centros educativos. Participar en alguna de estas campañas permitirá disponer de un número suficiente de ejemplares gratuitos con los que realizar la actividad.

ESTRUCTURA DE LAS NOTICIAS. EL ESTILO

1.
En el texto se distinguen con facilidad las tres partes habituales en una noticia informativa: el cuerpo de titulares (formado por un título y un subtítulo, más la línea de crédito en la que figura el nombre del autor de la información y el lugar de origen), el párrafo de entrada (o *lead*), que aparece sin resaltar, y el cuerpo de la información, que consta de otros cuatro párrafos.

En el *lead* se han introducido las siguientes claves de la información:
- Qué: un accidente de helicóptero.
- Quién: tres personas muertas y otra más herida grave: sus nombres y su condición –el piloto, un cámara, el responsable de un programa de televisión y un fotógrafo– se concretan en la parte final del párrafo.
- Cuándo: ayer, cuando grababan imágenes para un programa de televisión.
- Dónde: en una cantera de Aulestia, cerca de Markina.
- Cómo / por qué: el aparato se enredó con un cable, giró sobre sí mismo y se precipitó contra el suelo.

El cuerpo de titulares anticipa de una manera condensada el contenido de la noticia. Los núcleos informativos son más o menos los mismos: qué, quién, cómo y por qué. Quedan implícitas las informaciones sobre el cuándo (se presupone que ayer) y el dónde (la referencia a la cadena de televisión vasca, además de la línea de crédito, son suficientes). La razón por la que se repiten los mismos datos se encuentra en la función que los titulares desempeñan dentro de la estructura de la noticia: son un resumen –lo más breve y fiel posible, por supuesto– de la noticia. En la comunicación periodística, este tipo de reiteración de los mismos contenidos al comienzo del texto permite que sea el lector quien decida, según sus intereses, si lee o no la noticia completa. El titular, además de captar su atención, le aporta los elementos básicos del contenido mediante un brevísimo resumen en un enunciado (o dos, si aparece también un antetítulo o subtítulo). Si el asunto es de su interés, pasa a leer la entrada o *lead*, que contiene un resumen más amplio donde aparecen claramente delimitadas las claves de la información (las «seis W»). En este punto, el lector puede considerar que ya está suficientemente informado y suspender la lectura, o bien, si su interés se mantiene y quiere conocer más detalles, pasa a leer el cuerpo de la información. Titulares y *lead* son, por lo tanto, recursos textuales que facilitan al lector la lectura rápida del periódico y permiten una mayor economía comunicativa.

Se considera normalmente como *lead* el primer párrafo de la información, porque suele coincidir con él. El cuerpo de la noticia será, por consiguiente, la parte de la noticia que va desde el segundo párrafo hasta el último. En este caso, sin embargo, se incluyen dentro del primer párrafo detalles que no son claves informativas (y que, en sentido estricto, no formarían parte de la entrada informativa): los nombres de los muertos y heridos en el accidente. Puede discutirse con los alumnos por qué creen que se produce este hecho: una respuesta sería que el periodista ha querido darles mayor relevancia por tratarse de compañeros de profesión.

El cuerpo de la información está organizado siguiendo fundamentalmente el orden cronológico de los acontecimientos (su estructura es, por lo tanto, de carácter narrativo): se narra el despegue, la llegada a la cantera, los avisos del trabajador a los ocupantes del helicóptero para que se alejaran del lugar y, por último, la caída del aparato. Al hilo de este relato, el periodista va insertando los detalles que explican el suceso y completan la información: el programa para el que estaban trabajando, el propósito de grabar los paisajes de la zona, la actividad que se desarrollaba en la cantera, las declaraciones de un testigo, que narra el momento del accidente, y un párrafo final con explicaciones complementarias. Hágase notar a los alumnos cómo se ha combinado en esta noticia, concebida en su conjunto, la estructura habitual de pirámide invertida con el relato cronológico: es algo muy frecuente en este género periodístico.

2.
Ejercicio de realización libre. Sería interesante leer en clase y comentar algunos de los textos escritos por

los alumnos, para comprobar si han sabido captar y aplicar las características más importantes de la noticia informativa como género. Júzguese la objetividad del relato, la brevedad y relevancia de los titulares, el tipo de construcción sintáctica empleada en ellos, la selección de las claves informativas y la manera de enunciarlas en el párrafo de entrada, el tipo de estructura utilizada en el cuerpo, la coherencia de este, etc.

3.

Ejercicio de realización libre.

Ofrecemos a continuación algunos ejemplos de noticias con distintos tipos de estructuras que pueden utilizarse en clase como ilustración o modelo:

Multarán a España por el deterioro de los ríos

JUAN CARLOS GONZÁLEZ
Corresponsal

BRUSELAS.– La comisaria europea de Medio Ambiente, Margot Wällstrom, propondrá mañana al Ejecutivo comunitario «una multa fuerte» a España por no respetar la directiva sobre la calidad de aguas en los ríos.

Wällstrom, que presentó ayer su informe sobre aguas de baño en la UE en 2000, constató una mejora de la situación de las playas, que cumplen la legislación europea. Pero el informe revela un retroceso de la calidad de las aguas interiores españolas.

España ya fue condenada en febrero de 1998 por el Tribunal de Justicia por falta de conformidad de sus aguas interiores con la normativa europea que se remonta a 1975. De hecho, los datos relativos al año pasado revelan que en el caso de los ríos los «resultados registrados siguen siendo mediocres».

Después de los datos decepcionantes de 1999, explica la Comisión, España es, además, el único Estado miembro donde el muestreo es «insuficiente o inexistente». Un hecho calificado de «inaceptable» ya que este dato no puede estar sujeto a interpretación.

En 2000, España volvió a recortar el número de ríos analizados suprimiéndose 14 puntos de control y añadiendo solamente tres. «La directiva tiene 25 años y ya es hora de que los estados sepan lo que tienen que hacer», declaró Wällstrom.

[*El Mundo*, 22-5-2001]

Una joven polaca da a luz en plena calle a un bebé de dos kilos y medio

Madrid. D16

Efectivos del Samur 092 ayudaron ayer por la tarde al alumbramiento de un niño por una joven de 24 años, de nacionalidad polaca, que estaba embarazada de siete meses.

Según informaron a Efe fuentes de este servicio, algunos viandantes que se hallaban en la plaza de España alrededor de las 14.30 horas requirieron los servicios de una ambulancia que circulaba por la zona para que atendiera a una mujer que estaba sentada en un banco y decía que se encontraba mal.

La joven, una ciudadana polaca de 24 años, relató a los sanitarios que le faltaban dos meses para dar a luz, pero cuando estos la reconocieron, el bebé asomaba ya por lo que no tuvieron más remedio que preparar de manera inesperada el alumbramiento.

Los dos sanitarios ayudaron a la joven en el parto, cortaron el cordón umbilical y permanecieron a su vera mientras llegaba la UVI, que trasladó a la madre y a su hijo al Hospital Clínico de la capital.

Tanto la madre como el bebé, un niño que pesó en torno a los 2,5 kilos, estaban en perfecto estado. La mujer notó los síntomas del parto mientras caminaba sola por este concurrido espacio de la capital.

[*Diario 16*, 26-5-2001]

Rock en apoyo del Sáhara

Ferrer, Porretas, Ska-P y Boikot actúan hoy en un festival benéfico

Madrid. D16

El primer concierto «Rock por el Sáhara» reunirá hoy a partir de las siete de la tarde en la sala Aqualung de Madrid a los grupos españoles de rock SKA-P, Porretas, Boikot y Abuelas Fumadoras con la compositora Mercedes Ferrer.

Junto a ellos actuarán también dos representantes del folclore saharaui, Nayim Alal y Mariem Hassan, que recrearán el *haul,* la música tradicional del Sáhara. Además participarán mujeres saharauis que traerán los cantos y danzas del desierto africano.

Este evento musical, promovido por la Plataforma Cívica Pro Referéndum Libre en el Sáhara Occidental, tiene como objetivo recaudar fondos para llevar una caravana con material escolar a los campamentos de refugiados y también acercar la causa de la libertad del Sáhara Occidental a los españoles que desconocen el problema. La entrada vale 2.000 pesetas.

Este acto de apoyo espera superar a los otros dos anteriores que se realizaron en el campamento de Smara, en el Sáhara argelino, en los años 1998 y 2000. Organizados por el sello Nubenegra, aquellos conciertos en suelo argelino llevaron por título «Sáhara en el corazón» y contaron con el apoyo de los refugiados saharauis.

Tanto Nayim Alal como Mariem Hassan consideran que las raíces de su música son africanas y que con ella pretenden dar testimonio de los logros y del drama que vive este pueblo desde hace 25 años. Asimismo, no descartan una mayor colaboración de futuro entre ellos y los músicos españoles.

PRESIONADOS. Por su parte, el delegado del Frente Polisario en Madrid, Abdulah Ahmed, ha explicado que la situación del Plan de Paz para la zona es «muy delicada» desde hace meses. «Creemos que la única iniciativa viable es el ejercicio de una presión real sobre Marruecos para que convoque un referéndum en el que el pueblo saharaui pueda manifestar si desea o no la independencia», afirma.

Ahmed señala que llevan once años esperando dicho plebiscito y que si el 30 de junio (fecha límite de la prórroga para ofrecer una solución al conflicto) la

ONU no decide satisfactoriamente a su favor no descartan retornar a las acciones bélicas, «una decisión en absoluto deseada por nosotros», ha matizado.

Respecto a la postura del Gobierno español en el asunto, Ahmed señala que tiene «responsabilidad histórica, política y moral» con el Sáhara Occidental y le acusa de tener siempre la misma dinámica, es decir, buscar un interés económico que va en detrimento del pueblo saharaui.

La Plataforma Cívica Pro Referéndum Libre en el Sahara Occidental espera mostrar con este encuentro su solidaridad con los refugiados, recordar su derecho al referéndum y llamar la atención del estado español, «que en todos estos años se ha lavado las manos esgrimiendo para ello sus buenas relaciones con Marruecos».

[*Diario 16*, 26-5-2001]

TEMA 10

EL REPORTAJE. LA CRÓNICA. LA ENTREVISTA

PIENSA Y RESPONDE. OBSERVACIONES AL TEXTO INICIAL (*Los trabajos que no quieren los españoles*)

1.

Alicatar. El *Diccionario* de la R.A.E. solo recoge la siguiente acepción: «Cortar o raer los azulejos para darles la forma conveniente». En la actualidad, se usa comúnmente en el sentido de «recubrir una pared con azulejos».

Cotizar: pagar una cuota. En el texto, se refiere a las cuotas obligatorias que los trabajadores pagan a la Seguridad Social.

Abastecer: proveer de bastimentos, víveres u otras cosas necesarias. *Bastimento:* provisión para sustento de una ciudad, ejército, etc.

Expectativa: cualquier esperanza de conseguir una cosa, si se depara la oportunidad que se desea.

Desalmado: falto de conciencia; cruel, inhumano.

Poniente: occidente; lugar que se encuentra al oeste de algún sitio.

Autóctono: pueblo o persona originaria del mismo país en el que vive.

Eludir: esquivar una dificultad o problema; evitar algo con astucia o maña.

Alternativa: cada una de las posibilidades entre las cuales se puede optar.

Es probable que los alumnos no puedan precisar por sí mismos el significado de las expresiones por las que se pregunta a continuación. En la mayoría de los casos, el diccionario tampoco los ayudará demasiado, porque no se trata de locuciones y frases lexicalizadas, sino de expresiones más o menos técnicas propias de la economía, si bien algunas de ellas son de uso bastante común. El contexto puede ayudarles a determinar qué sentido tienen en el texto.

Sector de servicios. En general, se denomina de esta manera al tipo de actividad laboral destinada a cuidar intereses o satisfacer necesidades de los ciudadanos. Otros sectores diferentes serían, por ejemplo, el sector industrial, el sector agrícola, etc.

Mercado laboral. Esta expresión designa la relación entre la oferta y la demanda de empleos. Cuando en el texto se habla de «los vaivenes del mercado laboral», se refiere al hecho de que, según la situación económica de cada momento, haya más o menos puestos de trabajo disponibles para los trabajadores que pretenden encontrar uno.

No pueden regularizar su situación. Un inmigrante que resida ilegalmente en España regulariza su situación cuando obtiene el permiso de residencia. Este se concede temporalmente (transcurrido un plazo, es necesario renovarlo) a aquellos trabajadores de origen extranjero que cuentan previamente con un permiso de trabajo, bien porque acceden a él desde su país de origen dentro de los *cupos* establecidos en los convenios de cooperación, bien porque, encontrándose ya en España, cuentan con un contrato de trabajo estable. A lo largo de los últimos años ha habido varios procesos de regularización de inmigrantes en situación irregular como consecuencia de la aplicación de las sucesivas reformas de la Ley de Extranjería.

Permiso de residencia. Hay distintos tipos de autorizaciones que permiten la permanencia en España de un ciudadano no comunitario: de residencia, de estudios, visado de turista.

Mano de obra local. Conjunto de trabajadores que constan como residentes en una determinada localidad o región. En el contexto en el que está usado, se opone a *mano de obra inmigrante*.

Economía sumergida. Sector de la economía productiva que funciona fuera de las leyes laborales y fiscales. Se incluyen en él tanto empresas como prestaciones entre particulares en las que no se regulariza la relación laboral mediante contratos de trabajo, no se declaran los beneficios de producción o intercambio, no hay cotizaciones a la seguridad social ni pago de las tasas e impuestos a la hacienda pública. Se trata, pues, de actividades empresariales y laborales «ocultas», de ahí la denominación de *economía sumergida*.

Protección social. Denominación que recibe en general el conjunto de prestaciones, servicios y ayudas particulares que el Estado ofrece a los ciudadanos, especialmente a los que carecen de suficientes medios de subsistencia. Se incluyen prestaciones como el seguro de desempleo, la asistencia sanitaria gratuita, las ayudas familiares, las pensiones asistenciales, el denominado «salario social», etc.

2.

Subrayado de las ideas fundamentales del texto: Los trabajos que no quieren los españoles

<u>Los inmigrantes cubren la mayoría de los empleos rechazados en el campo, los servicios y la construcción</u>

Víctor, un <u>peruano</u> de 30 años, llegó a España en 1991 huyendo de la situación política de su país. Encontró <u>trabajo en la construcción</u> y durante todos estos años ha estado trabajando para diferentes empresas constructoras. Él, que era delineante, aprendió en dos meses a poner pladur, a alicatar y a hacer reformas. <u>Cada mes ingresa 180.000 pesetas y paga algo más de 32.000 de seguridad social</u>. Su amiga <u>Mayela</u>, otra <u>peruana</u> de 50 años que llegó a España hace cinco, sale de su casa a las siete de la mañana, va de casa en casa, haciendo las camas, poniendo lavadoras, recogiendo cocinas..., hasta cubrir 12 horas de trabajo al día. Al final de mes reúne 165.000 pesetas de las que cotiza algo más de 19.000 pesetas cada mes.

Abdelhamid tiene 27 años y hace cinco se fue de Nador (Marruecos) dejando a medias su carrera de Químicas para venir a España. Cada mañana va de la casa que comparte con otros dos compatriotas a un invernadero en la costa almeriense. Recoge pepinos, tomates o melones, según la temporada, durante ocho horas al día. Cobra 600 pesetas por hora y paga de su sueldo (unas 100.000 pesetas al mes) algo más de 10.000 pesetas del seguro agrario.

Tienen vidas y trabajos diferentes, pero un punto en común: son inmigrantes.

En el año 2000 se dieron de alta en la Seguridad Social, según los datos ofrecidos por el ministro de Trabajo, Juan Carlos Aparicio, 118.000 extranjeros. Hay determinados sectores económicos españoles como el de la construcción, el agrícola, o el del servicio doméstico y la atención a ancianos, que se abastecen de mano de obra inmigrante. En estos mismos sectores, el pasado mes de diciembre había más de 200.000 españoles en paro, pero quedaron sin cubrir casi 100.000 puestos de trabajo: 20.950 en construcción, 74.327 en servicios y 3.076 en agricultura. Así lo indican los datos del Instituto Nacional de Empleo (INEM). La pregunta es: ¿por qué si hay paro y ofertas de empleo hay que recurrir a trabajadores extranjeros?

La respuesta no es una sola, pero las distintas partes implicadas en los vaivenes del mercado laboral ofrecen reflexiones complementarias. Según los últimos estudios sociológicos realizados por el Centro de Investigaciones Sociológicas (CIS), el Instituto Nacional de Estadística (INE) y por los colectivos de sociólogos, los ciudadanos españoles son cada vez más reacios a aceptar ciertos empleos debido a las malas condiciones laborales. «Es una cuestión de expectativas. Las aspiraciones laborales de los españoles son cada vez más altas. Mucha gente que está cobrando el paro piensa que aceptar determinadas condiciones de trabajo supone empeorar notablemente su calidad de vida», afirma Paloma López, portavoz de inmigración de CC OO. «Los inmigrantes hacen los trabajos que no quieren los españoles», concluye. Y Delia Blanco, presidenta de la Comisión Española de Ayuda al Refugiado (CEAR) y diputada socialista por Madrid, añade: «Eso de que los inmigrantes vienen a robarnos los empleos a los españoles es falso, hacen lo que nadie quiere hacer en peores condiciones y con la presión de que si no tienen un empleo no pueden regularizar su situación».

En efecto, con la legislación actual, la concesión o la renovación del permiso de residencia a los extranjeros está ligado en la mayoría de las ocasiones al hecho de que posean un empleo o, al menos, un contrato de trabajo. Pero solo se otorgan permisos de trabajo para aquellas ocupaciones en las que la oferta de mano de obra local es insuficiente. «Esta situación obliga a los trabajadores inmigrantes a aceptar condiciones laborales que no acepta ningún español y permite que empresarios desalmados los expriman y se enriquezcan a su costa», añade Almudena Fontecha, responsable de inmigración de UGT.

Susana López, responsable federal de inmigración de IU, señala otra causa: «El alto nivel de desempleo [1.620.699 según los datos del INEM de este mes de enero, el 9,56% de la población activa –16.945.800–] es compatible con la demanda de mano de obra inmigrante porque hay una fuerte economía sumergida, que supone aproximadamente un 20% del total». Y agrega: «Eso explica el despegue económico del poniente de Almería o de ciertas zonas de Murcia. Se han convertido en mercados competitivos a base de recoger el producto antes, en menos tiempo y con mano de obra extremadamente barata y muchas veces irregular».

Otro aspecto que contribuye a mantener el desajuste entre ofertas y demandas de empleo es la mayor protección social con que cuentan los trabajadores españoles, según destaca el colectivo de sociólogos independientes Ioé en un estudio realizado para UGT: «Los trabajadores autóctonos tienen mayor acceso a recursos de supervivencia distintos del salario (seguro de desempleo y otras prestaciones sociales). Además, las familias ayudan también a sostener a los miembros en paro. Eso les permite rechazar ofertas de trabajo que los inmigrantes no pueden eludir por carecer de alternativas». [...]

Con todo esto, no es de extrañar que haya trabajadores españoles en paro y que, al mismo tiempo, durante el año 2000 se concedieran en toda España más de 125.000 permisos de trabajo a extranjeros, según el Ministerio del Interior. [...] Los españoles pueden rechazar ciertos empleos por considerarlos desagradables, peligrosos o mal pagados; los inmigrantes, no.

3.
Los tres sirven como ejemplo concreto del problema que se va a desarrollar en general en el resto del reportaje. Es este un recurso muy habitual en los reportajes periodísticos, sobre todo en los que tratan de reflejar temas de carácter social: se intenta captar la atención del lector narrando algún caso particular y significativo y ello permite, al mismo tiempo, ilustrar la situación y plantear en su dimensión personal, humana, el asunto que se ha investigado.

De los tres personajes se hace una breve semblanza en la que interesan los mismos aspectos de su vida. Es manifiesta la semejanza que hay entre ellos: obviamente, la autora del reportaje considera que sus casos son típicos y que reflejan las condiciones de vida de la mayoría de los inmigrantes.

Son significativos los detalles que Patricia Ortega destaca en cada uno. Interesa principalmente su condición de inmigrantes: se indica su nacionalidad de origen y el tiempo que llevan en España. También, por supuesto, su condición de trabajadores, como corresponde con el tema que se va a tratar. La información que se da es en todo momento relevante, pues anticipa las ideas que se desarrollarán en los párrafos siguientes:
- Cada uno de ellos está ocupado en uno de los tres sectores que absorbe la mayor parte de la mano de obra inmigrante (cfr. § 4): Víctor trabaja en la construcción, Mayela se dedica al servicio doméstico y Abdelhamid es jornalero en el campo almeriense.
- Se pone especial énfasis en el escaso sueldo que perciben, lo que conecta con las referencias que se

harán más adelante a los empresarios que se enriquecen a su costa y a la economía sumergida que se desarrolla a expensas de una mano de obra muy barata. Al mismo tiempo, se destaca también la cuantía de sus aportaciones a la seguridad social.
- Se habla también de las condiciones de trabajo que han de soportar: *...va de casa en casa, haciendo las camas, poniendo lavadoras, recogiendo cocinas..., hasta cubrir 12 horas de trabajo al día. [...] Recoge pepinos, tomates o melones, según la temporada, durante ocho horas al día.*
- No faltan tampoco alusiones a su vida anterior: de Víctor se señala que en su país era delineante (aquí trabaja de albañil), y de Abdelhamid que estudió Químicas (ahora trabaja como jornalero). Se relacionan con lo que más adelante se dirá sobre las expectativas de los trabajadores españoles: *las aspiraciones laborales de los españoles son cada vez más altas.* El contraste es significativo: estos inmigrantes han tenido que rebajar considerablemente las suyas para poder tener un trabajo en España.

4.

Los que se mencionan en concreto son los de los tres sectores de los que ya se ha hablado: la construcción, el servicio doméstico y el trabajo a jornal en la agricultura (a este último, además del caso particular de Abdelhamid, se alude en el párrafo 7 a propósito de la economía sumergida y el desarrollo agrícola del sudeste español). Pero, en general, cuanto se dice en el texto afecta a todos aquellos trabajos que los españoles consideran *desagradables, peligrosos o mal pagados.*

A lo largo del texto se explican varios de los motivos por los que los trabajadores rechazan tales trabajos. En primer lugar (párrafo 5), porque no cumplen sus expectativas laborales y consideran que trabajar en las condiciones que esos trabajos ofrecen (en realidad, una auténtica explotación del trabajador por parte del empresario: párrafo 6) constituiría un empeoramiento de sus condiciones de vida. Son trabajos mal pagados (rozan el salario mínimo establecido), que exigen un esfuerzo muy duro y penoso (como el de Abdelhamid) y con jornadas laborales muy largas (como en el caso de Mayela). En esas condiciones, los trabajadores españoles prefieren permanecer en el paro.

5.

La explicación de por qué razones aceptan los inmigrantes realizar los trabajos que los españoles rechazan constituye el tema fundamental del reportaje. Es lo que la autora desarrolla a lo largo de toda la segunda parte del texto. La tesis es que los inmigrantes no tienen posibilidad de rechazar esos empleos. En primer lugar, porque estar trabajando (o, más exactamente, tener un contrato de trabajo) es imprescindible para poder legalizar su situación en España. Hayan entrado en nuestro país legalmente o no, han de estar trabajando para poder solicitar la concesión de un permiso de residencia o su renovación. Necesitan un empleo –cualquier empleo– para no correr el riesgo de ser repatriados. Además, los inmigrantes no cuentan con ninguna «red de protección» que les permita sobrevivir durante un tiempo mientras esperan un empleo mejor: su acceso a las distintas prestaciones sociales (subsidio de paro, atención sanitaria regular, ayudas de subsistencia, etc.) es muy limitado, sobre todo si no han podido aún regularizar su situación en nuestro país; tampoco pueden contar con la ayuda de la familia, porque normalmente han llegado solos a España y sus familias se encuentran en su país de origen (penúltimo párrafo).

Hay otras razones que en el reportaje de Patricia Ortega no se han mencionado y sobre las que los alumnos pueden reflexionar. Por ejemplo:
- Las enormes diferencias de nivel de vida que hay entre los países de los que proceden y Europa.
- La necesidad de enviar dinero a la familia que han dejado en su país.
- Las expectativas de alcanzar con el tiempo la prosperidad económica que han venido a buscar.

6.

Hay algunos sectores laborales, como la construcción, el servicio doméstico y el trabajo a jornal en el campo, cuyos puestos de trabajo se cubren sobre todo con inmigrantes, a pesar de que en esos sectores hay gran cantidad de españoles en paro. ¿Por qué, si hay paro, se recurre a mano de obra extranjera?

Las distintas fuentes consultadas dan respuestas que se complementan. Señalan que los españoles rechazan esos puestos porque no se ajustan a sus expectativas y porque consideran inaceptables determinadas condiciones de trabajo. Los inmigrantes no están en condiciones de rechazar esos trabajos, porque necesitan estar trabajando para poder regularizar su situación en España, de lo cual se aprovechan algunos empresarios, que no dudan en explotarlos. Otro factor que explica esta situación es la existencia en ciertas zonas de una economía sumergida que puede competir gracias a que dispone de una mano de obra inmigrante barata. Finalmente, hay que tener en cuenta que los inmigrantes carecen de la protección social y familiar de la que sí gozan los trabajadores autóctonos (como el seguro de desempleo, la ayuda de la familia, etc.), lo que los obliga a aceptar los trabajos desagradables, peligrosos o mal pagados que los españoles sí pueden rechazar.

7.

Para elaborar su reportaje, la autora ha consultado fuentes muy diversas, tanto de carácter oral (entrevistas con personas relacionadas con el problema de la emigración que podían proporcionarle datos o explicaciones relevantes) como escritas (informes oficiales, documentos, prensa...). Patricia Ortega procura indicar en cada caso la referencia de esas fuentes, sobre todo cuando inserta alguna cita literal o aporta datos concretos. Con ello consigue no solo mantener la necesaria objetividad, pues queda claro que las ideas que aparecen a lo largo del texto no son meras opiniones personales de quien escribe, sino que además las reviste de una mayor credibilidad, puesto que han sido emitidas por personas que conocen suficientemente el tema y cuentan con autoridad (en el sentido de «saber socialmente reconocido») para hacerlo. En concreto, se citan las siguientes fuentes consultadas:

- Juan Carlos Aparicio, ministro de Trabajo (datos sobre extranjeros dados de alta en la Seguridad Social durante el año 2000).
- Instituto Nacional de Empleo (datos sobre trabajadores españoles en paro en los sectores de la construcción, servicios y agricultura).
- Recientes estudios realizados por el CIS, el INE y colectivos de sociólogos.
- Paloma López, portavoz de inmigración de Comisiones Obreras.
- Delia Blanco, presidenta de la Comisión Española de Ayuda al Refugiado y diputada del PSOE.
- Almudena Fontecha, responsable de inmigración de UGT.
- Susana López, responsable federal de inmigración de Izquierda Unida.
- El Instituto Nacional de Empleo (datos sobre la población activa en España).
- Estudio realizado por el colectivo de sociólogos independientes *Ioé* para UGT.
- Ministerio del Interior (datos sobre permisos de trabajo concedidos a extranjeros durante el año 2000).

Además, se supone que la periodista ha hablado con los tres inmigrantes cuya situación resume en los primeros párrafos. Con todo ello, el alumno podrá comprender que la realización de un reportaje no consiste solamente en el acto de escritura que realiza el periodista, sino que implica un trabajo muy serio de investigación y de documentación, lo cual habrá de tener en cuenta en alguno de los ejercicios que se plantean más adelante.

8 y 9.

Los reportajes se incluyen habitualmente dentro de los géneros informativos. Con todo, hay que tener en cuenta que no todos los reportajes tienen las mismas características: los hay puramente informativos, en los que lo que se pretende es transmitir a la opinión pública una serie de hechos novedosos (es el caso de los denominados reportajes de investigación: piénsese, por ejemplo, en los reportajes que dieron lugar al famoso caso *Watergate*); en otros, el periodista elabora la información y la explicación de los sucesos utilizando una perspectiva más personal, con lo que se da cabida a ciertos elementos de subjetividad y también a opiniones del propio periodista; otros, en fin, tienen un carácter tan personal y literario que en ningún modo podrían considerarse como textos informativos: un buen ejemplo son los que con cierta frecuencia elabora Manuel Vicent para *El País Semanal*.

Este de Patricia Ortega Dolz no ofrece ninguna duda sobre su carácter puramente informativo: considérese que, aunque en él aparecen opiniones respecto al problema de las condiciones de trabajo de los inmigrantes y las preferencias laborales de los españoles, estas no corresponden a la «voz» de la periodista: ella no incluye ideas o explicaciones propias, sino que cita las de otros; es decir, no opina ni explica, sino que informa de cuáles son los puntos de vista y las explicaciones de ciertas personas que conocen bien el tema.

En este sentido, la autora mantiene en todo momento, al menos formalmente, la objetividad exigible en este tipo de textos. No hace valoraciones ni juicios subjetivos sobre los hechos de los que habla, sino que se limita a exponer cuantos datos relevantes ha podido recoger y las declaraciones de las personas a las que ha entrevistado. Con todo, téngase en cuenta que, como ya se ha señalado, la objetividad completa no es nunca posible. De una o de otra manera, el texto está siempre condicionado por el pensamiento, la ideología o los intereses de su autor (y también por la «línea editorial» del periódico), lo que puede percibirse con claridad en la misma elección del tema, en el tratamiento que se hace del mismo, en la perspectiva que se adopta y también en la selección de las fuentes de información.

EL REPORTAJE

1.

No se da información en el texto sobre ningún acontecimiento concreto que pueda considerarse novedoso para el lector (como sucedería en una noticia), sino que desarrolla de manera general un tema: el lugar que ocupan los inmigrantes en el mercado laboral español. En este caso, ni siquiera hay referencia a ningún suceso reciente que haya motivado la realización del reportaje que escribe Patricia Ortega. Tampoco puede decirse que el asunto tratado sea de rigurosa actualidad: no se informa de algo que acabe de suceder, sino que se explican las causas de una situación que, sin duda, es ya bien conocida por el lector.

Por otro lado, el contenido del texto no se reduce a las claves informativas; al contrario, la autora intenta desarrollar de manera rigurosa y completa las razones que explican tanto el rechazo de ciertos trabajos por parte de los trabajadores españoles como la necesidad de aceptarlos de los inmigrantes. Es evidente que no se trata de una información elaborada con urgencia, sino que ha exigido de la periodista una elaboración atenta y detenida que incluye, al menos, la realización de diversas entrevistas (a los inmigrantes que menciona al comienzo, a los representantes de organismos públicos, de partidos políticos y de sindicatos) y la lectura de materiales y documentos diversos (estudios sociológicos, estadísticas de empleo...).

Por último, compruébese que la estructura del texto es muy distinta de la habitual en las noticias informativas: no hay una entrada o *lead* que resuma las claves de la información, sino unos párrafos donde, con el fin de llamar nuestra atención y contextualizar el problema que se va a desarrollar, se nos describe brevemente la vida de tres inmigrantes; el cuerpo de la información, por su parte, está organizado siguiendo un orden lógico de carácter expositivo (obsérvese el esquema pregunta – diferentes respuestas que explica la estructura del texto) y no el narrativo (que sigue la cronología de los hechos) o el de pirámide invertida (de lo fundamental a lo menos relevante), que son los usuales en las noticias.

2.

Los titulares de las noticias suelen tener una finalidad prioritariamente informativa: identifican y clasifican la información y resumen su contenido resaltando los elementos clave, sobre todo qué ha sucedido y a quién se refiere el hecho. Suelen ser, por tanto, titulares amplios, sintácticamente completos, formados por enunciados oracionales *(El temporal provoca innumerables cortes de fluido eléctrico en Cataluña)*; en ocasiones, emplean algún procedimiento de abreviación, como las frases predicativas sin verbo *(Tres muertos y catorce heridos en Jerusalem por la explosión de un coche-bomba)* o la supresión del verbo introductorio en los que reproducen declaraciones *(Patxi Zabaleta: «Nuestras reflexiones políticas influirán en ETA y sus presos»)*. Además, es fundamental que mantengan la objetividad característica de este género, por lo que no es usual encontrar en ellos elementos valorativos.

Por el contrario, los titulares de los reportajes, al no referirse necesariamente a sucesos novedosos, suelen buscar más el captar la atención del lector e incluso, en ocasiones, contienen expresiones que constituyen un claro síntoma de la intención de quien ha elaborado el texto. Abundan las frases nominales breves *(El duro trabajo de la mujer,* reportaje de *El País* sobre algunos trabajos que tradicionalmente han desempeñado las mujeres: faenas del campo, producción industrial...), a menudo con información o valoraciones implícitas *(El nuevo zar,* reportaje de *El Mundo* sobre Vladimir Putin, el presidente ruso) o incluso con carácter metafórico *(Siameses unidos por la espalda,* titular de un reportaje de *El País* sobre las relaciones entre Portugal y España).

3.

En el *Libro del alumno* se dan orientaciones sobre la elaboración y redacción de un reportaje. El profesor deberá insistir en ellas, explicárselas en detalle a los alumnos si fuera necesario y, en todo caso, aclararles cuantas dudas se les planteen a lo largo de la actividad: sugerirles posibles fuentes de documentación, ayudarlos a organizar la información recogida, supervisar la redacción, etc. Es importante concebir el ejercicio, no como una actividad para realizar en clase (no se puede llevar a cabo todo el trabajo necesario dentro de los límites del aula), sino como una actividad complementaria: los alumnos deberán hacer fuera la mayor parte de las tareas, y reservar el tiempo de clase exclusivamente para la programación y el reparto de trabajo entre los miembros del grupo, la puesta en común de los materiales y, si es posible, la redacción final.

LA CRÓNICA. LA ENTREVISTA

1.

El texto firmado por Isabel Piquer permitirá ilustrar la diferencia entre una noticia y una crónica: la presencia en la información de elementos valorativos y de opiniones de la periodista es muy clara.

El alumno podrá comprobar, sin embargo, que la información y la explicación no siempre ocupan partes diferenciadas en una crónica: no hay en este texto una primera parte donde la periodista narre de forma objetiva los hechos y otra donde los explique o juzgue. Por el contrario, información y comentario aparecen mezclados incluso en un mismo enunciado.

Por supuesto, los titulares están elaborados con mayor objetividad y tienen una función meramente informativa, pues solo resumen los hechos (con todo, nótese la expresión «*desata las iras del alcalde de Nueva York*», que constituye una valoración implícita del emisor). En el *lead*, es ya evidente la superposición del relato de acontecimientos (referencias a la fotografía expuesta en el Museo de Arte de Brooklyn; propuesta del alcalde de Nueva York de crear un comité de decencia) y el comentario del mismo (pregunta del primer enunciado, expresiones como «*parece atormentar*», «*el alcalde, escandalizado*», el calificar la propuesta de Giuliani como una amenaza...).

En el cuerpo de la información, la alternancia se mantiene: los dos párrafos siguientes constituyen una explicación de hechos anteriores semejantes al asunto sobre el que se informa y que contribuyen a esclarecer las problemáticas relaciones entre el alcalde y el Museo de Brooklyn: son, pues, lo que en el lenguaje periodístico se conoce como *background*, información sobre el contexto, sobre precedentes o cualquier otro tipo de circunstancias cuya explicación es necesaria para que el lector comprenda el contenido y el sentido de la noticia. El tercer párrafo del cuerpo informativo da detalles sobre la polémica foto mezclando también información (título, nombre de la autora, descripción de la imagen) con valoración («*el escándalo se llama...*», «*una composición muy tradicional, salvo que...*»). Más clara aún es la presencia de comentarios de Isabel Piquer al relatar las reacciones de cada uno de los protagonistas, en los tres párrafos siguientes: «*La reacción de Rudolph Giuliani no se hizo esperar*», «*Aunque esto siempre suponga una buena publicidad, el Museo de Arte de Brooklyn no quiere verse de nuevo envuelto en la misma polémica*», «*...las recientes desventuras matrimoniales de Giuliani*». Por último, el párrafo final, en el que la periodista relaciona la noticia con la carrera política del alcalde y pone en cuestión la oportunidad de sus reacciones, es indudablemente un comentario.

2.

Para convertir esta crónica en una noticia será necesario eliminar del texto toda valoración y comentario del emisor, de forma que el texto sea lo más informativo y objetivo posible. La siguiente versión puede servir de ejemplo:

Polémica en Nueva York por una composición de la Última Cena
El alcalde define las fotos de la exposición como «asquerosas» y propone un comité de decencia.
                                                    Isabel Piquer, Nueva York.

Una composición fotográfica que desde ayer expone el Museo de Arte de Brooklyn ha escandalizado al alcalde de Nueva York, Rudolph Giuliani, que ha propuesto la creación de un comité de decencia, compuesto por personalidades de probada moralidad, con el fin de que seleccione las obras que puedan mostrarse en los museos de la ciudad. En la fotografía, titulada *Yo Mama's Last Supper* y obra de la artista neoyorkina de origen jamaicano Renée Cox, se hace una versión libre de la Última Cena en la que la autora posa completamente desnuda representando a Cristo. Los apóstoles son también casi todos negros.

Giuliani calificó la obra como «asquerosa», «insultante» y «anticatólica», y anunció su intención de crear un comité que establezca «normas de decencia» para las obras que se expongan en los museos financiados en parte por la ciudad. Todos los museos neoyorquinos, desde el Metropolitan hasta el MOMA, reciben subvenciones del ayuntamiento, por lo que ninguno de ellos quedaría fuera del control de este comité.

El director de Museo de Arte de Brooklyn, Arnold Lehman, ha declarado que quiere evitar la polémica. En un escueto comunicado se limitó a decir que «algunas obras pueden resultar difíciles y controvertidas para ciertas personas».

Por su parte, la artista, Renée Cox, recordó que su fotografía ya había sido expuesta sin mayores consecuencias en un museo de Connecticut y en una iglesia de Venecia. «Todo esto es muy hipócrita», declaró. «Al alcalde le pillaron con otra mujer, no creo que pueda hablar de moralidad», dijo refiriéndose a los recientes problemas matrimoniales de Giuliani.

3.

Ejercicio de respuesta libre.

4.

Se trata de una entrevista informativa realizada con la finalidad de explicar al lector un asunto de interés general, como es el problema de la clonación humana. Para ello, el periodista entrevista a un científico que es considerado como una autoridad en la materia. El contenido de la entrevista no versa, pues, sobre la personalidad o la vida del entrevistado (al que probablemente el lector no conoce), sino sobre determinados problemas científicos, como el concepto de gen, las técnicas de ingeniería genética y las consecuencias éticas de la clonación.

La forma de inserción en el texto de las preguntas y respuestas es el **estilo directo de cita**. Tanto las intervenciones del entrevistador como las del entrevistado mantienen la estructura propia del diálogo transcrito. Con todo, hágase ver a los alumnos que el texto no tiene por qué reproducir con absoluta fidelidad las palabras de los interlocutores: el periodista, al transcribir el discurso oral, ha tenido que reelaborarlo para eliminar del mismo los rasgos propios de la oralidad (titubeos, repeticiones, posibles anacolutos en la construcción sintáctica, etc.), manteniendo, eso sí, la mayor fidelidad al contenido y a la intención de lo dicho por el entrevistado.

En el párrafo de presentación, el periodista incluye dos tipos de informaciones: datos personales del entrevistado (nombre, cargo, lugar y fecha de nacimiento) y una explicación sobre su trabajo científico *(«investigó en el Instituto Max Planck de Genética Molecular sobre la fidelidad de los mecanismos de transmisión de la información genética para hacer proteínas, [...] dirige una unidad de investigación sobre historia y epistemología de la experimentación»)*. Estos datos no tienen interés informativo en sí mismos. Lo que se pretende no es que el lector los conozca y recuerde, sino justificar la realización de la entrevista y la relevancia e interés de las respuestas del personaje: es un acreditado especialista en el tema del que habla.

5.

No tendrán los alumnos dificultades para encontrar entrevistas que utilicen una estructura diferente de la de **pregunta-respuesta**, pues son muy abundantes. Sirva ésta como ejemplo:

THE WHITE STRIPES
La esperanza rojiblanca

Faltan tres horas para que *The White Stripes* ofrezcan su primer concierto en España. En la puerta de la *Sala Razzmatazz* de Barcelona, no hay más que dos admiradores y el representante. Chaqueta tejana, camiseta de *The Sonics* y una barriga en la que se almacena la producción anual de Heineken. «¿Qué les vas a preguntar? Nada de si son hermanos o no y nada de ropa, por favor. Es aburrido. ¿Has entrevistado a otras bandas de rock?». Una mano cierra el paso hacia el autobús en el que se encuentran Meg, 27 años, y Jack White, 26, el dúo de Detroit que más ríos de tinta roja sobre papel blanco ha provocado en 2001. Prometen no parar en 2002. El señor Heineken recibe la mirada que se merece y la respuesta que estaba buscando. Abre la puerta del autobús y busca el perdón ofreciendo una cerveza, claro.

Una Playstation, una botella de bourbon, unos discos de *gospel*, Meg y Jack. Ella no dice nada, la presencia más turbadora del mundo del rock se dedica a mirar lánguida. Sube descalza al escenario, con dos coletas y mirada extraviada. Jack, en cambio, habla sin parar, toca con calcetines blancos, pose de estrella y pelo alborotado. Son hermanos, o ex marido y mujer. Depende del día.

Ahora son famosos, la prensa británica necesitaba a alguien que compitiera con *The Strokes* y los encontró en ellos. «No queríamos salir en la portada de *MNE* [semanario musical británico, Biblia para muchos admiradores de la música independiente]. De hecho no sabíamos ni qué era el *MNE*. Les dijimos que no, pero vinieron, hicieron una foto en el concierto y nos pusieron en la portada», explica Jack. «No estamos preparados para la fama. Nos ofrecieron hacer un anuncio para Navidad y nos negamos, pues nos querían vestir de Papá Noel [extraña queja, ya que siempre van de rojo y blanco]. Pensamos que sería lo primero que muchos en América verían de nosotros: creerían que somos idiotas. Luego alguien dijo que nos habían ofrecido un millón de dólares. No es verdad, por un millón nos vestimos de lo que sea».

White blood cells es el tercer álbum de esta peculiar pareja, un disco estupendo que consigue lo imposible: hacer del *blues*, una de las músicas más añejas y aburridas, algo moderno y divertido. Sin bajista, solo ellos dos contra el mundo: «Si tuviéramos un bajista, la cosa se liaría demasiado. No ensayamos, ni tocamos con el orden de los temas programado. Haciendo eso perderíamos espontaneidad». Y es que *The White Stripes* son la versión *blues rock* de *Juego de niños*: respuestas descabelladas a coordenadas estipuladas por los mayores. Te hacen sonreír, los ves y te entran unas ganas locas de subir al escenario y abrazarles. «El *blues* tiene un elemento infantil. Se trata de contar historias y eso es lo que buscamos, contar cuentos de la manera más simple posible. Queremos hacer música que los niños puedan escuchar», comenta Jack. Mira a Meg y le pregunta qué opina ella de eso. «Lo mismo que tú», responde. Hoy ya no dirá más.

Jack es admirador de Mondrian, del *blues* del delta y de su ciudad natal. Odia las grandes urbes y, si tuviera que dejar Detroit, solo lo haría para ir a Kentucky, «el último bastión de la cultura americana». Posee una discográfica, *Third Man Records*, a través de la cual promociona las nuevas bandas de la ciudad del motor. Lo único que no le gusta de allí son Eminem y Kid Rock. «Son un ejemplo nefasto. Pop, pero pop del malo. No se dan cuenta que los chicos se fijan en ellos y les adoptan como modelos, y lo único que ellos ofrecen son valores basados en el dinero y el sexo». *The White Stripes*, aparte de ramalazos de integrismo católico, ofrecen música salida de las vísceras. ¿Son hermanos o ex marido y mujer? Ríen. ¿Por qué van siempre de rojo y blanco? Como los peces del río, vuelven a reír. ¿Son un producto de la prensa británica? Se pone serio: «*Hotel Yorba*, nuestro *single*, ha entrado en las listas inglesas y es un tema *country*. Si hubieran querido hacer millonario a un grupo, hubieran buscado uno más fácil de vender».

Tres horas más tarde, Jack y Meg salen al escenario. Tras la primera canción, él se acerca al micrófono y dice: «Hola, somos *The White Stripes*. Yo soy Jack y ésta es mi hermana mayor, Meg». Jack es una mezcla de *drag queen* epiléptica y Jimi Hendrix con ganas de ir al lavabo. Meg aporrea la batería con una pandereta. Roja, por supuesto. Ofrecen el mejor concierto de *rock* que Barcelona ha visto en años. XAVI SANCHO

[*El País de las Tentaciones*, 4-1-2002]

6.
Ejercicio de respuesta libre.

LITERATURA

TEMA 1

LA LITERATURA. LOS GÉNEROS LITERARIOS. LAS FIGURAS LITERARIAS

PREGUNTAS DEL TEXTO INICIAL

En este episodio de *Pelo de Zanahoria,* un ciego llega a la casa de la familia Lepic en un día gélido. Allí, además de recibir su limosna, pretende pasar un rato y entrar en calor, pero con diversas artimañas la madre de Pelo de Zanahoria consigue ponerlo de patitas en la calle.

Sobre la actitud de los diversos personajes que aparecen en el texto puede indicarse que, a la vista de este episodio, quien parece llevar la voz cantante en la familia es la madre (lo que efectivamente es cierto en el resto de la obra), el padre tiene un papel pasivo (se limita a hojear un periódico y darle la conversación imprescindible al ciego) y Pelo de Zanahoria, que todavía es un niño en este momento de la obra, se limita a aprovechar la visita para comenzar un nuevo juego (entretenerse con el charco producido tras la *descongelación* del ciego). Así pues, de entre los miembros de la familia, la verdadera protagonista de este episodio es la madre, quien tendrá en él como antagonista al ciego. Todo el texto se plantea como una lucha entre ambos para conseguir sus opuestos propósitos: permanecer en la casa en el caso del ciego, echarlo fuera en el de la madre. Esta se muestra como un ser carente de sentimientos, que no parece tener la mínima compasión ante la desdichada situación del ciego: el narrador le da el calificativo de *hosca,* señala que actúa *bruscamente,* insiste en sus *hábiles maniobras* (darle codazos al ciego, pisarle los pies, etc.) y en sus *hábiles engaños* sirviéndose del bastón, para finalmente pellizcar al pobre desgraciado, empujarlo a la calle y gritarle (nótese el hiriente sarcasmo del narrador al decir del ciego: «*como si estuviera sordo*»). La última intervención dialogada de la madre no tiene desperdicio para conocer en verdad cuál es su carácter. Por lo que hace al ciego, es un personaje más convencional: se muestra desvalido, como corresponde a su carencia física, y pretende permanecer en la casa a través de sus actos e intentando conmover a los demás con su conversación *(«Sí, amigos míos, se acabó, nada de ojos, nada más, una oscuridad de horno»).*

Puesto que ya estudiaron este asunto en el *Tema* 7 de **Comunicación y técnicas de trabajo**, no resultará difícil a los alumnos distinguir los pasajes narrativos de los dialogados. Los fragmentos de diálogo aparecen siempre en línea aparte precedidos de una raya. Las fórmulas con que el narrador introduce los diálogos varían en su ubicación: unas veces aparecen antes del diálogo seguidas de dos puntos, otras figuran como inciso entre rayas en medio de las palabras literales o al final de las mismas. Los verbos utilizados en estas fórmulas son los siguientes: *dice* (en seis ocasiones), *exclama, termina* y *grita.* No obstante, el diálogo aparece en las dos primeras intervenciones de los personajes en el texto de forma directa, sin necesidad alguna de fórmulas introductorias por parte del narrador. Solo precede a cada una de las intervenciones el nombre del personaje al que pertenecen las palabras que se reproducen a continuación. Puede recordarse a los alumnos que esta es la forma característica de exponer los diálogos en un texto dramático, por lo que, aunque indudablemente se trata en general de un texto narrativo, en este episodio de *Pelo de Zanahoria* hay un breve momento en el que aparece como si de una obra de teatro se tratara.

Ya desde el comienzo mismo del episodio, el bastón del ciego —que al final del texto será un objeto clave para engañar al ciego y librarse de él— aparece en primer plano: «Con la punta de su bastón...». En seguida el bastón se convierte en un objeto animado que «*corre con pasos cortos por las baldosas, como para cazar ratones, y se encuentra con una silla*». Pueden aprovecharse estos ejemplos para presentar a los alumnos los conceptos de **personificación** y de **metonimia**. Más abajo, son los zuecos del ciego los que parecen perder su estado sólido natural, pues «*se derriten*». Después es el agua sucia la que se personifica cuando Pelo de Zanahoria «*le hace señas al agua sucia para que corra hacia él, le indica las grietas profundas*». La animación se extiende luego a los diversos miembros del cuerpo del ciego e incluso a su ropa (ya antes se había dicho: «*los pies del ciego inquieto sienten la humedad, se levantan, a veces uno, a veces el otro, apartan la nieve fangosa, la esparcen a lo lejos*», y ahora son «*las venas témpanos que se disuelven y circulan*», para concluir con atrevido símil: «*Se diría que su ropa y sus miembros sudan aceite*»). La independencia de las partes del cuerpo del ciego llega en algunos momentos a ser total: «*sus dedos trepan como bichos*». Además de para presentar otro caso de **símil**, puede servir este último ejemplo para exponer a los alumnos el concepto de **animalización** en paralelo y en contraposición al más habitual de **prosopopeya** o **personificación**. Ello puede ser especialmente importante si se considera que toda esta espléndida descomposición del ciego y animación de los objetos que lo rodean, de forma paradójica, sirve en último extremo para realizar en el texto la operación retórica contraria: la conversión en objeto del ser animado y humano que es el señor Tissier, que a los ojos del lector aparece al final del relato como un objeto desechable del que se libra la familia Lepic.

En la expresión «*bajo el edredón del cielo gris que se vacía de toda la nieve*», el cielo se presenta a través de una metáfora del tipo I-"de"-R: *el edredón–de–el cielo gris.* El símil «*que gruñe como un perro olvidado afuera*» es un nuevo caso de animación de un elemento del relato, en este caso del viento, y le sirve al autor para acentuar lo desapacible y desolado del mundo exterior a la casa, al que es arrojado sin contemplaciones el ciego.

ACTIVIDADES

1. Evidentemente, el texto de *Clarín* es un texto narrativo; el de Valle-Inclán, dramático; y el de Antonio Gamoneda, lírico.
2. A) Paradoja.

B) Asíndeton.
C) Paralelismo y antítesis.
D) Interrogación retórica.
E) Paradoja.
F) Símiles e hipérboles: *tan blando por fuera, que se diría todo de algodón, que no lleva huesos;* metáfora I-"de"-R: *los espejos de azabache de sus ojos;* símil: *duros cual dos escarabajos de cristal negro.*
G) Metáfora I-verbo "ser"-R: *río son sus pensamientos;* antítesis: *unos vienen y otros van.*

3. Respuesta libre.
4. Respuesta libre.
5. He aquí el texto original de Gabriel Miró:
El último claror de la tarde se lo embebía el techo de vigas; un vaho de pozo salobre iba cayendo por la reja. Todo el casón semejaba desamparado. Pablo se acordó del conserje que se quedaba de noche en el sótano de la botillería, solo, con la graja dormida en un travesaño. Y angustiose del horror de ser él ese hombre de luto. Poco a poco le fue mirando una lucecita como la de los cuentos de los niños que se pierden por los campos. Pero los niños de los cuentos caminan bajo los bosques y los cielos, y él estaba inmóvil, entre vasares y muros. La lucecita venía de la parroquia, de la lámpara de Nuestro Padre San Daniel, la misma lámpara que palpitó sobre la frente de su madre la noche de su terror en la capilla del santo.

Por si se considera de interés presentárselas a los alumnos, definimos a continuación algunas figuras literarias que no se han explicado en el libro del alumno. En cada caso damos también un ejemplo:

- **Anadiplosis.** Repetición de uno o varios elementos finales de un verso o de un grupo sintáctico al comienzo del siguiente:
  Aunque no estaba la fuente,
  la fuente siempre sonaba (Rafael Alberti).
- **Apóstrofe.** Interpelación dirigida a un ser presente o ausente, real o imaginario:
  Yo no seré yo, muerte,
  hasta que tú, en tu turno, vistas
  de huesos pálidos mi alma (Juan Ramón Jiménez).
- **Calambur.** Las sílabas de una o más palabras se reagrupan de manera diferente para obtener otro sentido:
  Aquí yace Rosario río de rosas hasta el infinito
  Aquí yace Raimundo raíces del mundo son sus venas
  Aquí yace Clarisa clara risa enclaustrada en la luz
  Aquí yace Alejandro antro alejado ala adentro
  (Vicente Huidobro).
- **Concatenación.** Anadiplosis continuada en la que cada verso o frase retoma en su comienzo el final del anterior:
  Al tímpano le duele tu desnudo
  como le duele al grito el nacimiento,
  al nacimiento el aire,
  al aire el roce,
  al roce el peso, al peso
  la ley inconsolable
  de la gravitación central de la ceniza
  (José Ángel Valente)
- **Dilogía, disemia, silepsis** o **equívoco.** Empleo de una palabra con dos sentidos diferentes. Por ejemplo, en los dos versos siguientes hay dos dilogías, una en la palabra *calvino* (entendida como diminutivo de «calvo» y como referencia del apellido del famoso reformador protestante francés del siglo XVI Juan Calvino) y otra en el término *fuego* (entendido como el calor abrasador del sol en verano y como el fuego de las hogueras en que la Inquisición quemaba a los herejes):
  Si, cual calvino soy, fuera Lutero,
  contra el fuego no hay cosa que me valga
  (Francisco de Quevedo).
- **Enumeración caótica.** Enumeración de elementos que no presentan una relación lógica entre sí:
  Día, noche, ponientes, madrugadas, espacios
  ondas nuevas, antiguas, fugitivas, perpetuas,
  mar o tierra, navío, lecho, pluma, cristal,
  metal, música, labio, silencio, vegetal,
  mundo, quietud, su forma. Se querían, sabedlo
  (Vicente Aleixandre).
- **Epanadiplosis.** Repetición del mismo elemento al comienzo y al final de un verso o de un grupo sintáctico:
  Pregunte por quien pregunte / ... (Federico García Lorca).
  Mira hacia el lado del boscaje, mira / ... (Rubén Darío).
- **Geminación** o **epanalepsis.** Repetición de uno o varios elementos al principio de un verso o grupo sintáctico:
  Soñar, soñar la noche, la calle, la escalera
  (Xavier Villaurrutia).
- **Hipálage** o **desplazamiento calificativo.** Atribución de un adjetivo a un sustantivo distinto del que le corresponde, pero al que se encuentra próximo:
  Yunques ahumados, sus pechos
  gimen canciones redondas
  (Federico García Lorca).
- **Lítotes.** Negación de lo contrario de lo que se desea afirmar:
  Mariposa no solo no cobarde,
  mas temeraria, fatalmente ciega
  (Luis de Góngora).
- **Retruécano.** Se contraponen dos grupos sintácticos que contienen las mismas palabras pero con otro orden y sentido:
  En este país no se lee porque no se escribe, o no se escribe porque no se lee
  (Mariano José de Larra).

TEMA 2

LA MÉTRICA

PREGUNTAS DEL TEXTO INICIAL

La aritmética carece de interés en el aprendizaje inicial del chico porque no tiene para él verosimilitud. Esto se debe a que, para dar los primeros pasos en el cálculo aritmético, se utilizan como ejemplo diversas frutas que, por su abundancia en el Cáucaso, se daban y tomaban sin necesidad de contarlas. Aunque la anécdota es, en principio, inocente, conviene que los alumnos presten atención al desdén hacia lo económico y lo vulgarmente material que puede esconder esta actitud, infantil solo en apariencia. Ello contrasta con el interés que el niño muestra primero por el abecedario y luego por el *Quijote,* las obras de Julio Verne, la literatura fantástica o la pintura.

La anécdota de *El patio Ágata* y del *Quijote* muestra la sensibilidad casi innata para la buena literatura de quien será luego un importante escritor. Puede resultar muy útil este ejemplo para hacer ver a los alumnos la enorme distancia que hay entre buena parte de la considerada *literatura infantil,* que oscila a menudo entre el sentimentalismo sensiblero y la pura gazmoñería, y a la que estarán probablemente acostumbrados por su edad (para el caso, serviría también de ejemplo casi idéntico el llamado *cine para niños),* y la literatura de más altos vuelos y más largo alcance a la que se refiere circunstancialmente Maiakovski y con la que, si también muestran ellos una sensibilidad despierta, podrán entrar en contacto a lo largo de este curso.

Maiakovski descubre la poesía en los versos revolucionarios impresos en los panfletos que se reparten por las calles moscovitas. Este descubrimiento es, sin duda, decisivo en la biografía personal y literaria del que luego será el más representativo de los poetas futuristas rusos y el más conocido de los escritores soviéticos.

El último episodio del texto revela muy poéticamente algunos rasgos del futuro adulto. Por un lado, la puntillosa conciencia del niño, a quien sus escrúpulos le impiden quedarse sin mayor preocupación con las vueltas que le han dado de más. Por otro lado, se advierte también la incipiente conciencia social del muchacho, que, cuando descubre que el error no es del empleado sino del patrón, se siente liberado de sus escrúpulos y emplea ese dinero extra en pagarse dos caprichos infantiles. Sin embargo, conviene que no pase inadvertido el desenlace del episodio, puesto que es entonces cuando se descubre que, en última instancia, el profundo sentido de la honestidad del niño le hace sentirse mal consigo mismo y rechazar para siempre el pan de frutos confitados. Nótese, además, el expresivo estilo telegráfico con el que, casi sin transiciones y de forma muy eficaz, se va dando cuenta al lector de los cambios de ánimo del personaje. Así, el reproche final que el autor se hace por su comportamiento no se realiza de forma directa, sino con la lacónica frase que cierra el episodio, en la que la recriminación latente resulta potenciada con la contundencia de la expresión: «quedé asqueado para siempre».

ACTIVIDADES

1. El poema de Juan Gil-Albert es un soneto titulado «El pecado» y su división en versos es la siguiente:
   *La vi cuando sentado contemplaba
   la ligera tormenta veraniega
   que en lontananza mana y se repliega
   sobre un collado gris, y alguien que estaba
   detrás y demudado la miraba
   me gritó: «¡Una serpiente!». Y cual despliega
   la manga el jardinero cuando riega,
   mas con vital poder, vi que avanzaba.
   A mi altura llegó y alzose erguida
   con retadora gracia: era escamosa
   y su breve cabeza iba seguida
   de ondulación... Entonces consolado
   pude observar cuán terca y cuán hermosa
   era aún la presencia del pecado.*

   Puede aprovecharse este texto para presentar a los alumnos un soneto cuyos tercetos riman de forma distinta a la más usual. En este caso, la rima de los tercetos es CDC EDE.
2. Los alumnos encontrarán sin dificultad por sí mismos ejemplos de anuncios publicitarios. Lo efímero de tales mensajes nos exime aquí de presentar casos que en seguida habrán caído en el olvido. La perdurabilidad en el tiempo de los refranes sí puede hacer útil proponer algunos ejemplos de este ámbito:
   * Isosilabismo y rima asonante: *Quien a buen árbol se arrima, / buena sombra le cobija* (8a 8a).
   * Isosilabismo y rima consonante: *En abril, / aguas mil* (4a 4a).
   * Isosilabismo sin rima: *No por mucho madrugar, / amanece más temprano* (8– 8–).
3. JUAN RAMÓN JIMÉNEZ: un soneto (hágase ver a los alumnos cuál es la rima de los tercetos en este caso: CDE CDE).
   JUAN BARJA: poema en endecasílabos blancos.
   NICOLÁS GUILLÉN: tercetos encadenados.
   MARIO BENEDETTI: una décima.
   GABRIEL CELAYA: una copla.
   JUANA DE IBARBOUROU: cuatro pareados.
   MIGUEL DE UNAMUNO: un cuarteto.
   FRAY LUIS DE LEÓN: una lira.
   JORGE GUILLÉN: un serventesio.
   JOSÉ MORENO VILLA: un romance.
   JUAN EDUARDO CIRLOT: un soneto (nuevamente puede hacérseles notar a los alumnos la rima de los tercetos –en este caso CDC CDC—, diferente a la de los otros tres sonetos que han analizado en este tema).
   PABLO NERUDA: poema no estrófico en versos libres o versículos.

TEMA 3

LA LITERATURA MEDIEVAL

PREGUNTAS DEL TEXTO INICIAL

El comentario de este texto debe servir como introducción a la sociedad y literatura medievales. Por ello, interesa señalar los elementos característicos de la Edad Media que pueden descubrirse en el cuento, especialmente la referencia a la posibilidad de *comprar siervos y siervas,* así como la importancia de casarse con alguien de *linaje noble.* También puede indicarse que ciertos religiosos vivían en la época de la práctica de la limosna y, más anecdóticamente, se podría mencionar el empleo de monedas hoy desconocidas, como los maravedíes.

Es evidente que el comportamiento del protagonista no se ajusta a lo que de él cabría esperar en la época, puesto que su egoísmo y ambición chocan frontalmente con el voto de pobreza, la espiritualidad y el desapego de los bienes materiales que se suponían en los religiosos. La intención del cuento es, claramente, avisar a estos religiosos de que deben ocuparse de rezar –su obligación principal– y no de pensar en el mundo y sus *engaños,* pero también advierte a todos los individuos en general de que han de conformarse con su estado y no aspirar a salirse de él ni a medrar. Convendría relacionar esta moraleja del cuento con el cerrado orden social medieval del que se habla después en el tema.

La figura retórica con la que se desarrollan las ambiciosas ilusiones del personaje es la *gradación ascendente,* cuyos elementos son: diez cabras, cuatrocientas cabras, cien vacas, grandes riquezas, siervos y siervas, matrimonio con mujer rica y noble e hijo criado como un príncipe.

La versión más conocida por los alumnos será la del famoso cuento de la lechera. En este mismo tema encontrarán después y comentarán el *exemplo* VII de *El conde Lucanor*. Para otro posible ejercicio de comparación con el presente texto del *Calila*, podría presentarse también en clase el paso *Las aceitunas,* de Lope de Rueda, donde se utiliza asimismo el motivo de las «ilusiones desmedidas». Mucho más próximo en el tiempo es el final del primer acto de *Historia de una escalera* (1949), de Antonio Buero Vallejo, que también puede servir para ser comparado con el apólogo del *Calila e Dimna:*

> [Carmina vuelve de comprar leche y, al cruzarse con ella, Fernando le declara su amor].
> FERNANDO.– (Abrazándola por el talle.) *Carmina, desde mañana voy a trabajar de firme por ti. Quiero salir de esta pobreza, de este sucio ambiente. Salir y sacarte a ti. Dejar para siempre los chismorreos, las broncas entre vecinos... Acabar con la angustia del dinero escaso, de los favores que abochornan como una bofetada, de los padres que nos abruman con su torpeza y su cariño servil, irracional...*
> CARMINA.– (Represiva.) *¡Fernando!*
> FERNANDO.– *Sí. Acabar con todo esto. ¡Ayúdame tú! Escucha: voy a estudiar mucho, ¿sabes? Mucho. Primero me haré delineante. ¡Eso es fácil! En un año... Como para entonces ya ganaré bastante, estudiaré para aparejador. Tres años. Dentro de cuatro años seré un aparejador solicitado por todos los arquitectos. Ganaré mucho dinero. Por entonces tú serás ya mi mujercita, y viviremos en otro barrio, en un pisito limpio y tranquilo. Yo seguiré estudiando. ¿Quién sabe? Puede que para entonces me haga ingeniero. Y como una cosa no es incompatible con la otra, publicaré un libro de poesías, un libro que tendrá mucho éxito...*
> CARMINA.– (Que le ha escuchado extasiada.) *¡Qué felices seremos!*
> FERNANDO.– *¡Carmina!*
>
> (Se inclina para besarla y da un golpe con el pie a la lechera, que se derrama estrepitosamente. Temblorosos, se levantan los dos y miran, asombrados, la gran mancha blanca en el suelo.)

ACTIVIDADES DEL TEXTO 1

La estructura de encadenamiento paralelístico de las diversas estrofas del poema resulta evidente y los elementos que se van repitiendo, así como los que van variando, saltan a la vista. Convendría, con todo, resaltar el empleo del estribillo como elemento estructurador, así como el uso del llamado *leixaprén* («toma y deja»), característico de la poesía gallega, es decir, la repetición literal al principio de una estrofa de un verso ya utilizado en una estrofa anterior: *e cercaronmi as ondas, que grandes son* (vv. 2 y 9), *non hei barqueiro nen remador* (vv. 10 y 17), *non hei barqueiro nen sei remar* (vv. 14 y 21).

Otros rasgos de las cantigas de amigo que se hallan en el texto son la voz femenina, el tema amoroso, la presencia del mar, la sencillez expresiva. Algunos de estos rasgos son coincidentes con los de las jarchas, pero no otros. Será interesante hacérselo ver a los alumnos comparando esta cantiga con la jarcha que se incluye en el apartado 2.1. del tema. Las primeras diferencias que se advierten son la mayor extensión de la cantiga de amigo y la importancia que en esta alcanza la estructura paralelística. Otro rasgo diferenciador es la presencia de la naturaleza en la cantiga y su ausencia en la jarcha. Sin embargo, son manifiestas las concomitancias: voz femenina, tema amoroso, importancia del *amigo,* expresión sencilla, etc.

La intensidad del sentimiento amoroso queda resaltada por el tono exclamativo casi desesperado del estribillo, por la utilización reiterada de ciertos adjetivos *(grandes, alto)* y verbos *(cercaronmi, morrerei)* y por el impresionante valor simbólico del mar. En palabras de Francisco Torrecilla del Olmo: «Bella cantiga esta de un tal Meendinho, cantor poeta del que no conocemos ninguna otra composición. En ella se aprovecha acertadamente la técnica del paralelismo con *leixaprén* con la que se intensifica hasta la angustia del oyente el simbolismo del agua expresando el deseo amoroso de la muchacha. Conmueve, realmente, por cuanto es un deseo enorme (tanto como el mar) y, al fin, insatisfecho» *(Canciones populares de la tradición medieval,* Madrid, Akal, 1997, p. 93). Sería oportuno insistir ahora en la importancia de la utilización de símbolos en la poesía popular, que volveremos a ver en el siguiente tema cuando se explique la lírica tradicional castellana y el romancero.

Algunas buenas antologías de antigua lírica tradicional que pueden emplearse para la selección y recitado de poemas son, además de la antes citada de Torrecilla del Olmo, las de Dámaso Alonso y José Manuel Blecua *(Antología de la poesía española. Lírica de tipo tradicional,* Madrid, Gredos, 1964[2]), José María Alín *(Cancionero tradicional,* Madrid, Castalia, 1991), Carlos Alvar y Vicente Beltrán *(Antología de la poesía gallego portuguesa,* Madrid, Alhambra, 1985) y la monumental de Margit Frenk *(Corpus de la antigua lírica popular hispánica,* Madrid, Castalia, 1987).

ACTIVIDADES DEL TEXTO 2

El significado en el texto de las palabras indicadas es el siguiente:
- *escaño:* banco con respaldo y capaz para sentarse tres o más personas;
- *embrazan (los mantos):* enrollan (los mantos) al brazo para cubrir y defender el cuerpo;
- *lagar:* sitio donde se prensa la uva, la aceituna o la manzana para obtener respectivamente el mosto, el aceite o la sidra;
- *brial:* faldón que iba desde la cintura hasta encima de las rodillas;
- *mesnadas:* compañía de gente de armas.

Este episodio del león, pese a su apariencia anecdótica, es esencial en el desarrollo del *Cantar de mio Cid*. Por un lado, es el origen del conflicto que tiene lugar en la última parte del poema, en la que quedan enfrentados el protagonista y sus yernos. El ridículo en el que estos quedan dará lugar a su vil comportamiento posterior y a la consiguiente petición de justicia por parte del Cid, que conducirá finalmente a la definitiva recuperación de su honra con la boda de sus hijas con los reyes de Navarra y de Aragón. Por otro lado, resulta clara en este pasaje la oposición política y social que se plantea en el *Cantar* entre la alta nobleza leonesa y el Cid y los castellanos que lo siguen. De ahí que se produzca la glorificación del héroe, capaz de comportarse con un valor inverosímil, mientras que los infantes de Carrión actúan con una cobardía exagerada que el autor subraya hasta el extremo. El valor del Cid contrasta incluso con el de sus soldados, pues si estos «embrazan los mantos» para defenderse, el de Vivar «lleva el manto al cuello» y se dirige a la fiera a pecho descubierto. Otras virtudes que adornan a Rodrigo Díaz son su prudencia y dignidad. Por el contrario, el miedo de los nobles es ridiculizado por medio de la ironía y del humor: se esconden despavoridos, uno –con claro simbolismo– bajo el banco del Cid, otro en el lagar de donde sale manchado con intencionada ambigüedad (no se sabe si por lo sucio del sitio elegido para esconderse o simplemente víctima de incontinencia por el terror insuperable que sentía); huyen después y reaparecen «sin color» entre la chufla general.

Todo el episodio tiene, desde luego, un carácter puramente literario y ello es tanto más interesante cuanto revela la intención del autor a la hora de inventar esta anécdota en concreto. De todos modos, puede comentarse a los alumnos que no es por completo insólita la presencia de un león en los aposentos del Cid, pues era frecuente en la época que los nobles tuvieran en sus palacios animales salvajes y exóticos.

El empleo de recursos propios de los cantares de gesta puede fácilmente documentarse en el texto:
- epítetos épicos: *el Campeador* (vv. 3 y 7), *el que en buena hora nació* (v. 16), *mio Cid el Campeador* (v. 32);
- llamadas al oyente: *un mal accidente sabed que les pasó* (v. 4), *no visteis tal broma como iba por la corte* (v. 31);
- frases y sintagmas en grupos de dos: *saliose de la red y desatose el león* (v. 5), *ni cuarto abierto ni torre* (v. 10), *«¿Qué es esto, mesnadas, o qué queréis vosotros?»* (v.18), *el manto y el brial* (v. 15), *la cabeza bajó y el rostro hincó* (v. 23), *por sus yernos preguntó y no los halló* (v. 28);
- paso de la narración al discurso directo: hay un cambio sin transición alguna en los versos 17-19: *vio cercado el escaño por sus buenos varones: / –«¿Qué es esto, mesnadas, o qué queréis vosotros?». / –«Ya, señor honrado, un susto nos dio el león»*; hay también un paso de narración a discurso directo con una fórmula de presentación con verbo *dicendi* y acusado pleonasmo en el verso 13: *diciendo por su boca: «No veré más Carrión»*.

Señalamos a continuación los hemistiquios y cesuras de los ocho primeros versos:

En Valencia estaba mio Cid   con todos sus vasallos.
Con él sus yernos ambos,   los infantes de Carrión.
Echado en un escaño,   dormía el Campeador,
un mal accidente   sabed que les pasó:
saliose de la red   y desatose el león.
En gran miedo se vieron   en medio de la corte;
embrazan los mantos   los del Campeador,
y rodean el escaño,   y se quedan junto a su señor.

Para la selección de diversos pasajes del *Cantar* convendría que en la biblioteca hubiera algunas de las ediciones más cualificadas de la obra: por ejemplo, las de María Eugenia Lacarra (ed. Taurus), Ian Michael (ed. Castalia), Alberto Montaner (ed. Crítica), Julio Rodríguez Puértolas (ed. Akal), Colin Smith (ed. Cátedra), etc. Entre las ediciones modernizadas serán muy útiles las de Francisco López Estrada (ed. Castalia, Odres Nuevos) y Francisco Marcos Marín (ed. Alhambra). También sería interesante manejar la versión prosificada de Alfonso Reyes (ed. Espasa-Calpe, Austral).

ACTIVIDADES DEL TEXTO 3

El significado en el texto de las palabras y expresiones indicadas es el siguiente:
- *soterraña:* subterránea, bajo tierra;
- *tamaña:* tan grande;
- *cuitoso:* afligido, desventurado;
- *desdoro:* vergüenza, deshonor;
- *loor:* elogio, alabanza;
- *desfallecido:* debilitado, agotado;
- *de grado:* voluntariamente, gustosamente;
- *portillo:* abertura, agujero;
- *mezquino:* pequeño, pobre;
- *hidalguía:* calidad de hidalgo, nobleza.

Se trata evidentemente de una cuaderna vía con rima consonante en *–aña* y fuerte cesura intermedia que divide los versos en dos hemistiquios de siete sílabas cada uno:

Dor-mí-ael-le-ón-par-do   en-la-frí-a-mon-ta-ña,
en-laes-pe-su-ra-tie-ne   su-cue-va-so-te-rra-ña.
Muy-cer-ca-los-ra-to-nes   ju-ga-ban-en-com-pa-ña
al-le-ón-des-per-ta-ron   con-su-fies-ta-ta-ma-ña.

El texto forma parte de la colección de fábulas que, junto a otros *exemplos,* se van interpolando a lo largo del *Libro de buen amor.* Una fábula es un relato breve cuyos personajes son animales y del que se extrae alguna moraleja. La moraleja es la enseñanza moral (de ahí su denominación) o lección práctica que se deduce de un cuento, fábula, etc. Este *Ejemplo del león y del ratón* se puede considerar una fábula porque está protagonizado por animales con rasgos humanos de comportamiento (animales parlantes dotados de capacidad de raciocinio) y porque de su argumento puede inferirse una moraleja, que hace explícita el poeta en las dos últimas estrofas. Concretamente en este caso, la moraleja es doble: por un lado, se recomienda al poderoso que no desprecie al pobre porque este puede llegar a serle útil y, por otro lado, se aconseja al que nada tiene *(quien no tiene poder, dinero ni hidalguía:* puede ser muy interesante comentar con los alumnos qué es en el siglo XIV lo que define a quien no tiene nada, es decir, la nobleza, el dinero y el poder) que emplee su inteligencia para suplir sus carencias materiales (nótense también las cuatro palabras que emplea para ello Juan Ruiz y la riqueza de matices que contienen: *artificio y juicio, arte y sabiduría*).

Sin duda, este ejemplo del *Libro de buen amor* se encuentra dentro de la tradición de los *exemplos* o apólogos medievales y en él pueden percibirse los rasgos típicos que se señalan en el tema: intención didáctica, enseñanza esencialmente práctica que sirve en un primer momento al ratón para zafarse del león y después a este para librarse de la red, prudencia en el comportamiento del poderoso para no dejarse llevar por su superioridad de modo irreflexivo y astucia en el humilde para desenvolverse en las situaciones complicadas que pueden presentársele en la vida.

La disputa de los griegos y los romanos también es, desde luego, un *exemplo,* aunque no sería una fábula en el sentido antes expuesto porque sus protagonistas no son animales (sí sería una fábula en el sentido más genérico y etimológico de *hablilla* –puede recordársele a los alumnos la relación etimológica del vocablo *fábula* con los conocidos arcaísmos *fablar, fabla,* etc.– o narración puramente inventada). En rigor, este *exemplo* puede encuadrarse dentro de otro típico género medieval, el de la *disputa,* aunque utilizado aquí de modo burlesco. La moraleja de *La disputa de los griegos y los romanos* la expone el propio Juan Ruiz en la última estrofa del texto seleccionado: es preciso comprender bien las palabras para entender el sentido de los mensajes. Y el Arcipreste de Hita emplea este *exemplo* con su moraleja para guiñar el ojo al lector y decirle que se fije bien en su libro si quiere entenderlo correctamente: *entiende bien mi libro, tendrás dueña garrida.* Es más, en la estrofa previa a la del texto reproducido el poeta explica ya el sentido de la *disputa* que va a exponer a continuación. Se les puede presentar estos versos a los alumnos para comparar el sentido que da el propio autor a su texto con el que ellos hubieran entendido:

*Entiende bien mis dichos y piensa la sentencia,
no me ocurra contigo como al doctor de Grecia
con el romano vil y su poca sapiencia
cuando demandó Roma a los griegos la ciencia.*

Es probable que los alumnos conozcan otras versiones de la fábula, muy difundida en todo tipo de cuentos infantiles, a veces cambiando el ratón por otros animales como el conejo, la liebre, etc. Además de comparar el texto de Juan Ruiz con los que presenten los alumnos, también puede ofrecérseles como término de comparación la siguiente fábula de Samaniego, para que observen la diferencia en el tratamiento del mismo motivo entre dos escritores alejados cuatro siglos en el tiempo, uno medieval y otro ilustrado:

EL LEÓN Y EL RATÓN

*Estaba un ratoncillo aprisionado
en las garras de un león; el desdichado
en la tal ratonera no fue preso
por ladrón de tocino ni de queso,
sino porque con otros molestaba
al león, que en su retiro descansaba.
Pide perdón, llorando su insolencia;
al oír implorar la real clemencia,
responde el Rey en majestuoso tono
(no dijera más Tito): «Te perdono».
Poco después, cazando, el león tropieza
en una red oculta en la maleza;
quiere salir, mas queda prisionero;
atronando la selva ruge fiero.
El libre ratoncillo, que lo siente,
corriendo llega, roe diligente
los nudos de la red de tal manera
que al fin rompió los grillos de la fiera.
Conviene al poderoso
para los infelices ser piadoso;
tal vez se puede ver necesitado
del auxilio de aquel más desdichado.*

Esta fábula es muy antigua y se encuentra ya en Esopo (fábula 206); la reelabora, asimismo, otro famoso fabulista del siglo XVII, el francés La Fontaine (II, 11). Si se considerara conveniente, podrían utilizarse también estos dos textos para que los alumnos los comparasen con el del *Libro de buen amor.*

ACTIVIDADES DEL TEXTO 4

Los alumnos observarán sin dificultad la gran distancia existente entre el texto en su lengua original y la versión modernizada. Probablemente, se fijarán, sobre todo, en las diferencias gráficas y léxicas. Aunque de modo genérico, podría aprovecharse esta ocasión para comentarles que las divergencias gráficas suponen también diferencias de carácter fonético-fonológico, pues entre el castellano que ellos hablan y el del siglo XIV hay en este plano de la lengua una gran distancia. Con todo, debe advertirse a los alumnos que incluso este texto en lengua medieval que leemos hoy es gráficamente muy distinto del que figura en el códice original: se ha puntuado y acentuado conforme a la norma actual, se han regularizado grafías, se han resuelto contracciones, etc. Para hacerse idea de ello, basta con que intenten leer alguna de las ilustraciones de manuscritos medievales que figuran en su libro.

En este *exemplo*, como en todos los de *El conde Lucanor*, pueden distinguirse las siguientes partes:
1. El conde Lucanor plantea a Patronio un problema.
2. Respuesta de Patronio:
   2.1. Consejo al conde, que anticipa la moraleja.
   2.2. Historia de doña Truhana.
   2.3. Moraleja de la historia aplicada a la situación particular del conde.
3. El conde sigue el consejo.
4. El propio don Juan Manuel resume el sentido del *exemplo* en un pareado.

Se puede señalar, además, que la parte más extensa, la 2.2., sería estrictamente la del *exemplo*, mientras que las demás constituirían el marco del relato. También podrían indicarse los diversos niveles narrativos del texto: un narrador impersonal nos presenta la historia de dos personajes ficticios, el conde Lucanor y Patronio, que tienen una conversación; uno de ellos, Patronio, se convierte en un segundo narrador que cuenta otra historia ficticia, la de doña Truhana; finalmente, el narrador impersonal engloba los dos mundos ficticios y se sitúa en un supuesto mundo real en el que aparece el propio autor, *don Juan*, quien participa como personaje en el relato componiendo dos versos, cuya enseñanza se orienta ahora al propio lector, que de forma explícita se convierte en personaje destinatario del texto a través de las invocaciones que a él se dirigen en los dos versos finales: *confiad, evitad*. De este modo, queda engarzado el mundo ficticio del relato con el mundo real de cada uno de los que leen el texto hasta el final.

La relación entre este *exemplo* y el del texto del *Calila e Dimna* que encabeza el tema es obvia, y justamente en el desarrollo del mismo motivo argumental está su principal semejanza. Se trata de un motivo de origen oriental que figura ya en el *Panchatantra* y que alcanzó una enorme difusión que llega hasta nuestros días, en los que sigue vivo tanto en la tradición oral como en la escrita en numerosos y diversos cuentos infantiles. Por supuesto, hay también semejanzas en el desarrollo de la historia: un personaje pobre que, a partir de una pequeña propiedad (una jarra de miel y manteca – una olla de miel), se forja ilusiones crecientes expuestas mediante el procedimiento de la gradación ascendente: diez cabras, cuatrocientas cabras, cien vacas, grandes riquezas, siervos y siervas, matrimonio con mujer rica y noble e hijo criado como un príncipe en el cuento del *Calila e Dimna*; huevos, gallinas, dineros, ovejas, más riquezas que ninguna de sus vecinas, buenas bodas de sus hijos e hijas, en el caso del *exemplo* de doña Truhana. En ambos relatos, el desenlace es el mismo: se rompen la jarra y la olla. La principal diferencia reside en que el *exemplo* de *El conde Lucanor* se encuentra dentro de un marco narrativo superior, según hemos explicado anteriormente, mientras que el del *Calila* es una unidad completa en sí misma. De aquí se deriva también alguna importante diferencia en cuanto al sentido e intención didáctica del cuento: si en *El religioso que vertió la miel sobre su cabeza* el propósito era avisar a los religiosos de que debían ocuparse de rezar y al resto de los individuos de que habían de conformarse con su situación social y no aspirar a medrar, en *Lo que sucedió a una mujer llamada doña Truhana*, además de esa advertencia tan propia de una sociedad estamental como la medieval de que cada cual tiene que permanecer dentro de su grupo social sin ambicionar salir de él, hay también una llamada a los nobles y demás poderosos para que no pongan en riesgo su fortuna y su encumbrada posición social por alcanzar cosas de las que no están seguros: «*guardaos muy bien de aventurar nada que estiméis por la incierta esperanza de un galardón de que no estéis seguro*». Se puede, por ello, recordar a los alumnos que este texto de don Juan Manuel refleja perfectamente lo que es una constante de su obra, según han aprendido en el apartado 4 del tema: ofrecer a los nobles de su tiempo modelos de comportamiento adecuados a su estamento y útiles para mantener su categoría social y económica.

TEMA 4

LA LITERATURA DEL SIGLO XV

PREGUNTAS DEL TEXTO INICIAL

En el fragmento transcrito danzan ante la muerte el emperador, el cardenal, el rey y el patriarca. El primero ha aparecido antes del comienzo del texto y el último es llamado a comparecer en el verso final. No podemos saber, pues, lo que censurará a este. A los otros tres les echa en cara lo siguiente: al emperador, los bienes atesorados abusando de su poder despótico; al cardenal, su ambición desmedida por ser papa; al rey, su tiranía y la acumulación de riquezas mediante el saqueo de su reino. Tanto el cardenal como el rey intentan zafarse de la muerte inevitable: el uno alude a sus méritos (*siempre trabajé en leer y escribir / por dar beneficios a fieles criados*), el otro intenta en vano utilizar su poder y llama en su ayuda a sus vasallos (*¡Socorro, socorro, a mí caballeros! [...] Llegaos con los ballesteros, / amparadme todos a punta de lanza*).

A la vista del texto, lo que parece decir el autor es que en la hora de la muerte cada uno tendrá su merecido. Así les ocurre a los demás personajes que intervienen en la danza: al papa, al duque, al arzobispo, al condestable, al obispo, al caballero, al abad, al escudero, al deán, al mercader, al arcediano, al abogado, al canónigo, al médico, al cura, al labrador, al monje, al usurero, al fraile, al portero, al ermitaño, al contador, al diácono, al recaudador, al subdiácono, al sacristán, al rabí, al alfaquí, al santero, e incluso «*a todos los que aquí non he nombrado*» (v. 617). De modo que, desde el más poderoso al más humilde, todos han de capitular ante la muerte ineludible. El tema, pues, de la *Danza general de la muerte* es el poder igualador de la muerte, tópico muy común en la filosofía y en la literatura de la Edad Media. No obstante, conviene hacer reflexionar a los alumnos en que, como se ha dicho, «no conviene caer en el tópico habitual del sentido "democratizante" de las danzas, pues, si lo tienen, es *a posteriori*: los seres humanos son iguales, pero solo ante la muerte; las injusticias y la explotación se castigan en el más allá, no aquí. [...] Es una democracia de ultratumba» (Julio Rodríguez Puértolas, *Poesía crítica y satírica del siglo XV*, Madrid, Castalia, 1981, p. 41).

El procedimiento para engarzar la aparición de los distintos personajes consiste en que en un verso la muerte llama al compareciente de turno, este intenta evitar el momento inexcusable con diversos argumentos que se desarrollan en la siguiente estrofa, y, a continuación, la muerte le censura sus vicios y defectos particulares (despotismo, ambición, lujuria, etc.) en otra estrofa. En el último verso, la muerte cita al nuevo personaje que ha de danzar ante ella. Y así sucesivamente.

El carácter teatral o no de las danzas de la muerte ha sido objeto de intenso debate, sin que pueda afirmarse una cosa u otra de modo concluyente. Hay, con todo, noticias de alguna que otra representación en diversos lugares de Europa. Para lo que aquí interesa, bastaría con que los alumnos apuntaran las posibilidades teatrales del texto: presencia de varios personajes cuyos diálogos, en ausencia de narrador, van desarrollando un argumento ante los ojos del posible espectador; empleo de referencias deícticas locativas y temporales que permitirían una representación más fácil del texto (*aquí*, vv. 5, 18; *ahora*, vv. 15, 20; *venid hacia mí*, v. 37; *llegad a la danza [...] en un salto*, v. 39); llamadas a escena por medio del verbo *venir* (vv. 8, 24, 37, 40); uso de otros verbos de sentido similar (*ir, llegar*); expresiones del tipo *mas ¿qué es lo que veo?* (v. 29); exclamaciones de intenso dramatismo (*¡Socorro, socorro, a mí caballeros!*); etc.

ACTIVIDADES DEL TEXTO 1

El significado en el texto de las palabras indicadas es el siguiente:
- *labrados*: hechos, trabajados;
- *doblas*: monedas castellanas de oro, acuñadas en la Edad Media;
- *par*: igual, comparación;
- *arras*: trece monedas que, durante la boda, pasan de las manos del novio a las de la novia;
- *dote*: bienes que aportaba la mujer cuando contraía matrimonio.

Es típico, en efecto, el empleo de arcaísmos en los romances viejos. Así ocurre en este caso con la utilización de *aquesa* por *esa* en el verso 22 y de la sucesión demostrativo + posesivo en el mismo verso (*aquesa tu cortesía*), arcaizante ya a finales del siglo XV. También es un arcaísmo el empleo antepuesto de *grande* sin apocopar: *grande villanía* (verso 18). Asimismo son arcaizantes la expresión del verso 18 (*labrados a maravilla*) y la del último verso (*muy grande bien me quería*).

Hay un claro predominio del diálogo en el romance. Primeramente, el rey don Juan (Juan II de Castilla, quien sitió Granada en 1431) habla con el moro Abenámar; luego con quien dialoga es con la propia ciudad de Granada. En el primer caso, el diálogo comienza sin presentación alguna con la petición del rey al moro de que no le mienta (era común entre cristianos creer que los moros eran mentirosos); previa presentación del narrador en dos versos (vv. 9-10), Abenámar responde que dirá la verdad, pues no solo es hijo de moro, sino también de una cristiana cautiva que lo ha educado en el desprecio de la mentira; el rey le pide información entonces sobre los castillos que ve y Abenámar le describe los principales monumentos granadinos. Concluiría aquí la primera parte del texto. Una nueva intervención del narrador (vv. 18-19) da paso al segundo diálogo, en el que el rey don Juan pide a Granada en matrimonio y la misma ciudad le responde que ya está casada con un moro que la quiere bien. Puede comentarse a los alumnos que la personificación de una ciudad como mujer es un motivo frecuente en la poesía árabe, según demostró en su día Paul Bénichou, quien insiste en que el romance que nos ocupa sería una buena muestra de la libertad creadora con que se formaron los romances viejos. Aunque dependieran de la tradición anterior, se produjo tal combinación de motivos y elementos y tal reinvención de otros que en el nacimiento del Romancero viejo resulta fundamental el cambio de espíritu y de técnica. Los romances viejos debieron su encanto y vigor al hecho de haber sido, en su principio, el descubrimiento de tierras poéticas nuevas. Precisamente el caso del *Romance de Abenámar* es bien revelador a este respecto: «Lo hemos elegido como ejemplo de interna poetización en el Romancero viejo. Un tono del todo distinto del tono épico, un tipo de elaboración altamente creadora, una libertad excepcional de invención en los detalles y reinterpretación en el conjunto del relato, una audacia rara en el manejo poético de lo irracional hacen de *Abenámar* la muestra más convincente de la originalidad del Romancero desde sus comienzos. Si se juzga por ese ejemplo, el Romancero viejo parece haber sido, más que nada, poesía nueva» (Paul Bénichou, *Creación poética en el romancero tradicional*, Madrid, Gredos, 1968, p. 92).

Este romance, por tanto, justificaría la definición del Romancero como género épico-lírico, puesto que, aunque desarrolla un episodio, supuestamente histórico, de las guerras entre cristianos y moros, como era característico de la épica, lo hace con tan intensa poetización que tiene, sin duda, en alto grado un carácter lírico. Por ello, estarían en lo correcto tanto los alumnos que clasificaran el *Romance de Abenámar* dentro de los romances fronterizos y moriscos, como aquellos que lo incluyeran en el apartado de los romances novelescos y líricos. Lo más interesante sería, con todo, hacerles ver el carácter híbrido épico-lírico del Romancero, así como las limitaciones que tienen siempre las clasificaciones cerradas en las disciplinas humanísticas y, en concreto, en el ámbito de la historia literaria, pues, como muestra este romance, difícilmente puede encerrarse en un compartimento estanco un texto literario que se caracteriza al mismo tiempo por la libertad creadora de su autor y por el diálogo que entabla con la tradición previa. Recuérdeseles a este respecto algunos ejemplos vistos en el tema anterior: las cantigas de amigo gallegas y las jarchas, el cuento del *Calila e Dimna* y el de *El conde Lucanor*, la fábula del león y el ratón del *Libro de buen amor* y la de Samaniego. Esta permanente relación dialéctica entre creación individual y tradición previa la seguiremos observando de forma reiterada en adelante y convendría que los alumnos fueran conscientes, a su nivel, de esta cuestión capital de la creación artística.

Es fácil de localizar en el *Romance de Abenámar* ejemplos de las características indicadas: libertad en el empleo de tiempos verbales (*respondiera* por *respondió* en el v. 9, *diría* por *dijo* en el v. 10 y por *diré* en el 20, *relucían* por *relucen* en el v. 24, *era* por *es* en el v. 25, *quería* por *quiere* en el v. 46); llamadas al oyente (*bien oiréis lo que diría*, v. 10; *bien oiréis lo que decía*, v. 38); repeticiones y paralelismos (*Abenámar, Abenámar*, v. 1; *Allí respondiera el moro / bien oiréis lo que diría*, vv. 9-10 – *Allí habló el rey don Juan / bien oiréis lo que decía*, vv. 37-38; *casada soy...casada soy*, vv. 43-44; etc.). Señálense también otros rasgos mencionados en el tema: sencillez sintáctica, ausencia de símiles y metáforas complejas, narrador objetivo e impersonal, falta de didactismo y referencias religiosas, abundancia de preguntas y respuestas en los diálogos, uso de símbolos (*la mar en calma, la luna crecida*)... Finalmente, otras dos importantes características de los romances pueden también ser explicadas a partir del romance que comentamos: la recreación constante de los romances y los finales truncados. Para ello, basta con ofrecer a los alumnos la continuación que de este romance proporciona Ramón Menéndez Pidal en su *Flor nueva de romances viejos*:

> —Casada soy, rey don Juan,
> casada soy, que no viuda;
> el moro que a mí me tiene
> muy grande bien me quería.
> Hablara allí el rey don Juan,
> estas palabras decía:
> —Échenme aquí mis lombardas
> doña Sancha y doña Elvira;
> tiraremos a lo alto,
> lo bajo ello se daría.
> El combate era tan fuerte
> que grande temor ponía.

Se trataría de un ejemplo de alargamiento del romance, que, al prolongar el desarrollo del argumento, tiene el efecto de dejarlo inacabado, pues el poema concluye en pleno fragor del combate sin conocerse su desenlace. Convendría hacer notar a los alumnos que estos finales inacabados y su poder sugeridor contribuyen a hacer aún más intenso el lirismo del texto.

Probablemente, preparar la antología de romances será más fácil con alumnos del medio rural que de ambientes urbanos. De todos modos, pueden recordárseles algunos romances famosos como el del *prisionero*, el del *conde Arnaldos*, el del *conde Olinos* o *conde Niño*, etc. Podría aprovecharse la actividad para informar a los alumnos de que esta labor que ellos hacen de recoger romances es la misma que desde el siglo XIX y a lo largo del XX llevaron a cabo cualificados investigadores que lograron salvar del olvido miles y miles de composiciones que forman lo que hoy llamamos el Romancero oral moderno.

ACTIVIDADES DEL TEXTO 2

La mayor parte de los temas fundamentales de la elegía de Jorge Manrique pueden advertirse en las estrofas seleccionadas. Así, el paso del tiempo y la fugacidad de la vida humana son ya el asunto central del poema desde la primera estrofa: *cómo se pasa la vida...* Como consecuencia de ello, se alza también desde el principio de modo concluyente la presencia de la muerte: *cómo se viene la muerte / tan callando*. El tópico medieval de la muerte igualadora, que ya deben conocer los alumnos por el anterior comentario del fragmento de la *Danza de la muerte*, vertebra el desarrollo de la copla tercera: *...son iguales / los que viven por sus manos / y los ricos*. El carácter efímero y perecedero de las cosas terrenales, y en concreto de la belleza y fuerza corporales, es el tema de la cuarta copla seleccionada. El engaño de los sentidos y la sensualidad es el asunto de las dos coplas siguientes. La última copla del texto muestra, en fin, la esperanza del poeta en la vida eterna y también en la de la fama. A todo ello volveremos a referirnos más adelante.

Medimos a continuación los versos e indicamos la rima de la primera de las coplas seleccionadas:

Re–cuer–deel–al–ma–dor–mi–da,	8 a
a–vi–veel–se–soy–des–pier–te	8 b
con–tem–plan–do	4 c
có–mo–se–pa–sa–la–vi–da,	8 a
có–mo–se–vie–ne–la–muer–te	8 b
tan–ca–llan–do;	4 c
cuán–pres–to–se–vael–pla–cer,	8 (7+1) d
có–mo–des–pués–dea–cor–da–do	8 e
da–do–lor,	4 (3+1) f
có–moa–nues–tro–pa–re–cer	8 (7+1) d
cual–quie–ra–tiem–po–pa–sa–do	8 e
fue–me–jor.	4 (3+1) f

Los pies quebrados son evidentemente los tetrasílabos. Se llaman *quebrados* porque es como si se hubiera *quebrado* o partido por la mitad un verso octosílabo. Podría aprovecharse la ocasión para explicar a los alumnos el significado, hoy en desuso, de la palabra *pie* en el sentido de verso, que se remontaría al empleo del vocablo *pie* en la métrica clásica grecolatina como unidad del ritmo de la versificación: un verso estaba formado por un número determinado de pies (por ejemplo, el verso por excelencia de la poesía clásica, el hexámetro dactílico, estaría formado por seis dáctilos, es decir: seis pies de tres sílabas, la primera larga y las otras dos breves).

Las marcas temporales presentes en las cuatro primeras coplas seleccionadas son abundantes: *se pasa la vida* (v. 4), *se viene la muerte* (v. 5), *cuán presto se va* (v. 7), *después* (v. 8), *tiempo pasado* (v. 11), *lo presente* (v. 13), *en un punto se es ido / y acabado* (vv. 14-15), *lo no venido* (v. 17), *pasado* (v. 18), *durar* (v. 20), *espera* (v. 21), *duró* (v. 22), *pasar* (v. 23), *morir* (v. 27), *acabar / y consumir* (vv. 29-30), *vejez* (v. 41), *juventud* (v. 45), *senectud* (v. 48). Todo ello muestra cómo desde su arranque se constituye en motivo fundamental de meditación de las *Coplas* el paso inevitable y destructor del tiempo, y a su lado, como forzoso corolario, la llegada inexorable de la muerte. No en vano Antonio Machado dijo cinco siglos después que «una intensa y profunda impresión del tiempo solo nos la dan muy contados poetas. En España, por ejemplo, la encontramos en don Jorge Manrique, en el Romancero, en Bécquer» («El *Arte poética de Juan de Mairena*», *Cancionero apócrifo*).

El recurso retórico básico de la antepenúltima y última estrofas es el de la reiteración de interrogaciones retóricas, que en su casi totalidad se abren de modo anafórico con el pronombre interrogativo *qué*, anáfora que se prolonga de distintas formas según los casos: *qué se hizo* (vv. 49, 67 y 70), *qué se hicieron* (vv. 51, 61 y 64), *qué fue* (vv. 52-53), *fueron / qué fueron* (vv. 58-59). Puede comentarse a los alumnos que este procedimiento manriqueño es deudor de un tópico clásico, el del *ubi sunt*, así llamado porque las oraciones comenzaban anafóricamente con el adverbio *ubi* («dónde») y el verbo *sunt* («están») y desarrollaban el mismo motivo que aquí Manrique: *dónde están* los personajes ilustres, *qué se hicieron, qué fue* de ellos. El tema, pues, de estas estrofas es también el de la caducidad de la vida y de todo lo terrenal (por cierto, el rey don Juan mencionado es el mismo rey don Juan, Juan II de Castilla, del *Romance de Abenámar* ya comentado, circunstancia que podría indicarse a los alumnos para que advirtieran la proximidad temporal de ambos textos). Sin embargo, la corte de Juan II, evocada como apogeo de la exquisitez y de los placeres terrenales, trae al aristócrata Manrique el recuerdo de toda una época placentera y la seria elegía parece decantarse por un momento del lado del vitalismo: «Hay en estos 24 versos un temblor, un estremecimiento que los distingue y los separa de todos los demás de la elegía, trémolo carnal, el temblor de la sensualidad, el temblor de los goces de los sentidos. [...] A la elegía se le suben los colores, como a una cara; se sonrosa de vida. Y es lo extraño en estos versos evocadores de la corte que queriendo ser castigo del engaño de los sentidos y la sensualidad nos acaricien los sentidos, nos empujen a la complacencia en lo sensual. La alta visión ascética que se mantiene tan firme en todo el poema desfallece por un momento, sin querer, y entre las cláusulas y los propósitos homiléticos sonríen, antiguas sirenas, las tentaciones» (Pedro Salinas, *Jorge Manrique o tradición y originalidad*, Barcelona, Seix Barral, 1974, pp. 158-159). Como para el poeta Pedro Salinas, también para el poeta Antonio Machado estas dos estrofas –en concreto la primera– nos hacen revivir el pasado: «El ¿qué se hicieron?, el devenir en interrogante individualiza ya estas nociones genéricas, las coloca en el tiempo, en un pasado vivo, donde el poeta pretende intuirlas, como objetos únicos, las rememora o evoca. No pueden ser ya cualesquiera damas, tocados, fragancias y vestidos, sino aquellos que, estampados en la placa del tiempo, conmueven –¡todavía!– el corazón del poeta. Y *aquel trovar, y el danzar aquel* –aquellos y no otros– ¿qué se hicieron?, insiste en preguntar el poeta, hasta llegar a la maravilla de la estrofa: *aquellas ropas chapadas,* vistas en los giros de una danza, las que traían los caballeros de Aragón –o quienes fueren–, y que surgen ahora en el recuerdo, como escapadas de un sueño, actualizando, materializando casi el pasado, en una trivial anécdota indumentaria» *(loc. cit.).* A su nivel, pueden servir estas estrofas para hacer reflexionar a los alumnos sobre la capacidad de la poesía para captar el tiempo inaprensible, o para hacerles comprender que «*se canta lo que se pierde*» –citando de nuevo a Antonio Machado.

El texto se caracteriza por una sintaxis sencilla y un vocabulario común (si ello sorprende a los alumnos, hágaseles ver que las palabras que les resultan extrañas lo son por haber caído hoy en desuso): *vida, muerte, placer, tiempo, ríos, mar, hermosura, cara, vejez, juventud,* etc., entre los sustantivos; *ir, venir, ser, acabar, durar, pasar, vivir, llegar,* etc., entre los verbos... Puede destacarse la importancia que en las *Coplas* alcanzan los verbos y la escasez de adjetivos, lo que se relacionaría con el importante tema del paso del tiempo, que se marca no solo a través del significado de sustantivos y verbos, sino también de las propias formas verbales, que dan por sí mismas idea del continuo oscilar de la vida entre el pasado y el futuro. También puede destacarse el uso de imperativos *(recuerde, avive, decidme),* que muestran el carácter apelativo de la obra, deudora de la tradición del sermón medieval, así como el empleo de la primera persona del plural *(vemos, juzgamos, daremos;* y también presente en los posesivos *nuestro, nuestras),* cuyo valor generalizador extiende hasta los lectores el poder implacable del tiempo y de la muerte y hace por ello más persuasivo el mensaje didáctico del poeta. Algunos recursos literarios como interrogaciones retóricas o anáforas ya han sido mencionados antes a propósito de algunas estrofas. Anáforas, paralelismos, repeticiones y enumeraciones son figuras usuales en todas ellas y podrán localizarlas los alumnos sin dificultad. Esto forma parte de una general búsqueda de la simetría que se aprecia también en la construcción de las estrofas: compruébese, por ejemplo, en la cuarta y en la penúltima de las coplas seleccionadas. Muy eficaz resulta el empleo de la antítesis *(vida / muerte, placer / dolor, no venido / pasado, durar / pasar,* etc.). Por supuesto, no debe olvidarse mencionar las conocidísimas metáforas *vidas = ríos, mar = morir, ríos caudales, medianos, chicos.* También resulta muy interesante la metáfora con que se cierra la antepenúltima de nuestras coplas: *¿Qué fueron sino verduras / de las eras?* Rafael Sánchez Ferlosio la explica así: «*Las verduras de las eras* son el ralo brote espontáneo de los escasos granos de cereal que, tras el levantamiento de la parva, han quedado adheridos a la tierra y que una tormenta de agosto ha hecho germinar, pero que, por lo avanzado de la estación, jamás llegarán a hacer espiga ni a engranar, y morirán, por tanto, sin dar fruto, sin posteridad alguna» (Jorge Manrique, *Poesía completa,* Madrid, Akal, 1983, p. 40).

La última copla seleccionada expone tres formas distintas de concebir la vida: la primera, la más común, marcada por la temporalidad, y que finaliza con la muerte; la segunda, más prolongada en el tiempo, la de la fama y la gloria, la que pervive en el recuerdo, pero tarde o temprano también perecedera; la tercera, la que se prolongaría en el más allá, conforme a la fe cristiana. Así pues, frente a la visión aniquiladora de las *danzas de la muerte*, Jorge Manrique rechaza la tradición macabra y pavorosa de la muerte y se acoge a la esperanza en la vida eterna del cristianismo.

Los alumnos podrán encontrar el texto completo de las *Coplas* en numerosísimas ediciones. Sería recomendable que en la biblioteca del centro se encontraran algunas de las más autorizadas: la de J. M. Alda Tesán (ed. Cátedra), la de V. Beltrán (ed. Crítica), la de G. Caravaggi (ed. Taurus), la de C. Díaz Castañón (ed. Castalia), la de J. Rodríguez Puértolas (ed. Akal), la ya citada de R. Sánchez Ferlosio (ed. Akal), la de A. Serrano de Haro (ed. Alhambra), etc. Para la música de acompañamiento, si hiciera falta, sería conveniente contar con la colaboración del profesorado del Departamento de Música. Podría resultar interesante que, tras haber oído su propia recitación, los alumnos escucharan una versión cantada de la obra de Manrique, por ejemplo la muy conocida de Paco Ibáñez. De este modo, percibirían nuevos matices del texto que probablemente les hubieran pasado desapercibidos y, además, se darían cuenta de la actualidad de las *Coplas* pese al mucho tiempo transcurrido desde su composición.

ACTIVIDADES DEL TEXTO 3

Posible paráfrasis. *El tiempo y la muerte también habrán de morir; y los que alcanzaron la fama, aunque desapareciera con el tiempo, y fueron bellos, aunque tal belleza la destruyó la muerte, volverán a ser hermosos dejando la tristeza y el olvido a la muerte y al tiempo, respectivamente; tendrán para siempre fama y hermosura en lo mejor de su edad. Delante de todas las que resuciten irá aquella [Laura] a quien el mundo llama valiéndose de mi pluma y de mi lengua y a quien desea ver el cielo. A la orilla del río Durenza quedé tan enamorado de ella que aún se acuerda mi corazón. ¡Feliz la lápida que la cubre!*, pues, cuando resucite y vuelva a su belleza, si fue dichoso quien la vio en la tierra, ¿cómo será cuando la vea en el cielo?

Una vez que los alumnos hayan comprendido por completo el sentido de los versos, convendría hacerles ver la enorme diferencia en calidad estética, intensidad emocional y riqueza de matices entre las versiones prosificadas y el poema original. De este modo, contribuiríamos a educar su sensibilidad poética y a que apreciaran en su justa medida el gran valor de la poesía.

Cuatro de los temas capitales de las *Coplas* de Jorge Manrique aparecen en el fragmento de Petrarca seleccionado: el paso destructor del tiempo, la muerte, la vida igualmente caduca de la fama y la imperecedera vida de la eternidad. Sin embargo, también puede advertirse alguna importante diferencia: si en Manrique la fe en la eternidad tiene un innegable carácter religioso-moral y en el fondo una intención didáctica en línea con los sermones medievales, en el poeta italiano tal fe va ligada a un gran entusiasmo vital que se concreta en la esperanza de que con la resurrección de las almas se produzca también la de los cuerpos y, en consecuencia, la de la belleza y la del amor.

Se trata de siete tercetos de versos endecasílabos sin rima, o endecasílabos blancos, rematados por un verso de cierre también endecasílabo. Aunque los alumnos no conozcan el italiano en absoluto, su proximidad al castellano puede hacer interesante el que se les ofrezca el texto en su lengua original para que aprecien la rima encadenada de los tercetos, que desaparece en la traducción española en endecasílabos blancos:

> *E 'l Tempo, a disfar tutto così presto,*
> *e Morte in sua ragion cotanto avara,*
> *morti insieme saranno e quella e questo.*
>
> *E quei che Fama meritaron chiara,*
> *che 'l Tempo spense, e in be' visi leggiadri*
> *che 'mpallidir fe' 'l Tempo e Morte amara,*
>
> *l' oblivion, gli aspetti oscuri ed adri,*
> *più che mai bei tornando, lasceranno*
> *a morte impetuosa, a' giorni ladri;*
>
> *ne l'età più fiorita e verde avranno*
> *con immortal bellezza eterna fama.*
> *Ma innanzi a tutte ch'a rifar si vanno,*
>
> *è quella che piangendo il mondo chiama*
> *con la mia lingua e con la stanca penna;*
> *ma 'l ciel pur di vederla intera brama.*
>
> *A riva un fiume che nasce in Gebenna*
> *amor mi diè per lei sì lunga guerra*
> *che la memoria ancora il cor accenna.*
> *Felice sasso che 'l bel viso serra!*
> *che, poi ch'avrà ripreso il suo bel velo,*
> *se fu beato chi la vide in terra,*
>
> *or che fia dunque a rivederla in cielo!*

Puede aprovecharse la ocasión para hacerles ver a los alumnos la enorme dificultad de traducir un texto literario a otra lengua y más aún cuando se trata de una obra en verso.

El tema de este fragmento poético de Petrarca podría enunciarse como *Amor más poderoso que la muerte* o *Amor constante más allá de la muerte*, títulos del famoso soneto de Francisco de Quevedo. Una vez que los alumnos hayan expresado sus propias propuestas, otro interesante ejercicio podría consistir en ofrecerles como punto de comparación del texto de Petrarca el del mencionado soneto (cuyo texto reproducimos después, en las respuestas a las preguntas del texto inicial del *Tema 7*), con lo que se aprovecharía para mostrar la línea de continuidad que va desde el Humanismo italiano tardomedieval hasta la poesía barroca española. Si ahora parece todavía prematuro, este ejercicio comparativo puede posponerse para el momento en que se estudie a Quevedo.

ACTIVIDADES DEL TEXTO 4

Este fragmento de *La Celestina* ofrece datos suficientes para hacerse una idea de cómo era la vida en las ciudades castellanas hacia 1499. La conversación de las dos mujeres deja traslucir las dos pasiones que dominan a las gentes de la época: la sexualidad y las riquezas. Si estas son muy importantes, más lo son todavía aquellas, según dice Elicia: «*Hayamos mucho placer. [...] No hay ninguno que no trocase mi placer por sus dineros»* (podrían relacionarse estas afirmaciones con la conocida cuaderna vía del *Libro de buen amor* que citábamos en el apartado 3.1. del *Tema 3*: *«como dice Aristóteles, cosa es verdadera, / el mundo por dos cosas trabaja: la primera / por haber mantenencia; la otra cosa era / por haber juntamiento con hembra placentera»*, lo que permitiría comentar a los alumnos el intenso vitalismo que se percibe en estas dos obras maestras de la literatura medieval castellana). La búsqueda del placer concierne a todos los estamentos sociales, sin excluir en ello a los eclesiásticos; en este texto puede notarse cómo Celestina ha llevado el día de Pascua una muchacha a un canónigo. Pero cabe comentar a los alumnos que no es este personaje una excepción en la obra, sino un ejemplo de un comportamiento general. Como prueba, se les puede proporcionar un breve pasaje del acto IX en el que, reveladoramente, la vieja alcahueta dice: *«Pues servidores, ¿no tenía por causa de ellas? Caballeros viejos, mozos, abades de todas dignidades, desde obispos hasta sacristanes. En entrando por la iglesia, veía derrocar bonetes en mi honor, como si yo fuera una duquesa. El que menos había de negociar conmigo, por más ruin se tenía. De media legua que me viesen, dejaban las Horas* [rezos]. *Uno a uno, dos a dos, venían a donde yo estaba, a ver si mandaba algo, a preguntarme cada uno por la suya. En viéndome entrar, se turbaban, que no hacían ni decían cosa a derechas. Unos me llamaban señora, otros tía, otros enamorada, otros vieja honrada. Allí se concertaban sus venidas a mi casa, allí las idas a la suya, allí se me ofrecían dineros, allí promesas, allí otras dádivas, besando el cabo de mi manto y aun algunos en la cara, por me tener más contenta»*.

No obstante, esta generalizada impudicia se encubre con el manto de la hipocresía social, que sigue considerando la virginidad un valor primordial de la mujer, según demuestra el hecho de que otra de las funciones de Celestina consista en restaurar los virgos de las muchachas: nada menos que siete veces *ha renovado* a la joven que llevó al racionero, y aún deberá hacerlo otra vez más, porque se va a casar dentro de tres días.

Convendría que a los alumnos no se les escapara el detalle de que esta sociedad que ahora gira en torno a Celestina ha utilizado en el pasado los servicios de otras alcahuetas, pues Celestina ha aprendido el oficio con la abuela de Elicia.

Sin duda, las riquezas, sean en forma de dinero, de otros bienes o de elevada posición social, también tienen una enorme importancia en esa sociedad. De ahí que Celestina pretenda atesorarlas para disfrutar de una cómoda vejez y que, según Elicia, *«no hay quien diga: "harto tengo"»*. Por lo demás, las diferencias sociales siguen estando muy marcadas y, aunque el dinero todo lo puede (exactamente con esas palabras lo dice la propia Celestina en el acto III: *«Todo lo puede el dinero: las peñas quebranta, los ríos pasa en seco; no hay lugar tan alto que un asno cargado de oro no lo suba»*), la división estamental medieval marca aún a las personas desde su nacimiento, y por ello Elicia puede hablar de *señor* y *siervo* y de *alto linaje* y *bajo*.

Celestina identifica a la muchacha no por su nombre ni por otros rasgos personales, sino por la *manilla de oro* que le había dado: *«¿La de la manilla es? Ya sé por quién dices»*. Debería hacérseles ver a los alumnos que la importancia de lo material es tal que los seres humanos no se identifican sino por ello, en un ejemplo extremo de cosificación. Pues, como se ha dicho, «un ser humano y sus problemas es así recordado y reconocido no por sí mismo, sino a través de la mediatización fetichista, en este caso *una manilla de oro*. Pero el problema es doble. No se trata solamente de la cosificación de los demás, sino de la alienación de uno mismo también, como dice Celestina con palabras y tópicos tradicionales, pero que a esta luz y en este contexto adquieren significación especial: *"Las riquezas no hacen rico, mas ocupado; no hacen señor, mas mayordomo. Más son los poseídos de las riquezas que no los que las poseen"* [acto IV]. Y, sin embargo, a pesar de esta lucidez, Celestina es incapaz de escapar a la fascinación fetichista, y ello será, precisamente, la causa inmediata de su sangriento fin» (J. Rodríguez Puértolas, Introducción a su ed. de *La Celestina*, Madrid, Akal, 1996, p. 23).

La visión de la vida y de la muerte de Elicia en poco se parece a la de Jorge Manrique. Si para este lo fundamental es que nos demos cuenta de lo rápido que pasa la vida y lo pronto que llega la muerte, para que, de acuerdo con la doctrina cristiana, nos comportemos en la Tierra de tal modo que alcancemos el premio de la vida eterna, para Elicia poco importa el más allá: *«Hayamos mucho placer. Mientras hoy tuviéramos de comer no pensemos en mañana. [...] Gocemos y holguemos, que la vejez pocos la ven. [...] Que más me engordará un buen sueño sin temor que cuanto tesoro hay en Venecia»*. Cabe apuntar a los alumnos que esta diferente concepción del mundo de la prostituta Elicia y del aristócrata Manrique, puede relacionarse con la diferente perspectiva de la vida de los que poco o nada tienen y de aquellos que se encuentran en la cúspide del poder o de las riquezas. De todos modos, este extraordinario vitalismo de Elicia es general, en uno u otro sentido, en todos los personajes de *La Celestina*, pues la mayoría de ellos muestran «una gran impaciencia por vivir: vivir afirmando la voluntad individual contra las leyes que parecen regir la sociedad de los hombres; vivir tratando de cumplir los deseos e intereses personales; vivir aunque se sienta el peso de los deberes que la sociedad impone; vivir, huyendo de la muerte. Todos tratan de hacerlo, pero la muerte los ataja. Solamente Melibea, muriendo de su propia voluntad, logra afirmarla hasta el fin. Pero no por eso deja de ser un fin» (Erna Ruth Berndt, *Amor, muerte y fortuna en «La Celestina»*, Madrid, Gredos, 1963, p. 115).

Es evidente que las palabras de Elicia se apartan también notablemente del sentido de la vida que se deduce del texto comentado de la *Danza de la muerte*: para la muchacha castellana, la muerte no tiene ese aire siniestro y terrorífico con que se presenta en las danzas, es simplemente el final: *«No habemos de vivir para siempre»*. No obstante, hay una obvia influencia de las danzas en el texto de *La Celestina* en esa relación de personajes de toda condición social a los que llegará la muerte de manera inexorable: *«También se muere el que mucho allega como el que pobremente vive, y el doctor como el pastor, y el papa como el sacristán, y el señor como el siervo, y el de alto linaje como el bajo, y tú con tu oficio como yo sin ninguno»*.

Los temas esenciales de *La Celestina* aparecen en una u otra forma en este fragmento, y en parte ya los hemos comentado en los párrafos anteriores: la importancia del amor y de la sexualidad, la omnipresencia de la muerte (aunque aquí solo sea para afrontarla en la forma en que lo hace Elicia, que es uno de los personajes que no morirá al final de la obra, quizá no casualmente, pues no se ha dejado dominar por la ambición o por la ciega pasión amorosa, como sí les ha ocurrido a otros personajes), la mentira y el engaño (las *restauraciones* de Celestina, el deseo del padre y la hija de engañar al futuro marido...), la importancia del dinero (la *manilla de oro*), la codicia y el afán de ganancia *(no hay quien diga: «harto tengo»)*, la lucha de clases *(señor / siervo, los ricos / quien poco tiene)*, el individualismo, la actitud práctica ante la vida, etc.

TEMA 5

EL RENACIMIENTO. LA POESÍA DEL SIGLO XVI

PREGUNTAS DEL TEXTO INICIAL

Este texto de Rabelais puede servir como estupenda introducción para presentar a los alumnos los rasgos básicos del mundo renacentista. Aun cuando su importancia sea ahora secundaria para nuestro propósito, el tipo de texto aquí seleccionado, la carta o epístola, es ya característico de la literatura del Renacimiento: tiene sus modelos en los autores clásicos (Horacio, Cicerón...) y fue muy utilizado en el siglo XVI tanto en prosa como en verso. Aunque se les podría indicar, en este momento basta con que los alumnos reconozcan el modelo de la carta, lo que es muy fácil: fórmula inicial de presentación, cuerpo central de la epístola, fórmulas de despedida, lugar, fecha y firma. En todo caso, al final de la carta el propio narrador, que retoma entonces la palabra, menciona el nombre del destinatario de la misma y manifiesta expresamente que de una carta se trata.

Damos a continuación una breve información sobre los personajes citados:

PLATÓN: filósofo ateniense (428-347 a. C.) cuyos *Diálogos* son fundamentales en la obra de Rabelais, quien, de acuerdo con la corriente general del Humanismo, revaloriza a Platón frente al modelo aristotélico desgastado por la escolástica medieval. Conviene hacer hincapié en Platón, pues necesariamente se habla luego en el tema del neoplatonismo y de su decisiva influencia en el pensamiento y la estética renacentistas.

CICERÓN: escritor latino (106-43 a. C.), uno de los autores predilectos de los humanistas en su doble condición de político y de moralista.

PAPINIANO: sabio gramático y jurista del siglo III d. C.

QUINTILIANO: escritor y retórico latino (30-100 d. C.) que defendía la práctica de una educación helenizante.

Todos estos autores tienen en común, evidentemente, su pertenencia a la cultura clásica grecolatina, cuyo *renacer* está en el origen mismo del por eso llamado Renacimiento.

Los inventos a que se hace referencia son el de la imprenta y el de la artillería, que, en efecto, eran relativamente recientes: al alemán Gutenberg se atribuye la invención de la imprenta moderna de tipos metálicos móviles a mediados del siglo XV; la artillería se desarrolló a partir de la aparición de la pólvora en el siglo XIV, pero fue en el siglo XVI cuando empezaron a utilizarse los cañones de bronce, más ligeros y de mayor precisión. La razón de la oposición entre la imprenta, que servía de forma extraordinaria para la difusión de la cultura, y la artillería, que incrementó la mortandad y la destrucción en las guerras, resultará obvia para los alumnos.

Además de los dos inventos que acabamos de comentar, Gargantúa destaca, como rasgos del nuevo mundo, en primer lugar, la importancia que se concede al estudio de las lenguas, en concreto de la griega, la hebrea, la caldea y la latina. La difusión de los libros y el conocimiento de las lenguas explican la profusión de sabios y de bibliotecas, hasta tal punto que incluso personas normalmente iletradas en la Edad Media parecen ahora más doctas que los sabios de antaño. Nótese cómo se destaca que las mujeres y las muchachas, secularmente apartadas de todo estudio, también aspiran en ese momento al conocimiento intelectual.

En este contexto de auge cultural propio del Renacimiento hay que entender el programa educativo que Gargantúa propone a su hijo: «La enseñanza de las lenguas clásicas cobra renovada importancia para los humanistas, que reivindican el estudio directo de las fuentes. Así, en la temática religiosa, Lorenzo Valla y Erasmo de Rotterdam serían los primeros en acudir directamente a los textos originales del cristianismo, siguiéndoles Lutero con su controvertida traducción de la *Biblia*. Los textos clásicos filosóficos, históricos y artísticos (en griego y en latín), religiosos (en hebreo y griego, precisándose el caldeo por su influencia en el arameo), jurídicos (en latín) y científicos (en caldeo y árabe para el álgebra, la aritmética, la medicina y la astronomía; en griego y latín para la historia natural, la geometría, la medicina, la geografía, etc.) forman el programa educativo propuesto» (Juan Barja, nota a su ed. de *Pantagruel,* Madrid, Akal, 1989, p. 71).

De todo ello puede deducirse que el autor de este texto es un decidido defensor de las nuevas ideas humanistas y renacentistas que desde la segunda mitad del siglo XV y durante todo el XVI se difunden por buena parte de Europa y, por supuesto, también por Francia. Y en efecto, Rabelais «era un partidario declarado de la instrucción humanista y de sus novedosos métodos y apreciaciones. En el campo de la medicina, exigía el retorno a las fuentes verdaderas de la medicina antigua: Hipócrates y Galeno, y se negaba a aceptar los principios de la medicina árabe, que pervertía las tradiciones antiguas. En el campo del Derecho, reclamaba asimismo el retorno a las fuentes antiguas del Derecho romano, no alteradas por las interpretaciones bárbaras de los ignorantes exégetas de la Edad Media. En arte militar, en todos los campos de la técnica, en problemas relacionados con la educación, la arquitectura, la cultura física, la vestimenta, la vida cotidiana y las costumbres se reveló un ferviente partidario de todas las innovaciones de vanguardia, de todo aquello que afluía de Italia con un ímpetu poderoso e irresistible. En todos los campos que han dejado trazas en su obra (una obra realmente enciclopédica), fue el *hombre de vanguardia de su tiempo*. Poseía un excepcional sentido para captar lo nuevo, no solamente la innovación y la moda, sino la novedad esencial, que *surgía* efectivamente de *la muerte de lo antiguo* y a la que en verdad pertenecía el *futuro*. Su aptitud para sentir, elegir y evidenciar esta novedad esencial, *naciente*, se hallaba particularmente desarrollada» (Mijaíl Bajtin, *La cultura popular en la Edad Media y en el Renacimiento. El contexto de François Rabelais,* Madrid, Alianza, 1999, pp. 408-409).

Debe aprovecharse, pues, el texto de Rabelais para presentar a los alumnos algunos rasgos capitales de la cultura renacentista: la vuelta a los clásicos (hay numerosísimos ejemplos de ello en el fragmento), la actitud racional y científica (defensa de la astronomía frente a la astrología, estudio de otras ciencias como la geometría, la aritmética, la geografía, las diversas ciencias naturales, la medicina, etc.) y la confianza en el progreso («*inflamándole el deseo de progresar más que nunca*»). Habiendo comentado ya las *Coplas* de Jorge Manrique y el final de los *Triunfos* de Petrarca en el tema anterior, puede ser oportuno también relacionar el comienzo de la carta, donde Gargantúa menciona como una forma peculiar de inmortalidad la de perpetuar el nombre, con la *vida de la fama* de Manrique y la *Fama* de Petrarca.

Cuando Gargantúa propone «*el más perfecto conocimiento de este otro mundo al que llamamos hombre*», está haciendo referencia a la idea quizá más genuinamente humanista, la de que «el hombre es un microcosmos que repite a su tamaño el orden del mundo, abarcándolo además, en tanto que *medida de todas las cosas,* según la conocida expresión de Pico de la Mirandola» (J. Barja, *op. cit.*, p. 72). Esta idea de que el hombre es un mundo en pequeño es también de enorme importancia en toda la literatura española desde finales de la Edad Media hasta prácticamente el siglo XVIII, y, claro está, muy señaladamente en la del siglo XVI (si se desea trabajar más en profundidad esta cuestión con los alumnos y presentarles ejemplos de autores españoles, consúltese el detallado estudio de Francisco Rico *El pequeño mundo del hombre* [Madrid, Alianza, 1986²]).

Utopía significa en griego «no lugar» (ουκ τοπος). En la obra de Rabelais se llama así el reino imaginario donde viven el gigante Pantagruel y su padre Gargantúa. Pero, evidentemente, la elección del nombre no es casual. Durante todo el Renacimiento proliferan los *utopistas,* quienes proponen soluciones ideales o *utópicas* para la organización de la sociedad. Ya en tiempos de Rabelais, el más famoso de todos ellos era el inglés Tomás Moro (1478-1535), quien había publicado una obra precisamente con el título de *Utopía* (1516), en la que proponía una república ideal en la fantástica isla del mismo nombre. En esta organización ideal del Estado, se establece la libertad religiosa, queda abolido el dinero, se suprime la propiedad privada y el régimen social y económico se basa en la obligatoriedad del trabajo y en la jornada laboral de seis horas, para que al obrero le quede tiempo de cultivar su inteligencia.

ACTIVIDADES DEL TEXTO 1

El poeta se dirige a una mujer a quien aconseja que aproveche su juventud antes de que le llegue la vejez y se marchite su belleza. Evidentemente, por tanto, se reelaboran en el texto dos tópicos clásicos, el del *carpe diem* y el del *collige, virgo, rosas*. Los alumnos tendrán después la ocasión de cotejar el poema de Garcilaso con los versos en que Horacio utiliza la expresión *carpe diem.* Pueden ofrecérseles también los versos finales de *De rosis nascentibus*, anónima elegía latina atribuida tanto a Virgilio como a Ausonio: «*collige, virgo, rosas, dum flos novus et nova pubes, / et memor esto aevum sic properare tuum*» («recoge, doncella, las rosas mientras esté nueva la flor de tu juventud, / y ten presente que de la misma manera la vida se te va» [traducción de Elías L. Rivers, «Estudio preliminar» de su ed. de *El soneto español en el Siglo de Oro,* Madrid: Akal, 1993, p. 13]). El tema de la composición de Garcilaso sería, pues, la exhortación a aprovechar la vida y gozar de la juventud. El comentario del poema permitirá, en consecuencia, mostrar a los alumnos el cambio de mentalidad que supone el Renacimiento con respecto a la Edad Media, contrastando el intenso vitalismo que se desprende del texto garcilasiano con otros textos comentados en temas anteriores (*Danza de la muerte, Coplas* de Jorge Manrique). Ahora bien, siendo esto así, convendría que los alumnos comprendieran que en la cultura y el pensamiento no se producen cortes bruscos, como podría desprenderse de una presentación de las épocas demasiado simplificadora. Así, por ejemplo, en otros textos de la Edad Media que ya se han comentado en temas anteriores pueden también advertirse llamadas acuciantes al disfrute de la vida (cantiga de amor gallega, *La Celestina*). Igualmente, sería conveniente que percibieran que el vitalismo renacentista tiene siempre por fondo una concepción de la vida como algo fugaz y pasajero, pues el paso del tiempo acaba con la belleza y nos aboca a la muerte, con lo que, si por un lado se enlaza con la Edad Media, por otro se anticipa lo que será ya la perspectiva dominante del Barroco.

Los alumnos advertirán fácilmente que se trata de un soneto. Sería este entonces el momento para poner de relieve la importancia de esta poliestrofa que, si es en el siglo XVI cuando se aclimata definitivamente al castellano, no agota por entonces su vida, sino que termina convirtiéndose en el molde poético por excelencia, desde el Siglo de Oro, cuando se publicaron miles y miles de sonetos (solo Lope de Vega compuso casi mil seiscientos), hasta hoy mismo. Por otra parte, además de comprobar el número de versos, el número de sílabas de cada uno, la rima consonante y el carácter poliestrófico del soneto, podría observarse también el ritmo del poema: el acento estrófico siempre en la penúltima sílaba (la décima), los acentos rítmicos en sílabas pares (segunda y sexta), los acentos extrarrítmicos en la primera sílaba (versos 11 y 13) y su efecto no solo fónico sino de realce del significado de la palabra sobre la que recaen *(cubra, todo)*, etc.

Por su contenido, el soneto tiene dos partes muy claras: los ocho primeros versos, en los que el poeta pinta el retrato de la dama, y los seis últimos, que exponen abiertamente el tema de la composición. Asimismo, en cada una de esas dos partes podrían distinguirse otras dos: en los primeros cuatro versos se describe el centro del retrato (la cara), mientras que en los cuatro siguientes la parte superior e inferior del mismo (el cabello y el cuello); en el primer terceto se exhorta al disfrute amoroso a la dama descrita y en el segundo se expone la conclusión, pero de modo universal y no particularizado en la mujer en cuestión. Es evidente que la estructura del contenido guarda una estrecha relación con la estructura del soneto: las dos grandes partes del mismo se corresponden con los cuartetos y los tercetos, respectivamente, y, a su vez, las subpartes se ajustan con precisión a las cuatro estrofas que constituyen el soneto.

Garcilaso pinta, en efecto, a la mujer de este soneto siguiendo punto por punto el modelo femenino renacentista. Se trata de la denominada *donna angelicata* o mujer angelical, que puede observarse en muchos retratos pictóricos de la época (los alumnos pueden verlo claramente en la ilustración seleccionada para acompañar al texto: Leonardo da Vinci, *Dama del armiño*): pelo rubio, tez clara y sonrosada, cuello blanco, mirada bella y penetrante. Son también muy abundantes los textos literarios que presentan a la mujer según este modelo de belleza. Como posible ejemplo puede ofrecérseles a los alumnos el siguiente cuarteto, primero de un soneto de Francisco de Medrano:

> *Tus ojos, bella Flora, soberanos,*
> *y la bruñida plata de tu cuello,*
> *y ese, envidia del oro, tu cabello,*
> *y el marfil torneado de tus manos...*

Numerosos son los recursos literarios que utiliza Garcilaso en este soneto. En los cuartetos que desarrollan el retrato femenino al que acabamos de referirnos pueden señalarse: la abundante adjetivación, con uno, dos y hasta tres adjetivos por sustantivo *(vuelo presto; mirar ardiente, honesto; hermoso cuello blanco, enhiesto)*; la anáfora de la locución conjuntiva temporal *en tanto que*, locución con que se inician ambos cuartetos y marca temporal que revela la importancia de aprovechar el momento antes de que se acabe; la metáfora tópica del cabello *que en la vena del oro se escogió*; la sabia contraposición de colores *(rosa / azucena; oro / blanco)*. Estos últimos contrastes trascienden en el primer cuarteto a los propios colores: se enfrentan allí también los adjetivos *ardiente / honesto* y los verbos *enciende / refrena*. Además, si bien se mira, todos ellos están magistralmente relacionados: el color subido de la rosa en el gesto se vincula a la mirada ardiente que enciende el corazón, mientras que la palidez de la azucena se encuentra unida al mirar honesto que refrena la pasión; estas correlaciones quedan además bien marcadas por el estricto paralelismo con que se enuncian: *rosa y azucena / ardiente, honesto / enciende... y lo refrena*. Todo ello permitiría comentar a los alumnos, además de la maestría poética de Garcilaso, el concepto renacentista del amor, heredero tanto del amor cortés como del petrarquismo de los que se les ha hablado en temas anteriores: la dama es al tiempo fuego y hielo; el poder de la mirada pone al amante en contacto con el interior de la amada, a la vez abierto a la contemplación y vedado al disfrute; el amor se presenta así de forma simultánea como felicidad posible y como probable frustración; etc. Tras centrarse en la cara y en la mirada y haber fijado de ese modo el rostro de la dama, el poeta amplía en el segundo cuarteto el espacio enfocado y nos ofrece la imagen de toda su cabeza, de suerte que lo que era una imagen fija en el primer cuarteto se convierte en el segundo en otra dinámica, gracias al movimiento de los cabellos agitados por el viento. Ello se pone de relieve tanto con el sintagma *vuelo presto* del verso sexto como con la sucesión de verbos del octavo: *mueve, esparce y desordena*. Además, este último verbo proporciona un valor semántico añadido al del simple movimiento, el de una inquietante ruptura del orden, lo que se confirmará cuando *el viento* aparentemente inofensivo de este verso octavo se convierta, en el último terceto, en *el viento helado* que *marchitará la rosa*. Precisamente en los tercetos, alcanzan gran relevancia las imágenes metafóricas del paso del tiempo: *el viento helado, el tiempo airado, la nieve*. Otras metáforas dan idea de la juventud *(alegre primavera)*, del amor *(dulce fruto)* o de la belleza física *(la hermosa cumbre, la rosa)*. Todo ello tiene una evidente relación con el asunto central del poema: aprovechar la juventud antes de que acabe con ella el inevitable paso del tiempo. De hecho, puede comentárseles a los alumnos un motivo clásico que también aparece en este soneto de Garcilaso: el de la brevedad de la rosa, quintaesencia de la belleza, pero también de lo efímero. Y se les puede decir que no era este un tópico reducido exclusivamente al ámbito artístico, sino que se recogía con ese sentido incluso en diccionarios como el de Covarrubias (1611), que en la voz «rosa» señalaba: «Dedicáronla a Venus por su hermosura y por su suave olor, y no sin misterio, porque así como la rosa en breve espacio se marchita, así se pasa el deleite carnal, porque la rosa es símbolo del placer momentáneo» (Sebastián Covarrubias Orozco, *Tesoro de la lengua castellana o española*, Madrid, Castalia, 1995^2). Lógicamente, cuando en el Barroco se intensifique la sensación de fugacidad de las cosas mundanas, la rosa terminará por convertirse en el símbolo por excelencia de la belleza y de la vida. Pero ya en el Renacimiento la llamada acuciante al placer tiene su fundamento en la rápida caducidad de todo lo existente, en esa *edad ligera* que, con paradójico juego de palabras, *todo lo mudará [...] por no hacer mudanza*, según se dice en los dos últimos versos del poema.

El texto de Horacio desarrolla fielmente el tópico del *carpe diem*, y las ideas a él asociadas: disfrutar el instante, no fiar del porvenir, etc. La correspondencia entre este fragmento horaciano y el soneto de Garcilaso es obvia.

Puede también ofrecérseles a los alumnos, para compararlo con el soneto de Garcilaso, el siguiente texto complementario, en el que Fernando de Herrera traduce casi literalmente los versos atribuidos a Virgilio y a Ausonio que reproducíamos más arriba y que están en el origen del tópico del *collige, virgo, rosas*:

> *Coged las rosas vos, que vais perdiendo,*
> *mientras la flor y edad, señora, es nueva,*
> *y acordaos que va desfalleciendo*
> *vuestro tiempo y que nunca se renueva.*

Para preparar la selección de poemas renacentistas, sería conveniente que en la biblioteca del centro los alumnos pudieran encontrar algunos de los siguientes libros antológicos: el ya citado más arriba de Elías L. Rivers *El soneto español en el Siglo de Oro;* también del profesor Rivers, su ed. de *Poesía lírica del Siglo de Oro* (Madrid, Cátedra, 1985); Gregorio Torres Nebrera, *Antología lírica renacentista,* 2 v. (Madrid, Narcea, 1983); *Antología poética de los siglos XV y XVI,* ed. de Vicente Tusón (Madrid, Anaya, 1987); *Antología poética del Renacimiento al Barroco,* ed. de Edelmira Martínez Fuentes (Madrid, Santillana, 1995); *Poesía de los Siglos de Oro,* ed. de Arcadio López-Casanova (Madrid, Castalia, 1999).

ACTIVIDADES DEL TEXTO 2

El significado en el texto de las palabras indicadas es el siguiente:
- *jaspes:* mármoles veteados;
- *encarama:* ensalza, encumbra, alaba;
- *presta:* ayuda, añade;
- *ceño:* entrecejo, gesto;
- *cuidados:* preocupaciones;
- *arbitrio:* mando o dominio de una persona sobre otra;
- *fontana:* fuente;
- *orea:* airea, refresca;
- *cetro:* vara que se usa en señal de mando.

Estrofa segunda: «que el estado de los soberbios grandes no le enturbia el pecho, ni se admira del techo dorado, sustentado en jaspes, fabricado del sabio moro».

Estrofa tercera: «No cura si la fama canta su nombre con voz pregonera, ni cura si la lengua lisonjera encarama lo que la verdad sincera condena».

En la expresión la sangre ensalza, debe entenderse sangre en el sentido de «linaje», lo que puede aprovecharse para insistir ante los alumnos en la importancia que el linaje o la casta tenía en la España de la época, y recordar que Fray Luis de León pertenecía a una familia de ascendencia judía por vía paterna y que algunos familiares suyos habían sido perseguidos por la Inquisición. Concretamente, se dictaron entre 1492 y 1521 seis condenas por herejía contra miembros de la familia: las dos más graves contra una bisabuela paterna y su hermana, que debieron comparecer ante un auto de fe en Cuenca en 1512, condenadas a reclusión perpetua y a llevar el infamante sambenito. A la muerte de ambas, sus sambenitos fueron expuestos en la catedral de Cuenca. En 1529 (ya nacido, pues, Fray Luis), un decreto ordenó transferirlos a la colegiata de Belmonte. La ejecución fue diferida gracias a las gestiones de los descendientes, pero fue finalmente cumplida en 1548. Fray Luis de León vivió, por tanto, en el ambiente de sospecha, suspicacias, silencio, cautela, ocultación, prudencia, propio de la minoría conversa.

La elección por parte de los alumnos de uno u otro título resulta indiferente, pues ambos responden al contenido del texto y aparecen indistintamente en los códices antiguos de la obra. Se valorará, desde luego, la adecuación de las razones dadas en cada caso. Lo importante es que los alumnos se percaten de que Fray Luis desarrolla el conocido tópico del *Beatus ille* horaciano (cuyo texto original en versión castellana se ofrece en el *Texto complementario*), reformulado una y otra vez en la poesía española de los siglos XVI y XVII. Este poema desarrolla específicamente una de las variantes de este tópico clásico conocida con el nombre de *menosprecio de corte y alabanza de aldea,* cuyo significado podrán entender fácilmente los alumnos tras la lectura del poema de Fray Luis y con el simple enunciado del tópico.

Los temas esenciales de la poesía luisiana aparecen en la *Oda a la vida retirada* y resultará sencillo que los alumnos puedan advertirlos: la naturaleza y la vida en el campo (vv. 31-32 y 41-60), el deseo de paz (vv. 26, 31-32, etc.), la añoranza de la soledad (vv. 1, 36, 38...), el anhelo del cielo (v. 37). Si parece oportuno, puede aprovecharse el comentario de estos aspectos del poema para explicar a los alumnos algunos otros tópicos clásicos que aquí reformula Fray Luis. Es el caso del *locus amoenus* –tan habitual también en los textos medievales–, lugar paradisíaco en el que se desarrollan las escenas amorosas (el huerto de Melibea, por ejemplo, en *La Celestina*) e incluso las religiosas, como ocurre en varios de los *Milagros* de Berceo. En este caso, el huerto del poeta agustino se presenta con sus mejores galas *(primavera, flor, fruto cierto, hermosura, fontana pura, árboles, verdura, olores...).* Es el lugar ideal en donde el escritor se refugia del mundo hostil. Suele decirse que este idílico huerto tendría como referente una huerta real, *La Flecha,* que los agustinos poseían cerca de Salamanca. La *escondida senda* de los vv. 3-4 sería el *secretum iter* de Horacio que conducía a la felicidad (para más detalles, véase el erudito comentario de Oreste Macrì en su ed. de las *Poesías* de Fray Luis de León [Barcelona: Crítica, 1982, pp. 279-290]). Sin embargo, algunos estudiosos han interpretado este poema como una muestra más del desgarrado anhelo de Fray Luis de alcanzar la unión mística. Toda la composición sería la expresión contenida de ese anhelo frustrado. Por ello, el huerto al que hace referencia el escritor en este poema no remitiría a un huerto físico, material, cultivado por el agustino, sino al huerto de la fe segura desde el que Fray Luis pretende alcanzar la cima del monte divino donde aspira a la visión beatífica del supremo goce de Dios (véase Ricardo Senabre, *Estudios sobre Fray Luis de León,* Salamanca: Universidad, 1998). Si se decide exponer también esta interpretación a los alumnos, convendría poner luego en relación este texto de Fray Luis con el que van a comentar después de San Juan de la Cruz para que comparen el anhelo místico del asceta con la unión mística efectivamente realizada en el caso del carmelita.

La estrofa empleada en este poema es la lira, introducida en España por Garcilaso en su *Oda a la flor de Gnido,* en cuyo primer verso aparece la palabra *lira,* nombre que recibió la estrofa en adelante:

> *Si de mi baja lira*
> *tanto pudiese el son, que en un momento*
> *aplacase la ira*
> *del animoso viento,*
> *y la furia del mar y el movimiento.*

La influencia de Garcilaso en todos los poetas posteriores es inmensa. En Fray Luis no se reduce a la métrica. Así, como señala Macrì en la ed. antes citada, puede percibirse una relación directa entre los versos 31 y 32 de nuestro texto y los siguientes de Garcilaso: «y las aves sin dueño / con canto no aprendido / hinchen el aire de dulce armonía» (*Égloga II,* vv. 67-69). También es evidente la deuda de los vv. 51-55 del poeta conquense con estos del poeta toledano: «Corrientes aguas, puras, cristalinas; / árboles que os estáis mirando en ellas; / verde prado de fresca sombra lleno; / yedra que por los árboles caminas, / torciendo el paso por su verde seno» (*Égloga I,* vv. 239-244). Una prueba más de la influencia garcilasiana es el *manso ruido* del v. 59: «Convida a dulce sueño / aquel manso ruido / del agua que la clara fuente envía», «Con un manso ruido / de agua corriente y clara» (Garcilaso de la Vega, *Égloga II,* vv. 64-66, y *Canción III,* vv. 1-2, respectivamente).

Como señalamos en el apartado 3.2. del Tema, las poesías de Fray Luis están concienzudamente elaboradas. En las estrofas seleccionadas de la *Oda a la vida retirada,* además de cuanto hasta aquí hemos indicado, emplea el agustino numerosos recursos retóricos. He aquí algunos ejemplos: encabalgamiento (*escondida / senda,* vv. 3-4), lítotes (*un no rompido sueño,* v. 26), antítesis (*libre quiero, / no quiero,* vv. 27-28), paralelismo (*vivir quiero – gozar quiero,* vv. 36-37), enumeración (*de amor, de celo, / de odio, de esperanzas, de recelo,* vv. 39-40), hipérbatos (*del monte en la ladera,* v. 41, *de bella flor cubierto,* v. 44, *de verdura vistiendo,* v. 54, *del oro y del cetro pone olvido,* v. 60), personificación (*una fontana pura / hasta llegar corriendo se apresura,* vv. 39-50), símil (*como codiciosa...,* v. 46), etc. Debe también notarse la abundante adjetivación (*escondida, puro, alegre, libre, severo...*), así como el matizado uso de infinitivos y gerundios en la penúltima y antepenúltima estrofas. Finalmente, es importante que los alumnos reparen en el vocabulario empleado por el poeta, que podría distribuirse en dos campos semánticos opuestos: el de la agitada vida mundanal (o, simplemente, el del mundo real, según la interpretación ascético-mística del texto) y el de la vida retirada (o vida puramente espiritual). Al primero corresponderían vocablos como *ceño, severo, sangre, dinero, cuidados graves, ajeno arbitrio, celo, odio, recelo, oro, cetro...*; al segundo, *descansada, escondida, puro, alegre, libre, aves, cantar sabroso, bien, cielo, amor, esperanzas...* Ambos mundos quedan expresa-mente enfrentados en la antítesis *mundanal ruïdo* (v. 2) / *manso ruïdo* (v. 59).

ACTIVIDADES DEL TEXTO 3

El argumento de la *Noche oscura* como simple poema amoroso es bastante fácil de resumir: una mujer –la Amada– cuenta cómo sale de su casa de noche y en secreto para encontrarse con su Amado; cuando se produce tal encuentro, ambos se unen en una escena de evidente contenido erótico. Como poesía religiosa, la Amada sería el alma y el Amado, Dios: el alma se escapa de su casa (su cuerpo) por la noche (en completa oscuridad, sin la ayuda de la luz de la razón o de la lógica) y guiada por la luz interior alcanza la unión mística con Dios. Estas tres fases, o *vías,* de escapada, iluminación y unión, se conocen en la terminología mística como *vía purgativa, vía iluminativa* y *vía unitiva.* El propio San Juan explica en estos términos el sentido de la *Noche oscura:* «En esta noche oscura comienzan a entrar las almas cuando Dios las va sacando de estado de principiantes, que es de los que meditan en el camino espiritual, y las comienza a poner en el de los aprovechantes, que es ya el de los contemplativos, para que, pasando por aquí, lleguen al estado de los perfectos, que es el de la divina unión del alma con Dios.» (*Comentarios en prosa al poema de la «Noche»,* cap. I).

La estructura del poema puede establecerse de acuerdo con las tres vías místicas que acabamos de mencionar: a) vía purgativa (estrofas 1.ª y 2.ª); b) vía iluminativa (estrofas 3.ª, 4.ª y 5.ª); c) vía unitiva (estrofas 6.ª, 7.ª y 8.ª). No obstante, hay quien ha propuesto para la *Noche oscura* una estructura diferente en la que cumple un papel central la estrofa quinta: «Efectivamente, se trata de una estrofa que marca el exacto punto de inflexión entre las dos partes de la composición, la desasosegada (y a la vez confiada) búsqueda del amado (estrofas 1 a 4) y la total compenetración, fusión de ambos (estrofas 6 a 8). En esta estrofa quinta la noche aparece como un símbolo vehiculador del encuentro amoroso, y por consiguiente, lleno de connotaciones positivas. Frente a la *noche* que provoca *extravío* esta es "noche que *guiaste*", y frente a la ausencia de luz, connatural a la noche real, esta noche interior, vía hacia la perfecta unión mística, resulta más luminosa, más agradable que el alba (aquella hora en que los amantes habían de separarse, cuando aquí se persigue la unión)» (G. Torres Nebrera, *op. cit.,* v. 2, p. 103).

Todo lo anterior permitirá aclarar suficientemente a los alumnos el sentido simbólico tanto de *la noche* como de *la luz.* No obstante, el símbolo de la *noche oscura,* clave de la poesía de San Juan, es bastante más complejo. Reproducimos a continuación un pasaje sobre el particular de nuestro libro de 1.º de Bachillerato: «Frente a la teología positiva escolástica, Juan de la Cruz se muestra influido por la tradición de la teología negativa, que concibe la fe como tiniebla, como oscuridad que genera luz. Ello nos daría la clave del símbolo de la "noche oscura", central en su poesía: no una "fe" como adhesión a contenidos temáticos construidos a partir de la analogía entre Dios y el mundo y entre Dios y el hombre –como en la teología positiva de la tradición escolástica–, sino una "fe" en la que no se puede decir nada de Dios, una "fe" como itinerario a través de la "experiencia" hacia lo Incognoscible: *Entreme donde no supe... / toda ciencia trascendiendo.* En la tradición de la teología negativa el modo de conocimiento no es de tipo racional, sino intuitivo. Sin embargo, no en todas las poesías de San Juan existe una pérdida de lucidez y conciencia por parte de la Amada en su búsqueda del Amado ni está ausente el proceso racional de conocimiento. Este es bastante evidente en el *Cántico* y también en la *Noche*, pero ya no en la *Llama* y en algunos otros poemas, donde la aniquilación de la voluntad y el desasimiento de la razón parecen más claros, reflejándose en ellos el momento de absoluta irracionalidad en el que se conoce intuitivamente» (p. 385).

Una vez estudiada la *Oda a la vida retirada*, de Fray Luis de León, el alumno no tendrá problemas para identificar como ocho liras las estrofas que componen la *Noche oscura*. Seguramente, observará también la repetición de la rima en las dos primeras liras. En todo caso, debe hacerse notar que la estrofa elegida por Juan de la Cruz revela, como en el caso de Fray Luis, que también en él las deudas con Garcilaso de la Vega son numerosas. No obstante, y como señalamos en el apartado 3.3. del Tema, se advierten también diferencias entre Juan de la Cruz y Garcilaso, por ejemplo en el empleo de adjetivos, mucho más numerosos en el caso del poeta toledano. Además, en la poesía de San Juan no es general la anteposición del adjetivo como ocurre en Garcilaso: así, en el poema que nos ocupa, aunque hay algún caso de anteposición (*dichosa ventura, secreta escala*), predomina la posposición: *noche oscura, noche dichosa, pecho florido, mano serena...* Otros diversos recursos pueden señalarse en el poema: anáforas (*a oscuras – a oscuras*, vv. 6 y 9; *oh, noche – oh, noche – oh, noche*, vv. 21-23), aliteraciones (*estando ya mi casa sosegada*, v. 10), paralelismos (es evidente entre los versos de la primera y segunda estrofas), anadiplosis (vv. 24-25), polípotes (*secreta – secreto*, vv. 7 y 12; *guiaba – guiaste*, vv. 16 y 21; *dejeme – dejando*, vv. 38-39), reiteración de exclamaciones (vv. 3 y 8, vv. 21-25), repeticiones eufónicas (*quedeme, olvideme, dejeme,* vv. 36 y 38), personificaciones (*noche que guiaste – noche amable – noche que juntaste*, vv. 21-23), etc. Aún convendría hacer hincapié en algunos otros aspectos del poema: léxico seleccionado para expresar la intensidad amorosa (*ansias, inflamada*, v. 2; *ardía*, v. 15), importancia de los verbos en las últimas estrofas (en especial en la última: *quedeme, olvideme, recliné, cesó, dejeme, dejando, olvidado*; obsérvese, además, el significado de todos estos verbos, que da idea de la calma absoluta tras el éxtasis místico), gran sensualidad de la penúltima y antepenúltima estrofas, trascendencia de los símbolos que ya señalamos anteriormente...

La presencia del *Cantar de los Cantares* en la poesía de San Juan es evidente. Aunque hemos ofrecido a los alumnos una versión actual que pueda resultarles más fácilmente inteligible, con seguridad Juan de la Cruz leyó los versos bíblicos en la traducción que de ellos había hecho Fray Luis de León. Por si se desea ofrecerla a los alumnos, he aquí el mismo fragmento del *Cantar de los Cantares* en la versión del poeta agustino:

> —A la yegua mía en el carro de Faraón te comparé, amiga mía.
> Lindas están tus mejillas en los cerquillos, tu cuello en los collares.
> Tortolicas de oro te haremos esmaltadas de plata.
>
> —Cuando estaba el rey en su reposo, el mi nardo dio su olor.
> Manojuelo de mirra el mi Amado a mí; morará entre mis pechos.
> Racimo de Copher mi Amado a mí, de las viñas de Engaddi.
>
> —¡Ay, cuán hermosa, Amiga mía (eres tú), cuán hermosa! Tus ojos de paloma.
>
> —¡Ay, cuán hermoso, Amigo mío (eres tú), y cuán gracioso! Nuestro lecho está florido.
> Las vigas de nuestra casa son de cedro, y el techo de ciprés.
>
> —Yo rosa del campo y azucena de los valles.
>
> —Cual la azucena entre las espinas, así mi Amiga entre las hijas.
> —Cual el manzano entre los árboles silvestres, así mi Amado entre los hijos; en su sombra deseé; senteme, y su fruta dulce a mi garganta.
> Metiome en la cámara del vino; la bandera suya en mí (es) amor.
> Forzadme con vasos de vino; cercadme de manzanas, que enferma estoy de amor.
> La izquierda suya debajo de mi cabeza, y su derecha me abrace.
>
> —Conjúroos, hijas de Jerusalén, por las cabras, o por las ciervas montesas, si despertáredes y si velar hiciéredes a la Amada hasta que quiera.

TEMA 6

EL TEATRO Y LA NARRATIVA EN EL SIGLO XVI

PREGUNTAS DEL TEXTO INICIAL

Este texto de Ovidio (adaptación libre de la traducción de Consuelo Álvarez y Rosa María Iglesias [Madrid: Cátedra, 1999]) servirá para familiarizar a los alumnos con algunos mitos y tópicos clásicos muy presentes en toda la cultura renacentista y que luego perdurarán tanto en el Barroco como en el Neoclasicismo. Además, el conocimiento de la utopía grecolatina de la edad de oro permitirá luego comentar con mayor aprovechamiento el primero de los textos del *Quijote* seleccionados en este tema.

El significado en el texto de las palabras indicadas es el siguiente:
- *néctar*: delicioso licor azucarado, bebida de los dioses en la mitología griega;
- *quillas*: pieza que va de proa a popa por la parte inferior del barco y en la que se asienta toda su armazón;
- *linde*: límite que separa unos terrenos de otros;
- *agrimensor*: persona experta en medir tierras;
- *acicate*: motivación, incentivo.

Sucinta explicación del mito de Saturno: Cronos (el Tiempo) en la mitología griega, o Saturno en la latina, destrona a su padre Urano (el Cielo) seccionándole los genitales con la ayuda de su madre, Gea (la Tierra), y se hace dueño de las mansiones celestes. A su vez él es destronado por su hijo Júpiter, que lo envía al Tártaro, el lugar más profundo de las regiones infernales.

Distingue Ovidio en este texto cuatro edades: la de oro, la de plata, la de bronce y la de hierro.

La edad de oro estaría caracterizada por la ausencia de leyes y castigos. No habría ejércitos ni propiedad privada. Las personas se guiarían por la rectitud y la lealtad hacia sus semejantes. La tierra, sin necesidad de ser cultivada, ofrecería alimentos suficientes para todos, el clima sería benigno (una primavera eterna) y las gentes vivirían apaciblemente en sus lugares de origen sin conocer aún barcos u otros medios de transporte que pudieran llevarlas al extranjero.

La edad de plata ya conocería las cuatro estaciones distintas del año. El cambio de clima habría obligado a los hombres a refugiarse en casas. Para la alimentación fue necesaria también la aparición de la agricultura y de la ganadería.

De la edad de bronce apenas se ofrecen rasgos, salvo el empeoramiento que supone con respecto a la anterior y la aparición de las armas, aunque todavía sin crímenes.

La edad de hierro da cabida ya a todos los males: mentiras, violencia, «*criminal deseo de poseer*»... Hace su aparición la propiedad privada de la tierra («*antes común como la luz del sol y las brisas*»). Comienzan la navegación y la minería. Surge la guerra y todos son enemigos de todos: huéspedes, suegro y yerno, hermanos, marido y mujer...

El hijo se interesa por los años de su padre antes de tiempo: el hijo desea la muerte de su padre porque ansía heredar sus bienes.

La Virgen Astrea ha abandonado, la última de los dioses, las tierras humedecidas de matanza: la justicia y la virtud han desaparecido de la tierra que se encuentra empapada de sangre humana por las matanzas de las guerras y otros conflictos entre los hombres.

ACTIVIDADES DEL TEXTO 1

Dos partes principales pueden distinguirse en el texto. Ambas terminan de forma simétrica con una intervención en estilo directo: la primera se cerraría con la afirmación de Lazarillo: «*–No diréis, tío, que os lo bebo yo –decía–, pues no le quitáis de la mano*»; la segunda concluiría con las palabras del ciego: «*–¿Qué te parece, Lázaro? Lo que te enfermó, te sana y da salud*». En la primera se narran sucesivamente los tres modos en que el mozo burlaba al ciego para beber su vino: cogiendo rápidamente el jarrillo y dando un par de sorbitos, valiéndose de una paja de centeno y haciendo un agujero en la base del jarro. La segunda, y mediante el típico procedimiento folclórico del burlador burlado, desarrolla la cruel venganza del ciego y las consecuencias de la misma. Pero el relato no queda aislado dentro del *Lazarillo*, sino que, ciertamente, el cuento popular adquiere un sentido dentro de la novela. De hecho, la última frase del ciego, que es también un conocido adagio que aparece en otras obras de la época, anticipa el final mismo de la novela: «En la creación artística de germen folklórico, un simple proverbio es sentido, a menudo, como resumen de toda una historia y puede servir de base para su reconstrucción. [...] Pues bien, una obra de Torres Naharro, anterior al *Lazarillo de Tormes*, nos brinda esta expresión proverbial: "Lávasme la cabeza después de descalabrada" *[Tinellaria]*. Es muy verosímil que el autor del *Lazarillo* conociera este proverbio y que le sugiriese, si no el desenlace del episodio del jarro de vino, en que el ciego rompe el jarro sobre la cabeza del niño, por lo menos el epílogo, los comentarios sobre el vino que sirve para lavar las heridas de Lázaro: invención capital, teniendo en cuenta el papel que representa el *leitmotiv* jovial del vino en el *Lazarillo* y en sus continuaciones» (Marcel Bataillon, *Novedad y fecundidad del «Lazarillo de Tormes»*, Salamanca, Anaya, 1968, pp. 33-34). En efecto, el vino tendrá gran importancia en la anónima novelita, pues el empleo que, al final de la misma, le proporcionará el arcipreste de San Salvador al protagonista para que consienta las relaciones adúlteras de su mujer será precisamente el de pregonero de vinos. De hecho, en otras peripecias el ciego le cura también con vino, y unas pocas páginas después del episodio que comentamos, llega a predecirle:

—*Yo te digo –dijo– que si un hombre en el mundo ha de ser bienaventurado con vino, que serás tú.*
Y reían mucho, los que me lavaban, con esto, aunque yo renegaba. Mas el pronóstico del ciego no salió mentiroso, y después acá muchas veces me acuerdo de aquel hombre, que sin duda debía tener espíritu de profecía.

Puede referirse todo ello a los alumnos y comentarles que, además de estos hechos concretos, el episodio tiene un evidente sentido para el desarrollo posterior del protagonista, pues le sirve de enseñanza y lección, lo que es lógico en una novela de aprendizaje como es el *Lazarillo de Tormes*. Y con esta intención se incluyen todos estos relatos folclóricos en la novela. Ya en el primero de ellos (la calabazada en el toro que da el ciego al niño) el todavía inocente Lazarillo extrae la siguiente conclusión: «Dije entre mí: "Verdad dice este, que me cumple avivar el ojo y avisar, pues solo voy, y pensar cómo me sepa valer"». Como afirma Antonio Rey Hazas, «en este instante se produce lo que será, después del *Lazarillo*, un tópico estructural del género picaresco: el estereotipado "despertar del pícaro"; la transformación brusca del niño ingenuo e inocente en sagaz truhán y pícaro. Así, esquemáticamente, abruptamente, el niño sin malicia se convierte, al entrar en contacto con un mundo siempre hostil y adverso, en pícaro artero e ingenioso, pues no le queda otra opción, si quiere sobrevivir. La existencia estrictamente picaresca es, desde este momento, una suerte de lucha por la vida en la que el antihéroe no cuenta con otras armas que su astucia e inteligencia, puesto que es pobre y está solo, desprovisto de todo amparo familiar» (A. Rey Hazas, ed., *La vida de Lazarillo de Tormes,* Madrid, Castalia, 1984, pp. 69-70).

Estas características habituales del pícaro son las que pueden advertirse en el relato del jarro de vino justo en el momento de la transformación del niño: ya es astuto e ingenioso y se vale de su maña y destreza para engañar al ciego; sin embargo, aún queda en él cierta ingenuidad que le hace confiarse y salir finalmente muy mal parado. El ciego, por su parte, es todavía más taimado que el mozo y actúa con crueldad y brutalidad; no obstante, muestra después cierto afecto por el niño, al que cura y con el que bromea con sorna.

Fácil es hacer ver a los alumnos la forma autobiográfica del texto pues la voz narradora es en casi todo momento la primera persona, como puede comprobarse por las formas verbales. Resulta, además, especialmente significativo que el pronombre personal de primera persona del singular aparezca de modo reiterado en el texto: seis veces como *yo,* una como *mí* y nada menos que veinte como *me.* Y es que ello es fundamental en toda la novela: «La palabra con que se abre el prólogo del *Lazarillo* es un rotundo *yo* ["Yo por bien tengo..."]; el capítulo I comienza así: "Pues sepa Vuestra Merced, *ante todas cosas,* que a mí llaman Lázaro de Tormes". Un *yo* cuyo poseedor quiere que conozcamos de modo total: "porque se tenga entera noticia de mi persona"» (Carlos Blanco Aguinaga et al., *Historia social de la literatura española,* Madrid, Akal, 2000, v. I, p. 266). No obstante, en un momento de nuestro texto el narrador pasa a la tercera persona para volver después sin transición a la primera con forzado anacoluto: «le dejó caer sobre mi boca, ayudándose –como digo– con todo su poder, de manera que el pobre Lázaro, que de nada de esto se guardaba, antes, como otras veces, estaba descuidado y gozoso, verdaderamente me pareció que el cielo, con todo lo que en él hay, me había caído encima». No es este un caso de error del autor, sino que, al distanciarse de su personaje en el momento culminante del episodio, hace que el cambio de perspectiva contribuya a la verosimilitud del relato: «El cambio a la tercera persona no es, por descontado, un descuido del autor. Se trata de un medio más con que cuenta para lograr la *evidentia* de la escena» (Alberto Blecua, ed., *La vida de Lazarillo de Tormes,* Madrid, Castalia, 1974, p. 101).

Desde luego, este episodio revela que el *Lazarillo* se encuentra muy lejos de las novelas idealistas coetáneas y los sucesos que en él se narran son relativamente verosímiles. Dados los temas y personajes del *Lazarillo* y, más tarde, de las otras novelas picarescas, es evidentemente apropiado que sus autores opten por una estética realista alejada de la inverosimilitud de las narraciones caballerescas o pastoriles de la época. No obstante, parece un tanto forzada la tercera treta de que se sirve el protagonista para beber el jarro: ha de hacer un agujero en el jarro sin que el ciego se entere, ha de taparlo convenientemente, ponerse entre las piernas del amo cuando él bebe, derretir la cera, etc. Por ello, el autor, que persigue desde luego la verosimilitud, cuida especialmente la redacción de este momento del episodio, como ahora veremos.

La lengua del texto es representativa de la de toda la novela, que, como señalamos en el tema, es llana y espontánea, como conviene a la verosimilitud, dado el origen social humilde del ficticio narrador. De ahí el empleo de expresiones coloquiales *(estaba hecho al vino, moría por él, que maldita la gota se perdía, daba al diablo...),* diminutivos *(jarrillo, fuentecilla, tortilla, golpecillo...),* etc.

Merece la pena llamar la atención de los alumnos sobre el exquisito cuidado que el autor pone en los dos momentos cruciales del pasaje: la última artimaña del mozo y la venganza del ciego.

La posible inverosimilitud de la treta del agujero tapado con cera la salva el narrador recurriendo a la narración detallada: «La nota ahora dominante es la *agudeza* de la treta: y también la cautela suma con que debe proceder para que el ciego no se dé cuenta. Una serie de rasgos gramaticales y léxicos expresan bien todo aquel proceder astuto y hábil: el diminutivo *fuentecilla,* emparejado con la expresión sinónima *agujero sotil;* esta, en efecto, no añade nada a la descripción, pero refuerza la idea de la finura que Lázaro tuvo que poner en su maquinación. Tales notas se acumulan en la frase siguiente: *y, delicadamente, con una muy delgada tortilla de cera taparlo.* Muy expresivo es el primer adverbio, y con él, los elementos que ponderan la delgadez e imperceptibilidad del tapón de cera: el adverbio *muy,* el adjetivo *delgada* y el diminutivo *tortilla* (= torta pequeña). [...] La pobreza extrema, la miseria en que se desarrolla la escena, muy típica de la novela picaresca, se pone de relieve con los adjetivos *triste* (ciego) y *pobrecilla* (lumbre). La cera se derretía *por ser muy poca.* Lázaro vuelve a aludir a la delgadez del tapón, necesaria para que pudiera ablandarse con la escasa lumbre; y con ello sigue mostrándonos su ingenio, capaz de forjar un artificio tan delicado como imperceptible para su amo. Allí comenzaba el gozo de Lázaro. La fuentecilla empezaba a *destilarle* (nueva insistencia en la sutileza del mecanismo) el vino en la boca, diestra en no desperdiciar nada del generoso líquido». (F. Lázaro Carreter y E. Correa Calderón, *Cómo se comenta un texto literario,* Madrid, Cátedra, 1974, pp. 120-121).

La exposición de la venganza del ciego también está minuciosamente preparada por el autor. El ciego no actúa de forma inmediata tras haber descubierto el engaño, sino con *disimulo,* como conviene a su carácter ladino: *disimuló como si no lo hubiera sentido.* Después del símil y sin que al narrador se le olvide indicar que el ciego ha esperado con toda paciencia al día siguiente *(y luego otro día),* se insiste en la actitud confiada del muchacho *(no pensando...),* debido a la reiteración de la costumbre (obsérvese la repetición del símil *como solía*) de saborear el vino que caía *rezumando* de *mi jarro* (nótese la relación de *rezumar* con el anterior *destilar* con la misma intención de resaltar la sutileza del artificio, así como el empleo del posesivo *mi*, que ha transferido el jarro desde la propiedad real del ciego a la posesión psicológica del mozo). El escritor prepara también el brusco contraste con la cruel venganza insistiendo en las notas de placer que siente Lázaro en los momentos previos *(aquellos dulces tragos, por mejor gustar el sabroso licor)*, placer que tiene un carácter extático al colocar al protagonista en actitud religiosa casi orante: *mi cara puesta hacia el cielo, un poco cerrados los ojos*. No es descartable que aquí haya asimismo una intención de parodia religiosa, que jugaría con la polisemia de *vino*, entendido no solo como bebida común, sino también como símbolo religioso propio de la Eucaristía cristiana. Y es precisamente en este estado de arrobamiento del chico cuando el amo descargará su golpe feroz, fiereza que el escritor resalta con regodeo: *con toda su fuerza, con todo su poder, el cielo... me había caído encima*. El párrafo *Fue ... me quedé* recalca sin ahorrar detalles las consecuencias del golpe. Y además, justo en el momento de llevar a efecto la cruel venganza, el narrador cambia de primera a tercera persona, con el propósito que señalamos más arriba, y reitera el carácter confiado del pobre rapaz: *como otras veces, estaba descuidado y gozoso*. Y es desde esta perspectiva como adquiere pleno sentido la paradoja contenida en la expresión metonímica *aquel dulce y amargo jarro*.

Aún podrían comentarse otros diversos rasgos estilísticos del texto, que nos limitamos ya simplemente a mencionar: aliteraciones, paronomasias, polípotes, personificaciones, antítesis, ironías, importancia de la gestualidad, gran plasticidad, etc. Convendría hacer ver, en fin, a los alumnos los dos niveles temporales de la obra, que se corresponden con el tiempo del narrador y con el de la vida del protagonista, y que pueden observarse en este fragmento cuando dice: «me quebró los dientes, sin los cuales hasta hoy día me quedé».

ACTIVIDADES DEL TEXTO 2

En este breve texto se puede advertir la que es en todo el Tratado III del *Lazarillo* la característica básica del personaje del escudero: su capacidad para aparentar. Esta vida de apariencias puede percibirse en el texto en diversos detalles: aparenta que en su casa solo se hacen dos comidas al día, pero en cuanto Lázaro saca el pan se interesa por la comida pues también él está muerto de hambre; considera una virtud ser moderado en el comer, pero ello no es sino un pretexto para excusar la absoluta ausencia de alimentos en su casa; se preocupa por *las manos limpias* del panadero, pero es mera palabrería, porque inmediatamente después devora el mendrugo que le da el muchacho; al acabar de comer, se limpia pulcramente las migajas del pecho, pero estas son *pocas* y *bien menudas*.

La obsesión por la limpieza del escudero tiene, desde luego, la intención de caricaturizar este prejuicio aristocrático de que su sangre es cristiana vieja y no se encuentra contaminada por la de judíos o moros. Ello es un dato más que ridiculiza la actitud del escudero de vivir en un mundo de apariencias sin un verdadero fundamento real.

Es evidente que Lázaro ha aprendido que la preocupación por la honra y la opinión social conduce al escudero a una vida miserable y, por su parte, prefiere adoptar una actitud cínica y consentir las habladurías y su deshonra personal, sin importarle el *qué dirán*, a cambio de tener un trabajo que le permita comer a diario: «La obra revela, en detalle, lo que se está ocultando tras las imágenes. El objetivo de la carta es encubrir abiertamente el escándalo con una curiosa unión de dos retóricas: la hipócrita, que encubre la conformidad, al par que la directa, que descubre el asunto. [...] El planteamiento es «maquiavélico»: no se dice jamás que la hipocresía sea buena, solo se muestra que, inteligente y oportunamente usada, satisface las necesidades del caso que se plantea. Se toca, pues, el problema de la instrumentalización social de las apariencias. Apariencias de honor, virtud, fe, pureza, bondad, caridad, glorias, imperios, conquistas, victorias y fortunas. Es decir, una serie de ideas y valores contemporáneos que, propagados por la cultura oficial, servían para ubicar a los españoles del tiempo en su sociedad. Ideas a cuya sombra los historiadores modernos describen un paisaje que incluye bancarrotas, pestes, hambre, violenta destrucción de territorios, exterminio, enormes tensiones raciales y derrotas militares. Es la parte sombría de la llamada España Imperial que aquellos españoles tuvieron que vivir y sobrevivir. [...] A causa de la interpelación de «Vuestra Merced», Lázaro se ha visto obligado a revelar nada menos que los límites, los pliegues y las trampas de la ideología hegemónica de la honra y la virtud dentro de la que se ve acusado. No le dejan otra alternativa. Es una ironía diáfana la que conduce esta historia a su final (que es, también, su principio): revelar las conflictivas realidades y sus engañosas, pero perfectamente fructíferas, proyecciones, tanto retóricas como ideológicas» (Reyes Coll-Tellechea y Anthony N. Zahareas, «Estudio preliminar» a su ed. de *La vida de Lazarillo de Tormes*, Madrid, Akal, 1997, pp. 31-32).

Será fácil hacer comprender a los alumnos que a estas alturas el personaje de Lázaro ha perdido la ingenuidad y ha ido madurando. Tiene ya una cierta facultad de introspección y es capaz de relacionar los acontecimientos de su vida pasada y de reflexionar sobre su pasado y sobre su futuro. Muestra un buen dominio del lenguaje y en el diálogo que mantiene con el escudero le da perfectamente la réplica en diversas ocasiones. Y en estas réplicas descubrimos también cómo Lazarillo se adapta a sus amos y, si respondía a las burlas del ciego con otras burlas semejantes, ahora mimetiza a la perfección el arte de la apariencia del escudero y finge haber sido siempre alabado por su moderación en el comer e incluso llega a afirmar que no bebe vino. Finalmente, la situación ha cambiado tanto con respecto a los dos amos anteriores que es ahora el mozo el que alimenta al escudero y no a la inversa.

Lázaro de Tormes se dirige expresamente al destinatario de su epístola cuando dice «*Vuestra merced crea...»*. Convendría indicar a los alumnos que no confundieran esta referencia al anónimo *vuestra merced* al que se dirige Lázaro en su carta con el tratamiento de «vuestra merced» que da al escudero al comienzo del diálogo.

En efecto, Lázaro relaciona los diversos sucesos que le han ido ocurriendo y se acuerda de cuando vivía con el clérigo y cómo la premonición que entonces tuvo se está ahora cumpliendo: «Yo he tenido dos amos: el primero traíame muerto de hambre, y dejándole, topé con este otro, que me tiene ya con ella en la sepultura; pues si de este desisto y doy en otro más bajo, ¿qué será sino fenescer?» (Tratado II). De este modo se imbrican unos episodios con otros y la gradación descendente de los tres tratados se convierte en un nexo fundamental en la estructura de la novela.

Y, ciertamente, existen además determinadas referencias que ligan este texto con el del Tratado I que comentamos antes: el jarro y el vino. También se advierte en ambos elementos una gradación descendente: el jarro del ciego se ha convertido ahora en un jarro *desbocado* y el vino ha sido sustituido por el agua.

El humor es, sin duda, uno de los rasgos constantes del *Lazarillo*, y ya podían percibirse trazos humorísticos en el anterior texto del ciego y el jarro de vino, aunque desde luego de humor negro (el final del fragmento, por ejemplo). Pero el humor de la novela no suele tener un carácter grueso, sino que es inteligente y sutil y, en general, se deriva de la ironía, recurso utilizado de forma constante por el narrador en su relato y por los personajes en sus diálogos. Aunque este texto abunda en guiños irónicos, basten también como ejemplo las palabras finales del narrador cuando matiza su acción de beber agua diciendo: «*Entonces tomé el jarro y bebí. No mucho, porque de sed no era mi congoja*». Es evidente que aquí hay que entender que la congoja del mozo no se produce por falta de agua, sino por ausencia de alimento, es decir: por hambre y no por sed.

Junto a la ironía, es la *evidentia* (a la que ya nos referimos en el comentario del *Texto 1*) el procedimiento más utilizado por el autor del *Lazarillo*: «La ironía como recurso general cede el paso a todos aquellos artificios que recomendaba la retórica para conseguir la *evidentia* de la narración, esto es, que el lector se represente la escena como si la estuviera viendo. Los recursos retóricos aptos para lograr *evidencias* son numerosos, y a todos ellos acude el anónimo escritor: descripciones minuciosas o rápidas según el tipo de anécdotas o su finalidad funcional; discordancias temporales; diálogos, poco significativos, pero que imprimen un tono dramático a la escena, intensificaciones, etc.» (A. Blecua, *loc. cit.*, pp. 40-41). Todo lo cual puede comprobarse en este fragmento del Tratado III. Y ello, además, debe relacionarse con la perspectiva desde la que en muchas ocasiones se relatan los acontecimientos que le ocurren al protagonista: «conviene fijarse en cómo se narran los hechos, el punto de vista adoptado por el narrador, pues radica en ello uno de los más importantes méritos del *Lazarillo*. Y es que el narrador refiere los sucesos tal como el protagonista los iba percibiendo en el momento de ocurrir: asistimos al acontecimiento desde los ojos de Lázaro, participamos de su misma actitud y, como él, nos vemos sorprendidos por finales imprevistos que después encuentran justificación. [...] Cuando Lázaro se contrata con el escudero confía en que, dado el aspecto señorial de su nuevo amo, por fin cesen sus calamidades. El episodio arranca a primera hora de una mañana: el niño acompaña al escudero por las calles de Toledo y le extraña que pasen de largo ante el mercado, aunque nada sospecha todavía de la indigencia de su señor; asisten a misa en la catedral y llegan a la que va a ser su nueva casa. Pasan lentos los minutos y se agudiza la exasperación del niño al ver que no se dispone la mesa para comer, hasta que las palabras del amo revelan de golpe el futuro nada halagüeño: «*–Tú, mozo, ¿has comido? [...] Pásate como pudieres, que después cenaremos*». El lector participa de la misma desesperación del muchacho y descubre la realidad al mismo tiempo que el narrador» (Juan María Marín Martínez, «Introducción» a su ed. de *La vida de Lazarillo de Tormes*, Zaragoza, Edelvives, 1988, p. 22). De modo que, si se comenta este aspecto, los alumnos podrán comprender más justamente el comienzo abrupto del diálogo con que se abre nuestro texto.

Numerosos recursos pueden aún observarse en el texto. Mencionaremos algunos: anáfora (*allí se me representaron... allí se me vino... allí lloré*), antítesis (*vida pasada / muerte venidera*), paralelismos (*mi trabajosa vida pasada y mi cercana muerte venidera, el hartar es de los puercos y el comer regladamente es de los hombres*), polípote (*que yo hallo hallan*), uso de apartes («*¡Bien te he entendido!*», dije yo entre mí. «*¡Maldita tanta medicina...*), empleo de expresiones coloquiales (*de qué pie cojeaba*), etc.

ACTIVIDADES DEL TEXTO 3

El significado en el texto de las palabras indicadas es el siguiente:

- *jumento:* burro;
- *tasajos:* pedazos de carne secos y salados para que se conserven;
- *sazón:* punto de sabor;
- *aderezaron:* prepararon;
- *majada:* aprisco, redil;
- *melindres:* remilgos;
- *jerigonza:* lengua de difícil comprensión;
- *donaire:* garbo, brío, soltura;
- *zagalejas:* mozuelas, muchachas;
- *otero:* cerro aislado sobre un llano.

Don Quijote alaba *el bien que en sí encierra la andante caballería* y pondera la probabilidad que tienen los que participan de la caballería andante de ser *honrados y estimados del mundo*. Finalmente, don Quijote señala el carácter igualatorio que tiene la caballería andante.

Sancho, por su parte, prefiere comer a solas y a sus anchas, por modesta que sea la comida que tenga, que guardar determinadas formalidades que para él únicamente representan inconvenientes. Por ello, propone a su señor cambiar la honra que le pueda proporcionar la caballería andante por *cosas de más comodo y provecho*.

En este diálogo podrán percibir los alumnos perfectamente cuál es la principal diferencia de carácter de ambos protagonistas: la naturaleza idealista y libresca de don Quijote frente al realismo materialista de Sancho.

Muy semejantes serían las características de la *edad de oro* en el texto de Ovidio y en el de Cervantes. En ambos se resalta el hecho de que no existiera aún la propiedad privada y que todas las cosas fueran, por tanto, comunes. Como en el texto del poeta latino, también en el *Quijote* se indica que la tierra ofrecería de forma espontánea alimento y bebida a los humanos. Igualmente, en los dos textos se insiste en la convivencia pacífica de las gentes, en un mundo que era *todo amistad, todo concordia.* Interesaría hacer ver a los alumnos cómo este tópico clásico se recupera en el Renacimiento de acuerdo con la visión neoplatónica de la realidad que se extiende en los medios cultos por esa época: «Al concepto de naturaleza divina que iba forjando la filosofía renacentista corresponden en el arte representaciones idealizadas de un mundo perfectamente puro y sin mácula, libre todavía de los errores y deficiencias que hoy pesan sobre él. Ese es el sentido que proyecta el Renacimiento sobre temas como la Edad de Oro, del que se apodera con avidez al hallarlo en los autores de la antigüedad. Hoy lo comprendemos difícilmente; pero si queremos acercarnos de veras a la literatura de los siglos XV y XVI, hemos de tener muy presente aquel místico fervor de los humanistas, que soñaban con un mundo que se bastase a sí mismo, libre de los malos afeites con que lo habían rebozado el tiempo, el error y las pasiones; terso y brillante como al salir del divino y natural troquel» (Américo Castro, *El pensamiento de Cervantes,* Barcelona, Noguer, 1972, p. 173). Pero conviene tener en cuenta que, si en el caso de Ovidio el poeta latino pudo confrontar su exposición de la edad de oro con las turbulencias políticas de su época, en el de Cervantes tal confrontación es explícita cuando opone esa edad idílica a la sociedad española de su tiempo. Es por eso importante hacer ver a los alumnos que el gran novelista español no se limita a recrear un tópico literario, sino que le sirve para poner de manifiesto el calamitoso estado de injusticia que vivía la sociedad española de finales del XVI y principios del XVII, cuando era común *la ley del encaje,* cuando a la justicia *tanto ahora la menoscaban, turban y persiguen... los del favor y los del interés:* «Defensor del mundo mítico de la Edad de Oro en la barroca Edad de Hierro en que le tocó vivir, don Quijote aboga por una sociedad ideal, fraternal, igualitaria y placentera [...]. Así, de este idealizado modo, Cervantes pone en entredicho la base de la monarquía absoluta del XVII español desde su misma raíz, y defiende la libertad individual por encima de todo, en contra de cualquier sistema político coercitivo, incluso frente a la autoridad del rey» (F. Sevilla Arroyo y A. Rey Hazas, «Introducción» a su ed. del *Quijote,* Alcalá de Henares, Centro de Estudios Cervantinos, 1994, p. XLV).

Este afán por acercarse a la realidad más inmediata justifica plenamente la inclusión de los protagonistas en un cuadro muy realista. Pero el asunto permite aún otras reflexiones. Si entendemos la figura de Cervantes como la de un escritor de transición entre el mundo renacentista y el barroco, como efectivamente lo es y no solo por la cronología, podemos comprender el texto a la vez como una defensa de los ideales renacentistas y como una parodia de los mismos. Este era un fenómeno usual en los escritores barrocos y basta recordar para ello la *Fábula de Píramo y Tisbe* (1618), de Góngora, y tantos textos de Quevedo. En el caso del pasaje cervantino, la parodia se produce cuando esos ideales colisionan rudamente con la realidad circundante de unos cabreros que no entienden *aquella jerigonza,* y, lo que es aún más significativo, del propio don Quijote, que, al igual que Sancho, *embaulaba tasajo como el puño,* y que solo después de *bien satisfecho su estómago,* se anima a enderezar al auditorio un discurso aprendido en los libros. Todo este contraste es resaltado por el escritor al contraponer el retórico lenguaje del discurso final de don Quijote *(Dichosa edad y siglos dichosos aquellos a quien los antiguos...)* con el vocabulario y actitudes expresamente vulgares de otras partes del texto *(embaulaban tasajo como el puño; medio queso, más duro que si fuera hecho de argamasa; con facilidad vació un zaque...).* De tal contraposición deriva una visión irónica –muy característica del estilo cervantino en general– de la utopía clásica de la edad de oro y, por supuesto, del personaje que la defiende, don Quijote, que aparece una vez más ante los ojos del lector como un individuo fuera de tiempo. Y, sin embargo, tanto los ideales ilusorios como el personaje que los defiende dejan en el lector el gusto positivo del ideal. Cervantes, pues, tiene la capacidad de mostrar al mismo tiempo una actitud irónica sobre la utopía y de proponerla como contrapunto a la difícil realidad española de su tiempo: «En el áspero mundo "exterior" en el que está sumergiéndose España [...], Cervantes ponía sobre el "océano de cuero" de Castilla el sueño de don Quijote, contra un país de imágenes gastadas y de libros inservibles» (Emilio Lledó: «Juan de la Cruz: notas hermenéuticas sobre un lenguaje que se habla a sí mismo», en José Ángel Valente y José Lara Garrido (eds.), *Hermenéutica y mística. San Juan de la Cruz,* Madrid: Tecnos, 1995, pp. 121-122).

Muchos son los episodios de la primera parte del *Quijote* que podrían seleccionar los alumnos para su posterior lectura en clase. Se les podrían sugerir el de los molinos de viento (cap. VIII), el de Marcela y Grisóstomo (XIII-XIV), el de la venta (XVII-XVIII), el de los batanes (XX), el del yelmo de Mambrino (XXI), el de los galeotes (XXII), el del curioso impertinente (XXXIII-XXXV), el de los cueros de vino (XXXVI), el del cautivo (XL-XLII), etc.

Convendría que en la biblioteca del centro pudieran consultarse algunas buenas ediciones modernas del *Quijote,* como las de John J. Allen (Madrid, Cátedra, 1977), Juan Bautista Avalle-Arce (Madrid, Alhambra, 1979), Ángel Basanta (Madrid, Anaya, 1993), Alberto Blecua y Andrés Pozo (Madrid, Espasa Calpe, 1998), Juan Ignacio Ferreras (Madrid, Akal, 1991), Luis Andrés Murillo (Madrid, Castalia, 1984), Florencio Sevilla y Antonio Rey (Madrid, Alianza, 1996) y la dirigida por Francisco Rico (Barcelona, Crítica, 1998), entre otras.

ACTIVIDADES DEL TEXTO 4

La inclusión de este relato folclórico (cuento muy antiguo, que figura en repertorios de ejemplos ya en el siglo XV) y la de otros dos, uno que lo precede y otro que lo sigue, respectivamente, valen para mostrar cómo Sancho es capaz de ejercer a la perfección sus funciones de gobernador simplemente con su experiencia de la vida, el sentido común y el propósito de hacer justicia. Así pues, aunque el cuento en sí mismo también tiene su intención (muestra cómo quien hace trampas es finalmente descubierto y avergonzado) y sirve como ingrediente humorístico añadido en una novela como el *Quijote* en la que el humor desempeña un papel fundamental, es, desde luego, un elemento bien integrado en el conjunto de la obra. Y ello es así, porque, tras probar sus dotes de gobernante, Sancho padece los enojos y tribulaciones de la autoridad (es sometido a rigurosa dieta por el médico encargado de su salud, sabe de una intriga para quitarle la vida, debe hacer frente a una ficticia sublevación) y experimenta entonces la decepción del poder. Coincide en ello con don Quijote. Ambos personajes, en el transcurso de la novela, alcanzan conflictivamente el conocimiento de la dura realidad y sufren el desengaño consiguiente: «Este desengaño, que aparece parcial y momentáneamente tras varios lances de la novela, adquiere un sesgo definitivo, irreversible, en los dos episodios culminantes de la historia –el final del gobierno de Sancho y la curación de don Quijote– y en él reside la mayor victoria de ambos personajes y la gran lección social y moral de la novela. [...] Sin embargo, el desengaño cervantino es, ante todo, sabiduría y verdad, y el desengañado, el hombre que ha logrado conocerse a sí mismo» (Javier Salazar Rincón, *El mundo social del «Quijote»*, Madrid, Gredos, 1986, pp. 309-310). La lección final sería, pues, comprender, en conocida expresión cervantina, que cada uno es hijo de sus obras y vale tanto cuanto valgan ellas.

Sancho Panza muestra en este texto una perspicacia y sagacidad que, a primera vista, parecerían impropias del personaje, caracterizado en el texto anterior por su interés en lo material más inmediato y por la ausencia de otros ideales. Sin embargo, Sancho responde en el *Quijote* al tipo de labriego pobre que ansía prosperar y cuya mezcla de agudeza y estupidez, ingenio e ignorancia, se avendría bien con el carácter y temperamento de los campesinos coetáneos, que tienen en el recelo y la socarronería las únicas armas de autodefensa en una sociedad en la que se encuentran en los más bajos lugares de la escala social. Por ello, no resulta inverosímil la actuación de Sancho en esta circunstancia, si tenemos además en cuenta que todo ha sido preparado en detalle por los duques y que a sus ojos los sucesos que a su alrededor ocurren se le presentan como completamente reales y no como producto de una farsa burlesca: «Se le exponen tres casos en litigio, y en todos ellos Sancho patentiza poseer un ingenio vivo y despierto, un gran sentido común y un espíritu justiciero. Con ello Cervantes no ha deformado la figura de este rústico personaje, ya que los tres famosos juicios de Sancho –todos ellos registrados en el folklore– ponen de manifiesto una auténtica sabiduría popular, muy posible en un hombre sin letras ni formación, pero con buen sentido práctico y con ingenio innato. [...] En los episodios del gobierno de Sancho hay una intencionada sátira de la ambición y la amarga conclusión de que un gobierno perfecto y justo no pasa de ser una utopía. Cervantes se ha impuesto en estos capítulos una empresa difícil de resolver: hacer a Sancho gobernador sin dañar la verosimilitud de la trama, y ha salido totalmente airoso. En estos capítulos, como en todo el *Quijote*, no hay absolutamente nada arbitrario, ilógico ni dejado al azar o a la casualidad; y la farsa ideada por el Duque se desarrolla tal como este la había previsto dentro de la más absoluta verosimilitud» (Martín de Riquer, *Nueva aproximación al Quijote*, Barcelona, Teide, 1989, pp. 129-130). No hay que olvidar, de todos modos, que el concepto de verosimilitud no es en el Renacimiento ni en Cervantes tan estricto como pueda serlo en la novela realista del siglo XIX. En la poética cervantina, la imprescindible verosimilitud va ligada al concepto de la *admiratio* de la retórica clásica. Los sucesos han de ser verosímiles, han de tener apariencia de realidad, pero al mismo tiempo deben conmover al lector por su extrañeza o singularidad provocándole su admiración. De hecho en el propio texto seleccionado se indica expresamente por dos veces la *admiratio* que produce el inusitado caso: «*quedaron todos admirados [...] los presentes quedaron admirados*». Y aun con todo, la sospecha de inverosimilitud que pueda producir en algunos lectores la salva Cervantes con su típica ironía, que hoy se tiene ya por proverbial. Así, Sancho descubre la trampa porque recuerda un antiguo cuento, puesto que «*él tenía tan gran memoria, que a no olvidársele todo aquello de que quería acordarse, no hubiera tal memoria en toda la ínsula*». Más todavía, Cervantes dirá que, si parece inverosímil el buen juicio de Sancho, quizá se deba a «*que los que gobiernan, aunque sean unos tontos, tal vez los encamina Dios en sus juicios*».

Leísmos de cosa: *le* tuviese, *le* embarazara, *le* he menester, he*le* aquí, púsose*le*, tom*ole*, dándose*le*.

En el *Texto 1* del *Lazarillo* pueden observarse los siguientes leísmos de cosa: *le* asía, tornába*le* a su lugar, tapába*le* con la mano, no *le* quitáis de la mano, *le* dejó caer.

También podrán seleccionar los alumnos muchos episodios de la segunda parte del *Quijote* para su posterior lectura en clase. Se les podrían sugerir el de la carreta de Las Cortes de la Muerte (XI), el de los leones (cap. XVII), el de las bodas de Camacho (XX-XXI), el de la cueva de Montesinos (XXII-XXIII), el del retablo de maese Pedro (XXV-XXVII), el del barco encantado (XXIX), el de Clavileño (XLI), el de la cabeza encantada (LXII), etc.

TEMA 7

LA POESÍA DEL SIGLO XVII

PREGUNTAS DEL TEXTO INICIAL

Este soneto de Shakespeare puede servir para introducir a los alumnos en el clima cultural característico del Barroco, con su preocupación angustiada por el paso del tiempo y por la muerte.

El poeta se dirige al Tiempo, que aparece expresamente personificado con la utilización de la letra inicial mayúscula de los nombres propios. En los primeros siete versos, le exige de forma imprecatoria que cumpla con su cruel función, la de acabar con todo lo existente. Pero en los versos 8 a 12 le prohíbe lo que para el poeta es «un crimen, el más odioso». Este crimen consiste en que el tiempo deje también las huellas de su paso en la persona de quien está enamorado el yo lírico («mi hermoso amor»). Dos metáforas sucesivas expresan esta idea: «no marques con tus horas la frente de mi hermoso amor, ni traces líneas con tu antigua pluma», es decir, no dejes en la frente del ser amado la marca del envejecimiento, las arrugas. El poeta le pide al tiempo que en su carrera (en su transcurrir vertiginoso) deje intacto a su amor, para que su belleza sirva de modelo a los hombres del futuro.

En los dos últimos versos, el poeta da la vuelta a sus argumentos y, ante la imposibilidad de evitar los efectos destructivos del tiempo, le dice a este interlocutor personificado que, a despecho de su acción, su *amor* sobrevivirá para siempre joven en sus versos. El asunto podría servir para recordar la idea de la vida de la fama que vieron los alumnos al comentar las *Coplas* de Jorge Manrique. El tema es además muy parecido al de un conocido soneto de Quevedo (*Amor constante más allá de la muerte*). Otro soneto del poeta madrileño (*Desde la torre*) también pondera la inmortalidad que se alcanza a través de la palabra escrita. Ambos podrían servir para establecer un comentario comparativo entre ellos y el de Shakespeare, en el cual sería posible recordar también la diferente perspectiva que sobre el mismo tema adopta Petrarca en el texto de los *Triunfos* con que abríamos el *Tema 4*. He aquí los textos de esos sonetos de Quevedo:

AMOR CONSTANTE MÁS ALLÁ DE LA MUERTE

Cerrar podrá mis ojos la postrera
sombra que me llevare el blanco día,
y podrá desatar esta alma mía
hora a su afán ansioso lisonjera.

Mas no de esotra parte, en la ribera,
dejará la memoria, en donde ardía:
nadar sabe mi llama la agua fría,
y perder el respeto a ley severa.

Alma a quien todo un dios prisión ha sido,
venas que humor a tanto fuego han dado,
medulas que han gloriosamente ardido,

su cuerpo dejará, no su cuidado;
serán ceniza, mas tendrá sentido;
polvo serán, mas polvo enamorado.

DESDE LA TORRE

Retirado en la paz de estos desiertos,
con pocos, pero doctos libros juntos,
vivo en conversación con los difuntos
y escucho con mis ojos a los muertos.

Si no siempre entendidos, siempre abiertos,
o enmiendan, o fecundan mis asuntos;
y en músicos callados contrapuntos
al sueño de la vida hablan despiertos.

Las grandes almas que la muerte ausenta,
de injurias de los años, vengadora,
libra, ¡oh gran don Iosef!, docta la emprenta.

En fuga irrevocable huye la hora;
pero aquella el mejor cálculo cuenta
que en la lección y estudios nos mejora.

Como puede comprobarse por la fácil relación con los poemas de Quevedo, el soneto de Shakespeare se encuentra ya cerca del pensamiento barroco. El optimismo renacentista prácticamente ha desaparecido y es la angustia por el paso del tiempo la que se respira en los versos del autor inglés. Ello se puede notar en los calificativos atribuidos al tiempo: *Tiempo devorador* (verso 1), *Tiempo de rápido pie* (v. 6), *viejo Tiempo* (v. 13). Por lo demás, buena parte del vocabulario del texto revela el modo violento y agresivo con que el poeta se enfrenta con ese Tiempo personificado: *devorador, desafila, garras, devore, arranca, agudos, colmillos, crueles, mandíbulas, quema, sangre, tristes, fugitivas, prohíbo, crimen, odioso, peor, viejo, despecho, ultraje*. Además, debe advertirse el tono reivindicativo y apremiante que adopta la voz poética al interpelar al Tiempo mediante sucesivos imperativos: *desafila, haz, arranca, quema, alterna*... La relación con el tema del inexorable paso del tiempo y la brevedad de la vida es evidente.

Si los alumnos cursan inglés, podría ofrecérseles el soneto de Shakespeare en su lengua original. Si bien se trata de inglés antiguo, y aunque el nivel de los alumnos pueda no ser alto, el texto, teniendo a la vista la versión española, se comprende bastante bien en líneas generales. Ello permitiría recordar de nuevo a los alumnos la enorme diferencia que existe entre leer un texto en su idioma original y hacerlo traducido y, además, serviría para que comprobaran que se trata de un soneto que consta de tres serventesios más el pareado final que encierra el sentido del texto (ABAB, CDCD, EFEF, GG):

Devouring Time, blunt thou the lion's paws,
And make the earth devour her own sweet brood;
Pluck the keen teeth from the fierce tiger's jaws,
And burn the long-lived phoenix in her blood;
Make glad and sorry seasons as thou fleet'st,
And do whate'er thou wilt, swift-footed Time,
To the wide world and all her fading sweets;
But I forbid thee one most heinous crime:
O, carve not with thy hours my love's fair brow,
Nor draw no lines there with thine antique pen;
Him in thy course untainted do allow
For beauty's pattern to succeeding men.
    Yet do thy worst, old Time: despite thy wrong,
    My love shall in my verse ever live young.

ACTIVIDADES DEL TEXTO 1

Una posible prosificación muy literal de las dos estrofas seleccionadas evitando sin más los hipérbatos sería la siguiente: *¡Oh bella Galatea, más suave que los claveles que la aurora tronchó; más blanca que las plumas de aquel ave que muere dulce y mora en las aguas; igual en pompa al pájaro que, grave, dora su manto azul de tantos ojos cuantas estrellas el celestial zafiro!¡Oh tú, que en dos incluyes las más bellas! [...] Sentado, mi robusta mano no perdona su dulce fruto a la alta palma; en pie, mi persona es sombra capaz de innumerables cabras el verano. ¿Qué mucho, si la montaña se corona de nubes en vano por igualarme, y puedo escribir mis desdichas con el dedo en los cielos desde esta roca?*

Mito de Polifemo y Galatea: Galatea era una nereida –divinidad marina, hija de Nereo– de quien estaba enamorado Polifemo, cíclope –monstruo gigantesco de un solo ojo– hijo del dios Poseidón. Galatea desdeñó los amores de Polifemo y prefirió los del pastor Acis. Despechado, el cíclope aplastó a Acis con una enorme roca, pero Galatea transformó a su amante Acis en un río y escapó de Polifemo para reunirse triunfalmente con las otras nereidas.

De Galatea se destacan su hermosura, su suavidad, su blancura, su esplendor y la belleza de sus ojos. De Polifemo, sobresale la longitud de sus brazos, la robustez de sus manos y las enormes dimensiones del conjunto de su cuerpo.

Como posible texto para comparar con la primera estrofa seleccionada del *Polifemo* gongorino, puede ofrecérseles a los alumnos el siguiente pasaje de las *Metamorfosis*, de Ovidio, que indudablemente sirvió de inspiración a Góngora, y en el que el poeta latino pone en boca del gigante Polifemo las alabanzas de la ninfa:

> *Oh Galatea, más blanca que las hojas de la nívea aleña, más florida que los prados, más esbelta que el alto quejigo, más brillante que el cristal, más juguetona que un tierno cabritillo, más pulida que las conchas desgastadas continuamente por el mar, más agradable que los soles del invierno, que la sombra del verano, más noble que las manzanas, más visible que el elevado plátano, más resplandeciente que el hielo, más dulce que la uva madura y más suave que las plumas del cisne y que la leche prensada y, si no me esquivaras, más hermosa que un huerto regado.*
> (*Metamorfosis*, libro XIII, vv. 789-797).

Como ya señalábamos en el tema, la *Fábula de Polifemo y Galatea* está compuesta en octavas reales. Las dos que hemos seleccionado son concretamente la cuarenta y seis y la cincuenta y dos. En cuanto al estilo, estas dos estrofas pueden servir para ilustrar a los alumnos algunas de las características fundamentales de la poesía culterana. Ellos mismos habrán notado ya la profusión de violentos hipérbatos cuando hayan prosificado el texto reordenando sus palabras. Son también muy características del culteranismo las perífrasis, que aquí se pueden observar sin dificultad: *las plumas de aquel ave que dulce muere y en las aguas mora* (el cisne), *el pájaro que, grave, su manto azul de tantos ojos dora cuantas el celestial zafiro estrellas* (el pavo real), *su dulce fruto* (el dátil). Sobresalientes son también las hipérboles: toda la descripción del cíclope es precisamente una sucesión de exageraciones. El esplendoroso estilo culterano se advierte asimismo en la selección léxica suntuosa *(claveles, aurora, zafiro, estrellas...)* y plástica: en la primera de las estrofas «Góngora habla de la suavidad de los claveles, y no del color. Pero en el lector queda una vaga sensación colorista. Luego viene el blanco; y duplicado ("azul" y "zafiro") lo azul» (Dámaso Alonso, *Góngora y el «Polifemo»*, Madrid, Gredos, 1994, p. 570).

Si la hipérbole era el recurso básico de la segunda de las estrofas, el símil es la técnica fundamental de la primera. La alabanza de la hermosura de Galatea se realiza mediante tres comparaciones: *más suave que..., blanca más que..., igual en pompa al pájaro que...* Puede notarse que este recurso es el mismo que utiliza Ovidio para ponderar la belleza de la ninfa, aunque las trece comparaciones del poeta latino quedan reducidas a tres en el cordobés, que, además, rompe la monotonía de las mismas variando el procedimiento comparativo en cada una de ellas.

Aún pueden señalarse otros diversos procedimientos retóricos en el texto seleccionado: paronomasia *(muere...mora*, v. 4), bimembración de algunos versos (vv. 2, 4 y 10), tono exclamativo (toda la primera estrofa), interrogación retórica (vv. 13-16), anteposición de los adjetivos *(bella Galatea, celestial zafiro, alta palma, dulce fruto, robusta mano, innumerables cabras)*... Si a todo ello añadimos el tema mitológico clásico y la gran sensación de belleza que se desprende de la lengua empleada, los alumnos entenderán a partir del texto la importancia en el culteranismo de la ornamentación y del esplendor formal y que, como se dice en el tema, se trata de una literatura atenta a la imaginación y a los sentidos.

El mito del monstruo enamorado de la mujer bella ha tenido gran difusión en diversas obras literarias o cinematográficas. Es probable que los alumnos recuerden títulos como *Notre-Dame de París (El jorobado de Notre-Dame), King Kong, La bella y la bestia*, etc.

Para buscar letrillas y romances de Góngora, convendría que los alumnos pudieran consultar las mejores ediciones: *Letrillas* (ed. de Robert Jammes, Madrid, Castalia, 1981), *Romances* (ed. crítica de Antonio Carreira, Barcelona, Quaderns Crema, 1998, 4 v.) y *Romances* (ed. de Antonio Carreño, Madrid, Cátedra, 2000). También pueden encontrar letrillas y romances gongorinos en antologías de poesía del cordobés, como las preparadas por A. Suárez Miramón (Madrid, SGEL, 1983), A. Carreira (Madrid, Castalia, 1992) o A. del Rey Briones (Madrid, Alhambra Longman, 1995).

ACTIVIDADES DEL TEXTO 2

En el comentario de este soneto de Lope conviene recalcar a los alumnos el impulso biográfico que se encuentra en la base de la creación poética, porque ello no solo permitirá una comprensión más ajustada del texto, sino que servirá también de ilustración de una de las características fundamentales de la literatura de Lope de Vega: el hecho de encarnar literariamente sus experiencias personales, preludiando con ello la lírica moderna, en especial la que arranca del movimiento romántico. Concretamente, la ceguera, locura y posterior muerte de Marta de Nevares, la *Amarilis* poética, dieron lugar a que Lope compusiera varios poemas bellísimos. Por si se considera conveniente presentar a los alumnos cómo muestra el poeta su amor y su dolor en algunos de estos otros textos, he aquí dos fragmentos de una de las *barquillas* incluidas en la escena I del acto III de *La Dorotea*:

> *Ya es muerta, decid todos,*
> *ya cubre poca tierra*
> *la divina Amarilis,*
> *honor y gloria vuestra;*
>
> *aquella cuyos ojos*
> *verdes, de amor centellas,*
> *músicos celestiales,*
> *orfeos de almas eran;*
>
> *cuyas hermosas niñas*
> *tenían, como reinas,*
> *doseles de su frente*
> *con armas de sus cejas;*
>
> *aquella cuya boca*
> *daba lición risueña*
> *al mar de hacer corales,*
> *al alba de hacer perlas;*
>
> *aquella que no dijo*
> *palabras extranjeras*
> *de la virtud humilde*
> *y la verdad honesta;*
>
> *aquella cuyas manos*
> *de vivo azar compuestas*
> *eran nieve en blancura,*
> *cristal en transparencia;*
>
> *cuyos pies parecían*
> *dos ramos de azucenas,*
> *si para ser más lindas,*
> *nacieran tan pequeñas;*
>
> *la que en la voz divina*
> *desafió sirenas*
> *para quien nunca Ulises*
> *pudiera hallar cautela;*
>
> *la que añadió al Parnaso*
> *la musa más perfeta,*
> *la virtud y el ingenio,*
> *la gracia y la belleza.*
>
> *Matola su hermosura,*
> *porque ya no pudiera*
> *la envidia oír su fama*
> *ni ver su gentileza.*
>
> *Venid a consolarme,*
> *que muero de tristeza.*

> *Mas no vengáis, barqueros,*
> *que no quiero perderla;*
>
> *que si mi vida dura,*
> *es solo porque sienta*
> *más muerte con la vida,*
> *más vida que sin ella.* [...]
>
> *Tan triste vida paso*
> *que todo me atormenta,*
> *la muerte porque huye,*
> *la vida porque espera.*
>
> *Cuando barqueros miro,*
> *cuyas esposas muertas*
> *que tanto amaron vivas*
> *olvidan y se alegran,*
>
> *huyo de hablar con ellos,*
> *por no pensar que puedan*
> *hacer en mí los tiempos*
> *a su memoria ofensa.*
>
> *Porque si alguna cosa,*
> *aun suya, me consuela,*
> *ya pienso que la agravio,*
> *y dejo de tenerla.*

La siguiente es una estrofa de la extensa égloga titulada precisamente *Amarilis*, en la que Lope de Vega muestra su dolor por la muerte de la amada:

> *No quedó sin llorar pájaro en nido,*
> *pez en el agua, ni en el monte fiera,*
> *flor que a su pie debiese haber nacido*
> *cuando fue de sus prados primavera;*
> *lloró cuanto es amor, hasta el olvido*
> *a amar volvió porque llorar pudiera,*
> *y es la locura de mi amor tan fuerte*
> *que pienso que lloró también la muerte.*

Entendiendo, pues, en clave biográfica el soneto propuesto para comentario, debe hacerse también hincapié en la capacidad de Lope de hacer literatura de la sustancia vital. Ello es evidente en el primer cuarteto, en el que el poeta explica con acentuada retórica petrarquista que el recuerdo de la amada muerta sigue perturbándolo hondamente. El petrarquismo es evidente en las antítesis *(gloria / pena, guerra / paz)* y en las paradojas *(sin dejarme vivir, vive)*. Como muestra de que este estilo petrarquista llevaba ya siendo un tópico en la expresión poética, pueden mencionárseles a los alumnos los conocidos versos que glosa Teresa de Jesús, tan próximos en la formulación a los que comentamos en este primer cuarteto del poema de Lope: «*Vivo sin vivir en mí / y tan alta vida espero, / que muero porque no muero*». Tradicional es también la estructuración bimembre de muchos de los versos: en este cuarteto inicial, el primero, el tercero y el cuarto.

Importa llamar la atención sobre el primer verso, que resume la técnica de todo el cuarteto: verso dividido en dos partes opuestas entre sí. La oposición de ambas partes viene explícitamente marcada por la conjunción adversativa *mas* y no se produce solo entre los conceptos de *polvo* y de *hermosa*, sino también entre los adverbios temporales *ya* y *siempre*. La perfecta distribución de los acentos en todos las sílabas pares permite afirmar que «estamos ante un perfecto endecasílabo yámbico, cuya fluencia rítmica, grave, solemne, encuentra una síncopa rotunda, pero no disonante, en la intersección de las sílabas sexta y séptima, dos palabras de una sílaba. La pausa intraversal da paso a la afirmación triunfante del *siempre*, que niega la dolorosa constatación del *ya*» (M. García-Posada Huelva (ed.), *Poesía* de Lope de Vega, Barcelona, Plaza y Janés, 1984, p. 340).

En el segundo cuarteto, el recuerdo del soneto de Garcilaso comentado en el *Tema 5* se encuentra en las referencias a la rosa y la azucena («*En tanto que de rosa y azucena*»), que, junto al jazmín, indican cualidades de la amada que perduran en la memoria del autor: «*jazmín* y *rosa* de su inocencia y hermosura (y en referencia concreta acaso también frente y mejillas), que llamean con el fuego de la pureza *(azucena)* en el alma del poeta» *(ibid.)*. Las referencias al fuego se acumulan en este cuarteto: *ardiendo* (v. 6), *abrasa* (v. 7), *ceniza* (v. 8). Y, por supuesto, esta omnipresencia del fuego amoroso culmina en la mención del ave Fénix, adjetivada además como *amorosa*, del último verso de la estrofa: «el verso conclusivo del cuarteto agrega una imagen soberana que concentra y potencia el significado general del poema [...]. El alma del amante es la ceniza de donde resucita, con el recuerdo, el ave Fénix, es decir, doña Marta. *Ceniza ... amorosa*, lecho del amor y de la vida, desde donde el ave inmortal vuela de nuevo» *(ibid.,* pp. 340-341).

En el primer terceto se produce un cambio en la modalidad oracional, desde el carácter enunciativo de los cuartetos al exclamativo del primer verso del terceto e interrogativo de los otros dos. Tanto la exclamación como la interrogación retórica sirven para subrayar el dolor del poeta al rememorar a la amada. De ahí que se califique como *cruel* tal recuerdo. Y es que ese recuerdo está tan presente que la propia amada revive en los versos del poeta, pues es a ella precisamente a quien se dirige con el pronombre *te* del verso décimo, como volverá a hacer después al comienzo del último terceto con la forma verbal de segunda persona *permíteme*. Y así, si la vida se convertía en literatura en el primer cuarteto, según avanza el poema, se hace cada vez más patente la transformación de la literatura en vida y la fusión, tan característica de la lírica lopesca, entre creación y experiencia vital: «En sus romances, que son joyas las más hermosas de nuestro romancero culto; en sus sonetos perfectos, en sus madrigales, en sus canciones de boda, de siega, de bautizo, de bienvenida; en sus églogas, en sus letrillas, villancicos y seguidillas; en sus poemas amorosos, con su sutil neoplatonismo ocasional; en sus patéticas poesías de contrición, en sus frecuentes momentos de introspección, de recuento y examen de lo pasado, entre los elementos heredados de una tradición poética que le era muy cara y las invenciones propias, entre giros virtuosistas que en parte vemos caducados con la época y en parte ostentando un perenne verdor, Lope infunde en cuanto mira una condición de inmediatez que es una refrescante afirmación de la vida» (Amado Alonso, *Materia y forma en poesía,* Madrid, Gredos, 1965, p. 132).

En el último terceto, el poeta le pide a su amada rediviva que le permita callar porque *ya* (el poeta vuelve a utilizar el adverbio de tiempo que había empleado en el primer verso del soneto) ha agotado las lágrimas para llorar y los *concetos de amor* para literaturizar su dolor. De este modo, se revela descarnadamente la insuficiencia del petrarquismo para dar cuenta de las fibras más hondas de la vida y la incapacidad de la literatura para conservar realmente el recuerdo de la amada y superar el límite de su muerte física. En este punto, resultaría interesante hacerles ver a los alumnos la diferencia entre el desengañado poema de Lope y el de Shakespeare que abría el tema, el final de los *Triunfos* de Petrarca que comentaron ya en el *Tema 4* y los dos sonetos de Quevedo que reprodujimos poco más arriba como posibles textos comparativos con el soneto shakespeariano.

La casi desesperada resolución nihilista del poema de Lope de Vega conecta también con una vertiente muy típica de la literatura barroca: la retórica del silencio. Cuando la palabra no basta, es más significativa la palabra no dicha. Y así, frente a la elocuencia y el desbordamiento verbal propiamente barrocos (que pueden apreciarse en el título mismo del soneto de Lope que comentamos), existe también al mismo tiempo una consciente poética del silencio, que se revela en muchos textos en el empleo constante de la elusión, la economía lingüística o el laconismo, característicos, por ejemplo, de tantos momentos de la obra de Gracián. Y así se entiende, por ejemplo, que la muy reciente *poesía del silencio* se sienta heredera de esta vertiente del barroquismo literario.

Si aparece *sólo* acentuado se trata de un adverbio de modo; si se edita sin tilde, se entiende como adjetivo calificativo. En el primer caso, el poeta se propone callar *solamente* un momento; en el segundo, pide que se le permita callar *a solas*.

Sería recomendable que los alumnos pudieran manejar las siguientes ediciones de la poesía de Lope de Vega: la ya citada de García-Posada, las de José Manuel Blecua (*Lírica,* Madrid, Castalia, 1981, y *Obras poéticas,* Barcelona, Planeta, 1983), la de Francisco Javier Díez de Revenga (Barcelona, Bruguera, 1982) y las de Antonio Carreño (*Poesía selecta,* Madrid, Cátedra, 1998, y *Rimas humanas y otros versos,* Barcelona, Crítica, 1998).

ACTIVIDADES DEL TEXTO 3

El soneto comienza con una metáfora ya tradicional en la que se identifica la vida con un corto camino que hay que recorrer: *vivir = caminar breve jornada*. La metáfora se encontraba ya, por ejemplo, en la quinta de las *Coplas* de Jorge Manrique. Como en su momento no la comentaron los alumnos, hela aquí por si se considera conveniente presentársela:

> *Este mundo es el camino*
> *para el otro, que es morada*
> *sin pesar,*
> *mas cumple tener buen tino*
> *para andar esta jornada*
> *sin errar.*
> *Partimos cuando nacemos,*
> *andamos cuando vivimos*
> *y llegamos*
> *al tiempo que fenecemos;*
> *así que, cuando morimos,*
> *descansamos.*

La vitalidad de esta imagen llega hasta la poesía del siglo XX y basta recordar los numerosos poemas de Antonio Machado en que el poeta sevillano emplea el símbolo del *camino* para referirse a la vida: toda una sección de su primer libro, *Soledades*, se titula precisamente «Del camino». Otros diversos poemas machadianos posteriores insisten en la asociación *camino = vida*. Como posible texto para comparar, puede ofrecérseles a los alumnos el siguiente y muy conocido poema perteneciente a la sección «Proverbios y cantares» del libro *Campos de Castilla*:

> *Caminante, son tus huellas*
> *el camino, y nada más;*
> *caminante, no hay camino,*
> *se hace camino al andar.*
> *Al andar se hace camino,*
> *y al volver la vista atrás*
> *se ve la senda que nunca*
> *se ha de volver a pisar.*
> *Caminante, no hay camino,*
> *sino estelas en la mar.*

En el mismo Quevedo, en fin, la metáfora de la vida como camino puede también observarse en la siguiente cita de *El sueño del infierno*: «el partir es el nacer, el vivir el caminar, la venta es el mundo, y en saliendo de ella es una jornada, y breve, desde él a la pena o la gloria».

La paradoja *muerte viva* expresa la idea quevediana de que la vida es una muerte continua, un ir muriendo poco a poco. De ahí que se diga en el cuarto verso que la vida es a «cada instante en el cuerpo sepultada» y que, en la frase del epistolario que se cita en la primera actividad, se defina el cuerpo como «*cadáver sensitivo, sepulcro portátil*».

La importancia decisiva del ineludible paso del tiempo en la concepción de la vida de Quevedo se advierte en las explícitas referencias temporales dispersas a lo largo de los versos: *breve, ayer, cada instante, en poco tiempo, duración*. Esta fugacidad del tiempo en relación con los conceptos de la vida y la muerte no es en Quevedo mera preocupación especulativa, sino permanente obsesión interior que percibe en el día a día de su propia existencia. Así lo dice muy expresivamente en carta a don Manuel Serrano del Castillo de 16 de agosto de 1635:

> *Señor don Manuel, hoy cuento yo cincuenta y dos años, y en ellos cuento otros tantos entierros míos. Mi infancia murió irrevocablemente; murió mi niñez, murió mi juventud, murió mi mocedad; ya también falleció mi edad varonil. Pues ¿cómo llamo vida una vejez que es sepulcro, donde yo propio soy entierro de cinco difuntos que he vivido? ¿Por qué, pues, desearé vivir sepultura de mi propia muerte, y no desearé acabar de ser entierro de mi misma vida? Hanme desamparado las fuerzas; confiésanlo, vacilando, los pies, temblando las manos; huyose el color del cabello, y vistiose de ceniza la barba; los ojos, inhábiles para recibir la luz, miran noche; saqueada de los años la boca, ni puede disponer el alimento ni gobernar la voz; las venas para calentarse necesitan de la fiebre; las arrugas han desamoldado las facciones; y el pellejo se ve disforme con el dibujo de la calavera, que por él se trasluce. Ninguna cosa me da más horror que el espejo en que me miro.*

Puede ofrecérseles a los alumnos este fragmento epistolar como prueba de la desolación personal que embarga al escritor ante los efectos destructores del tiempo.

Los versos tercero y cuarto resumen el significado del poema, porque, como ya hemos dicho, dan idea de la brevedad de la vida, apenas comenzada en el frágil cuerpo y ya inevitablemente descontando el tiempo que le queda para concluir y llegar a la muerte. Nacemos muertos, viene a decir Quevedo en estos dos versos y en el soneto todo. Y también, desde luego, en otros numerosos lugares de su obra. Así en una carta: «*Pues el cuerpo no es más que una sepultura, y el expirar es salir el alma de este sepulcro*»; y así en la canción titulada «El escarmiento»: «*En la que oscura ves, cueva espantosa, / sepulcro de los tiempos que han pasado, / mi espíritu reposa, / dentro en mi propio cuerpo sepultado*» (vv. 16-20).

En los versos quinto y sexto se condensa en clave conceptista el tema del texto. El porqué, obviamente, está en el empleo de diversas formas verbales del verbo ser: *siendo, es, será*. La vida no es nada porque, aun *siendo* ahora, *es* tan poco que *será* nada en poco tiempo. Debe llamarse la atención sobre el hecho de que, si el primer cuarteto se abría con el vocablo *vivir*, este comienza con un término fundamental en el texto: *nada*. Es decir, *vivir = nada*. Más aún, la significativa epanadiplosis de este verso quinto recalca el valor esencial del concepto *nada* en el texto. Este *nihilismo* del poeta madrileño demuestra que «el drama de Quevedo es el del pesimismo a ultranza y sin medida. El de una noche oscura terrenal sin aurora, ni esperanza humana» (Claudio Guillén, «Quevedo y el concepto retórico de literatura», en *El primer Siglo de Oro. Estudios sobre géneros y modelos*, Barcelona, Crítica, 1988, p. 267). Pero, aunque, en efecto, esta vertiente de la poesía de Quevedo pueda denominarse *nihilista*, no lo es en sentido estricto, porque su visión cristiana de la existencia presupone un futuro más allá de la muerte. Y aquí radica la diferencia esencial entre el pesimismo, angustia y desengaño barrocos y el pesimismo existencialista contemporáneo.

Nótese, además, que la palabra *poco* aparece asimismo repetida, y también de forma reveladora, en los dos primeros versos del segundo cuarteto que estamos comentando.

Por otra parte, en el pasaje de *La cuna y la sepultura* que se ofrece a los alumnos, la idea de fondo es la misma, y también el juego con los tiempos verbales ofrece la clave del asunto: «*eres el que ha poco que no fuiste y el que, siendo, eres poco, y el que de aquí a poco no serás*». Es este un procedimiento habitual en Quevedo. Puede citárseles a los alumnos otro verso de un conocido soneto suyo («*soy un fue, un seré y un es cansado*»), donde el poeta ha llegado hasta la sustantivación en el juego con las distintas formas de los tiempos del verbo.

La admirable expresión *tierra animada* quiere decir que los hombres, condenados finalmente a descomponerse en la tierra (recuérdese la maldición bíblica: *polvo eres y en polvo te habrás de convertir*), son seres animados, con *ánima*, con vida, pero solo por muy breve tiempo.

En el primero de los tercetos, aparecen tópicos barrocos como el del *engaño a los ojos* («*engañoso pensamiento*»), el de las *ilusiones defraudadas* («*esperanza burladora y ciega*») y, por supuesto, el de la muerte («*el mismo monumento*»).

El último terceto desarrolla la alegoría ya tradicional de la vida como barca o navegación. Muy fácilmente puede explicarse con otros textos de Quevedo en que emplea el mismo procedimiento retórico. Dice en una carta: «*Si en mar dificultoso navegaste ya estás en el puerto; y cuanto fue más corto tu viaje, tantas menos borrascas sufriste*». Y en *La cuna y la sepultura* afirma: «*Tu principal parte es el alma, que el cuerpo se te dio para navío de esta navegación en que vas sujeto a que el viento dé con él en el bajío de la muerte*».

Por si pudiera resultar útil, reproducimos a continuación dos sonetos, el primero de Góngora y el otro del propio Quevedo, que muy fácilmente se pueden relacionar con el que se ha propuesto para comentar a los alumnos:

> DE LA BREVEDAD ENGAÑOSA DE LA VIDA
>
> *Menos solicitó veloz saeta*
> *destinada señal, que mordió aguda;*
> *agonal carro por la arena muda*
> *no coronó con más silencio meta,*
>
> *que presurosa corre, que secreta,*
> *a su fin nuestra edad. A quien lo duda*
> *(fiera que sea de razón desnuda)*
> *cada sol repetido es un cometa.*
>
> *Confiésalo Cartago, ¿y tú lo ignoras?*
> *Peligro corres, Licio, si porfías*
> *en seguir sombras y abrazar engaños.*
>
> *Mal te perdonarán a ti las horas,*
> *las horas que limando están los días,*
> *los días que royendo están los años.*

> SIGNIFÍCASE LA PROPIA BREVEDAD DE LA VIDA, SIN PENSAR, Y CON PADECER, SALTEADA DE LA MUERTE
>
> *¡Fue sueño ayer; mañana será tierra!*
> *¡Poco antes, nada; y poco después, humo!*
> *¡Y destino ambiciones, y presumo*
> *apenas punto al cerco que me cierra!*
>
> *Breve combate de importuna guerra,*
> *en mi defensa, soy peligro sumo;*
> *y mientras con mis armas me consumo,*
> *menos me hospeda el cuerpo, que me entierra.*
>
> *Ya no es ayer; mañana no ha llegado;*
> *hoy pasa, y es, y fue, con movimiento*
> *que a la muerte me lleva despeñado.*
>
> *Azadas son las horas y el momento*
> *que, a jornal de mi pena y mi cuidado,*
> *cavan en mi vivir mi monumento.*

Muy numerosas son las ediciones de poesía de Quevedo. Convendría que los alumnos utilizaran alguna de las siguientes:

- *Poemas escogidos,* ed. de J. M. Blecua, Madrid, Castalia, 1974.
- *Poesía original completa,* ed. de J. M. Blecua, Barcelona, Planeta, 1981.
- *Poesía varia,* ed. de J. O. Crosby, Madrid, Cátedra, 1981.
- *Antología poética,* ed. de J. M. Balcells, Madrid, SGEL, 1982.
- *Antología poética,* ed. de A. Suárez Miramón, Barcelona, Plaza y Janés, 1984.
- *Antología poética,* ed. de P. Jauralde Pou, Madrid, Espasa-Calpe, 1985.
- *Antología poética,* ed. de E. Gutiérrez Díaz-Bernardo, Madrid, Castalia, 1989.
- *Obra poética,* ed. de F. Gómez Redondo, Madrid, Alhambra, 1995.
- *Un Heráclito cristiano, Canta sola a Lisi y otros poemas,* ed. de L. Schwartz e I. Arellano, Barcelona, Crítica, 1998.
- *Antología poética,* ed. de J. M. Pozuelo Yvancos, Madrid, Biblioteca Nueva, 1999.
- *Poesía moral,* ed. de Alfonso Rey, Madrid, Támesis, 1999.

TEMA 8

LA PROSA DEL SIGLO XVII

PREGUNTAS DEL TEXTO INICIAL

La lectura del texto de Pascal puede servir, de un lado, para advertir de nuevo preocupaciones típicamente barrocas, expresadas ahora en prosa y no en verso como en los textos del tema anterior, y, de otro, para darse cuenta de las diferencias entre la concepción del mundo del escritor francés y la de sus casi coetáneos hispanos.

Los dos primeros pensamientos seleccionados están incluidos por el propio Pascal en dos secciones diferentes de su obra, «Vanidad» y «Divertimiento», respectivamente. Con el primer título reúne el filósofo francés reflexiones muy propias del Barroco sobre la vanidad del mundo y sus ocupaciones. Los pensamientos recogidos en la sección «Divertimiento» sopesan las razones de la acusada inclinación de los hombres a juegos y diversiones. De modo que los alumnos se aproximarían a la idea del autor si consideraran que estos dos pensamientos tratan de la importancia de las diversiones en la vida de los seres humanos, o de las diversiones como encubrimiento de la carencia de sentido de la vida de los hombres, o del profundo hastío vital que anida en el corazón de los humanos, etc.

Desde luego, las consideraciones sobre la naturaleza humana de las dos primeras reflexiones se encuentran dentro de la órbita del pensamiento barroco, como revelan las referencias que hace Pascal al *fastidio vital*, a la *tristeza insoportable*, a *no pensar en su condición*, al *reposo insoportable*, al *tedio* y a su *veneno*, a *nuestras miserias*, al *hombre tan desgraciado y tan vano*, a *su nada* (convendría recordar aquí a los alumnos los versos de Quevedo que han comentado en el tema anterior: «*Nada que, siendo, es poco, y será nada / en poco tiempo*»). Según Pascal, el hombre combate su desgraciada situación olvidándose de ella con *el ruido, la diversión, el porvenir, alguna pasión agradable, el juego, la caza, cualquier espectáculo atractivo, el tumulto* o «*la menor cosa, como un billar y la bola que él mismo impulsa*». Indudablemente, el interés por deportes, espectáculos y todo tipo de diversiones es característica evidente de nuestro tiempo, en el que, además, tales actividades se ven sobredimensionadas por el papel que en ellas desempeñan prácticamente todos los medios de comunicación. A criterio del alumno quedará juzgar si esta omnipresencia de deportes y espectáculos en la vida cotidiana obedece a la necesidad humana de olvidar su condición finita o a otras razones.

El tema de los tres últimos pensamientos es que la dignidad del hombre consiste precisamente en su capacidad de pensar, y ello pese a su condición finita: «Ya el hecho de saber lo miserables que somos es una señal de nuestra grandeza. El animal no es consciente de su bestialidad; nosotros cedemos a la fuerza del instinto, pero nos asiste la suficiente lucidez como para percatarnos de ello. Si no hubiera grandeza en nosotros, ¿desde dónde captamos esa miseria? La grandeza, por lo tanto, reside en el pensamiento: el *esprit de finesse* [la intuición] aprehende los principios que se *ven* y que se hallan en la base de toda demostración siendo ellos en sí mismos indemostrables. Su órgano es el corazón, el *coeur*, que asimila lo real desde el centro de la persona. No hay que confundirlo ni con el sentimiento ni con la emoción. El *esprit de geometrie* analiza, descompone la realidad en partes, abstrae, calcula. El primero, el de *finesse*, descubre las grandes verdades de la vida y del más allá, así como también los valores y los secretos de la existencia. El segundo, el de *geometrie*, nos auxilia para cumplir los objetivos inmediatos que nos proponemos. Gracias al de *finesse* conocemos a Dios y al hombre. Y gracias al de *geometrie* nos movemos en el ámbito de la ciencia cuya finalidad es crear una realidad artificial que nos integre más fácilmente en la naturaleza» (Mario Parajón, «Introducción» a su ed. de los *Pensamientos* de Blaise Pascal, Madrid, Cátedra, 1998, pp. 16-17).

La metáfora que Pascal repite por dos veces en los últimos fragmentos seleccionados es la de que el hombre es una *caña pensante*. Con ello, el filósofo francés pone de manifiesto a la vez dos rasgos consustanciales al ser humano: su fragilidad (no es más que una simple caña) y su grandeza (la facultad de pensar). El hombre es apenas nada en la inmensidad del universo, y, sin embargo, es mucho más que el universo mismo: el universo no sabe nada; por el contrario, el hombre es capaz de conocer tanto su naturaleza miserable como el propio universo.

Puede aprovecharse este texto para apuntar algunas diferencias entre el pensamiento francés del siglo XVII y su correspondiente español. En Pascal (y aún más, por ejemplo, en Descartes) hay una confianza en el poder explicativo de la razón humana que no existe en los barrocos españoles. Aunque el jansenista Pascal muestre en sus *Pensamientos* muchos rasgos que lo acercan a los conceptistas españoles (discontinuidad del discurso, frases de estructura antitética, elipsis y alusiones, paradojas incesantes, dobles sentidos...), es, sin embargo, muy diferente de Gracián, Calderón o Quevedo, para quienes la agudeza es una muestra del poder creador individual, mientras que en el escritor francés aparece como señal de la limitación de la facultad de conocer, como marca de humildad intelectual. Por el contrario, los conceptistas como Gracián gustaban de coleccionar esos monstruos de la razón que son las paradojas y no creían en una razón universal (véase para todo esto Mercedes Blanco, *Les Rhétoriques de la Pointe. Baltasar Gracián et le Conceptisme en Europe*, París, Librairie Honoré Champion, 1992).

ACTIVIDADES DEL TEXTO 1

A Guzmán no le gusta, desde luego, el oficio de mozo de ventero («*nunca me pareció bien*»), al que compara con el de mozo de ciego («*que es peor que de ciego*»). Evidentemente, los alumnos recordarán la pareja del ciego y Lázaro de Tormes en el episodio del jarro de vino que leyeron en el *Texto 1* del *Tema 6*.

Para sobrevivir hasta su llegada a Madrid, Guzmán realiza primero algunos trabajos y encargos esporádicos (*algunos mandados que hice*), después pide limosna (*comencé a pedir por Dios*: puede recordarse a los alumnos que también Lazarillo pedía y que en el fragmento que leyeron del episodio del escudero –*Tema 6, Texto 2*– compartía con su amo unos pedazos de pan *de los de por Dios*). Finalmente, el futuro pícaro se ve obligado a vender y empeñar las prendas que lleva puestas, con lo que se presenta en Madrid «*muy sucio, roto y viejo*».

Ya en la capital, el muchacho intenta primero encontrar un amo a quien servir, pero su mal aspecto (el de un *pícaro ladroncillo*) se lo impide. Es entonces cuando comienza «*a tratar el oficio de la florida picardía*». Convendría aquí indicar a los alumnos que Lázaro de Tormes no es todavía un pícaro en sentido estricto; de hecho, la palabra *pícaro* no aparece mencionada ni una sola vez en el *Lazarillo*. Es ahora, con el *Guzmán*, cuando el personaje llega a ser con propiedad un pícaro. Y precisamente a lo largo del siglo XVII este modelo de personaje tendrá larga descendencia. Ello es lógico si tenemos en cuenta que la novela picaresca es asimismo una novela urbana, con todo lo que ello significa: «la ciudad, con su generalización del anonimato y estado de anomia que de ello se deriva, permite aquella libertad picaresca [...]. La libertad picaresca, la anomia, la desvinculación, la conducta desviada, la insolidaridad e individualismo, el afán de medro fuera de su órbita, la usurpación de símbolos de clase alta, la ostentación de medios propios de los superiores, la agresividad medida y el hostigamiento del entorno, el engaño, el fraude, el robo, y con ello y a pesar de todo ello, la frustración y la derrota, vencido al fin por las barreras de diferenciación de "estado" que la sociedad refuerza: he aquí la larga línea que describe el destino del pícaro [...] testimonio entre otros, pero este con particular vivacidad y precisión, de la crisis económica, social e histórica [...] durante el siglo del Barroco» (José Antonio Maravall, *La literatura picaresca desde la historia social [siglos XVI y XVII]*, Madrid, Taurus, 1986, pp. 761-762).

Además de la configuración del protagonista como pícaro y de sus orígenes innobles que se han precisado en la presentación de la obra en el Tema, otros rasgos genéricos de la novela picaresca pueden comprobarse en este fragmento: la narración autobiográfica, el punto de vista único y exclusivo del protagonista, la frecuente actividad viajera del pícaro, la evolución del personaje, su aprendizaje en las adversidades, etc. Resultaría interesante hacerles ver a los alumnos cómo el propio Guzmán es completamente consciente de su evolución como personaje desde su inocencia inicial hasta su condición de pícaro consumado: «*Maldita sea la vergüenza que me quedó ni ya tenía, porque me comencé a desenfadar y lo que tuve de vergonzoso lo hice desenvoltura, que nunca pudieron ser amigos la hambre y la vergüenza. Vi que lo pasado fue cortedad y tenerla entonces fuera necedad, y erraba como mozo; mas yo la sacudí del dedo cual si fuera víbora que me hubiera picado*».

La referencia directa a la situación social española de la época es la siguiente: «*si estaba mala la Andalucía, peor cuanto más adentro del reino de Toledo y mucha más necesidad había de los puertos adentro. Entonces oí decir: "Líbrete Dios de la enfermedad que baja de Castilla y de hambre que sube del Andalucía"*». El texto deja ver una realidad social que concuerda con otros muchos textos del momento en la abundancia de vagabundos, mendigos y desocupados diversos que sobreviven como buena o malamente pueden. Y, en verdad, muchos han sido los estudiosos de la picaresca que han considerado que en el *Guzmán* y en las novelas que continuaron el género había el propósito básico de proponer, no un cambio radical de sociedad, sino una reforma de las instituciones de beneficencia que permitiera dar salida a tanta gente desamparada: «Las novelas picarescas y todo este género de literatura, claro está, no dan un modelo de sociedad con el que rehacer aquel que, tan lleno de averías, está manteniéndose con apoyos de represión de todas clases. En general, la literatura picaresca no contiene elementos utópicos a diferencia de tantos como se contenían en la literatura crítica del siglo XVI. Ofrecen a lo sumo, muy diluidos, algunos motivos o insinuaciones de reforma. Yo creo que, en resumen, su mensaje podría reducirse a esto: la degeneración, en mayor grado del tipo de vagabundo en el tipo de pícaro, es una demostración del penoso estado de la sociedad» (*ibid.*, pp. 13-14).

En efecto, se percibe ya en el *Guzmán de Alfarache* su proximidad al estilo característico de la prosa barroca. Y es que la novela de Alemán anticipa el Barroco no solo en la forma, sino también en su contenido. El pensamiento del escritor sevillano muestra ya evidentes signos de pesimismo y desengaño. Si en el texto que comentamos ello solo es perceptible en el desolado panorama social que se advierte en el mundo que rodea al personaje, puede presentarse a los alumnos el siguiente texto donde la ideología ya barroca de Mateo Alemán es evidente:

> *Son tan parecidos el engaño y la mentira que no sé quién sepa o pueda diferenciarlos. Porque, aunque diferentes en el nombre, son de una identidad, conformes en el hecho, supuesto que no hay mentira sin engaño ni engaño sin mentira.*
>
> *Quien quiere mentir engaña y quien quiere engañar miente. [...]*
>
> *Es tan general esta contagiosa enfermedad que no solamente los hombres la padecen, mas las aves y animales. También los peces tratan allá de sus engaños, para conservarse mejor cada uno. Engañan los árboles y plantas, prometiéndonos alegre flor y fruto, que al tiempo falta y lo pasan con lozanía. Las piedras, aun siendo piedras y sin sentido, turban el nuestro con su fingido resplandor y mienten, que no son lo que parecen. El tiempo, las ocasiones, los sentidos nos engañan. Y sobre todo, aun los más bien trazados pensamientos.*
>
> *Toda cosa engaña y todos engañamos en una de cuatro maneras: la una dellas es cuando quien trata el engaño, sale con él, dejando engañado al otro. [...] Otros engaños hay en que junto con el engañado lo queda también el engañador. [...] La tercera manera de engaños es cuando son sin perjuicio, que ni engañan a otro con ellos ni lo quedan los que quieren o tratan de engañar. Lo cual es en dos maneras: o con obras o con palabras. Palabras, contando cuentos, refiriendo novelas, fábulas y otras cosas de entretenimiento. Y obras, como son las del juego de manos y otros primores o tropelías que se hacen y son sin algún daño ni perjuicio de tercero.*
>
> *La cuarta manera es cuando el que piensa engañar queda engañado, trocándose la suerte.*

Cuando los alumnos comenten después los textos seleccionados de *Oráculo manual y arte de prudencia*, de Baltasar Gracián, podrá aprovecharse este texto del

Guzmán para comprobar la cierta comunidad de pensamiento existente entre ambos escritores.

En cuanto al estilo propiamente dicho, es evidente que la sola lectura del texto mostrará a los alumnos la mayor dificultad de la prosa de Alemán en comparación con la del anónimo autor del *Lazarillo*. Se trata de una prosa que, sin llegar al grado de complejidad que alcanzará pronto en un Quevedo o en un Gracián, muestra ya una cuidada elaboración, el gusto por el juego con los conceptos (véase, por ejemplo, el uso del verbo *prescribía*, que irónicamente toma el autor prestado del lenguaje forense, bien conocido por ladronzuelos y pícaros, para referirse a que no había sopa si llegaban tarde), la tendencia a la elisión, etc. Una muestra aún más viva de la capacidad expresiva de Mateo Alemán es el siguiente texto, que anticipa claramente no solo el estilo, sino los mismos motivos de los textos del *Buscón* que se propondrán después a los alumnos para que los comenten, y que, por tanto, también se podrá utilizar entonces como texto para comparar con los de Quevedo:

> *Hacíaseme trabajoso, si me quisiese sujetar a la limitada y sutil ración de un señor maestro de pupilos, que había de mandar en casa, sentarse a cabecera de mesa, repartir la vianda para hacer porciones en los platos con aquellos dedazos y uñas corvas de largas como de un avestruz, sacando la carne a hebras, extendiendo la menestra de hojas de lechuga, rebanando el pan por evitar desperdicios, dándonoslo duro porque comiésemos menos, haciendo la olla con tanto gordo de tocino que solo tenía el nombre, y así daban un brodio más claro que la luz, o tanto que fácilmente se pudiera conocer un pequeño piojo en el suelo de la escudilla, que tal cual se había de migar o empedrar, sacándolo a pisón.*
>
> *Y desta manera se habían de continuar cincuenta y cuatro ollas al mes, porque teníamos el sábado mondongo. Si es tiempo de fruta, cuatro cerezas o guindas, dos o tres ciruelas o albaricoques, media libra o una de higos, conforme a los que había de mesa; empero tan limitado que no había hombre tan diestro que pudiese hacer segundo envite. Las uvas partidas a gajos, como las meriendillas de los niños, y todas en un plato pequeño, donde quien mejor libraba sacaba seis. Y esto que digo, no entendáis que lo dan todo cada día; sino de solo un género, que, cuando daban higos, no daban uvas, y, cuando guindas, no albaricoques. Decía el pupilero que daba la fruta tercianas y que por nuestra salud lo hacía.*
>
> *En tiempo de invierno sacaban en un plato algunas pocas de pasas, como si las quisieran sacar a enjugar, extendidas por todo él. Daba para postre una tajadita de queso, que más parecía viruta o cepilladura de carpintero según salía delgada, porque no entorpeciese los ingenios. Tan llena de ojos y transparente que juzgara quien la viera ser pedazo de tela de entresijo flaco. Medio pepino, una sutil tajadica de melón pequeño y no mayor que la cabeza. Pues ya, si es día de pescado, aquel potaje de lentejas, como las de Esopo, y, si de garbanzos, yo aseguro no haber buzo tan diestro que sacase uno de cuatro zambudillas. Y un caldo propio para teñir tocas.*
>
> *De castañas lo solían dar un día de antipodio en la cuaresma. No con mucha miel, porque las castañas de suyo son dulces y daban pocas dellas, que son madera. Pues qué diré del pescado, aquel pulpo y bello puerro, aquella belleza de sardinas arencadas, que nos dejaban arrancadas las entrañas, una para cada uno y con la cabeza si era de día de ayuno, porque los otros días cabíamos a media. ¡Pues el otro pescado, que el abad-dejó y nos lo daban a nosotros! Aquel par de güevos estrellados, como los de la venta o poco menos, porque se compraban en junto, para gozar del barato, y conservábalos entre ceniza o sal, porque no se dañasen, y así se guardaban seis y siete meses.*
>
> *Aquel echar la bendición a la mesa y, antes de haber acabado con ella, ser necesario dar gracias. De tal manera que, habiendo comenzado a comer en cierto pupilaje, uno de los estudiantes, que sentía mucho calor y había venido tarde, comenzose a desbrochar el vestido y, cuando quiso comenzar a comer, oyó que ya daban gracias y, dando en la mesa una palmada, dijo: «Silencio, señores, que yo no sé de qué tengo de dar gracias, o denlas ellos».*
>
> *La ensalada de la noche muy menuda y bien mezclada con harta verdura, porque no se perdía hoja de rábano ni de cebolla que no se aprovechase. Poco aceite y el vinagre aguado. Lechugas partidas o zanahorias picadas con su buen orégano. Solían entremeter algunas veces y siempre por el verano un guisadito de carnero. Compraban de los huesos que sobraban a los pasteleros. Costaban poco y abultaban mucho. Ya que no teníamos qué roer, no faltaban en qué chupar. Al sabor del caldo nos comíamos el pan. Unas aceitunas acebuchales, porque se comiesen pocas. Un vino de pasión, de dos crejas, que nos dejaba el gusto peor que de cerveza.*

ACTIVIDADES DEL TEXTO 2

Las dos partes que pueden distinguirse en el texto de *La Arcadia* coinciden con los dos párrafos del mismo. En el primero, se describe con cierto detalle y con abundante erudición mitológica el lugar donde se va a desarrollar la acción de la novela, un auténtico *locus amoenus* o lugar idílico tan característico de muchas obras clásicas, por lo que este texto de Lope de Vega puede servir para explicar con facilidad a los alumnos este *topos* clásico, muy presente en muchas obras de la literatura española: los *Milagros* de Berceo, *La Celestina* (aunque aquí con irónica inversión del tópico: recuérdese el huerto de Melibea, tan placentero en principio, pero de tan funestas consecuencias después), las églogas de Garcilaso, las novelas idealistas del siglo XVI, etc. En el segundo párrafo, se presenta a la protagonista, la pastora Belisarda, adornada por las galas de la belleza y de la discreción. Además, Lope plantea ya rápidamente el conflicto posterior de la obra: el interés de los padres de Belisarda por casarla con un pastor rico, pero ignorante y presuntuoso, del que ella no está enamorada.

Las diferencias entre el texto del *Guzmán* y el de *La Arcadia* son evidentes. Ello resulta obvio ya desde el estilo elevado y la erudición mitológica de la novela pastoril, que poco tienen que ver con la prosa de la obra de Alemán. Pero especialmente significativas son las diferencias que atañen al ambiente y a la configuración del protagonista. El paraje idílico en el que se desarrollarán los amores y penas de Belisarda contrasta vivamente con el mundo miserable en que se mueve el personaje de la novela de Alemán. La naturaleza presente en la obra de Lope su cara más amable, mientras que en la del escritor sevillano muestra su faz más hosca: la enfermedad que baja de Castilla, el hambre que sube de Andalucía, la mendicidad, el robo, etc. Los protagonistas son también muy diferentes: si la pastora es un dechado de virtudes, el pícaro, por el contrario, no parece tener otro mérito que su capacidad para la supervivencia; mientras que Belisarda es «*la más hermosa del mundo*», Guzmán llega a Madrid como un «*galeote [...] sucio, roto y viejo [...] asqueroso y desmantelado*». Así pues, las divergencias entre ambas obras son sustanciales, y de ahí la importancia histórico-literaria de la novela picaresca, y, en particular, del *Lazarillo* y del *Guzmán*, que tienen el enorme mérito de cambiar radicalmente la perspectiva de la ficción literaria en prosa.

Los alumnos podrán advertir la cercanía que hay entre el mito de la *edad de oro*, desarrollado tanto en el texto de *La Metamorfosis* como en el del *Quijote*, y el mito de *la Arcadia feliz*, al que ya desde el título se acoge Lope en su obra. El ideal paraíso que nos presenta el escritor madrileño en su novela es, desde luego, el espacio adecuado para la edénica vida de la *edad de oro*. En realidad, la obra de Lope de Vega se escribe para ser leída en un ambiente propicio, cuando el autor se encuentra en Alba de Tormes formando parte de la elegante corte del quinto duque de Alba. En este medio selecto la obra sería leída como un exquisito producto más –junto a poesías, músicas, tertulias filosóficas, etc.–, adecuado al gusto refinado de los cortesanos: «Anima el género pastoril el sueño milenario del escape a un mundo ideal de belleza y sencillez [...]. Pero además de proporcionar entretenimiento, estas obras sirvieron en su tiempo de manuales de sentimientos delicados, repertorios de ademanes y ejemplos del trato social exquisito. Podemos estar seguros de que la compañía de Alba, desde el duque hasta sus músicos y poetas, saturada de *Dianas* y *Fílidas*, se dejaría influir tanto por la aspiración al idilio como por la preceptiva implícita en tales modelos» (Edwin S. Morby, "Introducción" a su ed. de *La Arcadia*, Madrid, Castalia, 1975, p. 12).

Sin embargo, en el pasaje de *La Arcadia* lopesca que comentan los alumnos se encuentran ya los ingredientes que en el texto de Ovidio llevaban desde el oro al hierro, pasando por la plata y el bronce. La edad de hierro, de la que también se quejaba don Quijote en su discurso a los cabreros, asoma en el texto de Lope cuando los *crueles* padres de Belisarda no respetan las inclinaciones naturales de su hija y pretenden casarla por mero interés económico: «*Cegoles el interés de sus muchas posesiones y labranzas*».

Una posible paráfrasis de la oración final del texto sería la siguiente: *Les cegó a los padres el interés por las muchas posesiones y tierras de labor del pastor, porque, como ellos no tendrían que sufrir los inconvenientes y disgustos del matrimonio de su hija, sino solo descansar y presumir de yerno rico, daban ocasión a su hija para que, llevada del aborrecimiento, hiciera alguna cosa tan impropia de su nobleza y fama que ni su hacienda ni su calidad personal podrían ocultarla.*

ACTIVIDADES DEL TEXTO 3

En el *Diccionario* de la RAE, aparecen diversas acepciones del vocablo *largo*. Las que aquí nos interesan son dos: a) que tiene longitud excesiva; b) liberal, dadivoso. Teniendo ello en cuenta la expresión *largo solo en el talle* significa que el licenciado Cabra era alto o *largo* de cuerpo, pero muy tacaño, no *largo* en el dar y gastar; carecía, pues, de *largueza* o liberalidad.

Es probable que los alumnos ofrezcan una sencilla y plausible explicación de la oración *Traía un bonete los días de sol, ratonado con mil gateras y guarniciones de grasa* diciendo algo así como que *Los días soleados traía un gorro grasiento o mugriento y lleno de agujeros*. No obstante, la agudeza lingüística de Quevedo brilla también, como en tantas otras ocasiones, en esta oración aparentemente sencilla:«*Bonete* es la birreta cuadrangular usada por los clérigos, y también el baluarte de una fortificación (que forma ángulos salientes como las esquinas de una birreta); *ratonado* significa roído por los ratones, y las *gateras* son los agujeros que existen en puertas, paredes y tejados para que puedan pasar los gatos: de modo que, al leer dicha frase, nos parece ver por un momento a gatos y ratones entrando y saliendo del bonete sin dejar de perseguirse. Y si *guarniciones* significa "adornos", también significa "tropas que custodian una plaza fuerte", lo cual relaciona esta palabra con el baluarte a que aludíamos antes. El bonete, pues, solo tiene *guarniciones de grasa*, la cual, en el sentido de manteca o tocino, es alimento muy propio para ratones, que por eso lo "ratonan"; pero, en el sentido de mugre o suciedad, indica que la pringosa cabeza de Cabra no puede adornar su bonete con otras *guarniciones*» (Alexander Parker, *Los pícaros en la literatura*, Madrid, Gredos, 1971, pp. 104-105).

Tras la descripción del bonete, Quevedo se detiene en otra prenda de Cabra: la sotana. También en este caso hay algunos matices en la descripción que convendría observar: «El autor, al describir aquella prenda, y al informarnos antes de que el dómine no toleraba barbero por avaricia, prepara la rotunda imagen siguiente: "parecía, con los cabellos largos y la sotana mísera y corta, lacayuelo de la muerte". Lo que le interesa de la sotana, para que este enérgico símil pueda producirse, son los rasgos que la aproximan a la librea de pajes y lacayos, esto es, el que no tenga ceñidor, puños ni cuello. [...] El dómine, pues, tiene facha de lacayo de la muerte. El lector imagina la espantosa visión, tan quevedesca, tan barroca, del esqueleto tópico acompañado y servido por aquel esperpento. Y tal vez se satisface, se regocija y se horripila con ella» (Fernando Lázaro Carreter, *Estilo barroco y personalidad creadora*, Madrid, Cátedra, 1974, pp. 111-112).

El retrato del dómine Cabra sigue un orden específico: tras una instantánea panorámica del personaje (*Él era un clérigo cerbatana, largo solo en el talle*), se detiene el escritor en la cabeza del dómine y tras descender el retrato por ella (pelo, ojos, nariz, barbas, dientes), pasa luego al cuello (*el gaznate largo como de avestruz, con una nuez tan salida que parecía se iba a buscar de comer forzada de la necesidad*), se fija después en brazos y manos (*los brazos secos, las manos como un manojo de sarmientos cada una*), para concluir la descripción del cuerpo por debajo de la cintura con las piernas (*Mirando de medio abajo, parecía tenedor o compás, con dos piernas largas y flacas*). Una vez que se ofrecen de él otros pormenores físicos (la forma de hablar, de andar, etc.), se centra en su indumentaria siguiendo también un orden de arriba a abajo: bonete, sotana y zapatos. Y luego de proporcionar unos mínimos pero significativos detalles sobre el aposento de Cabra, sintetiza la personalidad del clérigo con solo dos palabras, *archipobre* y *protomiseria*, que explicamos más detenidamente en el siguiente párrafo. Además de hacer ver a los alumnos la rigurosa estructuración del retrato físico del personaje, convendría hacerles caer en la cuenta de que todo este retrato es solo físico en un primer nivel, pues lo que le interesa recalcar en el fondo al autor son las cualidades psicológicas y morales del dómine. Sería este, pues, el lugar y momento adecuados para recordar a los alumnos el concepto de *etopeya*, que han estudiado ya en el bloque de **Comunicación y técnicas de trabajo**.

Con su enorme capacidad de creación lingüística, Quevedo resume al personaje del dómine Cabra con dos palabras por él inventadas, *archipobre* y *protomiseria*: «Con los prefijos *archi-* y *proto-*, que denotan preeminencia o superioridad, y siguiendo el modelo de protomédico, protonotario, archiduque o archidiácono, forma Quevedo ingeniosas palabras nuevas como protocornudo, protocuerno, protovieja, *protomiseria*, archigato, archidiablo, *archipobre*» (Antonio Rey Hazas, nota a su ed. de *Historia de la vida del Buscón*, Madrid, SGEL, 1983, p. 125). De este modo, Quevedo, que ha caricaturizado hasta el extremo a su personaje, hace que la figura del dómine Cabra, al haber abstraído extraordinariamente sus rasgos esenciales, termine por poseer una cierta individualización gracias a la exageración de esos rasgos que lo apartan del tipo general. Sus peculiaridades son tan desmedidas que no es ya un tacaño cualquiera, sino que él mismo acaba convirtiéndose en un tipo literario genuino: el del architacaño («*Al fin, él era archipobre y protomiseria*»).

Ya hemos visto en las explicaciones precedentes cómo se complace Quevedo en la dificultad conceptista: dilogías, equívocos, juegos diversos con los conceptos... Otros rasgos típicos del autor del *Buscón* pueden advertirse en el fragmento que comentamos. Así, abundan los símiles hiperbólicos, siempre con la intención de degradar al personaje: *parecía que miraba por cuévanos, como de avestruz, parecía se iba a buscar de comer forzada de la necesidad, como un manojo de sarmientos, parecía tenedor o compás, como tablillas de San Lázaro, parecía lacayuelo de la muerte*. La hipérbole o exageración es probablemente el rasgo de estilo más característico de la prosa de Quevedo; a las ya citadas asociadas a las comparaciones, pueden añadirse algunas otras: *cada zapato podía ser tumba de un filisteo, dormía siempre de un lado por no gastar las sábanas*. Propósito hiperbólico tiene también la reiteración de la subordinación consecutiva: *tan hundidos y oscuros que era buen sitio el suyo para tiendas de mercaderes, tan salida que parecía se iba a buscar de comer forzada de la necesidad, tanto el asco [...] que antes se dejaría matar*. Hipérbole manifiesta hay asimismo en *viéndola tan sin pelo, la tenían por de cuero de rana*, con estructura sintáctica no idéntica, pero sí relacionada con las anteriores.

Con todo, quizá lo más característico del texto quevedesco sea el proceso de desarticulación de la realidad a que el escritor somete cuanto describe igualando por el mismo rasero personas y objetos. Al tiempo que se produce la animación e incluso audaz personificación de ciertas partes del cuerpo (*las barbas descoloridas de miedo de la boca vecina, que, de pura hambre, parecía que amenazaba a comérselas; los dientes que le faltaban desterrados por holgazanes y vagabundos; una nuez tan salida que parecía se iba a buscar de comer forzada de la necesidad*), el personaje en su conjunto resulta rebajado hasta la más absoluta cosificación: «*los brazos secos, las manos como un manojo de sarmientos cada una. Mirando de medio abajo, parecía tenedor o compás, con dos piernas largas y flacas. Su andar muy espacioso; si se descomponía algo, le sonaban los huesos como tablillas de San Lázaro*». De hecho, el mismo retrato del dómine se inicia con una rotunda metáfora cosificadora: «*Él era un clérigo cerbatana*». Y de ahí la impresión de máscara desprovista de sustancia, de vacío psicológico, de ausencia de vida interna, que da este personaje, como los demás del *Buscón*. En realidad, los personajes de Quevedo no son propiamente seres, sino solo cortezas de seres cuyo interior está vacío. Todo se reduce al estilo: «estilo de escritura, pero también –y sobre todo– estilo de pensamiento. El uno condiciona al otro: lo que hace Quevedo con las palabras, lo hace primero con su espíritu, al que, con el único fin de engendrar monstruos, obliga a retorcerse y a dilatarse, a sobrepasar, por poco que sea, los límites de la razón humana, tan potente y dominadora en él, sin penetrar no obstante en el campo, abierto ya, del desatino, que él reserva a los absurdos maniquíes surgidos de su intensa reflexión. En efecto, los monstruos quevedianos no nacen nunca, como los de Goya, de un "sueño de la razón": es, al contrario, la razón despierta, tensa hasta el extremo y mantenida indefinidamente en la hipertensión que ella misma se prescribe, la que los forja. El resultado de este esfuerzo cerebral, cuya constante es el exceso, es una aprehensión del hombre –de la noción misma del hombre y de todo lo que a ella se refiere– a un nivel infrahumano» (Maurice Molho, *Introducción al pensamiento picaresco*, Salamanca, Anaya, 1972, p. 133).

Los retratos que Quevedo hace de sus personajes son genuinas caricaturas, en las que da rienda suelta a su afición por lo grotesco y extraño, lo que recuerda a veces, por ejemplo, los cuadros de El Bosco (en su obra dirá el mismo Quevedo: «*No pintó tan extrañas posturas Bosco como yo vi*»). Pero más dentro de su época, la obra de Quevedo habría de explicarse junto a la proliferación de locos, enanos, bufones y otros personajes grotescos o extravagantes que pueblan la corte y que se reflejan en la pintura de artistas como Velázquez. Esta predilección por lo grotesco podría proceder de las fiestas populares, de los entremeses, de la *commedia dell'arte*, del teatro de títeres y tendría su raíz última en el momento de honda crisis que vive la sociedad española del XVII, pues las épocas de decadencia estimulan la sátira de la realidad mediante su visión deformante.

Además, no pasará inadvertido a los alumnos que el propósito inmediato de Quevedo en el texto que comentamos es el de suscitar la risa del lector ante la disparatada figura de Cabra. Sin embargo, esta comicidad evidente no es un simple recurso gratuito, sino que la propensión quevedesca al humor revela un trasfondo mucho más serio: «se percibe la predilección por pintar figuras deformes y grotescas –la del dómine Cabra será el culmen– que, por su apartamiento de la convención, provocan la risa. En una novela escrita desde dentro del sistema social, todo lo que no pertenezca a la más estricta normalidad se exagera para dotarlo de mayor aureola cómica, y tanto da que esta provenga de la antropometría de Cabra, como de la vesania del diestro y su monomanía de la esgrima. Cualquier rasgo lingüístico que diferencie a algún personaje de las características comunes humanas es ridiculizado, lo que hace tender hacia la cohesión del mundo, hacia una regularización que no permita las divergencias. Así, la originalidad –de rasgos, caracteres, etc.– no es vista como una parte más de la vida, sino como algo risible que no puede asumir el orden social» (Pura Fernández y Juan Pedro Gabino, «Estudio preliminar» de su ed. de *La vida del Buscón llamado don Pablos,* Madrid, Akal, 1996, p. 10).

En fin, algunos otros aspectos del texto merecerían ser tenidos en cuenta:
- El tema de las difusas fronteras entre la apariencia y la realidad, entre el ser y el parecer, que si ya resulta evidente en los procesos de personificación y cosificación que antes señalamos, llega a su colmo en la descripción de la sotana: «*La sotana, según decían algunos, era milagrosa, porque no se sabía de qué color era. Unos, viéndola tan sin pelo, la tenían por de cuero de rana; otros decían que era ilusión; desde cerca parecía negra, y desde lejos entre azul*».
- La estructura del texto más allá de la parte central del retrato del licenciado Cabra y la incardinación de la descripción del personaje dentro de un marco narrativo superior, representado en el texto por los párrafos primero y tercero que sitúan la acción en el momento en que Pablos y don Diego Coronel entran de pupilos en casa de Cabra.
- La narración en primera persona, conforme al modelo de la autobiografía picaresca.
- Las diferencias evidentes que pueden encontrarse entre la prosa de Quevedo y la de Lope de Vega, y entre la novela picaresca y la pastoril, con solo comparar este texto del *Buscón* con el anterior de *La Arcadia*.

Como otro posible texto para comparar con el que hemos comentado del *Buscón*, puede ofrecerse a los alumnos el siguiente retrato que hace también Quevedo del licenciado Calabrés en *El alguacil endemoniado* y que tantos paralelismos tiene con el del dómine Cabra:

> *Fue el caso que entré en San Pedro a buscar al licenciado Calabrés, clérigo de bonete de tres altos hecho a modo de medio celemín, orillo por ceñidor y no muy apretado, puños de Corinto, asomo de camisa por cuello, rosario en mano, disciplina en cinto, zapato grande y de ramplón, oreja sorda, habla entre penitente y disciplinante, derribado el cuello al hombro, como el buen tirador que apunta al blanco –mayormente, si es blanco de Méjico o de Segovia–, los ojos bajos y muy clavados en el suelo, como el que codicioso busca en él cuartos, y los pensamientos tiples, color a partes hendida y a partes quebrada; tardón en la misa y abreviador en la mesa, gran lanzador de diablos, tanto que sustentaba el cuerpo a puros espíritus. Entendíasele de ensalmar, haciendo al bendecir unas cruces mayores que las de los malcasados. Traía en la capa remiendos sobre sano, hacía del desaliño santidad, contaba revelaciones, y si se descuidaban a creerle, hacía milagros.*
>
> *¿Qué me canso? Este, señor, era uno de los que Cristo llamó sepulcros hermosos: por defuera, blanqueados y llenos de molduras, y por dedentro, pudrición y gusanos. Fingiendo en lo exterior honestidad, siendo en lo interior del alma disoluto y de muy ancha y rasgada conciencia, era, en buen romance, hipócrita, embeleco vivo, mentira con alma y fábula con voz.*

ACTIVIDADES DEL TEXTO 4

Temas de los aforismos:
58. Siempre ha de guardarse algo con que poder admirar a los demás cuando convenga.
195. De todo el mundo se puede aprender.
200. Para no ser infeliz, siempre debe quedar algo por lograr.
201. Solo es sabio quien piensa que no sabe (recuérdese el lema socrático *solo sé que no sé nada*).
212. Para vencer y dominar, se ha de reservar en todo algún arma con que hacerlo.
278. No se debe sobresalir en nada, se ha de ser siempre discreto.

Puede comprobarse que los títulos del propio Gracián expresan el tema, en general de forma sucinta y lacónica, como corresponde a su estilo. Compárense nuestros enunciados anteriores con los del escritor zaragozano:
58. *Saberse atemperar.*
195. *Saber estimar.*
200. *Tener que desear.*
201. *Son tontos todos los que lo parecen y la mitad de los que no lo parecen.*
212. *Reservarse siempre las últimas tretas del arte.*
278. *Huir la nota en todo.*

Sin duda, el pensamiento de Gracián es plenamente barroco. Como se puede advertir en los textos seleccionados, y según indicamos a los alumnos en el

Tema, muchos de los escritos del jesuita pretenden pertrechar al lector de recursos y habilidades que le permitan esquivar las añagazas de sus semejantes. Es importante saber disimular, saber crear expectativas sobre la propia valía. De lo que se trata, en último extremo, es de dominar para no ser dominado. Lo principal es que los demás dependan de uno. En el mundo engañoso es enormemente importante el *saber*: «*Saber un poco más y vivir un poco menos.* [...]*pues] no se vive si no se sabe*». Ahora bien, el saber no ha de ser meramente teórico, sino que debe estar guiado por una finalidad práctica, convirtiéndose con ello en una herramienta más de dominación al servicio del hombre barroco, según dice en otro aforismo del *Oráculo manual*:

> *Tener un punto de negociante. No todo sea especulación; haya también acción. Los muy sabios son fáciles de engañar, porque aunque saben lo extraordinario, ignoran lo ordinario del vivir [...]. Procure, pues, el varón sabio tener algo de negociante.*

Toda esta filosofía de la vida es inseparable de la conciencia de Gracián de la decadencia hispánica, que extiende un velo de amargura sobre los intelectuales de la época y también, desde luego, sobre el escritor aragonés: «*Floreció en el siglo de oro la llaneza, en este de yerro la malicia*».

La prosa de Gracián es, desde luego, muy original. Se distingue por el empleo de frases breves de estilo sentencioso. De hecho, los mismos aforismos se convierten en una auténtica sucesión de máximas más breves, lo que contribuye a esa impresión de enorme densidad conceptual tan característica. Lógicamente, ello supone un predominio del asíndeton y una gran importancia de las elipsis no solo de elementos lingüísticos relacionantes, sino de otros cargados de significado que el lector debe sobreentender (véanse las notas a los aforismos en donde señalamos algunos de los casos de sobreentendidos). Frases y sintagmas presentan frecuentemente una estructura bimembre, lo que proporciona un ritmo muy particular a la prosa gracianesca: *no se ha de mostrar... ni se han de emplear...; ni de saber, ni de valer; ninguno hay... ni hay quien...; reconoce lo... y sabe lo...; por ignorancia de lo bueno y por elección de lo peor; respira el cuerpo y anhela el espíritu; desengaño y descontento; la reputación y la dependencia; en el agradar y en el enseñar;* etc. Habituales son las antítesis *(el sabio / el necio, lo bueno / lo peor; el cuerpo / el espíritu; desear / temer; deseo / temor; necedad / sabiduría / estulticia; defectos / realces)*, paradojas *(felizmente desdichado)* y paronomasias paradójicas *(dicha desdichada, infame fama)*. Típico recurso conceptista, usual en Gracián, es el juego de palabras *(ni hay quien no exceda al que excede; saber desfrutar a cada uno es útil saber; no basta parecerlo, menos parecérselo; aquel sabe, que piensa que no sabe...; con arte en comunicar el arte...)*. De acuerdo también con los principios estéticos del conceptismo, predominan en la prosa de Gracián los sustantivos y los verbos y escasean, por el contrario, adjetivos, determinativos y adverbios. Ese interés por el concepto, por la sustancia semántica misma es lógico si tenemos en cuenta que el conceptismo implica también una determinada visión del mundo: «El conceptismo aparece como el resultado, en orden del estilo, de la tendencia a constituir la realidad de modo definitivo según características perfectamente diferenciadas. Esta tendencia, y por consiguiente el conceptismo, se recoge en la idea barroca, mucho más amplia, de *perfección*. La ambición intelectual de Gracián, lo mismo que la de muchos otros escritores de su tiempo, se cifra en el hallazgo de conceptos que establezcan de una manera definitiva la realidad. [...] Resulta, por consiguiente, que la definición gracianesca, en general, el conceptismo barroco, define comportamiento y relaciones, es decir, la convivencia y sus formas, con lo que aspira, como resumen, a dar la expresión perfecta de las notas permanentes de la conducta humana» (E. Tierno Galván, «Introducción» a *El político*, de Baltasar Gracián, Salamanca, Anaya, 1973, pp. 7-8).

Seguramente, el momento en que los aforismos seleccionados se acercan más a lo que podríamos llamar acertijos es cuando dice en el numerado como 201 que «*aquel sabe, que piensa que no sabe; y aquel no ve que no ve que los otros ven*». Una paráfrasis menos complicada sería la que se ofrece en la nota 11 del mismo texto.

En el *Diccionario* de la Real Academia, las definiciones que se pide que busquen los alumnos son las siguientes:

- **aforismo**: *sentencia breve y doctrinal que se propone como regla en alguna ciencia o arte;*
- **apotegma**: *dicho breve y sentencioso;*
- **proverbio**: *sentencia, adagio o refrán;*
- **adagio**: *sentencia breve y, las más veces, moral;*
- **máxima**: *sentencia, apotegma o doctrina buena para la dirección de las acciones morales;*
- **sentencia**: *dicho grave y sucinto que encierra doctrina o moralidad;*
- **axioma**: *proposición tan clara y evidente que no necesita ni puede demostrarse;*
- **epigrama**: *pensamiento de cualquier género, expresado con brevedad y agudeza, ya sea en verso, ya en prosa, ya en escritos, ya en la conversación, y especialmente si encierra burla o sátira ingeniosa.*

Como fácilmente deducirán los alumnos, prácticamente todos los vocablos pueden aplicarse a todos o a alguno de los pensamientos de Gracián que están comentando. Y es que, efectivamente, «el aforismo en Gracián tiene semejanza con todas las formas existentes hasta entonces para expresar brevemente un pensamiento: participa del sentido importante y ejemplar de los apotegmas (son numerosos los aforismos que llevan el verbo, en imperativo o presente de subjuntivo, en el primer lugar de la frase), del didactismo de los proverbios, de la ética de las máximas y los axiomas, y del valor universal de los epigramas: cualquier aspecto nimio y concreto le conduce a Gracián a formular una verdad general, valedera en todo momento y para todos los hombres» (Santos Alonso, «Introducción» a su ed. de *El Criticón*, de Baltasar Gracián, Madrid, Cátedra, 1980, p. 21).

Ya en el comentario del texto inicial de Pascal señalábamos las semejanzas y diferencias entre el autor francés y los escritores españoles del XVII. Nos limitamos ahora a recordarlas sucintamente. Aunque su visión desengañada del mundo y bastantes rasgos de estilo acercarían a Pascal y a Gracián, la consideración del poder racional del hombre es muy diferente en ambos. Para el jansenista francés, la capacidad de pensar de los humanos contribuye a hacerlos superiores al resto de los seres del universo y les proporciona una trascendencia que los acerca a Dios; sin embargo, para el jesuita español, la razón es solo una útil e imprescindible herramienta para defenderse y sobrevivir en el proceloso mar que es el mundo de su tiempo.

Como texto complementario que puede servir para comparar con los que se han comentado del *Oráculo manual y arte de prudencia*, ofrecemos el siguiente de *El Criticón* (tercera parte, crisi nona), cuyo tema y desarrollo es tan semejante al del aforismo número 200:

> *Rico fue Creso, pero no sabio; sabio fue Diógenes, pero no rico. ¿Quién lo obtuvo todo? Mas doy que lo consiga: el día que no tenga qué desear ha de ser ya infeliz. Y que también hay desdichados de dichosos: suspiran y asquean algunos de hartos, y les va mal porque les va bien. Después de haberse enseñoreado Alejandro de este mundo, suspiraba por los imaginarios que oyó quimerear a un filósofo. Con más facilidad querría yo la felicidad, y así me calzo la opinión del revés y afirmo todo lo contrario. Estoy tan lejos de decir que consista la felicidad en tenerlo todo que antes digo que en tener nada, desear nada y despreciarlo todo; y esta es la única felicidad, con facilidad la de los discretos y sabios. El que más cosas tiene, de más depende, y es más infeliz el que de más cosas necesita, así como el enfermo más cosas ha menester que el sano. No consiste el remedio del hidrópico en añadir de agua, sino en quitar de sed: lo mismo digo del ambicioso y del avaro. El que se contenta consigo solo es cuerdo y es dichoso. ¿Para qué la taza, donde hay mano con que beber? El que encarcelare su apetito entre un pedazo de pan y un poco de agua, trate de competir dichoso con el mismo Jove, dice Séneca. Y sello mi voto diciendo que la verdadera felicidad no consiste en tenerlo todo, sino en desear nada.*

Para mostrar a los alumnos lo vigentes que siguen estando hoy día los textos de Gracián, bastaría indicarles que durante los años noventa precisamente el *Oráculo manual y arte de prudencia* llegó a convertirse en un auténtico *best-seller* en los Estados Unidos, donde, solo en 1992, la traducción inglesa de Christopher Maurer publicada en ese año vendió más de cien mil ejemplares. A partir de este dato cabría reflexionar sobre cómo las normas de conducta de Gracián pueden seguir resultando útiles en un mundo como el actual, tan competitivo y, al mismo tiempo, tan engañoso como en la época barroca.

TEMA 9
EL TEATRO DEL SIGLO XVII

PREGUNTAS DEL TEXTO INICIAL

En esta escena final, Tartufo pretende apresar a Orgón por mandato del rey, ante quien lo ha denunciado. Pero cuando el oficial de policía va a llevar a cabo la detención, sucede, en una auténtica pirueta teatral, que la orden de arresto real no está destinada a Orgón, sino al propio Tartufo, que ve así frustrados sus planes y castigadas su hipocresía y su ambición.

El desenlace de la obra fue ya criticado en su tiempo por forzado e inverosímil, pues se atribuye en él al rey una clarividencia extraordinaria *(un monarca cuyos ojos saben penetrar en nuestros corazones)* que, como un auténtico dios, le permite juzgar adecuadamente a los personajes premiando a los buenos y castigando a los malos. Puede comentarse a los alumnos que un papel muy semejante tiene el rey en muchas obras del teatro español del Siglo de Oro (en *Fuente Ovejuna*, por ejemplo, de la que comentarán un fragmento después). Asimismo, sería oportuno aprovechar este texto de Molière para indicar a los alumnos que tanto el teatro clásico francés como el teatro barroco español defienden la monarquía absoluta como estructura del poder. Como significativa anécdota, puede comentarse que, tras la Revolución Francesa de 1789, se siguió representando *Tartufo* sustituyendo al rey por la ley. En el texto que comentamos, el verso «*nous vivons sous un prince ennemi de la fraude*» («vivimos bajo un monarca que es enemigo de todo engaño») se sustituyó por este otro: «*ils sont passés ces jours d'injustice et de fraude*» («pasaron ya esos días de injusticia y de fraude»).

Por otra parte, el desenlace de la obra puede servir también para presentar a los estudiantes el concepto de *justicia poética*, convención literaria según la cual el autor premia o castiga los comportamientos virtuosos o indignos de los personajes en el desarrollo de la obra y, particularmente, en el final de la misma.

Los alumnos recordarán sin dificultad los personajes de la Celestina, Lazarillo y don Quijote, que ya han estudiado y comentado durante este curso. Si un tartufo es un hipócrita, una celestina es una alcahueta, tercera o intermediaria de amores, un lazarillo es un guía de ciegos y un quijote, un idealista o un soñador. Además de los personajes de Rojas, del anónimo autor del *Lazarillo* y de Cervantes, otro personaje literario español alcanza también la categoría de tipo universal: se trata del don Juan de *El burlador de Sevilla*, que los alumnos estudiarán después en este mismo tema. También el nombre de este personaje alcanza significado como nombre común: un donjuán es un mujeriego, un conquistador, un seductor. Puede recordarse a los alumnos que el mismo Molière escribe una obra, *Don Juan o El convidado de piedra*, retomando este personaje de la literatura española, y que otros autores lo seguirán: el *Don Giovanni* de Mozart y Lorenzo da Ponte, *Don Juan o El castigo del disoluto* de Goldoni, el *Don Juan* de Byron y el de E. T. A. Hoffmann, el *Don Juan Tenorio* de Zorrilla, *El estudiante de Salamanca* de Espronceda, *El convidado de piedra* de Pushkin y otros muchos hasta llegar al siglo XX, en el que escritores como George Bernard Shaw, Unamuno, Azorín, Jacinto Grau o Ramón Pérez de Ayala recrearán al personaje y otros, como Valle Inclán en *Las galas del difunto* o Max Frisch en su *Don Juan,* harán versiones paródicas del mito.

La hipocresía de Tartufo se percibe ya desde su segunda intervención cuando se considera injuriado y dice «*todo he aprendido a sufrirlo por Dios*». En las intervenciones posteriores, el argumento principal en el que se escuda y con el que justifica su actuación es el de que se limita a cumplir con su deber, que no es otro que el interés del rey, la razón de Estado, que llega a defender de modo frío y deshumanizado: «*La fuerza de este deber sagrado apaga en mi corazón todo sentimiento de gratitud. A tan elevados vínculos sacrificaría yo amigos, mujer, parientes, y a mí mismo con ellos*». Esta altisonante defensa de la razón de Estado queda desautorizada a ojos de los espectadores de la comedia, pues conocen que a Tartufo no le guía otro interés que el meramente personal. De ahí que suscite reacciones que van desde el estupor a la cólera en el resto de los personajes que intervienen en la escena. Unos, como Orgón, se dejan llevar por la ira; otros, como Damis, Elmira o Dorina, manifiestan expresivamente su indignación; Cleanto, por su parte, muestra un mayor sosiego en sus dos réplicas, irónica la primera y detenidamente argumentada la segunda, como corresponde al papel de este personaje, el típico razonador o *raisonneur* de la comedia francesa, que incorporará más de un siglo después el teatro neoclásico español en las obras, por ejemplo, de un Leandro Fernández de Moratín, como tendrán los alumnos ocasión de ver en el tema próximo. Por todo ello, el protagonista, Tartufo, resulta por momentos para los espectadores un individuo ridículo que, pese a su peligrosidad, no puede acabar desencadenando una tragedia, pues finalmente pesan más en la obra los ingredientes propios de la farsa que hay en el personaje. Y es que si, «en las comedias españolas del Siglo de Oro, al pícaro y al gracioso le correspondían papeles secundarios, la pirueta histórica de Molière, su aportación fundamental, consiste en elevarlos jerárquicamente a la categoría de protagonistas-antihéroes. Un protagonista en ocasiones ridículo, negativo, acaparador de vicios. Ese es su gran hallazgo; y un atributo de su modernidad. Como Valle-Inclán tres siglos después, Molière es ya el autor que contempla a sus personajes desde arriba –así explica Valle el esperpento–, y no a la misma altura o de rodillas, como hace el artista más o menos servil con su modelo natural. Al mezclar la comedia y la farsa se salta la barrera de los géneros, sagrados en los tratados de preceptiva» (Ángel García Pintado, «Prólogo» a Molière, *El médico a palos...,* Madrid, Edaf, 1985, pp. 10-11).

De todos modos, pese a los ingredientes cómicos y el tono de farsa de la obra, el *Tartufo* tuvo graves dificultades para ser representado en vida de Molière, pues su contenido crítico levantaba ampollas en los círculos ultrarreligiosos de su tiempo. Más de trescientos años después, la obra, adaptada convenientemente al momento, siguió resultando muy incisiva cuando fue representada en 1969, en plena dictadura franquista, la versión de Enrique Llovet y Adolfo Marsillach. En España la obra de Molière no había sido representada en el siglo XVII y no fue hasta muy avanzado el XVIII cuando una adaptación de Cándido María Trigueros, *La hipocresía castigada o Juan de Buen Alma,* subió a las tablas primero en Sevilla y después en Madrid. Pero en seguida fue prohibida por la Inquisición tanto su representación como su lectura. Después, en 1810, el abate Marchena estrenará su traducción del *Tartufo* con el título de *El hipócrita*. Disfrazado y un tanto edulcorado, *Tartufo* había llegado poco antes a los escenarios españoles en *La mojigata,* de Leandro Fernández de Moratín.

ACTIVIDADES DEL TEXTO 1

Laurencia y Frondoso se admiran ante la resistencia que oponen a la tortura los diversos villanos que están siendo interrogados por el juez pesquisidor. El comportamiento del juez es, sin duda, abominable, pero no es en absoluto inverosímil. Al contrario, ha sido un comportamiento habitual en las más diversas circunstancias históricas. En la época de Lope y de los espectadores de sus comedias, los procesos inquisitoriales, por ejemplo, eran muy frecuentes y en ellos se utilizaban de modo sistemático diferentes métodos de tortura.

La forma de presentar la escena y los antecedentes del conflicto colocan a los espectadores, por supuesto, de parte de los villanos agraviados. En esta escena, en concreto, tanto el odioso comportamiento del juez como los personajes elegidos para sufrir el tormento contribuyen a inclinar la voluntad del auditorio del lado de los campesinos. No es, en este sentido, casual que Lope escoja como víctimas a un viejo, a un niño, a una mujer y a un *bobo* o simple, el *pobre Mengo*.

El personaje de Mengo es presentado en la escena como «*aquel más rollizo... / ¡ese desnudo, ese gordo!*». No se trata, pues, de un personaje apuesto y gallardo. De hecho, en la obra tiene primordialmente una función cómica. Sin embargo, en esta escena su condición desvalida no mueve a risa, sino a compasión, lo que incrementa la indignación del espectador ante la actitud del juez. Y de ese modo, cuando incluso este pobre desgraciado resiste la tortura (repárese en el carácter melodramático de la variante con diminutivo de la respuesta de Mengo: «*señor, Fuente Ovejunica*»), la admiración ante el heroico comportamiento del pueblo llega a ser aún mayor.

Mengo no es propiamente un gracioso como tantos otros de las comedias de capa y espada del teatro barroco. El villano cómico había aparecido tempranamente en el teatro castellano y perduró a lo largo del siglo XVI para prolongarse en la comedia nueva. Su comicidad no debe confundirse con la de la figura del *donaire* de las comedias de ambiente urbano. Son dos tipos distintos: el villano cómico o bobo tiene como rasgo su simplicidad, mientras que la figura del *donai-*

re es consciente de su propia comicidad, derivada muchas veces de su inteligencia e ingenio.

Como en todos sus *dramas de honor campesino*, Lope de Vega presenta en *Fuente Ovejuna* una imagen positiva de los labradores, cuya vida tranquila ha sido perturbada por la presencia del malvado comendador. En el texto que nos ocupa, ya hemos comentado diversos elementos que contribuyen a exaltar a los personajes de extracción popular. Nótese también el contraste entre el lenguaje violento y desconsiderado del juez *(aprieta, perro; aprieta, borracho; que os ahorque con mis manos; os he de matar; aprieta, infame...)* y el de los campesinos. Además, el escritor se encarga de subrayar explícitamente la exaltación que pretende del pueblo en los comentarios que repiten Laurencia y Frondoso: *¡Bravo caso!; ¡Bravo pueblo! Bravo y fuerte.*

Pero los alumnos no se deben confundir con la intención ideológica que tiene esta glorificación del pueblo y la correspondiente denigración de autoridades como el comendador o el juez. En efecto, el conflicto queda resuelto al final de *Fuente Ovejuna* con la intervención oportuna de los Reyes Católicos. En realidad, la idea del villano útil y ejemplar se desarrolló en la literatura española a partir de 1530 en relación con el tópico de *menosprecio de corte y alabanza de aldea:* «el teatro español hacia 1600 no se desarrollaba en un mundo aparte; crecía bajo la mirada vigilante de los teólogos, los moralistas y de los hombres de gobierno. En relación con este hecho es como hay que apreciar la ejemplaridad de la comedia de ambiente rústico. [...] la comedia de ambiente rústico, al repetir bajo distintas perspectivas la imagen ideal del villano feliz y edificante, contribuía a consolidar una sociedad de clases (monárquico-señorial) basada en la producción rural y dominada por los terratenientes. En el fondo, a pesar de los asaltos del mundo burgués, la ciudad monárquico-señorial española de 1600 pretendía perpetuar esta «ciudad de Dios» feudal y teocrática, bien compartimentada y bien jerarquizada, que había concebido el siglo XII y los siguientes [...]. Hacia 1600, al hacer del villano un modelo social y moral –cual elegido de Dios– la comedia rústica repetía la vieja idea, en lo esencial, adaptándola a las nuevas circunstancias (desplazamiento de los nobles del campo a la ciudad). Los ropajes modernos con los que a veces se vistió (la idea neoplatónica de la pureza de la naturaleza) no pueden impedirnos divisar este contenido, medieval en esencia. En toda la literatura de aquel tiempo se manifiesta esta ideología feudal cuyo vocero es el villano teatral. [...] Por algunas señas concretas resulta evidente que esta imagen idílica no correspondía a la realidad. No obstante, nobles y ciudadanos, mutilados por su propia sociedad (los temas del "menosprecio de corte" y del "desengaño") necesitaban de esta ilusión. Con ella alimentaban su imaginación y sus ensueños» (Noël Salomon, *Lo villano en el teatro del Siglo de Oro,* Madrid, Castalia, 1985, p. 364).

El tipo del villano libre y digno, preparado por la idea de un campo incorrupto, aparece en no muchas piezas, pero muy significativas: *Fuente Ovejuna, Peribáñez y el comendador de Ocaña, El mejor alcalde, el rey, El alcalde de Zalamea.* En estos dramas de honor campesino se manifiestan auténticamente ciertos sentimientos de un campesinado que recordaba el papel antiseñorial de la monarquía a fines del siglo XV: «Son una tentativa de "comprender" (abarcar) algunos de los conflictos internos de la sociedad monárquico-señorial y para dominar el enmarañamiento de sus contradicciones mediante un como milagro ideológico. Gracias al sentimiento monárquico y a la aparición de la figura regia en el desenlace, los problemas acumulados desaparecen en una ausencia de problemas o, mejor, parece que recibieran solución y no quedan abiertos sino cancelados como un decreto. En definitiva, permitía esfumar los desacuerdos existentes en el seno de la sociedad monárquico-señorial y daba a los espectadores la ilusión de que era coherente, acabada, definitiva» *(ibid.,* pp. 760-761).

En cuanto a la métrica, obsérvese que se trata de trece redondillas (debe advertirse a los alumnos que falta el último verso de la segunda redondilla). Lope de Vega emplea aquí, por tanto, una estrofa también popular, típica de las canciones y de la lírica tradicional.

Para enriquecer el debate que se propone sobre la tortura, puede presentarse a los alumnos, si se considera conveniente, el siguiente texto complementario de la famosa obra *De los delitos y de las penas* (1764) del jurisconsulto y economista ilustrado Cesare Beccaria (1738-1794):

> *Una crueldad consagrada por el uso entre la mayor parte de las naciones es la tortura del reo mientras se forma el proceso, o para obligarlo a confesar un delito, o por las contradicciones en que incurre, o para el descubrimiento de los cómplices, o por no sé cuál metafísica e incomprensible purgación de la infamia o, finalmente, por otros delitos de que podría ser reo, pero de los cuales no es acusado.*
>
> *Un hombre no puede ser llamado reo antes de la sentencia del juez, ni la sociedad puede quitarle la pública protección sino cuando esté decidido que ha violado los pactos bajo los que le fue concedida. ¿Qué derecho sino el de la fuerza será el que le dé potestad al juez para imponer la pena a un ciudadano mientras se duda si es reo o inocente? No es nuevo este dilema: o el delito es cierto o incierto; si es cierto, no le conviene otra pena que la establecida por las leyes, y son inútiles los tormentos porque es inútil la confesión del reo; si es incierto, no se debe atormentar a un inocente, porque tal es, según las leyes, un hombre cuyos delitos no están probados. Pero yo añado que es querer confundir todas las relaciones pretender que un hombre sea al mismo tiempo acusador y acusado, que el dolor sea el crisol de la verdad, como si el juicio de ella residiese en los músculos y fibras de un miserable. Este es el medio seguro de absolver a los robustos malvados y condenar a los flacos inocentes. Veis aquí los fatales inconvenientes de este pretendido juicio de verdad; pero juicio digno de un caníbal, que aun los romanos, bárbaros por más de un título, reservaban a solo los esclavos.*

Es recomendable que los alumnos utilicen algunas de las siguientes ediciones de *Fuente Ovejuna:* la de Francisco López Estrada (Madrid, Castalia, 1973), la de Antonio Rey Hazas (Zaragoza, Edelvives, 1989), la de Francisco Ruiz Ramón (Salamanca, Publicaciones del Colegio de España, 1991), la de Felipe B. Pedraza Jiménez (Madrid, Bruño, 1991), la de Rinaldo Froldi y Abraham Madroñal (Madrid, Espasa-Calpe, 1998) o la de Juan María Marín (Madrid, Anaya, 2000).

ACTIVIDADES DEL TEXTO 2

Un *soliloquio* (del latín *soliloquium;* de *solus,* solo, y *loqui,* hablar) es el discurso que un personaje de una obra dramática recita para sí mismo cuando se encuentra a solas en la escena. Su función dramática es la de permitir al auditorio conocer las reflexiones íntimas del personaje. Puede decirse que se trata de un mecanismo de introspección que hace posible, tanto al dramaturgo como, en segundo término, a los espectadores de su obra, adentrarse en la conciencia del personaje. En comedias de carácter filosófico, como lo es *La vida es sueño,* resulta técnica muy apropiada y eficaz. De hecho, uno de los rasgos estilísticos básicos de *La vida es sueño* es el empleo de numerosos y, a menudo, largos soliloquios, que sirven para expresar los pensamientos, dudas, sentimientos y conflictos amorosos de los personajes, además de valer también de cauce para la narración de hechos sucedidos fuera de la escena. La calculada distribución de los soliloquios, colocados estratégicamente en el desarrollo de la obra, prueba, además, su importancia técnica y estructural en el conjunto de la comedia.

Versos 32-41: *Apenas ha nacido el animal cuya piel ha adornado Dios con bellas manchas que recuerdan a un signo del zodíaco* [Tauro], *cuando el acoso del hombre le enseña a ser atrevido y a tener crueldad hasta convertirse, como el minotauro cretense, en un monstruo en el laberinto de la existencia. ¿Y yo, que tengo mejor instinto o mayor inteligencia, tengo menos libertad?*

Versos 52-61: *El arroyo, cuando todavía no es más que una culebra o una serpiente de plata que se retuerce entre las flores, celebra con el musical ruido de sus aguas la piedad de los cielos que, con majestad, le permiten huir por campo abierto. ¿Y yo, que tengo más vida, tengo menos libertad?*

El texto seleccionado consta de siete estrofas. Las siete son décimas. El primero de los versos del texto no pertenece, claro está, a ninguna de las siete décimas, sino que es el último de los versos de la estrofa que empleaba el personaje que intervenía antes de la aparición de Segismundo.

Estructuralmente, pueden distinguirse en el monólogo tres partes: 1.ª) hasta el verso 21; 2.ª) desde el verso 22 al 61; 3.ª) desde el 62 hasta el final. En la primera, el prisionero se pregunta por las razones que puedan haberle llevado a tan triste condición. En la segunda, establece cuatro comparaciones sucesivas (una por cada una de las cuatro décimas de esta parte), que muestran que un ave, un bruto, un pez y un arroyo gozan de mayor libertad que él. En la última, y a modo de conclusión, Segismundo reclama vehementemente su derecho a ser libre.

En la acotación en que se presenta al personaje, tres son los rasgos que señala el dramaturgo: va vestido con pieles, está encadenado y lleva una luz. Sin duda, no es arbitraria la elección de estos atributos. Por un lado, el ruido de la cadena y el interés que reclama la luz en la penumbra sirven para captar la atención de los espectadores, técnica reiterada en la obra ya desde su mismo comienzo, cuando Rosaura aparece en escena cayendo aparatosamente de un caballo. Pero es que además esos atributos tienen evidentes connotaciones simbólicas: la cadena expresa visiblemente el estado de falta de libertad en que se halla el príncipe; la luz, su deseo de iluminar los motivos que le han conducido a ese estado; las pieles, en fin, revelan el carácter aún semisalvaje del personaje, próximo a las fieras, que justificará su comportamiento incivilizado cuando sea llevado a palacio. Todo ello coloca al personaje en situación para declamar ante el auditorio su apasionado y patético monólogo: «Su dramático "descubrimiento" en el oscuro interior de la torre, con una luz que le ilumina débilmente y vestido de pieles, es altamente simbólico, pero también nos presenta en términos humanos la condición del personaje. Sin saber quiénes son sus padres (esto es, de dónde procede), ni cuál es el motivo de una existencia encerrado en prisión, Segismundo contempla el mundo que le rodea y no puede explicarse por qué, si todos tienen libertad, le falta a él este precioso don. Con la insuficiente información que ha recibido de lo que es la vida, no puede menos que concluir que "el delito mayor / del hombre es haber nacido". Me parece harto arriesgado extraer estas palabras del contexto en que las dice Segismundo para utilizarlas como una declaración sobre el carácter trágico de la existencia humana. Segismundo no puede pronunciarse sobre la condición humana simplemente porque no la conoce. Todo lo que sabe es que a los criminales se les quita la libertad; él no tiene libertad; luego él es un criminal. ¿Qué delito ha cometido que merezca el castigo que sufre? Como ha estado encarcelado toda su vida, el único delito que puede haber cometido, antes de su encarcelamiento, es lógica e ineluctablemente el de nacer. La impresionante declaración de Segismundo es, pues, perfectamente lógica, si se la considera desde el punto de vista de su situación como personaje dramático. El error de Segismundo –error perfectamente comprensible, dada su limitada percepción– es generalizar al final de sus famosas décimas que esa libertad de que gozan arroyos, peces, brutos y aves ha sido negada a *todos* los hombres. El espectador sabe que, aunque la libertad del hombre no sea idéntica a la de los peces, no todos los seres humanos nacen en una prisión, como Segismundo. Segismundo es un caso excepcional, y su conclusión, aun cuando quizá encuentre en la mente de los espectadores un eco de ese anhelo o ansia de lo infinito que experimenta el alma encerrada en el cuerpo humano, no es válida, ya que ha sido extrapolada de su entorno particular y aplicada al género humano. Esta tendencia a universalizar su experiencia es precisamente lo que después le conducirá a concluir que toda la vida es sueño y que todos soñamos» (José M. Ruano de la Haza, «Introducción» a su ed. de *La vida es sueño*, Madrid, Castalia, 1994, pp. 43-44).

Así pues, el tema principal de este primer monólogo es la falta de libertad en que se encuentra Segismundo. Aunque todavía tal falta de libertad, según acaba de señalar Ruano de la Haza, se circunscribe a ojos del espectador al personaje protagonista y a su particular circunstancia personal, conforme se desarrolla la comedia, Calderón apunta indudablemente a una consideración de este tema en sentido más general. De hecho, para el propio Segismundo, desconocedor todavía de la realidad, su situación no es singular, sino la de todo ser humano *(«pues el delito mayor / del hombre es haber nacido»)*. No es esta una idea original, porque ya diversos autores, con uno u otro sentido, habían empleado alguna frase semejante. Por ejemplo, es conocido el apotegma de Erasmo: *«lo mejor para el hombre es no nacer, o si naciere morir pronto»;* también lo es la sentencia atribuida por los griegos al dios Sileno: *«lo mejor para el hombre sería no nacer».* Y los versos calderonianos han seguido bien presentes en la literatura española. Así los recuerda, verbigracia, Miguel de Unamuno en su *San Manuel Bueno, mártir*, cuando el cura protagonista responde a la pregunta de cuál es el pecado del hombre: *«ya lo dijo el gran doctor de* La vida es sueño, *ya dijo que "el delito mayor del hombre es haber nacido". Ese es, hija, nuestro pecado: el de haber nacido».* E incluso ha tenido la frase calderoniana réplicas directas, como cuando, en *El árbol de la ciencia*, Pío Baroja hace decir al tío del protagonista: *«yo no creo, como Calderón, que el delito mayor del hombre sea el haber nacido. Esto me parece una tontería poética. El delito mayor del hombre es hacer nacer».* Comoquiera que sea, y volviendo a nuestro texto, puede decirse que «siglos antes de que Heidegger acuñara la definición ontológica del hombre como ser para la muerte, tiempo viviente entre el nacer y el morir, Calderón ejemplificó esa condición repetidamente en su teatro al transformar el mismo espacio escénico en la situación a la que el hombre ha sido arrojado, descubrimiento que le supone la arrasadora y desesperada negación, que el mayor delito del hombre es haber nacido» (Antonio Regalado, *Calderón. Los orígenes de la modernidad en la España del Siglo de Oro*, Barcelona: Destino, 1995, vol. II, p. 279).

Conociendo las razones por las que se encuentra Segismundo en ese estado, también podrán comentarse a los alumnos otros temas centrales en *La vida es sueño* que ya están implícitos en el texto que han leído. Es el caso del destino y del libre albedrío. Se trata de decidir si la vida de los seres humanos se halla predestinada o si su futuro se encuentra abierto y depende de su libre voluntad. El enfrentamiento entre libre albedrío y predestinación era en la España de la época, país abanderado de la Contrarreforma, una cuestión esencial para frenar a los protestantes. Estos, en general, creían en la predestinación (el hombre está salvado o condenado desde su nacimiento). Por el contrario, la Iglesia Católica –sin que faltaran las controversias internas– defendía el libre albedrío, es decir, la responsabilidad que cada hombre tiene de sus actos. En *La vida es sueño* es evidente la defensa de la postura católica, pues Segismundo no estará determinado por su destino, al que, *obrando bien*, logra vencer.

Relacionado con ello, se encuentra el tema de los astros. Muchos filósofos y teólogos suponían que, si la creación era obra divina, existiría una correspondencia entre lo que podía verse en el cielo y el destino individual de los humanos, de modo que aquel que supiera leer los designios que contenían los astros podría prever el futuro. Ello explica la importancia de los horóscopos y sus pronósticos. De hecho, la existencia de un horóscopo negativo que lleva al encierro del príncipe para evitar el destino funesto se remonta a las leyendas hindúes de Buda y a su traslación cristiana en la historia de Barlaam y Josafat, que se vierte en castellano en el siglo XIII en el *Sendebar* y después en el *Libro de los Estados* de don Juan Manuel. El mismo Lope de Vega la había dramatizado en 1612. Sin embargo, predecir de antemano el futuro supone negar el libre albedrío. Por eso, en *La vida es sueño* Calderón conjuga astrología y libertad individual *(«porque el hado más esquivo, / la inclinación más violenta, / el planeta más impío / solo el albedrío inclinan, / no fuerzan el albedrío»*, se dirá en la obra más adelante), de manera que el horóscopo se cumple pero al mismo tiempo se le burla, en un juego teatral que pretende enseñar la lección católica de que el individuo es finalmente dueño de su destino, aunque siempre dentro de un orden divino general.

En cuanto a los rasgos estilísticos del texto, ya se ha tratado anteriormente de algunos de ellos. Así, se confirman en este pasaje varias de las características del teatro de Calderón que exponíamos en el tema: el gusto por la complicación culterana, el empleo de monólogos, la utilización de símbolos, la tendencia a presentar en escena personajes reflexivos. No insistiremos más en ellas. Fijaremos ahora la atención en la sintaxis calderoniana, magnífico reflejo del modo de razonar del dramaturgo madrileño, muy influido por la filosofía y la enseñanza jesuíticas. Se trata de una sintaxis que marca expresamente la relación lógica entre las diversas partes del discurso que va enhebrando Segismundo en su monólogo. Para comprobarlo, basta con darse cuenta de las conjunciones y locuciones conjuntivas que emplea, por ejemplo, en la primera estrofa: *ya que* (v. 3); *aunque, si* (v. 6); *pues* (v. 10). Como ejercicio complementario, podría proponérseles a los alumnos que expresaran ellos con sus propias palabras esas relaciones lógicas que plantea Segismundo en la primera de las décimas: me tratáis así, *luego* cometí un delito naciendo; yo nací, nacer es un delito, *luego* es justo ser castigado; etc.

Esta estructuración lógica del discurso queda reforzada con el profuso empleo de paralelismos, simetrías, anáforas, repeticiones diversas. Los ejemplos son muy numerosos a lo largo del texto. Nos detendremos solo en las décimas tercera a séptima: *nace él / nace él / nace él / nace él* (vv. 22, 32, 42, 52); *apenas / apenas / y apenas / y apenas* (vv. 24, 34, 44, 54); *cuando / cuando / cuando / cuando* (vv. 26, 36, 46, 56); *¿y teniendo yo más / ¿y teniendo yo más* (vv. 30, 60); *¿y yo, con / ¿y yo, con* (vv. 40, 50); *tengo menos libertad? / tengo menos libertad? / tengo menos libertad? / tengo menos liber-*

tad? (vv. 31, 41, 51, 61). Evidentemente, son muy características a lo largo de todo el texto las abundantísimas interrogaciones retóricas.

Llaman también la atención las numerosas bimembraciones sinonímicas *(justicia y rigor; atrevido y cruel; ovas y lamas; un volcán, un Etna; privilegio tan suave, excepción tan principal)*, sinónimos que llegan a aparecer hasta en grupos de tres *(ley, justicia o razón)*.

Todavía pueden señalarse otros recursos, como el empleo de conceptos abstractos *(libertad, necesidad, crueldad, inmensidad, capacidad, piedad, majestad)*, de hipérbatos (por ejemplo, en los versos 2-5), de hipérboles *(un volcán, un Etna hecho)*.

Y aun con todo lo dicho, quizá los rasgos estilísticos más sobresalientes de este texto concreto sean las comparaciones y la diseminación y ulterior recolección de términos. La segunda parte del texto, según la estructura que determinábamos más arriba, está íntegramente forjada sobre la base de cuatro comparaciones entre la situación del ser humano y la del ave, el bruto, el pez y el arroyo, respectivamente. Estos cuatro elementos que aparecen en cada una de las cuatro estrofas quedan recogidos por el procedimiento de la correlación recolectiva en los dos últimos versos del monólogo: «¿...que Dios le ha dado a un cristal, / a un pez, a un bruto y a un ave?».

Finalmente, no deben pasar inadvertidas las metáforas del texto. Probablemente sea la metáfora el rasgo más significativo del estilo calderoniano y ello desde el título mismo de la obra, *La vida es sueño*, formulado ya expresamente como una metáfora. Son además características de Calderón las metáforas, tan barrocas, basadas en el trueque de atributos, de forma que los pájaros son «*flor de pluma*» (v. 24) o «*ramillete con alas*» (v. 25), y más adelante en la comedia «*clarines de pluma*» –según se desee destacar su belleza plástica o sus virtudes musicales–, el águila será luego «*rayo de plumas*», las trompetas, «*aves de metal*» (mediante la simple inversión del significado de los términos de «*clarines de pluma*»), y la pistola «*áspid de metal*». En nuestro texto, en fin, el pez es «*bajel de escamas*» (v. 44) y el arroyo «*sierpe de plata*» (v. 54). Con estas imágenes se produce una estilización de la realidad, una abstracción de lo real, una completa *desrealización,* que se aviene perfectamente con los conceptos ideológicos manejados en el conjunto de la obra: la vida como simple sueño, el desengaño, la renuncia y la inutilidad de lo vital y humano.

Las diferencias entre el texto del *Tartufo* de Molière y este de Calderón son manifiestas, tanto en el ambiente y el tipo de personajes como en el estilo. La lengua de Molière es bastante menos compleja y el ambiente burgués de su obra se encuentra muy alejado de la vida palaciega y de la trascendencia metafísica propias de *La vida es sueño*. Algún destacado estudioso de Calderón de la Barca ha puesto precisamente de manifiesto esta distancia que existe entre el teatro clásico francés y el del barroco dramaturgo madrileño: «Calderón "interioriza" a sus personajes, abismándolos en monólogos profundos, siempre en el contexto de una acción que aprovecha con gran economía esos momentos privados de los personajes y acentúa la relación de los llamados caracteres a la situación y al argumento» (A. Regalado, *op., cit.*, vol. I, p. 215). No obstante, debe precisarse que ni el teatro clásico francés ni la comedia barroca española son un todo homogéneo. Las diferencias entre una comedia de capa y espada de Lope de Vega o del mismo Calderón y un auto sacramental, por ejemplo, son enormes. De igual forma, hay gran distancia en el teatro francés entre las obras de Pierre Corneille y de Jean Racine y las de Molière.

Como texto complementario, puede proponérsele a los alumnos otro monólogo de Segismundo situado al término de la Segunda Jornada. Es este un monólogo muy importante, porque en él parece tomar una decisión que supondrá también una evolución crucial del personaje, necesaria para el posterior desarrollo de la obra. Además, este soliloquio contiene variedad de recursos retóricos para dejar impresionado al auditorio en el final de la jornada:

*Es verdad; pues reprimamos
esta fiera condición,
esta furia, esta ambición,
por si alguna vez soñamos.
Y sí haremos, pues estamos
en mundo tan singular
que el vivir solo es soñar
y la experiencia me enseña
que el hombre que vive sueña
lo que es hasta despertar.*

*Sueña el rey que es rey, y vive
con este engaño mandando,
disponiendo y gobernando;
y este aplauso, que recibe
prestado, en el viento escribe
y en cenizas le convierte
la muerte: ¡desdicha fuerte!
¡Que hay quien intente reinar
viendo que ha de despertar
en el sueño de la muerte!*

*Sueña el rico en su riqueza,
que más cuidados le ofrece;
sueña el pobre que padece
su miseria y su pobreza;
sueña el que a medrar empieza;
sueña el que afana y pretende;
sueña el que agravia y ofende;
y en el mundo, en conclusión,
todos sueñan lo que son,
aunque ninguno lo entiende.*

*Yo sueño que estoy aquí
destas prisiones cargado,
y soñé que en otro estado
más lisonjero me vi.
¿Qué es la vida?: un frenesí.
¿Qué es la vida?: una ilusión,
una sombra, una ficción;
y el mayor bien es pequeño,
que toda la vida es sueño,
y los sueños, sueños son.*

Para localizar otros monólogos de *La vida es sueño*, los alumnos cuentan con numerosísimas ediciones de la obra:
- Ed. de Ciriaco Morón Arroyo, Madrid, Cátedra, 1981.
- Ed. de José M.ª García Martín, Madrid, Castalia, 1983.
- Ed. de Ana Suárez Miramón, Madrid, Anaya, 1985.
- Ed. de A. Hurtado Torres, Madrid, Alhambra, 1987.
- Ed. de Domingo Ynduráin, Madrid, Alianza, 1988.
- Ed. de Evangelina Rodríguez Cuadros, Madrid, Espasa-Calpe, 1988.
- Ed. de José Buenache Moreno, Zaragoza, Edelvives, 1989.
- Ed. de Enrique Rull Fernández, Madrid, Taurus, 1992.
- Ed. de Enrique Rull Fernández, Madrid, Alhambra Longman, 1995.
- Ed. de José María Ruano de la Haza, Madrid, Castalia, 1995.
- Ed. de Begoña Alonso Monedero, Madrid, Santillana, 1996.
- Ed. de Antonio Rey Hazas, Barcelona, Vicens-Vives, 1997.
- Ed. de Francisco Javier González Rovira, Madrid, Bruño, 1997.
- Ed. de Enrique Rodríguez Cepeda, Madrid, Akal, 1999.
- Ed. de Guillermo Serés, prólogo de Francisco Rico, Barcelona, Plaza y Janés, 1999.

TEMA 10

LA LITERATURA DEL SIGLO XVIII

PREGUNTAS DEL TEXTO INICIAL

Rousseau juzga muy duramente a los conversos que cambiaban su fe en busca de protección económica. Literalmente, los califica de *gentuza* y dice de ellos que acudían a *vender* su fe. Sin embargo, el propio Rousseau, aún muchacho, abjuró del protestantismo en el Hospicio de Catecúmenos de Turín con una rapidez mucho mayor de la que luego quiso reconocer, y ello pese al horror que le inspiraban los vagabundos que frecuentaban esa institución benéfica. No obstante, abandonó posteriormente el catolicismo.

Para Rousseau, «*los protestantes son más instruidos que los católicos. Es muy natural: la doctrina de los primeros exige la discusión; la de los segundos, la sumisión. El católico debe aceptar lo que le dicen; el protestante debe conocer para decidirse*». Evidentemente, se refiere aquí el filósofo ginebrino a la libre interpretación de los textos y a la lectura individual de la *Biblia* propias de la doctrina protestante, lo que exigía su conocimiento y discusión; frente al obligado acatamiento de los católicos de la interpretación de los textos que hace la jerarquía católica con el papa a la cabeza. Ahora bien, no debe pasar inadvertido a los alumnos que el escritor ha afirmado antes que «*no se crea que tal modo de pensar es exclusivamente propio de los católicos; es propio de cualquier religión dogmática cuya esencia consista no en el obrar, sino en el creer*». Y es que Rousseau, frente al afán proselitista típico de los miembros de una religión (en este caso el señor de Pontverre, cura párroco de la localidad de Confignon, quien «*se hallaba lejos de ser virtuoso; era, por el contrario, de los que no conocen más virtud que la de adorar a los santos y rezar el rosario; un como misionero...*»), opone una virtud laica característica de la ideología ilustrada: «*La razón, la piedad, el amor al orden*». A este concepto de virtud ilustrada haremos referencia más adelante en el comentario del texto de las *Cartas marruecas*, de Cadalso, pero ahora conviene que los alumnos perciban esta ética alternativa que surge en el siglo XVIII en oposición a la tradicional moral religiosa dominante con la que entra frecuentemente en grave conflicto, pues también debe quedarles muy claro a los alumnos que «en el siglo XVIII no hay una sola mentalidad ilustrada: convivieron con ella otras mentalidades, alguna profundamente reaccionaria. No creamos que el siglo XVIII fue completamente el *Siglo de las Luces*. Ha sido también el *Siglo de las Tinieblas*» (José Miguel Caso González: *De Ilustración y de ilustrados*, Oviedo, Instituto Feijoo de Estudios del Siglo XVIII, 1988, p. 30). Y es que, en efecto, el desarrollo del pensamiento ilustrado en Europa, y destacadamente en España, resultó muy difícil, porque fuerzas muy poderosas (la Iglesia, gran parte de la nobleza...) se oponían a los intentos de reforma.

La mención a las *luces* del final del texto es la siguiente: «*las luces del talento*». Esta referencia puede aprovecharse para explicar a los alumnos la denominación de *Siglo de las luces*, entendiendo por *luces* las luces de la razón (del «*talento*» en nuestro texto), y para mostrar la importancia que tiene para los filósofos ilustrados el fundamento racional del conocimiento.

ACTIVIDADES DEL TEXTO 1

En las *Cartas marruecas*, Cadalso utiliza un personaje extranjero porque ofrece así su visión crítica del país a través de los ojos de alguien cuya condición foránea permite hacerlo de forma objetiva y desapasionada. Sigue en ello un modelo bastante habitual en la Europa de su época (por ejemplo, las *Cartas persas*, de Montesquieu), aunque lo habitual era que un personaje de procedencia exótica relatase en sus cartas sus propias observaciones y experiencias. Cadalso, sin embargo, emplea también un personaje español, sensato y razonable, que corrige y matiza las opiniones de su amigo marroquí ayudándole con ello a no quedarse en lo meramente epidérmico o anecdótico y entender en profundidad la realidad que ve.

Evidentemente, Nuño no tiene en buen concepto la figura del escolástico que describe. Su pintura es, sin duda, peyorativa: «*un hombre muy seco, muy alto, muy lleno de tabaco, muy cargado de anteojos, muy incapaz de bajar la cabeza ni saludar a alma viviente, y muy adornado de otros requisitos semejantes*». Ya al principio del texto se da una visión negativa de dos tipos de escolásticos distintos: aquellos que no se creen la doctrina oficial, pues, aunque siguen explicando a Aristóteles en su cátedra, estudian en secreto a Newton en su cuarto o se instruyen a solas en las ciencias positivas; y –todavía peor– aquellos que creen verdaderamente que, excepto lo que les enseñaron en su tiempo y ellos siguen enseñando, todo lo demás no es sino ateísmo y desatino. Más adelante en el texto, las palabras literales del escolástico sobre la poesía y la física se descalifican por sí mismas.

Para el escolástico, la poesía es un mero pasatiempo, porque no concibe otra poesía que la de circunstancias; y la física moderna o experimental no es otra cosa que un juego de niños. La superficialidad e ignorancia del escolástico resultan innegables.

La idea de la poesía que expone Cadalso por medio de su personaje marroquí es, por el contrario, altamente trascendente. La poesía ilustrada, según se dice en el texto, tendría por modelos los poetas griegos y latinos y algunos modernos; su calidad expresaría *el buen gusto* (concepto clave de la estética ilustrada) de la nación en que surgiera; los subgéneros poéticos más estimados serían el de la poesía épica o heroica (que sirve «*para perpetuar la memoria de los héroes*») y el de la poesía satírica (que sirve «*para corregir las costumbres de nuestros contemporáneos*»). Además del elevado concepto de la poesía, conviene que los alumnos se percaten también del carácter utilitario que se le supone. Todo ello, desde luego, no es opinión particular de Cadalso, sino que responde perfectamente al ideal de la virtud característico de la Ilustración: «Englobo, por tanto, en el concepto de virtud ilustrada, el ansia de fraternidad universal, el desprecio o repulsa de la guerra, el odio a los tiranos y la condena del tormento, la exaltación de la paz, de la beneficencia y de la tolerancia. Por idéntica razón, el tema lleva consigo el rechazo de la ociosidad, de la ignorancia, de la opresión. En este último sentido, se liga al género tradicional de la sátira en cuanto condenación de vicios. Como además el hombre ilustrado tiene absoluta fe en el progreso, en la perfectibilidad del ser humano mediante la educación, propugnará todo lo que tienda a hacer al hombre virtuoso» (Joaquín Arce: *La poesía del siglo ilustrado,* Madrid, Alhambra, 1981, p. 353).

La oposición entre ciencia y religión se advierte en el texto en dos ocasiones: al principio del mismo, cuando los escolásticos recalcitrantes juzgan como «*ateísmo puro*» los nuevos conocimientos, y en el penúltimo párrafo, cuando se afirma que a quien defienda la física moderna lo «*llamarán hereje*».

Pese a su brevedad, estos fragmentos de las *Cartas marruecas* pueden servir para comentar con los alumnos muchos aspectos básicos del pensamiento de la Ilustración. Además de los ya señalados hasta aquí, convendría insistir en primer lugar en la importancia para los ilustrados de la educación como elemento fundamental para la transformación social. Otros rasgos destacables serían: la fe en el progreso, la confianza en la razón, el ansia de saber, el sentido utilitario del conocimiento (no solo de la poesía, como hemos dicho antes, sino del conocimiento en general: «*procure dar obras al público sobre materias útiles*»), el deseo de estar a la altura de los países más avanzados, etc.

Concretamente, existen en la obra dos ocasiones en que se manifiesta la característica susceptibilidad de los ilustrados españoles ante las críticas o el menosprecio de los extranjeros: «*Trabajemos nosotros a las ciencias positivas, para que no nos llamen bárbaros los extranjeros*» y «*entonces verán las academias extranjeras si tienen motivo para tratarnos con desprecio*». Tal susceptibilidad, presente en otras muchas obras de Cadalso, había dado lugar a uno de los primeros escritos del autor gaditano: *Defensa de la nación española,* obra que pretendía responder a una de las *Cartas persas,* de Montesquieu, en donde el escritor francés vertía duras descalificaciones contra España. Esta actitud de Cadalso no debe hacer ignorar, sin embargo, ni su admiración por el mismo Montesquieu ni su propio talante crítico hacia la realidad española, evidente en el texto que acaban de leer los alumnos. En realidad, Cadalso, y otros ilustrados españoles como Jovellanos, se encuentran desgarrados entre su fidelidad a España y a su tradición religiosa y cultural y su deseo de que el país se modernice y abrace las nuevas ideas que impulsan el progreso en los países más avanzados de Europa. Es, por ello, Cadalso «un hombre turbado hasta lo más profundo de su ánimo por inquietudes de orden moral, político y cultural, que advierte, tal vez con mayor intensidad que otros contemporáneos suyos, la decadencia de una época a la que está ligado por educación e historia personal; que ve consumirse antiguos y básicos valores –como por ejemplo la cultura cristiana y tradicional– sin ser definitivamente reemplazados por otros; que es consciente de las aportaciones positivas de las nuevas filosofías, pero suficientemente escéptico para no creerlas resolutivas y que, finalmente, observa el mundo circundante, afectado ya por vastos cambios ideológicos y sociales y ya en fase pre-revolucionaria, a través de la lente de la moralidad y del raciocinio teñido de pesimismo, buscando por cualquier parte, como redivivo Diógenes, virtud, amistad, bondad, verdad» (Maurizio Fabbri: «Don José Cadalso relator de las *Cartas marruecas*», *Coloquio Internacional sobre Cadalso,* Abano Terme, Piovan, 1985, p. 139).

ACTIVIDADES DEL TEXTO 2

El poema de Samaniego es, evidentemente, una fábula. Rasgos propios de tal género son la brevedad de la composición, el hecho de que los personajes sean animales y el propósito didáctico, resuelto en una moraleja final que encierra la enseñanza que debe deducirse de la historia narrada previamente.

El león, personaje tanto de esta fábula de Samaniego como de los fragmentos del *Cantar de mio Cid* y del *Libro de buen amor* incluidos en el *Tema 3,* aparece en todos los textos como ejemplo de animal poderoso. Sin embargo, este rasgo prototípico funciona de distinta manera en los tres casos: en el fragmento del *Cantar del mio Cid,* vale para resaltar el valor sobrehumano de Rodrigo Díaz de Vivar y, al mismo tiempo, la cobardía de sus yernos, los infantes de Carrión; en el episodio del *Libro de buen amor,* sirve para recomendar al poderoso que no desprecie a sus inferiores porque estos pueden serle útiles en determinadas circunstancias; en la fábula de Samaniego, se emplea para subrayar que, aunque circunstancialmente incluso un león puede estar intranquilo, al final la realidad deja a cada uno en su lugar.

El rasgo ilustrado más característico del poema es su expresa intención didáctica, satírica y utilitaria. Las diferencias con los textos de los poetas barrocos son evidentes: basta con que los alumnos recuerden la complejidad del fragmento del *Polifemo* de Góngora, y también de los sonetos de Lope y Quevedo que se incluían en el *Tema 7*, y la comparen con la simplicidad de la presente fábula de Samaniego. Por supuesto, las diferencias temáticas son también obvias.

Las dos palabras finales del poema, «*todo boca*», indican, por una parte, lo grande que es la boca de una rana en relación con el conjunto de su cuerpo y, por otra, expresan metafóricamente la proverbial «locuacidad» del animal, y aluden, por tanto, a la insustancialidad del charlatán, que no es más que *boca* y palabrería, pero que a nadie asusta con ello, ya que, en realidad, su cháchara carece de contenido. Así pues, el tema del poema es la sátira de la charlatanería. Los tiempos verbales utilizados en el cuerpo de la fábula y en la moraleja son distintos porque en el relato se emplean tiempos pasados para dar cuenta de hechos ya ocurridos efectivamente y que van a servir, por consiguiente, de prueba para la lección que de ellos se va a inferir. La moraleja, por el contrario, por su valor intemporal, prolonga su enseñanza hacia el futuro, y de ahí los tiempos verbales utilizados: *llamará, verá.*

El poeta se vale en los dos últimos versos de una interrogación retórica. Esa interrogación, al considerar la respuesta como indiscutible, refuerza el valor de persuasión que se espera de la moraleja.

El ambiente que inquieta al león se crea, sobre todo, por dos medios: la oscuridad de la noche y el contraste entre el silencio y el ruido. La oscuridad de la noche queda enérgicamente recalcada desde el primer verso, «*una lóbrega noche silenciosa*», verso ya de sabor prerromántico, que recuerda el título de la famosa obra de Cadalso *Noches lúgubres* y el comienzo de la oda *El dos de mayo*, del prerromántico zamorano Juan Nicasio Gallego (1777-1853): «*Noche, lóbrega noche...*». En el verso 13 se insiste en esa oscuridad: «*mas nada encuentra con la noche oscura*». El contraste entre silencio y ruido queda de manifiesto en las palabras cuya rima abraza los versos primero y último del cuarteto inicial *(silenciosa / ruidosa)* y alcanza su momento culminante en los versos noveno y décimo: «*...tanto más sonaba, / cuanto más en silencio todo estaba*». El calificativo de *bestia feroz* con que se define al desconocido animal que luego resulta ser una rana contribuye también a la creación de ese ambiente que comentamos.

Para valorar adecuadamente la intención de esta fábula de Samaniego y, en general, el espíritu del que está imbuida cierta poesía ilustrada, puede ser de utilidad presentar a los alumnos el siguiente fragmento del prólogo a sus *Fábulas,* en el que el escritor riojano explica su propósito a la hora de componer estos textos:

> ...*el director de la Real Sociedad Vascongada, mirando la educación como la base en que estriba la felicidad pública, emplea la mayor parte de su celo patriótico en el cuidado de proporcionar a los jóvenes alumnos del Real Seminario Vascongado cuanto conduce a su instrucción; y siendo, por decirlo así, el primer pasto con que se debe nutrir el espíritu de los niños, las máximas morales, disfrazadas con el agradable artificio de la fábula, me destinó a poner una colección de ellas en verso castellano, con el objeto de que recibiesen esta enseñanza, ya que no mamándola con la leche, según deseó Platón, a lo menos antes de llegar a estado de poder entender latín.*
>
> *Desde luego di principio a mi obrilla. Apenas pillaban los jóvenes seminaristas*[1] *alguno de mis primeros ensayos, cuando lo leían y estudiaban a porfía con indecible placer y facilidad; mostrando en esto el deleite que les causa un cuentecillo adornado con la dulzura y armonía poética...*

[1] *seminaristas:* aquí con el sentido de «escolares» o «estudiantes».

Como texto complementario para realizar un comentario comparativo con el texto de Samaniego que han leído, puede ofrecérseles a los alumnos la siguiente fábula del otro fabulista notable del siglo XVIII, Tomás de Iriarte:

EL PATO Y LA SERPIENTE

*A orillas de un estanque
diciendo estaba un pato:
«¿A qué animal dio el cielo
los dones que me ha dado?
Soy de agua, tierra y aire:
cuando de andar me canso,
si se me antoja, vuelo;
si se me antoja, nado».
Una serpiente astuta
que le estaba escuchando,
le llamó con un silbo,
y dijo: «¡Seor*[1] *guapo!
No hay que echar tantas plantas;
pues ni anda como el gamo
ni vuela como el sacre*[2]*,
ni nada como el barbo;
y así tenga sabido
que lo importante y raro
no es entender de todo
sino ser diestro en algo».*

[1] *seor:* señor; [2] *sacre:* variedad de halcón.

ACTIVIDADES DEL TEXTO 3

Todos los rasgos que incluíamos en el tema dentro de la definición del género de la *anacreóntica* pueden advertirse perfectamente en este poema de Meléndez Valdés. No tendrán dificultad los alumnos en comprobar que se trata de una composición de metro corto, que su tono es festivo y alegre y que el poema exalta abiertamente el amor y los goces sensuales.

Pueden distinguirse en el texto dos partes principales, compuesta la primera –que llegaría hasta el verso 20– por una sucesión de oraciones subordinadas *(cuando..., cuando...)* que conducen a la segunda parte, la oración principal *(entonces... cuente, cuente...)*, donde el poeta expresa su alegría incontenible. Conviene, por tanto, hacer observar a los alumnos que todo el poema, pese a su extensión, constituye un único período sintáctico. En la extensa primera parte, a su vez, podemos advertir tres subpartes que, de forma absolutamente simétrica, dan el papel protagonista en los ochos primeros versos a la mujer, en los cuatro centrales al poeta y en los ocho siguientes de nuevo a la mujer. Basta fijarse en este caso en la persona de los verbos y, consiguientemente, en el sujeto de los mismos para darse cuenta de estas tres subpartes distintas:
- versos 1-8: *rodea, besa, aprieta, acierta;*
- versos 9-12: *corro;*
- versos 13-20: *se mueve, alterna, llama, ruega, muerde, anhela.*

La estrofa que emplea Meléndez Valdés en esta anacreóntica es el romance endecha. Importa también darse cuenta de que los versos del romance aparecen distribuidos en grupos de cuatro y que precisamente esas cuartetas de romance, además de marcar notablemente el ritmo del poema, contribuyen también a fijar su simetría estructural: la primera parte consta, según las tres subdivisiones que en ella hemos establecido, de 2+1+2 cuartetas, mientras que la última cuarteta coincide con la segunda parte.

Diversos son los procedimientos estilísticos que contribuyen a incrementar la sensualidad del poema. Tal es el caso de la selección léxica que ha realizado el poeta: tanto los sustantivos *(brazos, boca, labio, placer, mano, vientre, partes, ayes, ternuras, suspiros, lengua, glorias, amor)*, como los verbos *(rodea, besa, aprieta, alentar, corro, mueve, ruega, besarme, muerde, moviéndose, anhela, anega)* o los adjetivos *(blanda, lasciva, nevados, ardiente, dulce, rendida, inquieta, nevado, secretas, dulces, balbuciente)* remiten indudablemente a una escena de intenso erotismo, nada infrecuente en los poemas amorosos de Meléndez Valdés con «su constante juego combinatorio de inocencia y malicia» (John H. R. Polt: *Batilo: Estudios sobre la evolución estilística de Meléndez Valdés*, Oviedo, Centro de Estudios del Siglo XVIII / University of California Press, 1987, p. 153). También favorecen la impresión de gran sensualidad otros recursos: el notable dinamismo de la penúltima cuarteta gracias a la acumulación en ella de numerosos verbos, la hipérbole de los cuatro versos finales, la interjección *¡ay!* del verso 20, el diminutivo del verso 17, las anáforas *cuando...cuando* y *ya...ya* (que, respectivamente, abren la expectativa sobre el desarrollo del lance amoroso y señalan el clímax placentero del mismo), la alternancia en la actividad del juego amoroso entre el hombre y la mujer, marcada en las dos cuartetas centrales mediante la antítesis *y yo...y ella*, etc.

Convendría, para terminar, fijar también la atención en la profusa adjetivación, normalmente antepuesta, y en la sensualidad asociada al deslumbrante color blanco de la piel de la mujer, puesto de manifiesto metafóricamente a través de la nieve *(sus nevados brazos, su nevado vientre)*, color blanco muy típico de la poesía anacreóntica: «Además de la selección de los colores (blanco, oro, nácar o irisado, rosado), conviene fijarse en el interés por los matices. Los colores de estos poemas son colores suaves, finos, delicadamente graduados, típicamente rococó. En el fondo de este ambiente, como las estatuas de ciertos cuadros de Watteau, aparecen las deidades familiares de la poesía anacreóntica: Venus, Amor y Baco» (J. H. R. Polt, *ibid.*, p. 153).

Por si se considera conveniente presentarlo en clase, he aquí otro poema de Meléndez Valdés, procedente, como el que hemos comentado, de *Los besos de amor* (1776-1781), en donde pueden igualmente advertirse muchos de los rasgos característicos de la poesía anacreóntica:

> *Cuando con tiernos brazos*
> *me enlazas y rodeas,*
> *y el cuello reclinado,*
> *el pecho y faz risueña,*
> * tus labios a mis labios,*
> *oh blanda Nisa, llegas,*
> *y atrevida me muerdes*
> *y mordida te quejas,*
> * y aquí y allí vibrando*
> *la balbuciente lengua,*
> *ya chupas, ya respiras*
> *la dulcísima y tierna*
> * aura de tu süave*
> *ánima que alimenta*
> *mi vida miserable*
> *cuando blanda me besas,*
> * y agotando esta mía*
> *caduca y con la fuerza*
> *del ardor encendida,*
> *del ardor que alimenta*
> * el impotente pecho,*
> *le burlas y le templas*
> *de un soplo ¡ay, aura dulce*
> *que mi calor recreas!,*
> * perdido exclamo entonces*
> *que dios de dioses sea*
> *Amor y que ninguno*
> *ser mayor que Amor pueda.*
> * Empero si algún otro*
> *aún le excede en alteza,*
> *tú sola mayor eres*
> *que el Amor, Nisa bella.*

ACTIVIDADES DEL TEXTO 4

Las acotaciones y los diálogos en un texto teatral se encuentran bien diferenciados gráficamente, pues las acotaciones suelen imprimirse (como ocurre en este fragmento de Moratín) en letra cursiva y entre paréntesis para distinguirlas claramente de las palabras de los personajes. Sus nombres aparecen en nuestro texto previamente a cada una de sus intervenciones en letras versales. En los diálogos, el dramaturgo pretende reproducir las palabras exactas de los personajes en la conversación. Por tanto, estos utilizan la primera persona, formulan preguntas, apelan a sus interlocutores, etc. En las acotaciones, por el contrario, se hacen indicaciones sobre diversos elementos escénicos: comentarios de carácter descriptivo y narrativo sobre los personajes (aspecto físico, vestimenta, gestos y movimientos), sobre el espacio (decorados, entradas y salidas de personajes, movimientos en la escena), el ambiente (luces, subrayados musicales, efectos de sonido), etc. En el texto de *El sí de las niñas* que han leído los alumnos, todas las acotaciones tienen carácter narrativo.

En este fragmento el personaje más importante es don Diego, quien se muestra como un individuo razonable, dispuesto a hacer un sacrificio en bien de todos. Don Carlos conjuga en sus intervenciones la rebeldía al principio del texto con la disculpa y el acatamiento en su posterior intervención y su agradecimiento final subrayado por la acotación «*Besándole las manos.*», y ya antes por haberse arrodillado a los pies de don Diego junto a doña Francisca. Esta se limita a mostrar primero su sorpresa por la inesperada salida de don Carlos, para después aceptar sumisamente la felicidad que le ha deparado el destino: «*¿Conque usted nos perdona y nos hace felices?*». Doña Irene, en cada una de sus intervenciones, manifiesta su asombro por los derroteros que han tomado los acontecimientos, lo que revela su absoluta ceguera a lo largo de la obra sobre lo que en verdad había estado ocurriendo. Pero también deja entrever su mentalidad práctica, pues acepta sin oposición el desenlace, que satisface, sin duda, sus aspiraciones.

Don Diego dice: «*Yo pude separarlos para siempre, y gozar tranquilamente la posesión de esta niña amable*». Y don Carlos contesta: «*Si nuestro amor, si nuestro agradecimiento pueden bastar a consolar a usted en tanta pérdida*». La forma de expresarse ambos personajes deja ver a las claras su mentalidad y su idea de la mujer y del matrimonio: esa *niña amable* es una *posesión* de la que el hombre puede *gozar tranquilamente*.

La moraleja o lección de esta comedia de Moratín se expone directamente en las siguientes palabras de don Diego: «*Esto resulta del abuso de la autoridad, de la opresión que la juventud padece; estas son las seguridades que dan los padres y los tutores, y esto lo que se debe fiar en el sí de las niñas...*». Evidentemente, el «sí de las niñas» es el consentimiento al matrimonio concertado por sus padres que las jóvenes muchachas deben dar de modo forzado. A finales del siglo XVIII, no era este un mero pretexto para un buen conflicto literario, sino que era un asunto de candente actualidad en la vida real. La unión matrimonial de conveniencia entre viejos adinerados con muchachas jóvenes era una extendida costumbre y de ello dan fe las abundantes referencias al asunto en periódicos de la época, que insisten en los casos de adulterio, hijos ilegítimos (más de la cuarta parte de los nacidos en Madrid en 1803, por ejemplo), etc. La cuestión preocupaba mucho al Gobierno, que aprobó diversas disposiciones legales para solucionar el problema, y a los ilustrados, puesto que veían en ello un peligro para la estabilidad de la institución familiar y, en consecuencia, del sistema social. Así, el ilustrado Cabarrús dice en 1784, haciendo referencia a antiguos tiempos, que entonces «el adulterio, el escándalo y la discordia no acompañaban unas uniones ridículas, contrarias a la naturaleza e infecundas para el Estado». En las tres comedias en que Moratín aborda este tema de los matrimonios desiguales (*El viejo y la niña, El barón* y *El sí de las niñas*) tiene, pues, una abierta intención didáctica, en sintonía con las preocupaciones de su tiempo. No obstante, conviene hacer ver a los alumnos que en el desenlace de la obra que han leído, «si bien tiene el anciano bastante cordura como para abandonar la concepción "caducada" y adoptar la "moderna", casando a la joven pareja, debe advertirse que tanto para don Diego como para doña Irene ningún cambio fundamental se ha producido: don Carlos, amante de doña Francisca, es el heredero del tío cuya riqueza apetecía la madre imprudente; don Diego logra, sin tener ya necesidad de casarse, conjurar el miedo a la vejez solitaria, pues la han de remediar los novios y los frutos previsibles de su amor. No se trata, pues, sino de una mera sustitución de pretendiente, pero los intereses de las verdaderas partes contrayentes que son al fin y al cabo don Diego y doña Irene quedan salvaguardados, de manera que el matrimonio satisface plenamente las exigencias primeras [...], o sea que la libertad de elección viene a garantizar el éxito de *lo que no ha dejado de ser un matrimonio por interés* en opinión de sus promotores. En esta única medida es como se ha respetado la "libertad de albedrío" de los jóvenes» (René Andioc: *Teatro y sociedad en el Madrid del siglo XVIII*, Madrid, Fundación Juan March / Castalia, 1976, p. 480).

A través de don Diego, los espectadores de la obra oyen indudablemente al propio autor. En las comedias neoclásicas era esta una función dramática típica de un personaje que se tomó prestado del teatro francés: el razonador. Este personaje, generalmente un hombre de edad culto, es el portador de las ideas del dramaturgo, quien utiliza sus parlamentos para transmitir al espectador la visión de la realidad y las nuevas ideas ilustradas. En *El sí de las niñas,* desempeña tal función el viejo don Diego, pero solo en este tramo final de la comedia, pues hasta entonces ha permanecido ciego a lo que debía haberle dictado la razón: el carácter antinatural de su unión con una mujer mucho más joven. De hecho, el propio personaje explica en la última intervención de nuestro texto su equivocado comportamiento: «*usted y las tías fundaban castillos en el aire y me llenaban la cabeza de ilusiones, que han desaparecido como un sueño...*». El error del personaje ilustrado había consistido exactamente en dejarse guiar por la pasión y no por la razón.

El papel de la mujer en la sociedad del siglo XVIII, según puede colegirse de lo ocurrido en esta comedia, es, sin duda, de subordinación al varón. Basta recordar las anteriores referencias de don Diego y de don Carlos a la *posesión* y a la *pérdida*. Además, los jóvenes, y, en particular, las mujeres, se encuentran sometidos a la autoridad de sus padres, en el caso concreto de *El sí de las niñas* a la de la madre. Precisamente, doña Irene muestra con su comportamiento otra de las típicas funciones de la mujer en la sociedad patriarcal: la de reproducir en el núcleo familiar los valores dominantes (autoridad, pragmatismo, interés económico...). Moratín, por tanto, estaría defendiendo una transformación en el papel social de la mujer, y de ahí que se suela calificar como *feminista* su obra. Sin embargo, sería interesante que los alumnos tuvieran en cuenta que lo escandaloso en la comedia no es la situación sojuzgada de la mujer, sino la posibilidad de que, llegado el momento, termine por engañar al marido: «Por lo tanto el "escándalo" no es la misma opresión sufrida por las jóvenes, sino el desquite que tarde o temprano se puedan tomar. Así pues, Moratín, como la mayor parte, por no decir la totalidad de sus contemporáneos, se forma un concepto finalmente poco halagüeño de la mujer en un momento en que esta manifiesta a todas luces su ansia de dignidad, pero de una dignidad ya no poética sino real; y casi nos atrevemos a decir: *porque* la manifiesta. Actitud de reformista, no de "revolucionario", aunque lo pudieron tener por tal los más conservadores» (René Andioc, «Estudio» de su edición de *El sí de las niñas,* Madrid, Castalia, 1975, p. 157).

Los alumnos encontrarán algunas diferencias obvias entre el teatro neoclásico y el barroco comparando el texto de Moratín con los de Lope y Calderón. Así, frente al uso general del verso en las obras dramáticas barrocas, el empleo de la prosa en muchas comedias neoclásicas. También es muy notable el contraste entre la lengua próxima al culteranismo del monólogo de Segismundo y la sencillez expresiva perceptible en el fragmento de *El sí de las niñas*. Todo ello se explica perfectamente atendiendo al principio de la verosimilitud que pretenden respetar los dramaturgos neoclásicos. Aunque no se advierte en los respectivos fragmentos, se puede comentar a los alumnos que tal principio justifica asimismo el respeto a la regla de las tres unidades característico de las obras del teatro neoclásico: así ocurre en *El sí de las niñas,* cuya única acción tiene lugar en una sala de paso de una posada de Alcalá de Henares, desde las seis de la tarde hasta las cinco de la mañana siguiente (tanto en *Fuente Ovejuna* como en *La vida es sueño* se quebrantan abiertamente las tres unidades dramáticas clásicas). También son muy diferentes el carácter y la condición social de los personajes de las comedias del Siglo de Oro y de las comedias dieciochescas: en aquellas predominan los tipos populares y los de origen aristocrático, en estas se trata de personajes burgueses de mentalidad muy diferente a la de los personajes del teatro barroco. Por consiguiente, también son muy distintos los temas de unas y otras comedias: la defensa del honor y de la monarquía teocéntrica de *Fuente Ovejuna* y las reflexiones sobre el poder y el libre albedrío de *La vida es sueño* se encuentran muy alejadas de la censura de los matrimonios concertados propia de *El sí de las niñas*. Finalmente, cabe señalar que, si la vehemencia y la pasión pueden considerarse valores positivos en las obras barrocas (en nuestro caso, por ejemplo, el valor mostrado por los habitantes del pueblo de Fuente Ovejuna y la elocuencia arrebatada que muestra el príncipe Segismundo en su monólogo), en las neoclásicas son, por el contrario, defectos que pueden conducir a comportamientos erróneos, como hemos ya señalado en el texto de *El sí de las niñas* objeto del presente comentario.

Como texto complementario del de Moratín y como una muestra más de la preocupación de los ilustrados españoles por las bodas concertadas por los padres sin tener en cuenta la voluntad de los hijos, puede presentarse a los alumnos un fragmento de la carta LXXV de las *Cartas marruecas* de Cadalso, en la que una cristiana expone al marroquí Gazel sus desventuras al respecto:

> *Acabo de cumplir veinticuatro años, y de enterrar mi último esposo de seis que he tenido en otros tantos matrimonios, en espacio de poquísimos años. [...] Mi sexto y último marido fue un sabio. Estos hombres no suelen ser buenos muebles para maridos. Quiso mi mala suerte que en la noche de mi casamiento se apareciese un cometa, o especie de cometa. Si algún fenómeno de estos ha sido jamás cosa de mal agüero, ninguno lo fue tanto como este. Mi esposo calculó que el dormir con su mujer sería cosa periódica de cada veinticuatro horas, pero que si el cometa volvía, tardaría tanto en dar la vuelta que él no lo podría observar; y así, dejó esto por aquello, y se salió al campo a hacer sus observaciones. La noche era fría, y lo bastante para darle un dolor de costado, del que murió.*
>
> *Todo esto se hubiera remediado si yo me hubiera casado una vez a mi gusto, en lugar de sujetarlo seis veces al de un padre que cree la voluntad de la hija una cosa que no debe entrar en cuenta para el casamiento. La persona que me pretendía es un mozo que me parece muy igual a mí en todas calidades, y que ha redoblado sus instancias cada una de las cinco primeras veces que yo he enviudado; pero en obsequio de sus padres, tuvo que casarse también contra su gusto, el mismo día que yo contraje matrimonio con mi astrónomo.*
>
> *Estimaré al señor Gazel me diga qué uso o costumbre se sigue allá en su tierra en esto de casarse las hijas de familia, porque aunque he oído muchas cosas que espantan de lo poco favorable que nos son las leyes mahometanas, no hallo distinción alguna entre ser esclava de un marido o de un padre, y más cuando de ser esclava de un padre resulta el parar en no tener marido, como en el caso presente.*

En todas las ediciones completas de las *Novelas ejemplares* de Cervantes puede leerse *El celoso extremeño*. Son, de todos modos, recomendables las siguientes: la edición de Francisco Rodríguez Marín (Espasa-Calpe, colección Clásicos Castellanos), la de Mariano Baquero Goyanes (Editora Nacional), la de Juan Bautista Avalle-Arce (Castalia), la de Harry Sieber (Cátedra), la de Francisco Alonso (Edaf), la de Julio Rodríguez Luis (Taurus), la de Antonio Rey Hazas (Edelvives), la de Eugenio Alonso Martín (Bruño), la de Rosa Navarro Durán (Alianza), la de Florencio Sevilla Arroyo y Antonio Rey Hazas (Espasa-Calpe, colección Austral).